Karl H. Schäffner

Teneriffas blutige Lava

Bibliographische Information der Deutschen Nationalbibliothek:
Die Deutsche Nationalbibliothek verzeichnet diese Publikation in der Deutschen
Nationalbibliographie. Detaillierte bibliographische Daten sind im Internet über
http://www.d-nb.de abrufbar.
ISBN 978-3-902536-85-3

Alle Rechte der Verbreitung, auch durch Film, Funk und Fernsehen, fotomechanische Wiedergabe, Tonträger, elektronische Datenträger und auszugsweisen Nachdruck, sind vorbehalten.

© 2007 novum Verlag GmbH, Neckenmarkt · Wien · München
Lektorat: Mag. Ulrike Bonarius
Printed in the European Union

Gedruckt auf umweltfreundlichem, chlor- und säurefrei gebleichtem Papier.

www.novumverlag.com

Prolog

11. Juni

Pobla de Farnals (Valencia, Spanien)

Diego Rivera ging auf der Strandpromenade von Pobla de Farnals in nördlicher Richtung. Trotz der frühen Stunde brannte die Sonne schon heiß auf seine Schirmkappe, die ihn, neben seiner blauen Uniform, als Angehörigen der *Policia Local* auswies. Er wusste, dass es die Ruhe vor dem Sturm war, die er jetzt bei seinem morgendlichen Spaziergang, eigentlich war es ja eine Fußstreife, genießen konnte. In ein paar Wochen würde sich diese verschlafene, menschenleere Ansammlung gesichtsloser Spekulationsbauten in einen Hexenkessel verwandeln. Etwa zehn Kilometer nördlich von Valencia am Strand des Mittelmeeres gelegen, bestand der frisch aus dem Boden gestampfte Ort praktisch nur aus Zweitwohnungen. Mit Beginn der Ferien würden die Mütter mit ihren Kindern hier einfallen, die gestressten Ehemänner weiterhin in der Metropole ihren Geschäften nachgehen und am Wochenende die Entspannung mit der Familie genießen. Was viele sonst noch während der Woche genossen, das blieb den Ehefrauen meist verborgen.

Mit solchen Details beschäftigte sich Diego Rivera allerdings nicht. Er verdrängte den Gedanken an betrunkene und bekiffte Jugendliche der Oberschicht, die er in wenigen Wochen um diese Stunde hier einsammeln musste und die, nach bezahlter Geldstrafe – wozu hatte man denn wohlhabende Eltern – am nächsten Morgen wieder hier herumliegen würden. Er schüttelte den Kopf. Hätte er in seiner Jugend solche Möglichkeiten gehabt, dann müsste er jetzt nicht als einfacher Ortspolizist seine Runden drehen. Seinen Dienst hatte er die längste Zeit in Serrano versehen, einem kleinen Bergdorf im Hinterland. Dort war es angenehm gewesen. Jeder kannte jeden und die Leute achteten einen Polizisten. Dann wurde aber diese Satellitenstadt aus dem Boden gestampft. Eine Stadtverwaltung wurde installiert und ein Bürgermeister versuchte verzweifelt, nicht nur Einwohner, sondern auch eine Ordnungsmacht zu akquirieren. Es wurde eine schöne Dienstwohnung angeboten. Da das oft nebelige und feuchte Wetter in den Bergen seiner Frau zunehmend Probleme mit den Gelenken verursachte, entschied er sich dafür, den Posten anzunehmen. Mittlerweile hatte er das schon oft bereut. Im Sommer 24 Stunden am Tag Hochbetrieb und im Winter eine Geisterstadt. Die überwiegende Zahl der Wohnungen war in dieser Zeit mit schweren Türen und Rollläden auf den Balkonen hermetisch abgeriegelt. Einzige Ausnahme bildeten die Tage zwischen Weihnachten und dem Dreikönigsfest. Da kam etwas Stimmung auf. Im Prinzip lebte der Ort vom Jachthafen, der Marina Pobla de Farnals. Trotz gigantischer Preissteigerungen war der Liegeplatz hier immer noch billiger als im *Real Club Nautico*, dem Königlichen Jachtklub von Valencia. Deshalb waren fast alle Plätze ausgebucht. Auch zahlreiche Ausländer hatten ihre Boote hier liegen.

Wieder schüttelte Diego Rivera traurig den Kopf. Sein winziges, offenes Angelboot mit dem alten 5-PS-Johnson-Außenborder lag gleich neben dem Kran für diese verdammten Wassermotorräder. Dort waren die Schwimmstege besonders eng beieinander. Eben für die kleinen Boote. Für die Boote der Polizisten, der Straßenkehrer, der Nachtwächter, eben jener Leute, die die wirklichen Einwohner dieser ansonsten so seelenlosen Stadt waren.

Mittlerweile war er an das Ende der Uferpromenade gelangt. Wenige hundert Meter weiter begann das Gemeindegebiet von Puig. Auch dort gab es eine Uferpromenade. Nur dazwischen, da fehlten eben die paar Meter. Da hätte man durch den Sand gehen müssen. Und Diego Rivera wollte sich nicht seine glänzend geputzten schwarzen Schuhe staubig machen. Also blieb er an der Kante stehen und schaute zum Nachbarort hinüber, der sich architektonisch nicht wesentlich von Pobla de Farnals unterschied. In Puig gab es in den ersten Reihen zum Strand hin einige Villen. Die fehlten in Pobla, aber das wurde durch den Jachthafen mehr als ausgeglichen. Sein Blick wanderte über den noch völlig menschenleeren Sand und dann die Steinschüttung entlang, die kaum hundert Meter in das flache Wasser ragte und einen Wellenbrecher abgeben sollte. Diego Rivera kniff die Augen zusammen, eine reflexartige Geste, die sein Unterbewusstsein irgendwie mit „schärfer sehen können" in Zusammenhang brachte. Da lag doch ein länglicher dunkler Gegenstand halb auf die Steine gespült. „Verdammt! Jetzt muss ich doch durch den Sand!", sagte er mit gepresster Stimme zu sich selbst. Das Ding sah nicht wie ein Baumstamm aus. Es könnte natürlich ein größerer Fisch sein oder ein toter Delfin. Aber in seinem Inneren wusste er, dass es nichts von alledem war.

Er hatte eine Leiche gefunden.

Ein „Warum gerade ich?" ging ihm durch den Kopf und er überlegte eine Sekunde lang, dass er auch einfach umdrehen und seinen Weg zurück gehen konnte. Es war ja niemand da, der ihn gesehen hatte. Aber für eine solche Verhaltensweise war Diego Rivera zu lange Polizist. Langsam ging er über den Strand. Schon aus einiger Entfernung konnte er erkennen, dass sein erster Eindruck richtig gewesen war. Hier lag ein Mensch. Ein toter Mensch. Seine lange Erfahrung ließ ihn daran keinen Moment zweifeln. Also hielt er Abstand, um keine Spuren zu verwischen und – so ehrlich war er zu sich selbst – um sich nicht mehr als unbedingt nötig den Sand in die Schuhe zu schaufeln. Außerdem war er ja nur ein alter Ortspolizist. Da sollte sich die *Guardia Civil*, die Bundespolizei, darum kümmern. Er nahm sein Walkie-Talkie vom Gürtel, dabei streifte sein Blick die Anzeige für den Ladezustand des Akkus. Die war tief im roten Bereich. Zur Probe drückte er zwei Mal die Sprechtaste. Als das sonst übliche Zischen ausblieb, wusste er, dass er nun doch den Fußmarsch zurück antreten musste. Die Guardia Civil hatte einen Posten bei der Einfahrt zur Marina. Keuchend vom Geschwindschritt, mit dem Diego Rivera die Strecke zurück gelegt hatte, erstattete er wenig später Bericht.

Nach einer Stunde hatte die *Guardia Civil* alles fest im Griff. Der Uferabschnitt war abgesperrt, die Tatortgruppe machte sich an die Sicherung der Spuren, erkannte aber bald, dass es kaum etwas zu sichern gab und der Amtsarzt stellte nicht nur offiziell das Ableben einer nicht identifizierten Person fest, sondern war auch ziemlich sicher, dass dem Mann das Genick gebrochen worden war. Mit alledem hatte Diego Rivera nichts mehr zu tun. Jetzt waren die Profis am Werk. Die brauchten keinen Kollegen von der *Policia Local*. Also machte er sich auf den Weg zurück zu seinem Büro, um den nötigen Papierkram zu erledigen, der nun einmal mit so einem Vorkommnis verbunden war. Das sollte wohl bis zu seinem Dienstende um 14 Uhr erledigt sein. Auch wenn er als erste Handlung, nach seinem Eintreffen auf der Polizeistation einen Kaffee trank und dann die Neugierde der anderen Kollegen befriedigen musste. Als er sich an den Computer setzte, um den Bericht zu beginnen, war für ihn die ganze Sache beinahe vom Tisch. Viel hatte er nicht zu schreiben. Dass die ganze Angelegenheit bereits am Vorabend begonnen hatte, konnte er ja nicht wissen.

An diesem Vorabend, dem Abend des 10. Juni, waren drei Männer zu später Stunde auf der Terrasse des Restaurants *El Varadero* im Jachthafen von Pobla de Farnals gesessen. Zwei davon waren auffallend groß und kräftig gebaut. Mit ihren kahl geschorenen Köpfen und den muskelbepackten Armen sahen sie aus, als wären sie beide in der gleichen Form gegossen worden. Der dritte Mann war älter, kleiner und bei weitem nicht so kräftig. Die Kellnerin des Lokals hatte von Anfang an ein komisches Gefühl. Bei der Bestellung hatte lediglich einer der Männer auf eine Zeile in der Speisekarte gedeutet. Es war *Pizza Marisco*, also eine Pizza mit Meeresfrüchten. Mit einer Handbewegung signalisierte der Mann, dass alle das Gleiche essen würden. Dann deutete er auf eine leere Bierflasche, die noch auf einem von den Gästen verlassenen Nebentisch stand und machte wieder die kreisförmige Bewegung. Das war alles. Mit einem deutlichen Gefühl drohenden Unheils verließ die Kellnerin den Tisch, um in der Küche die Bestellung aufzugeben. Durch die Glasscheibe beobachtete sie die Gruppe, während sie darauf wartete, dass die Thekenkraft die Bierflaschen und die Gläser auf das Tablett stellte. Sie bemerkte, dass die Männer auch untereinander nicht sprachen. Da noch viel Betrieb war, beschäftigte sie sich gedanklich dann aber nicht näher mit dieser sonderbaren Gruppe. Nach einer Viertelstunde, sie servierte eben die drei Pizzas, setzten sich vier Männer an den Nebentisch. Sie waren offensichtlich bereits ziemlich alkoholisiert und kamen ebenso offensichtlich aus Deutschland, alle trugen T-Shirts des Fußballklubs Bayern-München. Auch an diesem Tisch ging es ruhig zu. Sie waren bereits über jenen Zustand hinaus, in dem der Alkohol die Zunge löst. Vereinzelt stieß einer eine eher gallte, als gesprochene Bemerkung zwischen den Zähnen hervor. Innerhalb einer Minute hatten sie große Gläser Bier vom Fass vor sich stehen, um das offensichtlich angesagte Vernichtungstrinken fortsetzen zu können.

Eine Viertelstunde später kam eine weitere Kopie der Muskelmänner an deren Tisch. Nach einer kurzen Begrüßung setzte sich der Mann und begann ein intensives einseitiges Gespräch. Es klang fast so, als würden Befehle erteilt. Dann übergab der Neuankömmling einem der beiden anderen Großen ein Mobiltelefon. Nach einer kurzen Verabschiedung verschwand der Mann wieder, bevor die Kellnerin ihn fragen konnte, was er konsumieren möchte.

„Das sind doch Scheißrussen!", grölte einer der betrunkenen Deutschen vom Nebentisch. „Diese Arschgeigen sind heute auch schon überall. Alles eine Mafia!" Damit hatte er gesagt, was er sagen wollte. Offensichtlich hatte er, während sich die Männer verabschiedeten, ein paar Brocken aufgeschnappt. Jetzt vertiefte er sich wieder in das Studium seines Glases, in dem der Flüssigkeitsspiegel bereits deutlich abgesenkt war.

Die Männer vom Nebentisch schienen diese Bemerkung nicht verstanden zu haben. Sie blickten weiter auf die Stege des Jachthafens hinaus. Nicht einmal ein Blick wurde getauscht. Als sie gegessen und getrunken hatten, legte einer von ihnen zwei 20 Euro-Scheine auf den Tisch. Ohne auf Wechselgeld zu warten, standen sie auf und verschwanden, als wären sie nie da gewesen.

Die Deutschen bestellten noch eine Runde. Nach dem die Kellnerin die frischen Gläser gebracht hatte und der erste Schluck genommen war, kämpfte sich der, der die Bemerkung über die Fremden gemacht hatte mühsam hoch. „Ich muss Platz machen für die neue Packung!", sagte er und schwankte in Richtung der Marinatoiletten. Für einen Betrunkenen war der Weg nicht einfach. Es musste die Terrasse des Restaurants überquert werden, dann ging es noch an den Schaufenstern einiger Geschäfte mit Bootszubehör vorbei, die natürlich um diese Stunde schon geschlossen hatten und erst dann kam man zu den Toiletten.

Die drei Anderen warteten geduldig. Als die Gläser wieder leer waren meinte einer: „Wo bleibt der denn so lange? Ich bin fix und fertig. Ich gehe jetzt auf's Schiff und lege mich lang."

„Sollen wir nicht nachsehen?", wandte einer der Freunde ein.

„Gut, damit du ruhig schlafen kannst!", antwortete der Erste, stand auf und ging unsicheren Schrittes davon. Nach mehreren Minuten kam er zurück.

„Ich habe ihn nicht gefunden. Er war nicht auf der Toilette und am Weg habe ich ihn auch nicht gesehen!"

Dennoch entschlossen sich die drei Männer, ihren Vollrausch zum Schiff zu tragen.

"Morgen Früh wird er schon wieder auftauchen. Und erfrieren kann er ja nicht!", sagte einer von ihnen und hatte damit vollkommen Recht. Der Mann, den der Ortspolizist Diego Rivera im Wasser gefunden hatte, war wieder aufgetaucht. Und erfroren war er auch nicht.

Die drei schweigsamen Männer aber, die am Nebentisch gesessen hatten, waren um die Zeit des Leichenfundes bereits im Hafen von Malaga. Bereit, mit der nächsten Fähre nach Marokko überzusetzen. Sie wurden nie wegen des von ihnen begangenen Mordes belangt. Dabei hätte ihnen das das Leben gerettet. In genau einem Monat und einem Tag würde der Letzte von ihnen sterben.

11. Juni

Limassol (Zypern)

„Es ist nicht zu fassen, wie sich diese Stadt in den letzten Jahren verändert hat", sagte Jens Klaas mit einem Blick auf die benachbarten, zwielichtigen Bars. „Vor zehn Jahren wäre das undenkbar gewesen."

„Nun ja, die modernen Zeiten haben eben auch hier Einzug gehalten", entgegnete seine Frau Marthe und griff nach ihrem Glas, in dem der Rotwein rubinfarbig schimmerte. „Morgen sind wir auf See. Dann würdest du dir etwas von dem Rummel hier wünschen", fuhr sie fort.

Jens Klaas schüttelte den Kopf: „Du kennst mich gut genug, um zu wissen, dass das nicht so ist. Ich war mein Leben lang auf See oder zuhause. Und damit habe ich mich immer wohl gefühlt."

„Die Geschichten, dass Seeleute in jedem Hafen eine andere Geliebte haben, sind also alle erlogen?"

Jens blickte von seinem Glas, das noch halb mit Bier gefüllt war auf, sah seine Frau aus seinen nordisch wasserhellen Augen an und sagte: „Was mich angeht, ja! Als ich noch jung war, war ich frisch verliebt in meine Marthe und mit zunehmendem Alter verlieren diese Dinge einfach an Bedeutung. Vielleicht war ich auch nicht wirklich so brav, sondern bloß so faul." Die von Jahrzehnten auf dem Wasser verbrachter Zeit wind- und wettergegerbte Haut seines Gesichtes zog sich in tausend freundliche Falten. Jens Klaas war 1938 geboren. Er hatte seinen Vater nie kennen gelernt. Der war schon im Polenfeldzug unter ungeklärten Umständen gefallen. Seine Mutter hatte ihn mühsam durch die Kriegszeit gebracht. Er wusste das, obwohl sie kaum bereit gewesen war, mit ihm darüber zu sprechen. Nach dem Abitur begann er ein Technikstudium, das er aber bald abbrechen musste. Er war mehr Praktiker. Dennoch entschloss er sich, die Laufbahn eines Seeoffiziers der Handelsflotte einzuschlagen, was wieder viele Jahre Ausbildung erforderte. In der Zeit auf der Seefahrtsschule hatte er auch seine Frau kennen gelernt, die eine gute Stellung in jener Reederei hatte, in deren Dienst er in der Folge sein ganzes weiteres Leben verbrachte. Es brauchte lange, bis man ihm ein eigenes Schiff gab. Nicht, weil er ein schlechter Seemann gewesen wäre, ganz im Gegenteil, er ging als Erster Offizier zuverlässig seine Wachen, seine Navigation war von penibler Präzision und das lange, bevor einem das der Computer abnahm und seine Schiffsmanöver fuhr er sicher und genau. Auch in Krisensituationen bewahrte er die auf See notwendige Übersicht und Gelassenheit. Gerade diese Ruhe und Unauffälligkeit hatte wohl dazu geführt, dass er lange bei der Bestellung zum Kommandanten übersehen worden war. Seiner Frau hatte er in einer Weise verboten, sich hinter den Kulissen für ihn einzusetzen, dass sie deutlich merkte, wie ernst es ihm damit war. Doch schließlich hatte ihm seine Reederei doch noch ein völlig neues Containerschiff anvertraut. Auf seiner „Nordic Star", wie das Schiff geheißen hatte, war er in den letzten fünfzehn Jahren seiner Berufslaufbahn auf allen Meeren der Welt unterwegs gewesen.

Auch jetzt im Ruhestand verbrachte Jens mit seiner Marthe viel Zeit auf dem Wasser, da sie stolze Eigner einer 10-Meter-Jacht, eines gemütlichen, holländischen Verdrängerbootes aus Stahl waren. Trotzdem – der Abschied, den seine Pensionierung mit sich gebracht hatte, war ihm nicht leicht gefallen. Es war nicht nur das Schiff, das er für immer verließ, es war sein bisheriges Leben, von dem er sich trennen musste. Marthe war ihm in dieser Zeit eine verlässliche und unverzichtbare Stütze gewesen. Bereits Jahre vor ihm pensioniert, steckte sie voll von Plänen für die nunmehr gemeinsame Zeit. Endlich wollte sie auch reisen und alle diese Gegenden kennen lernen, von denen sie in den Erzählungen ihres Mannes gehört hatte. Dann kam der Schock! Routinemäßig waren sie beide zur Vorbeugeuntersuchung gegangen, wissend, dass das Resultat dabei nur die Bestätigung ihrer ungebrochenen Gesundheit sein konnte. Doch es kam anders. Ein Röntgenbild zeigte, und weitere Untersuchungen bestätigten das Ergebnis, dass Jens Klaas einen zwar noch kleinen, aber äußerst ungünstig sitzenden Tumor an der Wirbelsäule hatte. Eine nur etwas missglückte Operation hätte die Lähmung der unteren Extremitäten bewirken können. Jens Klaas nahm die Nachricht gelassener auf, als seine Frau Marthe. An jenem Abend, als die Diagnose bestätigt war, saßen sie lange zusammen in der Küche ihres kleinen Häuschens und besprachen die Zukunft. Obwohl Marthe auf die Operation drängte, einigten sie sich schließlich darauf, noch zuzuwarten. Jens pragmatische Einstellung hatte sich gegenüber der Grundeinstellung seiner Frau, die lieber die Dinge anpackte, durchgesetzt. „In der Ruhe liegt die Kraft!", das war auch auf See immer der Leitspruch von Kapitän Klaas gewesen.

Und dann hatte er in der Bootszeitschrift die Anzeige gelesen, die die Grundlage dafür war, dass die beiden jetzt im Hafen von Limassol saßen. Gesucht wurde ein erfahrenes Skipperehepaar für die Überstellung einer großen Jacht vom Mittelmeer auf die Kapverden. Es war eigentlich Marthe gewesen, die darauf gedrängt hatte, dass er sich um den Auftrag bewarb. Sie dachte, wenn er erst wieder Schiffsplanken unter den Füßen hätte, dann könnte das auch eine Besserung des Gesundheitszustandes bewirken. Als erste Information erhielten sie ein Verkaufsprospekt des Schiffes mit der Post zugestellt. Als sie sahen, um welches Schiff es sich handelte, wurde Marthe unsicher, ob so ein Riesenpott von zwei Menschen zu fahren wäre. Jens Klaas ließ daran aber keinen Zweifel aufkommen. Auch er hoffte, dass die Seeluft, wenn schon keinen Heilungsprozess, so doch vielleicht einen Stillstand des Wachstums des Tumors bewirken könnte. Er hatte sich ja auf See immer wohl gefühlt. Wohler als an Land und er kannte den positiven Einfluss, den die Psyche auf solche Krankheitsprozesse haben konnte. Also nahmen sie an.

Als Nächstes folgte ein Treffen mit einem Herrn Dr. Dieter Böhmer, der sich als Rechtsanwalt jener Firma mit Namen W&O Enterprises, mit Sitz in Nicosia, der Hauptstadt Zyperns auswies, die offiziell der Eigner der Jacht war. Er übergab die Schiffspapiere und ein dickes Bordbuch mit den technischen Informationen über das Boot. Erst da konnten sie sich ein Bild davon machen, welches Luxusgefährt man ihnen anvertraute. Es handelte sich um eine Ferretti 730. Diese Zahl symbolisiert die Länge in Fuß und das entspricht immerhin 22,5 Metern. Jens Klaas stellte noch einige Fragen zur Praxis der Führung dieses Schiffes, die Dr. Böhmer allerdings nicht beantworten konnte. Er hatte die Jacht nie gesehen. Als Jens sich erkundigte, ob es möglich wäre, mit dem eigentlichen Eigner deshalb Kontakt aufzunehmen, der ja wohl eine natürliche Person sei und nicht eine juristische, wie die Kapitalgesellschaft, die im Seebrief eingetragen war, dachte Dieter Böhmer kurz nach und meinte dann mit dem unschuldigsten Juristenlächeln, das Jens Klaas und seine Frau Marthe je gesehen hatten: „Da spricht aus meiner Sicht nichts dagegen, der – ich darf es mal so ausdrücken – mehrheitliche Besitzer ist Herr Wenzel Waldhof. Den Kontakt könnte ich sicher herstellen. Ich muss Ihnen aber sagen, dass auch Herr Waldhof nie mit dem Schiff unterwegs gewesen ist. Derzeit ist die Sache einfach eine Kapitalanlage. Herr Waldhof ist allerdings schon nicht mehr ganz jung und plant, in Zukunft mehr Zeit auf dem Schiff zu verbringen. Die einzige Fahrt, die bisher gemacht wurde, beschränkte sich auf die Strecke von der italienischen Werft nach Limassol."

Nun, das war dem alten Seefahrer Jens Klaas nun völlig unverständlich. Er verzichtete auch auf einen persönlichen Kontakt mit dem Eigner, da ihm der auch nicht mehr sagen konnte. Er war nicht einmal bei der ersten Reise dabei gewesen. Hier hatte die Werft die Crew gestellt. Es gab allerdings mit der Marina in Limassol einen umfangreichen Wartungsvertrag, so dass Jens Klaas von der einwandfreien Betriebsbereitschaft der Jacht ausgehen konnte.

Die beiden ersten Wochen des Monats Mai waren ausgefüllt mit den sorgfältigen Studien der technischen Unterlagen, die – sie waren ja ungebraucht – in einem hervorragenden Zustand waren. Da hatte Jens Klaas auf großen Seeschiffen schon anderes erlebt. Dann kam Mitte Mai die Abreise nach Zypern. In ihrer Abwesenheit würde sich ein Nachbarehepaar um die Post, das Haus und den Garten kümmern. So sahen sie der Reise eigentlich mit froher Erwartung entgegen. Mit einer funkelnagelneuen Jacht das Mittelmeer zu durchkreuzen und dann auf die lange Atlantiktour zu den Kapverden zu gehen, das war schon etwas. Außerdem war es ihre erste gemeinsame längere Bootsreise. Mit ihrem eigenen Schiffchen waren sie ja doch bloß mal nach Holland oder Dänemark gefahren. Zu mehr hatte die Zeit nie gereicht.

Nach ihrer Ankunft auf dem Flughafen von Larnaca waren beide schon sehr gespannt darauf, welcher Anblick sich ihnen im Hafen von Limassol bieten würde. Schon von den Unterlagen her waren sie auf eine ganze Menge vorbereitet. Das tatsächliche Erleben übertraf allerdings die hoch gestellten Erwartungen noch um Längen. Da lag sie: „Julietta". Frisch aufpoliert in strahlendem Weiß, die sonnenschutzverglasten Fenster in elegantem Schwung den Konturen des Aufbaues angepasst, mit dem Heck zum Ufer vertäut. Der Vertreter der Marina, der ihnen das Schiff laut Vereinbarung übergeben sollte, zückte eine Funkfernbedienung und vom Heck des Schiffes schob sich, hydraulisch bewegt, ein verchromter Steg zum Ufer. So betraten sie erstmals die Jacht. Wie nicht anders zu erwarten, war das gesamte Deck in Teak ausgeführt. An der Backbord- und an der Steuerbordseite[1] verlief je ein Gangbord zum Vorschiff. In Vertiefungen des Daches der darunter liegenden vorderen Kajüte konnten weiß überzogene Matratzen gelegt werden. Das perfekte Sonnenbad. Sonst wurde das Vorschiff von einer starken Ankerwinde und mehreren Körben für die Fender[2] beherrscht.

Von der Plicht aus, führte eine in die Backbordseite eingeformte Treppe auf die Flying Bridge[3], auf der es nicht nur wieder eine überdimensionale, weiß gepolsterte Rundsitzgruppe gab, sondern auch einen Außensteuerstand, der kaum traditionelle Elemente aufwies. Beherrschend waren drei, wasserfest und blendungsfrei untergebrachte Bildschirme, ein Joystick zur Steuerung des Schiffes und, einziges Stück, das man auch sonst auf allen Jachten findet, zwei Einhebelschaltungen für Getriebe und Motoren. Am hinteren Ende der Fly ragte noch ein stromlinienförmiger Geräteträger in luftige Höhen, auf dem sich die Antennen für das Radar, GPS[4], Funk und TV befanden.

Das Innere des Schiffes war beherrscht durch eine große und bequem aussehende u-förmige Sitzgruppe an der Backbordseite. An der Steuerbordseite befand sich ein Bar- und Vorratsschrank, alles mit gerundeten Kanten und in elegantem Schwung gestylt. Von dem Salon durch eine, bis zur Mitte des Schiffes gezogene Wand abgetrennt, war die Pantry eingebaut. Eine Küche, die in einer großen Stadtrandvilla ebenso ausgereicht hätte.

Es dauerte fast drei Wochen, bis beide zu der Ansicht gekommen waren, dass sie das Schiff nun wirklich kannten. Das war aber auch unbedingt notwendig, bevor sie die erste probeweise Ausfahrt mit dem Schiff wagen konnten. Jens Klaas war zumindest der Ansicht, dass die seemännische Sorgfaltspflicht das verlangte. Insbesondere die Technik des Schiffes war von einer fast nicht zu durchschauenden Komplexität. Es gab zu dieser Zeit nur wenige Großschiffe, die über eine vergleichbare Ausstattung verfügten. Jens Klaas hoffte jedenfalls inständig, dass alles so lange funktionieren möge, bis die Jacht sicher auf den Kapverden war.

Problematisch für diese lange Strecke war der Verbrauch, der beiden riesigen V12-MAN-Dieselmotoren, die das Schiff mit einer Stärke von jeweils etwa 1200 PS fortbewegten und deren Treibstoffkonsum bei einer maximalen Geschwindigkeit von 30 Knoten[5] nur einen gesicherten Aktionsradius von etwa 800 nautischen Meilen[6] zuließ. Und das auch nur deshalb, weil die originale Tankkapazität von 4900 Litern auf über das Doppelte erhöht worden war. Daher beschloss Jens Klaas, deutlich langsamer unterwegs zu sein. Damit konnte der Aktionsradius mit großer Wahrscheinlichkeit auf 1000 Meilen ausgedehnt werden. Seine Berechnungen wollte er anlässlich der ersten Etappe, die von Limassol nach Alexandria führen sollte und die in einem Tag zu bewältigen war, noch genau überprüfen. Die Route sollte nach Plan von Limassol nach Alexandria, dann nach Tobruk in Libyen, und über Banghazi, Tripolis und Hammamet schließlich nach Algier führen. In Algerien war kein weiterer Aufenthalt vorgesehen. Dort waren die Verhältnisse ja nicht so, dass es sich als Urlaubsland für Europäer empfahl. Also war die nächste Station in Marokko geplant. Es würde wohl Saidia werden. Dann sollten die Säulen des Herkules, die Straße von Gibraltar durchfahren und an der marokkanischen Atlantikküste als erste Stadt Tanger angelaufen werden. So weit hatte Jens Klaas die Reise im Detail vorgeplant. Wegen der aktuellen politischen Entwicklungen würde es nach der Südgrenze Marokkos schwierig werden. Da wollte sich der alte Kapitän dann noch eingehend erkundigen, was möglich war und was nicht. Notfalls gäbe es noch die Möglichkeit, die Tankkapazität mit flexiblen Tanks aus Kunststofffolie zu erweitern, die es immerhin mit einem Fassungsvermögen von bis zu 2000 Litern gab. Aber diesen „Dieselballons" hatte er noch nie getraut.

Europäische Häfen mussten vermieden werden, da das Schiff innerhalb der Europäischen Union nicht versteuert war.

Mit den nautischen Planungen waren endlich die Vorbereitungen abgeschlossen. Marthe und Jens Klaas beschlossen, noch einen gemütlichen Abend in Limassol zu verbringen. Die Reise würde für beide anstrengend genug werden. Es waren zwar immer wieder auch Ruhe- und Besichtigungstage eingeplant, aber es gab doch auch Strecken, die echte ganze Fahrtage waren.

So saßen sie bei angenehmen Abendtemperaturen in Limassol und dachten an die bevorstehende Reise. Das Essen war so gut wie abgeschlossen. Sie hatten sich für ein Mezé entschieden. Eigentlich aus dem Türkischen stammend, handelt es sich dabei um eine Unzahl kleiner Vorspeisen. Im Nordteil Zyperns praktisch ausschließlich kalt serviert, hat sich Mezé im griechischen Süden zu einem opulenten Mal entwickelt. Jens bestellte noch zwei Gläser zypriotischen Brandy, den er bei früheren Fahrten mit Landgang auf Zypern immer in einer Gallonenflasche mit nach Hause gebracht hatte. Es war die letzte Gelegenheit, noch einmal ein Schlückchen zu sich zu nehmen. Während der Fahrt galt, nach den Bestimmungen für die Großschifffahrt, bei Jens immer 0,0 Promille. Nachdem die Rechnung mit jener Kreditkarte beglichen war, mit der sie alle Kosten der Reise bestreiten sollten, machten sie sich langsam auf den kurzen Fußweg zu „ihrem" Schiff. In den drei Wochen, die sie mittlerweile auf der „Julietta" verbracht hatten, war es doch immer mehr „ihr Schiff" geworden. Tag für Tag hatten sie sie besser kennen gelernt. Nun war ihnen jeder Winkel des riesigen Bootskörpers vertraut. Beide konnten die nautische Elektronik bedienen und die Jacht mittels Joystick steuern, wobei allerdings Marthe die Anlegemanöver gerne ihrem erfahrenen Mann Jens überließ.

Als sie sich dem Schiff näherten, sahen sie unmittelbar davor jemanden auf einem Koffer sitzen. Aus der Entfernung konnten sie nicht genau erkennen, ob es sich dabei um eine ihnen bekannte Person handelte. „Ich glaube, wir haben Besuch", bemerkte Jens gelassen. Als sie näher kamen, erhob sich die Gestalt und sie konnten erkennen, dass es eine etwa dreißigjährige Frau war. Sie trug Jeans, einen Sweater und leichte Sportschuhe.

„*Good evening, do you wait for us?*", eröffnete Jens das Gespräch zur Sicherheit in englischer Sprache.

„Guten Abend, wenn Sie Marthe und Jens Klaas sind, dann ja!", kam es mit einem freundlichen Lächeln auf den Lippen zurück. „Ich bin Julietta Waldhof, die Tochter des Eigners des Schiffes." Mit diesen Worten hielt sie Marthe den ausgestreckten Arm entgegen.

Nachdem sich alle die Hände geschüttelt hatten, stellte Jens die unvermeidliche Frage: „Und was ist der Grund für Ihr Hiersein?"

„Können wir das an Bord besprechen?", antwortete Julietta Waldhof.

Ohne ein weiteres Wort nahm Jens Klaas den Koffer und ging über den Steg auf das Schiff. Die Anderen folgten unmittelbar hinter ihm. Er schloss die Türe von der Plicht in den Salon auf und schaltete das Licht ein. Dann setzte er den Koffer ab und machte eine einladende Handbewegung zum Sofa. Nachdem alle Platz genommen hatten, richtete er einen fragenden Blick auf Julietta Waldhof.

„Nun, ich will es kurz machen", sagte sie und richtete ihre braunen Augen, die vollkommen harmonisch zu ihrem kastanienbraunen Haar passten abwechselnd auf Marthe und Jens.

„Ich habe eben mit einer Freundin drei Wochen auf Kreta verbracht. Da teilte mir mein Vater bei einem Telefonat mit, dass sie in den nächsten Tagen mit der Jacht auslaufen werden. Und da dachte ich, ich könnte ja die Reise mitmachen."

Jens blickte befremdet auf. Nach einer kurzen Nachdenkpause erwiderte er: „Nun, ganz so einfach ist das nicht. Jedenfalls war das nicht mit ihrem Vater vereinbart, dass wir einen Passagier auf dieser Fahrt haben. Außerdem muss ich Sie bitten, mir Ihren Reisepass zu zeigen. Da wir einander nicht kennen, werden Sie sicher Verständnis für diese Maßnahme haben."

Ohne ein Wort zu erwidern, griff Julietta Waldhof in ihre Umhängetasche, entnahm ihr den Reisepass und überreichte ihn bereits aufgeschlagen, so dass ihr Foto zu sehen war. Jens griff nach dem Dokument, warf einen prüfenden Blick auf das Foto und dann auf das ihm gegenübersitzende Original. Dann reichte er es zurück.

„Welche Probleme stellen sich, wenn ich diese Reise mitmache?", fragte Julietta.

„Nun, weiß Ihr Vater von Ihrem Vorhaben und ist er damit einverstanden?"

Julietta Waldhof lächelte: „Wie Sie im Reisepass erkennen konnten, bin ich 33 Jahre alt und seit geraumer Zeit daran gewöhnt, meine eigenen Entscheidungen zu treffen. Aber ich sage es auch ganz offen, mein Vater weiß nichts von meinem Vorhaben und so sollte es auch bleiben. Er hätte zwar sicher keinen Einwand, wenn ich mit einem erfahrenen Berufskapitän und seiner Frau auf unserer eigenen Jacht durch das Mittelmeer fahre, aber er würde sich doch Sorgen machen und davon hat er schon genug."

Jens Klaas schüttelte bedächtig den Kopf: „Das Mittelmeer ist kein Problem, aber wir wissen noch nicht ganz genau, wie wir südlich von Marokko weiterfahren. Das müssen wir erst kurzfristig entscheiden, wenn wir wissen, wie die augenblicklichen Verhältnisse sind. Unter diesen Umständen ist es mir unmöglich, Sie mitzunehmen."

Julietta dachte kurz nach: „In Ordnung. Ich mache einen Kompromissvorschlag. Ich fahre nur durch das Mittelmeer mit Ihnen. In irgendeinem größeren marokkanischen Hafen setzen Sie mich an Land und ich fliege zurück", und mit einem verschwörerischen Lächeln fügte sie hinzu: „Ich würde die Reise natürlich auch bezahlen. Mit einer solchen Luxusjacht eine Woche unterwegs zu sein, das wäre mir schon ein paar tausend Euro wert!"

Jens kratzte sich hinter seinem rechten Ohr, für Marthe ein sicheres Zeichen dafür, dass er über den Vorschlag nachdachte. In seiner derzeitigen Situation, mit dem Gewächs auf dem Rückgrat, war ihm jede zusätzliche Verdienstmöglichkeit willkommen. Wer weiß, wie es mit ihm weitergehen würde. Im allerschlimmsten Fall konnte auch Marthe das Geld gut brauchen.

„Komm mit mir nach draußen", sagte er zu Marthe.

Sie gingen auf das Vorschiff. „Was hältst du von der Sache?", fragte er seine Frau.

„Was für rechtliche Schwierigkeiten können denn entstehen?"

„Wenn sie wirklich seine Tochter ist – und das bestätigt der Reisepass, dann kann uns kaum daraus ein Strick gedreht werden, dass wir sie ohne sein Wissen auf das Schiff genommen haben. Noch dazu, wo der eigentliche Eigner des Schiffes ja die Firma ist. Wenn ein Unglück passiert – nun, sie ist alt genug und es ist ihre Entscheidung. Wenn wir sie in Marokko absetzen, dann sehe ich kein besonderes Risiko."

„Gut, meinetwegen nehmen wir sie mit!", entschied Marthe. „Ob du bei einem der Telefonate, die du mit Wenzel Waldhof vereinbart hast, eine Erwähnung machst, ist deine Sache. Vermutlich werden wir ihn nie persönlich kennen lernen, also was soll's?"

„Dem stimme ich zu!", meinte Jens und fuhr fort: „Ich ersuche dich aber, dass du dir genau ihr Gepäck und ihre persönlichen Sachen ansiehst. Ich möchte, bevor ich in einen ägyptischen Hafen einlaufe sicher sein, dass sie nicht in irgendeiner Falte ihres Koffers oder in ihren Kosmetika eine Portion Koks oder Ähnliches versteckt hat. Sonst ist unsere Fahrt schon nach den ersten 12 Stunden zu Ende. Ihre Bereitschaft dazu werde ich zur Bedingung für ihre Mitreise machen."

Julietta Waldhof war mit dieser Maßnahme sofort einverstanden. Gemeinsam mit Marthe ging sie in die backbordseitige Mittschiffskajüte und öffnete den Koffer und die Tasche. Nach zehn Minuten kamen beide wieder in den Salon. Mit einem leichten Kopfnicken signalisierte Marthe, dass alles in Ordnung sei.

Julietta lächelte breit: „Ich möchte Ihnen noch einen Ausweis zeigen."

Mit diesen Worten zückte sie einen Sportbootführerschein See und hielt ihn Jens vor das Gesicht. „Wenn Sie mir das zutrauen, dann kann ich die eine oder andere Wache als Rudergänger übernehmen, Skipper!", sagte sie mit einem fröhlichen Lachen.

Nun war Jens Klaas sicher, die richtige Entscheidung getroffen zu haben. Er freute sich auf diese weite Reise. Was er nicht wissen konnte: Marthe und er würden nie mehr zurück kommen. Dafür würden die drei Männer, die zu dieser Zeit eben die Terrasse des Restaurants in Pobla de Farnals in der Provinz Valencia betraten, sorgen.

27. Juni

Im Hafen von Santa Cruz de Tenerife

Mit fünf Knoten glitt die Motorjacht „Calima" zur Hafeneinfahrt von Santa Cruz de Tenerife. Links vorne lag die Stadt, deren Häuser sich in langen Zeilen die umgebenden Berghänge hinaufzogen. Direkt voraus zeichnete sich das Anaga-Gebirge in all seiner Schroffheit gegen den blauen Himmel ab. Die grünen Hänge gaben Zeugnis von den zahlreichen Niederschlägen, die in diesem Gebiet fallen.

Das Boot, ein vom Alter her bereits erwachsener Taiwan Trawler, der in Amerika unter dem Namen Grand Banks bekannt ist, war gut gepflegt. Heinz Lauberg steuerte das Schiff von der Flying Bridge aus. Neben ihm befand sich seine Frau Clara. Es war drückend heiß und die Sonne stand, obwohl es bereits nach 15 Uhr war, hoch über dem offenen Meer, das die „Calima" eben verließ. Die Zufahrt zum Jachthafen, der Marina del Atlantico, führt ziemlich lange an einer viele Meter hohen Mole entlang. Dieser Schutz, optisch eher störend, ist an stürmischen Wintertagen bitter notwendig, wenn die Atlantikbrecher gegen dieses Bollwerk anrennen. Nicht selten kommt so eine Riesenwelle trotzdem über die Mauer.

Clara blickte auf die Wasserflasche, die neben Heinz auf dem Deck stand. „Willst du das noch trinken?", fragte sie.

„Du weißt, ich liebe warme Getränke!", antwortete Heinz.

„Da steigen ja schon mehr Blasen auf, als bei Mineralwasser mit Gas!"

Heinz lächelte, griff nach der Flasche und trank sie in einem langen Zug leer. Fast augenblicklich spürte er, dass er noch stärker zu schwitzen begann.

„So, schnell ausgetrunken, dann ist die Sache erledigt!", meinte er.

„Wissen möchte ich, was du mit all der ersparten Zeit anfängst, die du durch deine ständige Eile gewinnst", bemerkte Clara mit leicht ironischem Ton in der Stimme.

„Ab fünfzig wird es einfach knapp", bemerkte Heinz und blickte zu den zwei verrosteten Seelenverkäufern hinüber, an deren Backbordseite sie eben vorbei glitten. Während er den Fahrthebel weiter zurück nahm, um die Geschwindigkeit auf ein hafentaugliches Tempo von drei Knoten zu reduzieren, bemerkte er: „Ob die sich noch einmal von hier weg bewegen?"

Kritisch richtete auch Clara ihren Blick auf die Frachter. „Wenn ja, dann sicher nur um zum Versicherungsfall zu werden. Falls sich eine Versicherung findet, die diese Rostlauben noch einmal unter Vertrag nimmt. Dann ein paar hundert Meilen auf den Atlantik hinaus und plötzlich kommt nachts ein „Mayday"[7] wegen einer Kollision mit einem treibenden Container und der Eigner braucht sich um die Entsorgung seines Schrotts nicht mehr zu kümmern. Schau, alle beide kommen aus Russland."

„Deine kriminelle Fantasie ist wirklich bewundernswert. Na ja, vielleicht hat sie die Hafenpolizei ja auch schon an die Kette gelegt. Dann macht wenigstens die kleine Reparaturwerft da vorne noch ein Geschäft." Heinz zeigte auf ein Schwimmdock, das an der Mole festgemacht lag und in dem eben ein kleiner Frachter einen neuen Anstrich erhielt. Das Schwimmdock selbst hätte zwar auch dringend eine Generalüberholung nötig gehabt, aber vielleicht wurde das ja durch den guten Geschäftsgang verhindert.

Von Land her waren die lauten Geräusche des Containerhafens deutlich zu hören. Dort herrschte wirklich vierundzwanzig Stunden am Tag Betrieb.

So glitt die „Calima" mit ihren gemütlichen drei Knoten langsam, aber stetig dem Jachthafen entgegen. Durch die geringe Fahrt wird Schwell vermieden, also eine übermäßige Bug- und Heckwelle, was die Rücksicht auf die anderen Hafenlieger gebietet, soll bei denen nicht der *vino tinto* über den Gläserrand schwappen. Da es Hochsommer war, bot der Jachthafen ein eher aufgelockertes Bild. Im Spätherbst konnte es schon einmal eng werden, wenn die Winterflüchtlinge vor ihrem großen Törn über den Atlantik, der meist in der Karibik enden soll, die Kanarischen Inseln als letzten Absprungpunkt ansteuern. Dies besonders auch deshalb, weil kaum sonst wo so billig der Treibstofftank mit Diesel befüllt werden kann. Recht gutes Wasser und die Möglichkeit in großen Supermärkten noch preisgünstig Verpflegung und Marketenderware einkaufen zu können, ergänzen die guten Gründe für einen Landfall auf den Kanaren. Die Passatwinde, die für die Überfahrt genützt werden, sind stabil und daher kommt es auf den einen oder anderen Tag nicht an.

Auch Christoph Columbus hat auf der kleinen Insel La Gomera schon Kraft und Wasser getankt, um dann über die Westroute nach Indien zu fahren. Was er auch sicher geschafft hätte, wäre ihm Amerika nicht in die Quere gekommen. Gut, dass er sein Scheitern nicht bemerkt hat!

Viele Segler haben auf einer der größeren Inseln, Gran Canaria, Teneriffa oder La Palma schon vom Abenteuer einer Überquerung des Atlantiks genug und bleiben auf den „Inseln des ewigen Frühlings", wie die Kanaren genannt werden. Schön ist es auch hier, Winter gibt es nur nach dem Kalender und man kann sich den Atlantik weitgehend ersparen. Wer weiß, vielleicht gibt es nicht nur vier Meter hohe Wellen, sondern auch solche mit sechs oder acht Metern und man muss ja nicht alles selbst erlebt haben, es genügt, wenn man dann daheim davon erzählt. „Was braucht der Seemann auf See zu gehn, er kann die See auch von Land aus sehn!", wie ein altes Sprichwort sagt. Und die Hurrikan-Zone lässt sich auf diese Weise auch vermeiden. Dabei kann es auch auf den Kanaren ganz schön blasen, wie der Name der Insel Fuerteventura (Starker Wind) andeutet.

Inzwischen hatte Heinz schon den Steg ausgemacht, an dem der Stammplatz der „Calima" lag. Es war der vorletzte Ponton. Der letzte war den Gastliegern vorbehalten. Da sah man immer wieder schöne Jachten der Superreichen. Viele davon sogar mit Crew, so dass sich der Eigner und die Gäste ungestört den Vergnügungen der Seefahrt hingeben konnten, ohne auch nur eine Festmacherleine ausbringen zu müssen.

Auf der „Calima" war das anders. „Hängst du bitte die Fender aus und steigst dann auf die Badeplattform hinunter, ich werfe dir dann die Festmacher zu", sagte Heinz. Langsam glitt das fast 12 Meter lange Schiff an den anderen Booten vorbei und näherte sich dem Liegeplatz, dessen Steg auf der Backbordseite lag. Heinz wollte mit dem Heck anlegen. Knapp vor dem Liegeplatz stoppte er das Schiff, legte das Ruder hart Steuerbord und gab einen kurzen Gasstoß. Das Bugstrahlruder[8] half auch noch mit, dadurch drehte sich das Schiff fast auf der Stelle nach rechts und konnte dann mit langsamer Rückwärtsfahrt in die Box einfahren. Bei mehr als 10 Tonnen Gewicht, war eine gewisse Ruhe und Sorgfalt bei den Hafenmanövern notwendig, um nicht die Steganlagen oder andere Boote zu beschädigen. Und auf das eigene Schiff war Heinz Lauberg ganz besonders achtsam.

Clara hatte Fender auf beiden Seiten und zwei Kugelfender am Heck ausgebracht und wartete auf der Badeplattform, bis sich das Schiff auf Schrittweite dem Steg angenähert hatte. Dann stieg sie hinüber und führte die beiden Festmacherleinen durch jeweils einen der Ringe, die mit dem Steg fest verankert waren. Anschließend warf sie die Leinen zurück und Heinz belegte sie an zwei Klampen. Da die Box für zwei Schiffe vorgesehen war, konnten noch eine Vor- und eine Heckleine zum seitlich am Boot entlang laufenden Steg ausgebracht werden, dann lag die „Calima" sicher und ruhig. Natürlich wäre ein Liegeplatz etwas weiter außen leichter anzufahren gewesen, aber Heinz Lauberg war der Meinung, dass auch die Benimmregeln auf See einem langsamen Verfall zuwankten und dann wird man von jedem Boot, das sich nicht an die Geschwindigkeitsbegrenzungen hält, kräftig durchgeschüttelt. Und der eigene *vino tinto* könnte über den Gläserrand schwappen. Dieses Risiko wäre Heinz Lauberg zu hoch gewesen. Daher – Gemütlichkeit an einem entlegenen Plätzchen!

Clara voran, betraten sie durch die auf der Steuerbordseite gelegene Türe im Aufbau den Salon. Dieser war mit schiffsüblichem Mahagoniholz ausgestattet. An der Steuerbordwand war eine gemütliche Essgruppe mit L-Sofa montiert, davor ein Tisch. An der Backbordwand befand sich noch ein Längssofa und die Pantry mit Gasherd, Spüle, Kühlschrank und Vorratsschränken. Sonst gab es hier noch den Innensteuerstand, an dem Heinz eben den Motor abstellte und die nicht benötigten Stromkreise ausschaltete. Das Zündschloss lag neben den Instrumenten für die Motorüberwachung und die Nautik. Dann waren da noch Stauräume überall, wo es möglich war. Der Boden bestand aus echtem Mahagoniparkett und glänzte in der Sonne. Ein blauer Teppich bot einen beruhigenden Kontrast. Große Fenster links und rechts und weitere Schiffsfenster vorne, erlaubten eine tolle Sicht nach drei Seiten. Nur was hinter dem Schiff los war, konnte man vom Salon aus trotz zweier Fenster nicht so gut einsehen. Drei Stufen führten hinunter in das Vorschiff mit einer V-Koje. Dort war der Schlafplatz für allfällige Gäste. Das Vorschiff verfügte auch über eine eigene Sanitärzelle mit Waschbecken, Dusche und WC, so dass sich zwei Familien an Bord weder morgens noch abends in die Quere kommen mussten. Ein Kleiderschrank und mehrere Laden boten die Möglichkeit, nicht aus dem Koffer leben zu müssen.

Auch zum Achterschiff gelangte man über drei Stufen. An der Steuerbordseite befand sich die Tür zu Dusche und WC, an beiden Seiten waren Kojen. Die breitere hatte Clara erfolgreich für sich reklamiert. Die zweite, schmälere, bot Heinz die Möglichkeit, sich nächtens auszuruhen. Niedere, an beiden Seiten angebrachte Schiebefenster sorgten für ausreichendes Licht und auch für frische Luft. An der achterlichen Wand zwischen den Kojen befand sich noch ein Aufgang zur Plicht[9]. Unter den Betten verbargen sich zwei Tanks mit je etwa 400 Litern Trinkwasser.

„Wer geht zuerst ins Bad?", fragte Clara.

„Ich übe mich in Geduld", antwortete Heinz mit einem schiefen Lächeln.

„Und was willst du damit sagen? Dass ich zu lange im Badezimmer bin? Dass ich zu viel warmes Wasser verbrauche? Dass ich deine ständige Eile behindere?", antwortete Clara in gespielter Streitlust.

Heinz, einen Kopf größer als seine Frau, gab ihr von oben einen Kuss auf den Scheitel. „Aber Schatz, ich mache mir doch nur Sorgen, ob du noch rechtzeitig zu deinem *Cortado*[10] kommst. Es ist schon halb vier Uhr und du weißt, wenn du ihn nach fünf trinkst, dann kannst du nicht schlafen."

„Lügner!", kam die Antwort bereits aus dem Badezimmer, bevor die Türe geschlossen wurde.

Mit einem Lächeln ging Heinz zum Kühlschrank, um eine frische Flasche Wasser zu holen und mit einem tiefen Schluck einen weiteren Versuch zu starten, den Durst zu stillen, bevor er wieder nach oben auf die Flying Bridge ging, um sich dort gemütlich im Schatten des Sonnendaches auf einer Backskiste[11] niederzulassen. Ein leichter Wind brachte zusätzliche Kühlung, so dass Heinz dieses Plätzchen als sehr angenehm empfand. Sein Blick wanderte über die Stadt. Santa Cruz ist der einzige kommerzielle Hafen Teneriffas. Alle Güter von und zur Insel werden hier umgeschlagen. Das war nicht immer so. Bis in das 18. Jahrhundert war der kleine Ort Garachico am westlichsten Zipfel der Nordküste gelegen, der wichtigste Umschlagplatz. Ein Vulkanausbruch, der die gesamte Ansiedlung verschüttete und das Ufer um gut hundert Meter weiter in das Meer vorschob, machte dem ein Ende. In den Zeiten danach war Puerto de la Cruz, die größte Stadt an der Nordküste, der wichtigste Hafen, der sogar von Passagierschiffen frequentiert wurde. Der mangelnde Ausbau und die gefährliche Ansteuerung wegen zahlloser Klippen, haben heute allerdings seine Bedeutung auf die eines kleinen Fischerhafens reduziert. Santa Cruz hingegen erlebte einen gewaltigen Aufschwung, nicht nur im Bereich der Seefracht, sondern auch bei Kreuzfahrten. Es lagen schon sechs große Pötte gleichzeitig an der Pier. In letzter Zeit gab es Planungen, den gesamten Güter- und Containerverkehr aus Santa Cruz zu verbannen und dafür einen neuen Tiefwasserhafen bei dem Ort Granadilla zu bauen, aber dagegen regt sich bei der Bevölkerung starker Widerstand.

„Bad frei!", tönte es aus dem Schiff.

„Das war ja Rekordzeit!", lobte Heinz.

„War das nett oder ätzend?", kam die sofortige Gegenfrage.

„Du kennst mich seit über dreißig Jahren, also was soll die Frage?", antwortete Heinz schmunzelnd.

„Genau das ist es ja, du alter Gauner!"

Seufzend erhob sich Heinz, zog sich aus und ging unter die Dusche. Durch die eben abgeschlossene Fahrt gab es genug warmes Wasser. Der Boiler wurde nämlich über einen Wärmetauscher durch das Kühlwasser des Motors erwärmt. Wenn im Hafen 220 Volt zur Verfügung standen, konnte man ihn auch elektrisch aufheizen. Aber den Landanschluss hatte Heinz noch nicht hergestellt. Das Kabel lag ordentlich aufgerollt in jener Backskiste, von der er vor wenigen Minuten aufgestanden war.

Heinz konnte kaltes Duschwasser nicht einmal im Süden ausstehen und so fühlte er sich unter der Brause recht wohl. Beim Abtrocknen ein kritischer Blick in den Spiegel. „Ich muss abnehmen", dachte er. Bei 185 Zentimetern Größe waren zwar die 90 Kilo nicht so schlimm, wenn sie nur besser verteilt gewesen wären. Eine gewisse Konzentration um die Mitte herum war nicht zu übersehen. „Für 53 Jahre gar nicht schlecht!", war er schließlich doch mit sich zufrieden.

Als Heinz die Dusche verließ, kletterte Clara eben auf das Achterdeck[12]. Er sah gerade noch ein paar Beine in hellen Jeans über die Treppe verschwinden. Nach wenigen Minuten war auch er angezogen. Sorgsam kontrollierte er, ob alle Luken so weit dicht waren, dass keine ungebetenen Gäste an Bord kommen konnten, sperrte den Niedergang ab und verließ gemeinsam mit Clara das Schiff. Der Steg schwankte leicht unter dem Gewicht, aber nach einigen Metern war der feste Boden erreicht und der *Cortado* damit in greifbare Nähe gerückt.

Der Funkspruch

Obwohl die Lokale, die in Santa Cruz direkt an der Straße, die die Stadt vom Hafen und dem Meer trennt, liegen, sicher in keinem Gourmet-Führer aufscheinen, waren Clara und Heinz Lauberg mit ihrem Abendessen zufrieden. Er hatte ein gegrilltes Merluza Filet, also Seehecht, mit einigen Pommes Frites und etwas Zwiebel, einigen Streifen grünem Salat und einer Tomatenscheibe gegessen, Clara bei gleicher Garnierung ein gebratenes Hühnerbein.

„Wieso die hier derartig geschmacklose Tomaten haben, verstehe ich nicht", meinte Heinz.

„Wahrscheinlich werden die guten exportiert", antwortete Clara.

„Da haben sie gleich quadratkilometerweise den Süden mit ihren eigentümlichen Foliengewächshäusern überzogen, in denen zwei Meter hohe Stauden wachsen und dann kriegst du hier keine saftige, würzig schmeckende Tomate!", räsonierte Heinz weiter.

„Das liegt wahrscheinlich daran, dass die Stauden zwei Meter hoch sind. Eine Turbo-Tomate vermutlich. Das ist ja vielfach bei Obst und Gemüse auch nicht anders, wenn man von Orangen und *Platanos*[13] absieht."

Heinz Lauberg leerte sein Glas, in dem sich noch ein kleiner Rest *Cerveca Dorada*, eines recht guten spanischen Bieres befunden hatte. Anschließend verlangte er die Rechnung, die, wie üblich, auf einer kleinen Tasse serviert wurde. Ein zwanzig Euro-Schein reichte aus. Als das Wechselgeld gebracht wurde, klaubte Heinz noch ein zwei Euro-Stück heraus, der Rest blieb als Trinkgeld.

„Komm mein Schatz, wir haben noch einen komplizierten Weg vor uns!", wandte er sich zu Clara.

Da sie nicht durch einen sehr wenig appetitlichen Tunnel gehen wollten, mussten sie eine der am stärksten befahrenen Straßen von Santa Cruz queren, dann an einem verrosteten Denkmal vorbei, durch einen – allerdings kurzen – Tunnel, bevor man auf das Hafengelände kommt. Die zunehmende Dunkelheit machte den Weg auch nicht einfacher.

„Ich bin gespannt, ob sich das nach dem geplanten Umbau der Plaza España ändert oder ob die Blechleiter als historisch wertvoll erhalten bleibt!", ätzte Heinz.

„Das kannst du dir irgendwo ansehen. Ich glaube im *Cabildo*[14] gibt es eine Ausstellung darüber. Apropos Ausstellung. Ich möchte jetzt wirklich einmal das neue Museum besuchen. So lange es nämlich noch neu ist!", schlug Clara vor.

„Tolle Idee! Jetzt sind wir schon so oft und lange auf der Insel gewesen und haben die Guanchen[15] Mumien noch nicht gesehen. Es ist eine Schande!", gestand Heinz.

Mittlerweile befanden sie sich an der Treppe. Heinz reichte Clara seinen rechten Arm. „Darf ich dir über die spanische Stiege herunter helfen?", meinte er ironisch.

Einige Minuten später waren sie wieder auf dem Schiff.

„Trinken wir noch einen Schluck Rotwein auf der Fly", schlug Heinz vor.

Es war noch ziemlich warm und auch der Wind hatte sich gelegt. Clara stimmte sofort zu. Er holte die Flasche und zwei Gläser, während Clara den kleinen Tisch aufstellte und Sitzauflagen auf zwei Plastiksessel legte, die sie zuvor mit einem nassen Lappen von einer zarten Salzkruste befreit hatte.

Kaum hatten sie sich gesetzt, stand Heinz schon wieder auf: „Ich muss das Logbuch noch abschließen. Macht es dir was aus, wenn ich kurz mehr Licht mache?"

„Nein, wenn es die seemännische Sorgfaltspflicht gebietet!", meine Clara leicht ironisch.

Heinz schaltete die Deckbeleuchtung ein. Gebündeltes Halogenlicht schuf eine helle Insel inmitten der umgebenden Dunkelheit. Der Kontrast war beinahe schmerzlich. Er legte das Buch auf den Tisch, setzte sich und begann mit den letzten Eintragungen.

„Weißt du noch, wann wir angekommen sind?", wandte er sich an seine Frau.

„Ich denke, es wird so etwa 16 Uhr gewesen sein", half sie ihm.

Sie stand auf: „Macht es dir etwas aus, wenn ich das Handfunkgerät einschalte, vielleicht kommt ein Luxusliner und es gibt heute noch etwas zu sehen."

„Dein unstillbarer Durst nach Abenteuern schlägt wieder einmal zu. Schalte es ein, hören wir noch ein bisschen in die Nacht hinaus."

Lächelnd sah ihn Clara an: „Also, grundsätzlich ist mein Bedarf an Abenteuern schon durch die Ehe mit dir locker abgedeckt, mein Guter!" Sie ging in den Salon und kam mit dem Gerät in der Hand zurück. Auf der Anzeige leuchteten die Ziffern 16 und 12^{16} auf. Dann setzte sie sich wieder an den Tisch. Heinz schlug das Logbuch zu, griff nach der Flasche, schenkte würzigen, spanischen Rotwein ein und nach einem gegenseitigen „*Salud!*", Gesundheit, tranken sie den ersten Schluck.

„Und was bietest du mir morgen?", fragte Clara gut gelaunt.

Heinz Lauberg dachte kurz nach: „Machen wir es vom Wetter abhängig. Wenn es Wolken gibt, dann gehen wir in das Museum. Wenn es schön ist, dann können wir in die Bucht von Poris de Abona fahren und einen Badetag einlegen. Wenn das Wetter stabil bleibt, können wir dort auch vor Anker bleiben und die Nacht in der Wildnis verbringen."

„Eine wilde Nacht klingt verlockend!" Clara warf einen tiefen Blick in seine Augen.

„Ich habe nicht von einer wilden Nacht, sondern von einer Nacht in der Wildnis gesprochen", korrigierte er.

„Das ist aber schade!", kam in einem leichten Grummelton zurück.

In diesem Moment begann es, im Funkgerät zu rauschen. *„Mayday, Mayday, Mayday,* hier ist „Undine", Position 28 Grad, 35 Minuten Nord, 015 Grad, 50 Minuten West. Wir hatten eine Kollision mit einem treibenden Körper. Mit einer Leiche! Kommen!"

Clara und Heinz starrten einander an. „Das ist doch in unserer Nähe!", brach Clara die Stille. „Das muss im Bereich zwischen Gran Canaria und Teneriffa sein. So geschätzt etwa nordöstlich von San Andres", meinte Heinz.

Nach einer kurzen Funkstille meldete sich wieder der Lautsprecher: *„Mayday* „Undine", hier spricht die *Guardia Civil*[17]. *Mayday* beendet. Schalten Sie auf Kanal 06. Kommen."

„Hier „Undine", ich schalte um, Ende."

Clara und Heinz griffen gleichzeitig nach dem Funkgerät, mit dem Effekt, dass es zu Boden fiel und in der Dunkelheit nicht gleich zu sehen war. Clara gewann das Suchen und schaltete von Kanal 12 auf 06. Dort war der weitere Verkehr zwischen der Guardia Civil und dem Schiff „Undine" schon im Gange: „… wir sind eine Segeljacht mit vier Personen an Bord auf dem Weg nach Santa Cruz. Kommen." „Hier Guardia Civil. Sichern Sie die Leiche und halten Sie die Position. Bleiben Sie weiter auf Kanal 06 empfangsbereit. Ende."

„Na, was sagst du dazu?", fragte Clara.

„Dazu sage ich, dass auch das Einfangen einer Leiche kein Grund ist, einen „Mayday"-Ruf abzusetzen. Und sonst sage ich, dass man schon eine ordentliche Portion Pech haben muss, dass einem auf offener See so etwas passiert. Ein treibender Container, ja. Meinetwegen auch eine alte Seemine, aber eine Leiche?"

„Bist du nicht etwas sarkastisch unter diesen Umständen? Allerdings muss ich zugeben, dass ich die Kollision mit einer Leiche einer solchen mit einem Container oder gar einer Seemine vorziehen würde. Und ich gebe weitere zu, dass das auch sarkastisch klingt."

In diesem Moment hörten sie aus der Richtung des Containerhafens das Anlaufen einer Flugzeugturbine. Der Hubschrauber der Guardia

Civil machte sich offenbar abflugbereit. Der Lärm der Turbine verstärkte sich und schon bald mischte sich das flappende Geräusch der Rotorblätter dazu. Zusätzlich war im vorderen Bereich des Hafens ein blaues Blitzlicht zu sehen und das tiefe Brummen eines starken Bootsmotors zu vernehmen. Also lief auch ein Schnellboot der Guardia Civil aus. Der Hubschrauber hob ab und zog so knapp über den Hafen in Richtung Anaga Gebirge und San Andres, dass der *Downwash* des Rotors einige Boote mit hohen Masten ordentlich ins Schwanken brachte. Das übliche Klingeln mehrerer Großfalls[18] an und in diversen Masten war die Folge.

„Nun, die beneide ich jetzt nicht!", meinte Heinz. „Gut, dass auch das Polizeiboot ausgelaufen ist, dann brauchen sie wenigstens nicht die Seilwinde des Helikopters. Eine nächtliche Hubschrauberbergung ist bei einem Segelboot keine Kleinigkeit. Ein hoher Mast, Antennen, Wanten und Stage und dazu der Wellengang, der sich zwischen den Inseln aufbauen kann, das sind schwierige Verhältnisse. Da kann sich das Windenseil an zahllosen Hindernissen verfangen und wenn das Lösen dann nicht schnell geht, kann es für den Helikopter und natürlich damit auch für das Boot eng werden. Solche Aktionen sind ein Bravurstück für alle Beteiligten. Und die Zusammenarbeit mit der Bootsbesatzung muss auch klappen. Dazu kommt noch die Belastung durch die Sache an sich. Nein, so etwas muss man nicht haben", ergänzte er.

„Ich stelle mir das schon ziemlich schaurig vor", meinte Clara und stand auf. „Ich hole mir eine Weste, mir ist kalt."

„Und ich glaube, wir trinken noch etwas Wein. Diesmal nicht zum Genuss, sondern als Beruhigungsmittel. Außerdem werden wir ja sicher eine Weile hier sitzen bleiben. Vielleicht hören wir noch mehr über den Funk. Die Gespräche zwischen dem Helikopter und dem Schnellboot, die die interessanteren wären, bekommen wir wahrscheinlich nicht mit, die verkehren sicher auf einem anderen Kanal. Zusätzlich sprechen sie kanarisches Spanisch und das ist schon von Angesicht zu Angesicht kaum verständlich, dann erst im Funk."

„Außerdem würde das Verstehen von Spanisch voraussetzen, dass man Spanisch versteht. Und das ist bei mir in kleinem Maß und bei dir in kleinstem Maß der Fall. Oder ist mir etwas entgangen?", bemerkte Clara und ein leichtes Lächeln kehrte wieder in ihr blasses Gesicht zurück.

„Nun, mein Küchenspanisch reicht immerhin dazu aus, dich nicht in einem Restaurant verhungern oder was noch schlimmer wäre, verdursten zu lassen", versuchte Heinz seine polyglotte Ehre zu retten.

Er griff wieder nach dem Logbuch, das er für diesen Tag schon abgeschlossen hatte, schlug es noch einmal auf und begann nach einem Blick auf die Uhr, den aufgenommenen Notruf zu vermerken.

„So, jetzt hat alles wieder seine Ordnung", sagte er und klappte das Buch zusammen.

„Was meinst du, kommen die mit dem Boot hierher?", fragte Clara.

„Ich glaube schon", antwortete Heinz, „die Leiche wurde in der Nähe von Teneriffa aufgefunden. Außerdem ist die *Guardia Civil* von hier aus gestartet. Ich denke also doch, dass die Basis aller weiteren Aktionen Santa Cruz sein wird." Ironisch ergänzte er: „Spitzt hier Miss Marple die Ohren?"

Clara lächelte und hüllte sich in tiefes Schweigen. Nach dem Abschluss ihres Jus Studiums hatte sie einige Zeit als Assistentin an der Universität Wien gearbeitet, sich aber dann doch für die Tätigkeit in einer Kanzlei entschieden. Schon nach kurzer Zeit hatte sie sich einen guten Ruf als Strafverteidigerin erworben. Ihr war es immer ein besonderes Anliegen gewesen, bei den Fällen, die sie bearbeitete, hinter die Fassade des Augenscheinlichen zu blicken. Sie hatte sich umfassend mit der psychologischen Beziehung zwischen Opfern und Tätern auseinander gesetzt und hatte zahlreiche Vorlesungen in gerichtlicher Medizin und in Kriminalpsychologie besucht. Diese tiefgründige Sicht der Dinge und die Genauigkeit, mit der sie alle, auch unbedeutend erscheinende Details eines Falles in ihre Strategien einbezog, hatten ihr in der Kanzlei den Spitznamen Miss Marple eingetragen.

Da von Clara immer noch keine Reaktion kam, setzte Heinz fort: „Außerdem schlage ich vor, das Thema Leichenfund von der abendlichen Agenda zu streichen, sonst können wir nicht schlafen."

Mit einem leicht sarkastischen Zug um den Mund, setzte Clara fort: „Und ein ausreichender, gesunder Schlaf ist in unserem Alter wichtig. Sonst schneidest du dich morgen beim Rasieren, weil du erschrickst, wenn du in den Spiegel schaust."

Er lächelte: „Die Phase habe ich schon lange überwunden. Da eine Besserung dieser Situation nicht zu erwarten ist, habe ich resigniert und erfolgreich verdrängt."

„Ganz schön anpsychologisiert, der Mann!", erwiderte Clara.

Sie tranken ihre Gläser aus und beschlossen, den Abend für beendet zu erklären, da auch aus dem Funkgerät keine weiteren Informationen kamen. Heinz Lauberg schaltete die Decksbeleuchtung und das Funkgerät aus. Dann überprüfte er gewohnheitsmäßig noch einmal die Festmacherleinen und die Fender. Schließlich betrat er vom Gangbord aus den Salon und verriegelte die Schiebetüre. Clara war inzwischen ins Bad verschwunden. Heinz setzte sich daher noch in den unbeleuchteten Salon. Während er die Lichter der Stadt betrachtete, merkte er, wie müde er war. Er freute sich schon auf die Koje.

28. Juni

Das Gespräch

Heinz Lauberg und seine Frau Clara hatten eben das Frühstück beendet. Die Temperatur war sehr warm bei hoher Luftfeuchtigkeit. Über den Bergen hinter der Stadt Santa Cruz türmten sich dicke schwarze Wolken. Obwohl Clara am Morgen immer schwer dazu zu bringen war, im Freien zu frühstücken, war sie heute durch die tropische Atmosphäre aus dem gemütlichen Salon in der Mitte des Schiffes vertrieben worden. Da sich aber auch draußen kein Lüftchen regte, wäre es ohnehin egal gewesen.

„Ob die mit dem Segelboot schon da sind?", kam Clara auf das Thema zurück, das beide während des eher einsilbigen Frühstücks in Gedanken schon abgehandelt hatten.

„Sicher, das sind ja nur 30 Meilen. Ich habe es zwar nicht nachgemessen, aber viel mehr kann es nicht sein. Die sitzen sicher schon bei der *Guardia Civil* und machen dort ihre Aussagen."

Clara stand auf, reckte sich und schaute zum Ende des Hafenbeckens, wo sich die Gastliegeplätze befinden. „Bei den Gastliegern hat sich seit gestern nichts verändert. Es ist kein Boot dazu gekommen."

„Die liegen sicher am Polizeisteg. Bevor sie mit den Aussagen fertig sind, lassen die sie von dort nicht weg. Wahrscheinlich legen sie das Schiff ohnehin zunächst an die Kette. Es ist ja auch die Frage, woher das Boot ursprünglich gekommen ist. Wenn sie aus dem Mittelmeer kommen, dann haben sie wahrscheinlich in einem marokkanischen Hafen angelegt. Dann will der Zoll sicher auch noch einmal das Schiff genau ansehen. Die vier haben heute wohl eine Menge zu tun", meinte Heinz.

Eine Weile plauderten sie noch über den Vorfall, dann wandte sich Clara der Planung des eigenen Tages zu: „Was machen wir an diesem Saunatag?"

„Besondere Lust habe ich nicht, nach Poris de Abona hinüber zu fahren. Das Barometer ist gefallen und die Höhe der Luftfeuchtigkeit braucht man nicht vom Instrument abzulesen. Ich schlage Gemütlichkeit vor."

Dieser unkonkrete Vorschlag war Clara zu wenig: „Was hältst du vom Museum? Nur weil wir gestern darüber gesprochen haben."

Heinz gähnte: „Okay, wir können dort ebenso gut schwitzen wie hier."

Damit war die Sache abgemacht und nach einer halben Stunde verließen sie das Boot in Richtung Plaza España. Dort wandten sie sich nach links und schlenderten durch die Avenida Bravo Murillo. Schon nach einer kurzen Strecke kamen sie an den Barranco[19] de Santos. Auf der anderen Seite lag auch schon das neue Museum, das sich mit der Archäologie und der Biologie der Kanaren beschäftigt.

„Hast du die Buskarte mit?", fragte Clara.

Mit der Bemerkung „Ohne *Bono Card* keinen Schritt", zog Heinz das Ticket aus der Tasche, gewährt doch diese Vorverkaufskarte nicht nur deutlich günstigere Bustarife, sondern auch einen 50 Prozent Nachlass beim Eintritt in das Museum.

Clara und Heinz Lauberg waren überrascht von der Gestaltung und der inhaltlichen Aufbereitung der einzelnen Ausstellungsthemen. Grundsätzlich besteht das Gebäude, ein ehemaliges Krankenhaus, aus zwei Teilen, die durch einen Innenhof verbunden sind. Dort befinden sich wissenschaftliche Abteilungen, eine Bibliothek und ein kleines, aber sehr schönes Restaurant. Ein Gebäudeteil ist der Archäologie und der andere der Flora und Fauna der Inseln gewidmet. Höhepunkt der umfassenden Schau zu diesen beiden Themen ist unzweifelhaft die überaus ansprechend gestaltete Ausstellung der teilweise sehr gut erhaltenen kanarischen Mumien. Kaum weniger interessant sind jedoch auch die Informationen über die Fauna, noch mehr aber über die Flora der Inseln, die an Exotik und Vielfalt ihresgleichen sucht.

Als Clara und Heinz Lauberg das Museum verließen, waren sie gleichermaßen beeindruckt und hungrig. Clara streckte sich in der Sonne, die just zu dem Zeitpunkt ein Wolkenloch gefunden hatte, als die beiden die Brücke über den Barranco de Santos betraten.

„Ach, ist das angenehm nach dieser Kälte im Museum", freute sie sich. Die Räume waren tatsächlich überklimatisiert gewesen. Eine teneriffische Spezialität übrigens. Auch in den öffentlichen Bussen, den Guaguas, wie sie hier genannt werden, herrscht oft Eiszeit.

„Und womit schlagen wir uns heute den Bauch voll?", formulierte Heinz ein existenziell wichtiges Problem.

Mit einem sprechenden Blick auf seine rundliche Mitte meinte Clara: „Falsche Frage! Wo bekommen wir eine so kleine Portion guten Essens, damit gerade unser Hungergefühl gestillt ist. So sollte, übrigens für uns beide, die Frage lauten."

„Also, zu groß war mir hier noch kaum eine Portion", meinte Heinz.

„Eben, du siehst ja das Ergebnis", konterte sie mit einem ironischen Augenzwinkern.

„Könnten wir jetzt zum eigentlichen Thema kommen oder bestreitet meine Körpermitte weiterhin das nachmittägliche Unterhaltungsprogramm?", raunzte er.

„Na, komm mein Bär", beschwichtigte Clara, „ich habe es ja nicht böse gemeint. Außerdem weiß ich, dass man nicht mit Steinen werfen soll, wenn man selbst im Glashaus sitzt. Ich schlage vor, dass wir das Lokal ausprobieren, das die Fenster im ersten Stock Richtung Hafen hinaus hat. Das gleich oberhalb der Uferstraße."

„Okay, das nehmen wir und dass du es weißt, zur Strafe für deine spitzen Bemerkungen trinke ich eine *Jarra*[20]!"

„Damit du deswegen kein so schlechtes Gewissen haben musst, werde ich mich opfern und auch eine *Caña*[21] trinken."

„Schlange! Ich sehe doch, dass du selbst solche Zähne auf ein Bier hast!", sagte Heinz und machte gleichzeitig eine Geste zur Mitte seiner Brust. Beide lachten und schlenderten Hand in Hand zur Plaza España zurück. Einige hundert Meter weiter führte eine kleine Straße etwas bergan. Dort war der Eingang zum Lokal. Beide entschieden sich dafür, als Vorspeise eine kanarische Eintopfsuppe zu essen. Anschließend kam für Clara ein „Salat nach Art des Hauses", mit Tunfisch, Tomaten, grünem Salat und viel Zwiebel auf den Tisch. Heinz hatte schon beim Eintritt in das Lokal den unterbewussten Eindruck gewonnen, dass man hier hervorragend Meeresfrüchte essen konnte und hatte deshalb *calamare a la romana* geordert. Dazu gab es, wie vorbesprochen, ein großes und ein kleines Bier.

Nach dem Mittagessen machten Clara und Heinz Lauberg einen gemütlichen Spaziergang am Hafen entlang bis zur Abfahrtsstelle der Jet Foil Schnellfähre der Reederei Trasmediterranean nach Gran Canaria. Dort ist auch das nordöstliche Ende der Stadt. Nach dem *Club Nautico*, dessen Steganlage aber nur Mitgliedern zur Verfügung steht und für größere Boote ohnehin nicht geeignet wäre, beginnen bald kleinere Werften und Abwrackbetriebe, an die sich ein großes Gelände mit Öltanks und Raffinerieeinrichtungen anschließt. Da das für die beiden kein lohnendes Ziel mehr darstellte, kehrten sie um und begannen zurück zu schlendern. Die großen Glockenblütenbäume, von den Einheimischen *Tulipéro (de Gabón)* genannt, beeindruckten Heinz jedes Mal, wenn er daran vorbei ging. Irgendwie schienen diese Bäume immer zu blühen. Einmal mehr, einmal weniger, aber immer schön. Einige der handgroßen, leuchtend orange farbigen Blüten lagen auf dem Boden und wurden vom leichten Wind hin und her bewegt, so dass sie fast lebendig erschienen.

Vorbei an der Abfahrtsstelle der Fährkatamarane der Reederei Fred Olsen nach Agaete auf Gran Canaria kamen sie zur Marina, die man neuerdings durch ein Tor betreten muss und die jetzt durch einen langen Zaun vom restlichen Hafengelände abgetrennt ist.

„Schlendern wir noch durch den Jachthafen?", fragte Clara.

„Wenn ich die wenigen Kalorien, die der gegrillte Fisch hatte auch gleich wieder los werden soll, dann machen wir das", meinte Heinz.

„Ich denke hier weniger an die geringen Fischkalorien, sondern an die Pommes-Kalorien, die du in großem Maß in dich hinein geschaufelt hast."

Heinz rümpfte die Nase: „Findest du das nicht gelinde gesagt unfair? Beim Essen schaust du mich an mit treuem braunem Dackelblick und schenkst mir deine Kartoffeln, ich, als Nachkriegskind gewohnt alles aufzuessen, nehme sie und jetzt wirfst du mir meinen Bauch vor!"

„Den brauch ich dir nicht vorzuwerfen, der hängt ohnehin vorne an dir dran", kicherte Clara.

„Ja, ja, wer den Schaden hat und so weiter. Dabei bringe ich dieses harte Opfer nur, damit du auch noch in deinem Alter eine bikinifähige Traumfigur hast."

Sie näherten sich einer Segeljacht, einer schönen Bavaria, deren Nationale[22] auf Deutschland hinwies. Am Heck des Bootes lasen sie den Namen „Undine".

„Das sind doch die von gestern mit der Leiche!", stellte Clara fest.

Heinz kniff die Augen zusammen: „Wahrscheinlich sind die ersten Vernehmungen abgeschlossen. Ich glaube aber nicht, dass die schon wieder auslaufen dürfen."

Offensichtlich lag das Boot noch nicht lange an diesem Steg, da zwei Männer und eine Frau mit Arbeiten beschäftigt waren, die typischerweise nach dem Anlegen zu erledigen sind. Eben wurde das geborgene Großsegel am Baum befestigt, Leinen aufgeschossen und die Platzierung der Fender überprüft.

„Ich würde gerne Genaueres erfahren. Meinst du, die hätten Lust auf eine Plauderei bei einem Nachmittagskaffee?", fragte Heinz.

„Blanke Sensationsgier oder Austausch seemännischer Erfahrungen?", gab Clara mit einem Lächeln der besonderen Art zurück.

„Lässt sich das trennen? Aber unabhängig davon. Ich glaube, in einer solchen Situation ist jeder dankbar, irgendwo sein Herz ausschütten zu können."

Als der ältere der beiden Männer zufällig seinen Blick auf Clara und Heinz Lauberg richtete, sprach Heinz ihn an: „Hallo, wie geht's, habt ihr den ersten Schock schon überwunden?"

„Hallo!", antwortete der Mann, „So schnell werden wir damit wohl nicht fertig!"

Nach einigen weiteren, eher inhaltsschwachen Phrasen lud Clara die Leute zum Kaffee ein.

„Mein Sohn und seine Frau wollen in die Stadt, aber wir kommen gerne!", sagte der Mann.

Heinz beschrieb noch den Liegeplatz und das Schiff, dann wurde eine Zeit vereinbart. Anschließend kehrten Clara und Heinz zu ihrem Boot zurück. Sofort wurden alle Luken geöffnet, um frische Luft in das Schiff zu lassen. Die inzwischen aufgekommene leichte Brise erledigte das in wenigen Minuten.

Heinz stellte noch zwei weitere Stühle auf die Fly, klappte den Tisch auf und trug Tassen und Teller nach oben, während Clara sich der Zubereitung des Kaffees widmete.

Zum vereinbarten Zeitpunkt näherte sich das eingeladene Paar.

„Wir bitten um die Erlaubnis, an Bord kommen zu dürfen!", schallte es vom Steg herüber.

„Erlaubnis erteilt!", antwortete Heinz in traditionellem Seemännisch.

Die beiden Familien begrüßten einander und es stellte sich heraus, dass die Besatzung des Segelbootes aus einem Ort nahe bei München kam und das Boot in der Nähe von Malaga seinen Liegeplatz hatte. Sie wollten dem Sommerbetrieb rund um die Nobelorte Marbella und Torremolinos entgehen und ruhige sechs Wochen auf See und auf den Kanaren verbringen. Das ältere Ehepaar war schon in Rente, Sohn und Schwiegertochter waren Lehrer und damit in den beiden Sommermonaten nicht gerade beruflich überlastet. Dann kam der Mann, er hieß Max Seidel und seine Frau Gertrud, auf das Erlebnis der gestrigen Nacht zu sprechen.

„Ich hatte eben von meinem Sohn die Wache übernommen. Von 10 Uhr nachts bis 2 Uhr früh war ich eingeteilt, dann sollte ich von meiner Frau abgelöst werden. Um 6 Uhr wäre dann wieder mein Sohn dran gewesen. Meine Schwiegertochter hat keinen Führerschein und auch wenig Erfahrung, darum haben wir sie aus der Einteilung heraus gelassen. Wegen des guten Windes liefen wir unter Segel. In der Mittagsflaute waren wir mit dem Motor gefahren, so dass die Batterien ausreichend aufgeladen waren. Ich war noch keine Viertelstunde am Ruder, als es plötzlich einen Schlag gegen das Boot gab und die Geschwindigkeit stark abgebremst wurde. Es war mir sofort klar, dass wir uns etwas eingefangen hatten. Ich reffte zuerst die Fock[23] und fierte dann die Großschot[24]. Als wir keine Fahrt mehr machten, hoffte ich, dass sich das Hindernis lösen würde und wir unseren Kurs weiter fahren könnten. Durch den Schlag, die folgenden Segelmanöver und den Verlust an Fahrt waren inzwischen alle Anderen aufgewacht und im Cockpit versammelt. Vorsichtig holte ich die Großschot wieder dicht, aber es hatte sich nichts geändert. Wir machten immer noch kaum Fahrt, das Boot lag mit dem Bug tiefer im Wasser als gewöhnlich und ließ sich auch kaum manövrieren. Also musste etwas am Kiel oder dem Antrieb hängen geblieben sein. Da wir nicht wussten, ob die Schraube blockiert war, wagten wir nicht, durch Rückwärtsfahrt unter Motor zu versuchen, wieder frei zu kommen. Einkuppeln bei blockierter Schraube kann ja doch zu einigen Schäden führen. Daher beschloss mein Sohn, die Taucherbrille, Flossen und die Taschenlampe zu holen und unter dem Schiff nach dem Rechten zu sehen."

„Das hätte dann auch beinahe schlimm geendet!", flocht seine Frau Gertrud ein.

„Genau", stimmte Max Seidel zu. „Er ging über das Heck und die Badeleiter hinunter. Wir sahen noch, wie er die Lampe einschaltete und untertauchte. Dann hörten wir einen weiteren dumpfen Schlag und dann tat sich eine Weile nichts. Plötzlich schoss Markus halb aus dem Wasser und kämpfte sich wild hustend und schnaubend zur Badeleiter. Wir halfen ihm natürlich sofort ins Boot. Er keuchte und war ganz schlapp, so dass er eine Minute lang überhaupt kein Wort heraus brachte. Schließlich berichtete er uns, dass an unserer Schraube eine menschliche Leiche hängt. Dann kam wieder ein Hustenanfall und er erbrach auch eine Menge Wasser. Später erzählte er, dass er beim Anblick der Leiche so erschrocken war, dass er kerzengerade nach oben geschossen war. Dabei hatte er sich am Schiffsrumpf den Kopf angeschlagen und in der Folge Wasser eingeatmet und natürlich auch geschluckt. In ziemlicher Panik hatte er es dann gerade noch bis zur Badeleiter geschafft."

„Ich muss sagen, wir waren alle ziemlich fertig!", fügte Gertrud ein, „Markus haben wir jedenfalls unter der Obhut seiner Frau erst einmal unter Deck gebracht."

„Ich habe dann einen Notruf abgesetzt", ergänzte Max.

„Den haben wir zufällig abgehört", sagte Heinz. „Wir sind gerade gemütlich bei einem Gläschen Wein genau da gesessen, wo wir jetzt sitzen, und hatten das Funkgerät an, als wir euer „Mayday" hörten."

Die Augen auf den Boden gerichtet, sagte Max: „Nun, ich weiß natürlich, dass ein „Mayday" unter diesen Umständen nicht gerechtfertigt war. Aber ich muss gestehen, dass ich mich emotional in einer Ausnahmesituation befunden habe. Die *Guardia Civil* hat ja auch den Notverkehr sofort beendet. Aber das habt ihr sicher auch mitbekommen. Schlimm war für uns die Anweisung, die Leiche zu sichern. Das bedeutete, dass noch jemand in das Wasser und eine Leine ausbringen musste. Hätte sich in der Zeit, die wir auf die *Guardia Civil* warten mussten, die Leiche gelöst und wäre abhanden gekommen, dann hätten die vielleicht Probleme gemacht. Außerdem wollte ich wieder manövrierfähig sein. Also setzte ich mir die Taucherbrille auf, nahm eine Festmacherleine und ging damit ins Wasser. Als der Lichtkegel der Taschenlampe zum ersten Mal auf die Leiche traf, wäre es mir beinahe ebenso ergangen wie meinem Sohn. Der Körper war schon stark von Fischen angefressen. Der Kopf hing nur noch an einem Fleischfetzen, ein Arm fehlte vollständig und so weiter. Ich möchte nicht, dass euch schlecht wird von meiner Schilderung. An der dichten Behaarung des noch vorhandenen Armes habe ich erkannt, dass es sich um einen Mann handeln musste. Jedenfalls waren noch Reste einer leichten Kleidung an dem Körper und damit hatte er sich tatsächlich im Antrieb verfangen. Ich ging noch einmal nach oben und zog mir Arbeitshandschuhe an. Dann löste ich die Kleidung und schob den Körper nach achtern. Dort tauchte ich auf und befestigte den Toten mit der Festmacherleine an der Badeleiter. Ich muss sagen, ich war richtig froh, wieder aus dem Wasser zu sein."

„Vor Schreck und Kälte hat er am ganzen Körper gezittert. Ich habe ihm gleich warme Kleidung gebracht und eine Fertigsuppe aufgegossen!", fügte Gertrud ein.

Clara war während der Schilderung immer blasser geworden und auch Heinz fühlte einen Stein im Magen.

„Und wie ging es weiter?", fragte er trotzdem neugierig.

„Es hat nicht lange gedauert, bis der Helikopter da war. Eigentlich habe ich erwartet, dass an der Winde jemand herunter kommt und die Leiche birgt. Aber nichts dergleichen ist geschehen. Die standen im Schwebeflug über uns, der Wind des Rotorblattes schüttelte uns gehörig durch und mit einem starken Suchscheinwerfer haben sie uns fast die Augen ausgebrannt. Es war irgendwie gespenstisch. Die haben auch keinen Funkverkehr zu uns aufgenommen. Wir wussten also nicht, was geschehen würde. Wir sind erschöpft und ziemlich gestresst im Cockpit gesessen, wurden durchgeblasen und niedergeleuchtet und warteten, ohne zu wissen worauf. Wie lange es dann gedauert hat, bis das Schnellboot bei uns war, weiß ich nicht. Dann kam jedenfalls Bewegung in die Sache. Die haben bei uns angelegt und sind zu dritt an Bord gekommen. Während einer in englischer Sprache unsere Personalien aufnahm und die Schiffspapiere prüfte, packten die anderen den Körper in einen Leichensack. Zu viert hievten wir dann den Sack zuerst in unser Boot und von dort auf das Schnellboot der *Guardia Civil*. Ich erhielt die Anweisung, hinter ihnen her nach Santa Cruz zu fahren. Damit ich ja nicht auf dumme Gedanken käme, haben sie meinen Sohn und meine Frau selbst an Bord genommen. Irgendwann in der Nacht sind wir dann hier angekommen und gleich zur ersten Einvernahme gebracht worden. Viel konnten wir denen aber nicht sagen. Am Vormittag waren wir dann erst einmal fertig und haben uns hierher verholt. Aber wir dürfen in der nächsten Zeit mit dem Schiff den Hafen nicht verlassen. Morgen sollen wir uns übrigens alle gemeinsam den Toten im Universitätskrankenhaus von La Laguna noch einmal ansehen. Wozu das gut sein soll weiß ich nicht, aber was kann man tun?", endete Max mit einem Seufzer.

„Nun, wenn ihr wollt, dann kann ich euch mit dem Wagen hinbringen. Wir sind hier beinah ansässig und daher gibt es auch ein Auto."

„Wenn wir euch damit nicht zur Last fallen, dann nehmen wir das gerne an. Wenn man einmal in einem Auto der *Guardia Civil* sitzt, weiß man nie, wann man wieder heraus kommt", nahm Max dankbar den Vorschlag an.

„Nun, die sind heute zwar auch nicht mehr so, wie zu Zeiten des Generalisimo Franco. Aber ich gebe zu: Je weniger Polizei, desto besser", beruhigte Heinz.

Man verabredete sich für den folgenden Tag 9 Uhr morgens. Um 10 Uhr sollte die Familie Seidel im Foyer des Krankenhauses sein. Die Strecke zwischen Santa Cruz und dem Universitätskrankenhaus ist zwar nur wenige Kilometer, aber um diese Zeit konnte es rund um die Hauptstadt Megastaus geben und Heinz Lauberg kannte auch die Zufahrt zum Spital nicht genau.

Nachdem Gertrud und Max Seidel gegangen waren, verbrachten Clara und Heinz einen ruhigen Abend. Natürlich plauderten sie über das, was sie eben von den Seidels gehört hatten. Beide waren froh, nicht selbst in so eine Sache verwickelt zu sein. Sie versuchten, sich durch Lesen etwas abzulenken, waren aber beide zu unkonzentriert. So beschlossen sie, zeitig zu Bett zu gehen.

29. Juni

In den Bergen

Heinz Lauberg traute seinen Ohren nicht, als er den schrillen Ton des Weckers hörte. Tagwache um halb acht war er schon seit geraumer Zeit nicht mehr gewöhnt. Allerdings nahm das gemeinsame Frühstück mit Clara traditionell etwa eine Stunde in Anspruch. Und um 9 Uhr waren sie ja mit der Familie Seidel verabredet, wegen des Besuches in der Pathologie des Universitätskrankenhauses von La Laguna. Ein Blick nach draußen zeigte, dass ein weiterer Tag mit tief hängender Bewölkung bevorstand. Zumindest über der Insel. In Richtung See schienen die Wolken aufzulockern und es hatte schon 23 Grad. Ein weiterer Tropentag brach an. Der wohl tuende Unterschied zu den tatsächlichen Tropen, so empfand es Heinz Lauberg, war das fast vollständige Fehlen von Moskitos. Man konnte ruhig am Abend im Freien sitzen, ohne von den Plagegeistern malträtiert zu werden.

Der Einfachheit halber entschlossen Clara und Heinz sich für ein Frühstück im Salon. Da musste man ja doch weniger hin und her tragen. Clara machte den Vorschlag, den Seidels nach der sicher sehr belastenden Sache im Krankenhaus, einen Ausflug über La Esperanza in die Cañadas del Teide anzubieten. Heinz, ohnehin ein erklärter Fan dieser etwa 2300 Meter hohen Kraterlandschaft, stimmte sofort zu. Ihm war jeder Grund recht, der letztlich zu einem Mittagessen im Garten eines Lokals in El Portillo, mit Ausblick auf den 3718 Meter hohen Pico del Teide führte.

Pünktlich um 9 Uhr fuhren Heinz und Clara beim Büro des Hafenmeisters vor, dem Treffpunkt, den sie mit der Familie Seidel vereinbart hatten. Der Wagen, ein siebensitziger Van bot der ganzen Gruppe bequem Platz. Heinz fuhr nach der Hafenausfahrt nach links auf die Autobahn Richtung Puerto de la Cruz. Damit vermied er das unübersichtliche Straßengewirr zwischen Santa Cruz und La Laguna. Die beiden Städte waren über ihre Vororte längst zusammen gewachsen. Dank der zeitigen Abfahrt waren sie – natürlich heute ausnahmsweise ohne Stau – um eine halbe Stunde zu früh auf dem Parkplatz des Universitätskrankenhauses angelangt. Und – wie Heinz, in diesen Dingen ein notorischer Schwarzseher, erwartet hatte, fand er weit und breit keine Lücke, um das große Auto abstellen zu können. Er schlug vor, im Wagen zu warten, was ihm, wie er sich durchaus selbstkritisch eingestand, in der besonderen Situation gar nicht unangenehm war. Clara ging gemeinsam mit den Seidels zum Eingang des Krankenhauses. „Wenigstens scheint keine Sonne!", dachte Heinz, der sonst wohl gezwungen gewesen wäre, den Motor laufen zu lassen, um mit der Klimaanlage die Temperatur im Wagen auf einem erträglichen Niveau zu halten. La Laguna, vom Konquistador Alonso Fernandez de Lugo im Jahr 1495 gegründet, war lange Zeit die Inselhauptstadt und wurde von der UNESCO wegen des gut erhaltenen und restaurierten Altstadtensembles zum Weltkulturerbe ernannt. Die Stadt hat oft unter der nahen Lage zum Anaga Gebirge zu leiden. Dort stauen sich meist die Wolken und ausgiebige Steigungsregen sind die Folge.

Heinz Lauberg schaltete das Radio ein. Aber, wie gewöhnlich, gab es auf allen Sendern Gequassel. Die bei ihm beliebte Ausnahme, der spanische Klassiksender, brachte im Moment jedoch einen zeitgenössischen Ohrenkräusler, bei dem für Heinz jede Melodie durch quälende Kakophonie ersetzt worden zu sein schien. Mit der Bemerkung: „Das muss man sich ja nicht antun!", schaltete er wieder ab. Vergeblich suchte er nach einer CD.

Er machte sich auf eine längere Wartezeit gefasst, als eine drei Viertelstunde später die fünf bereits zurück kamen. Alle waren sehr schweigsam. Das Erlebte war ihnen noch allzu gegenwärtig. Deshalb hatten sie auch den Vorschlag, in die Berge zu fahren, den Clara ihnen auf dem Weg von der Klinik zum Wagen gemacht hatte, gerne angenommen.

Im Wagen herrschte ein bedrücktes Schweigen, während Heinz Lauberg den kurzen Weg von der Klinik zur Abzweigung Richtung La Esperanza fuhr. Er hatte das Gefühl, als würden alle auf etwas warten und diese Spannung begann er immer schlechter zu ertragen.

„Ich möchte etwas sagen", unterbrach er die Stille. „Ihr habt jetzt sicher Schreckliches erlebt und das lastet natürlich auf euch allen. Der eine von euch würde wahrscheinlich gerne darüber sprechen, der andere nicht. Ich schlage daher vor, dass wir vereinbaren, bis nach dem Mittagessen dieses Thema nicht anzuschneiden. Versucht, die Fahrt zu genießen. Ich finde, das ist die schönste Auffahrt in die Cañadas. Lasst die bizarre Landschaft, die Wälder und, wenn wir durch die Wolken sind, die Sonne auf euch wirken."

Er hatte das Gefühl, dass sich die allgemeine Spannung etwas löste. Hatte er da nicht sogar ein befreites Aufatmen gehört?
„Glauben Sie, dass wir da heute noch einmal die Sonne sehen werden, bei diesen dicken Wolken?", fragte Max Seidel.
„Die hängen heute tief genug. Ich bin sicher, dass oben schönes Wetter sein wird."
Tatsächlich kamen sie schon knapp oberhalb des Ortes La Esperanza in dichten Nebel. Heinz schaltete das Abblendlicht ein. Die Eukalyptuswälder durch die man in dieser Höhe fährt, machten mit ihren in langen Streifen vom Stamm und den Ästen hängenden Rindenstücken bei dieser weichen, undeutlichen Sicht einen besonders gespensterhaften Eindruck. Der Duft der Bäume war deutlich im Auto zu riechen.

Nach kurzer Zeit kamen sie in die Region der Föhrenwälder. Dicht an dicht standen die kanarischen Kiefern, an deren oft 25 Zentimeter langen Nadeln das Wasser des Nebels kondensierte und zu Boden tropfte. So holt sich jeder einzelne Baum das Wasser, das er braucht direkt aus der feuchten Atmosphäre. Heinz hatte eine wissenschaftliche Studie gelesen, die besagte, dass etwa ein Drittel der Wasservorräte Teneriffas von den Föhren stammen.

Je höher sie mit dem Auto kamen, desto heller wurde das Licht und bei etwa 1800 Metern kam schließlich tatsächlich die Sonne durch. Die Föhren leuchteten in frischem Grün und die verschiedenfarbigen Ascheschichten, die an den Straßenböschungen frei lagen, traten deutlich hervor. Ganz besonders schön anzusehen war *la tarta*, die Torte. Hier schneidet die Straße in einer Kurve tief in die Ablagerungen, die in Rot, Braun und Beige übereinanderliegend zu Tage treten. Mit etwas Fantasie erinnert das eben an eine Torte und daher der Name.

Nun konnte man die astronomischen Observatorien sehen, die auf einer Kuppe, La Izaña, in der Höhe von 2383 Metern errichtet worden waren. In strahlendem Weiß hoben sie sich gegen den blauen Himmel ab. Von da an führte die Straße nahezu gerade in leichten Wellen bergab in die Hochebene der Cañadas hinein. Direkt am Eingang liegen ein paar Häuser, die den Namen El Portillo tragen. Dort gibt es auch einige Restaurants mit Terrassen, die einen ungehinderten Rundblick auf diese seltsame, von warmen Erdtönen geprägte Vulkanlandschaft freigeben.

Die Gruppe suchte sich einen Tisch, der im Halbschatten einer recht hübschen Eibe lag. Die Küche hier war für eine Berghütte ganz passabel. Auch während des Essens wurden nur Gespräche zu allgemeinen Themen geführt. Nach dem Essen entschlossen sich die sechs, einen kleinen Spaziergang zu machen. Nach wenigen Minuten waren Heinz und Max der Gruppe einige Meter voraus. Unvermittelt sagte Max: „Das war ein schlimmes Erlebnis. Alles, von dem Zeitpunkt an, als wir uns die Leiche eingefangen haben, bis jetzt in der Pathologie. Ich weiß auch nicht, warum man uns, besonders aber den Frauen, die Tortur angetan hat, die Leiche noch einmal sehen zu müssen. Ob wir den Toten kennen hat man uns gefragt. Als ob das in dem Zustand, in dem sich der Körper befand überhaupt noch möglich wäre." Es war deutlich zu merken, dass Max Seidel das Vorgehen der Polizei für eine Schikane hielt.

Heinz versuchte einen ironischen Ton anzuschlagen: „Vielleicht glauben sie, ihr habt einen blinden Passagier über Bord geworfen!"

„Und sind dann so lange im Kreis gefahren, bis ihn die Fische angefressen haben, um ihn dann wieder aufzunehmen. Das muss höhere Polizeilogik sein! Übrigens ist der Tote zwar ertrunken, er ist aber auch erschossen worden."

Heinz blieb kurz der Atem weg: „Sagen Sie das noch mal!"

„Ja, man dürfte auf ihn geschossen haben, dann hat man ihn über Bord geworfen und da er noch nicht tot, aber jedenfalls schwer verletzt war, ist er ertrunken!"

„Verdammt!", entschlüpfte es Heinz. „Und wie geht die Sache für euch jetzt weiter?"

„Wir können uns, wie wir es geplant hatten, zwischen den Inseln mit dem Boot frei bewegen, müssen uns aber in jedem Hafen, nach der Ankunft bei der Polizei melden und uns auch bevor wir wieder weg fahren mit Angabe des Fahrtzieles abmelden. In zwei Wochen wollen wir allerdings zurück in das Mittelmeer. Ich hoffe, bis dahin ist die Sache für uns erledigt."

„Das wünsche ich euch. Ehrlich!", meinte Heinz, der sich vorstellen konnte, welchen Stress die letzten beiden Tage für die Seidels gebracht haben mussten.

Nach diesem Gespräch blieben die beiden Männer stehen und warteten auf die restliche Gruppe. Gertrud Seidel warf ihrem Mann einen fragenden Blick zu und der nickte. Offensichtlich gab es zwischen den beiden die Vereinbarung, dass Max die Sache erzählen sollte. Heinz Lauberg hatte Verständnis dafür, dass die restliche Familie Seidel möglichst rasch über diese Geschehnisse hinwegkommen wollte. Er sprach die ganze Angelegenheit von sich aus nicht mehr an. Stattdessen beschloss er, sich als Fremdenführer zu betätigen. Eine Aufgabe, die er auch deshalb gerne übernahm, weil er die Landschaft der Insel, die bizarren Formen der erstarrten Lava, die Farbenvielfalt der vulkanischen Asche und die Eigenart der Flora besonders schätzte. Ein Beispiel für die Besonderheiten der kanarischen Pflanzenwelt wuchs in ihrer unmittelbaren Nähe. Eine Tajinaste rojo. Sie streckte ihren kegelförmigen Blütenstand, der in Bodennähe begann und in engen Spiralen mit kleinen roten Blüten besetzt war, in eine Höhe von fast zwei Metern.

Zur Erinnerung wurden Fotos geschossen. Dann entschied man sich, zum Auto zurück zu kehren und die Rückfahrt nach Santa Cruz anzutreten.

Heinz Lauberg war etwas enttäuscht. Er hatte sich von dem Ausflug mehr erwartet. Insbesondere größere Begeisterung der Familie Seidel. Aber, so fair war er, sich das einzugestehen, er konnte es ihnen auch nicht verdenken, dass sie mit den Gedanken woanders waren. Wahrscheinlich fühlten sie sich auch einfach müde von den körperlichen und seelischen Strapazen der letzten Tage. Deshalb entschied sich Heinz, für den Rückweg die gleiche Strecke zu wählen. Es war einfach die kürzeste Verbindung nach Santa Cruz. Natürlich hätte es noch vieles zu sehen gegeben, hätte man die Route über Boca Tauce nach rechts oder geradeaus nach Vilaflor gewählt, aber er sah ein, dass das nicht der beste Tag dafür war.

Im Hafen angekommen, verabschiedete sich die Familie Seidel. Sie wollten morgen eine Fahrt nach La Gomera unternehmen, um auch etwas räumlichen Abstand zwischen sich und die erschreckenden Erlebnisse zu bringen. Nach einem Danke schön für den Transport und die Gestaltung des Tages trennten sie sich und Clara und Heinz gingen zu ihrem Schiff „Calima" zurück.

Clara blickte zu Heinz und meinte mit einem Augenzwinkern: „Ich wette, du brennst darauf, Genaueres zu erfahren. Oder hat Max Seidel dir schon alles erzählt?"

„Was ist alles?", kam die prompte Gegenfrage.

„Na warte, ich dusche noch rasch, ziehe mir bequeme Kleidung an und dann schildere ich dir das Abenteuer aus meiner Sicht." Auch Heinz entschied sich für eine Erfrischung unter laufender Brause.

Eine halbe Stunde später saßen beide, jeder ein kühles Bier vor sich, auf dem Achterdeck und Clara begann ihre Schilderung: „Also, dass der Mann zuerst angeschossen wurde und dann ertrunken ist, das weißt du ja sicher schon. Der Anblick war jedenfalls nicht sehr schön. Die Fische haben schon ziemlich viel Gewebe weg gefressen. Besonders dort, wo die Haut frei gelegen ist und das ist nun einmal das Gesicht. Der Kopf war während der Autopsie vollständig vom Rumpf getrennt worden, ist aber schon vorher nur noch durch einen Muskelstrang verbunden gewesen. Offensichtlich war auch ein größerer Fisch an dem Fressen beteiligt. Die Frage, die der Polizist den Seidels gestellt hat, ob sie den Toten erkennen, kann unter diesen Umständen nicht ernst gemeint gewesen sein. Nicht einmal ein naher Verwandter hätte den Toten noch identifizieren können. Ich glaube, die wollten bloß die Reaktion sehen. Vielleicht wollten sie daraus erkennen, ob die Seidels etwas mit der ganzen Sache zu tun haben. Aus allen Umständen heraus ist das aber ja wohl von vorneherein auszuschließen."

„Wie lange war der Mann denn schon tot?", unterbrach Heinz.

„Der Todeszeitpunkt ließ sich nicht mehr ganz exakt feststellen. Die Leiche war mit ziemlicher Sicherheit noch keine Woche im Wasser. Ganz genau konnte das der Pathologe nicht sagen. Das sind übrigens Informationen, die die Seidels nicht erhalten haben. Du weißt ja, dass ich mich während des Studiums und auch danach recht intensiv mit Gerichtsmedizin beschäftigt habe. Ich ließ die Seidels vor mir aus dem Raum gehen, in dem uns der Tote gezeigt worden war und habe dem Arzt dann einige kluge Fragen gestellt. Der sprach nicht nur recht gut Englisch, sondern war auch stolz, mich in seine genaueren Erkenntnisse einweihen zu können.

Wenn die Leiche zu dem Zeitpunkt, an dem die Seidels sie gefunden haben, schon einen oder vielleicht sogar mehrere Tage lang im

Wasser war, dann scheiden sie nach allen Vernunftgründen als Verdächtige aus. Sie hätten nicht nur den Mord begehen, sondern dann den Toten mit einer Leine am Boot befestigt mitziehen müssen. Das traue ich ihnen nicht zu. Das sieht die spanische Polizei sicher ebenso. Deshalb können sie sich auch bereits relativ frei bewegen.

So beurteilen das wohl alle Beteiligten", meinte Clara. „Aber es gibt noch eine interessante Erkenntnis aus der Gerichtsmedizin. Der Mann sollte wahrscheinlich gar nicht erschossen werden!"

Heinz schaute Clara verwundert an: „Wie meinst du denn das?"

„Das Projektil, es stammt mit einiger Sicherheit aus einer Magnum vom Kaliber 44, ist extrem stark deformiert. Es steckte noch im Körper."

Heinz bekam einen nachdenklichen Ausdruck im Gesicht: „Eine 44er-Magnum durchschlägt jeden menschlichen Körper. Dass das Projektil stecken geblieben ist, ist ein sicheres Zeichen dafür, dass es vorher von etwas Hartem abgeprallt ist."

„Genau", pflichtete Clara bei, „dazu kommt noch, dass die durch das Geschoss entstandenen inneren Verletzungen sehr umfangreich sind. Letztlich ist der Mann daran gestorben, dass die Aorta abgerissen wurde. Er ist innerlich verblutet. Er ist aber auch in das Wasser gefallen und hat so eine Menge davon eingeatmet, dass die Lungen voll damit waren. Eigentlich ist er ertrunken und verblutet."

„Ganz verstehe ich das aber nicht", unterbrach Heinz. „Wenn die Lungen voll Wasser sind, dann hätte der Leichnam doch untergehen müssen."

„Im Prinzip ist das richtig. Aber du musst bedenken, dass wir uns auf dem Meer befinden. Und da es sich bei Meereswasser ja, wie ein Kapitän wissen sollte, um Salzwasser handelt und dieses einem Körper einen größeren Auftrieb verleiht, genügt etwas Luft, beispielsweise in der Kleidung, um den Körper an der Oberfläche zu halten. Dazu kommen die Gase, die vielleicht auch schon ihren Beitrag zum Auftrieb geleistet haben. Wenn die Leiche mehr als bloß einen Tag im Wasser war. Wann Verwesungsgase bei welchen Temperaturen ein bestimmtes Ausmaß annehmen, habe ich allerdings vergessen."

„Du hast heute wohl keine Lust auf ein Abendessen? Sonst würdest du das ja vermutlich nicht so detailreich schildern!", unterbrach Heinz.
„So zart besaitet warst du nicht, als du noch beim Militär warst!", meinte Clara mit einem schalkhaften Lächeln.

Heinz Lauberg war ursprünglich Berufsoffizier gewesen, hatte sich aber dann dafür entschieden, diese Laufbahn aufzugeben und eine Unternehmensberatung zu gründen. Dieses kleine aber feine Unternehmen beschäftigte inzwischen acht hoch qualifizierte Mitarbeiter und ermöglichte Heinz ein relativ freies Leben.

„Was hat das Militär in Friedenszeiten mit Leichen zu tun?", gab sich Heinz befremdet.
„Na gut, das war ja auch schon beinahe alles, was ich noch zu berichten habe. Die Spanier bemühen sich jetzt, vielleicht doch eine Identifizierung zu Stande zu bringen."
„Ich kann mir nicht recht vorstellen, wie das funktionieren soll", meinte Heinz. „Ich glaube nicht, dass der Mann von einer der Inseln stammt. Die allgemeine Meeresströmung verläuft in südlicher Richtung. Wenn man vom Fundort nach Norden schaut, dann ist dort eigentlich nichts bis Madeira. Und das sind immerhin fast 500 Kilometer. Also muss der Tote von einem Schiff stammen. Eine einfache Mann-über-Bord-Geschichte kann es deshalb nicht sein, weil der Mann nicht bloß ertrunken ist. Da hätte man über die Mannschafts- und Passagierlisten der Schiffe, die in der fraglichen Zeit in diesen Gewässern unterwegs waren, noch eine Chance gehabt, denn egal ob Matrose oder zahlender Gast, das Fehlen hätte bemerkt werden müssen. Aber die Schussverletzung deutet darauf hin, dass das nicht auf einem, lass es mich einmal so sagen, „normalen" Schiff passiert ist. In dieser Gegend ist manches auf dem Meer unterwegs, das das Licht scheut. Rauschgift in großem Stil, Menschenschmuggel, illegale Waffen. Auf solchen Schiffen kann sich schon einmal eine Pistolenkugel verirren. Vielleicht gibt es mehrere Tote. Dass nur die eine Leiche gefunden wurde, sagt ja unter solchen Umständen nichts aus."

„Nein", meinte Clara, „ich bin auch davon überzeugt, dass ein Verbrechen alldem zu Grunde liegt. Auch wenn der Mann nicht direkt erschossen wurde, sondern durch einen Querschläger verwundet worden war, kann man doch davon ausgehen, dass dieses Projektil für einen anderen Menschen bestimmt war."

„Richtig", antwortete Heinz, „und du kannst nicht einmal sicher sein, ob diese zweite Person, der der Schuss eigentlich gegolten hat, nicht auch tot ist. Eine 44er-Magnum hat eine solche Kraft, da kann das Projektil eine Person durchschlagen haben, dann gegen einen harten Widerstand geprallt sein und noch als Querschläger diese Verwundung verursachen."

„Daran hab ich auch schon gedacht", sagte Clara.

„Nun, wir lesen ja regelmäßig den „Wochenspiegel", wenn noch eine Leiche angetrieben wird, dann werden wir es erfahren", schloss Heinz letztlich die Geschichte vorerst ab.

Die anschließende Diskussion über mögliche Varianten des Abendessens war bedingt durch den Mangel an Vorräten bald beendet. Im Kühlschrank befand sich noch etwas Käse und einige Tomaten. Auch zwei Dosen Bier gab es noch und damit schien der Abend vorerst gerettet zu sein.

Sie beschlossen, diesmal nicht im Freien zu essen, sondern im Salon. Dort war die Pantry gleich in Griffweite auf der anderen Seite des Schiffes und weitere Vorräte, wie Wein oder Süßigkeiten damit in unmittelbarer Nähe. Das Gefühl, heute noch den einen oder anderen Schluck oder auch eine Rippe Schokolade zu brauchen, war bei beiden stark ausgeprägt.

Eben hatten sie die Mahlzeit beendet, als das Mobiltelefon mit einem kurzen Zitat aus Mozarts „Kleiner Nachtmusik" einen Anruf ankündigte.

Heinz drückte die grüne Taste und meldete sich. „Hallo Heinz", tönte es, „hier ist Dieter Böhmer!"

„Servus Dieter!", antwortete Heinz und zu Clara gewandt formte er mit den Lippen den Namen „Böhmer".

Dieter Böhmer war Rechtsanwalt. Er hatte sich auf dem Sektor des Wirtschaftsrechtes einen guten Namen gemacht und so zählten mehrere größere Unternehmen zu seinem Kundenkreis. Er hatte in jener Zeit Jus studiert, als Clara Assistentin an der Universität gewesen war. Danach war eine lockere Verbindung bestehen geblieben.

„Warte", fuhr Heinz fort, „da ich annehme, dass du ein Juristengespräch führen willst, gebe ich dir deine ehemalige Professorin."

Mit einem strafenden Blick auf Heinz griff Clara nach dem Telefon. „Ich ersuche dich, zu bemerken, dass diese Amtsanmaßung der Professur von Heinz begangen wurde und nicht von mir. Hallo, Dieter, übrigens."

Durch das Telefon kam ein so lautes Lachen, dass Clara für einen Augenblick das Handy weit vom Ohr abhielt.

„Wo seid ihr denn gerade?", fragte Dieter Böhmer

„In wessen Auftrag fragst du das, was ist der Grund der Frage und kann unsere Antwort in einem Verfahren gegen uns verwendet werden?", kam es fließend von Claras Lippen.

„Du hast wohl ein gestörtes Verhältnis zu Anwälten, seit du nicht mehr arbeitest. Aber mach dir keine Sorgen, ich bin der Wirtschaftsanwalt, der Strafverteidiger warst du, falls du dich noch an diese schönen alten Zeiten erinnerst", konterte Dieter Böhmer mit einem Lächeln in der Stimme.

Auch Clara zog es die Mundwinkel nach oben, als sie antwortete: „Jetzt hast du mich aber wirklich beruhigt. Also nun zu unserem Geständnis; wir sind auf Teneriffa und zwar präzise im Hafen von Santa Cruz."

„Hervorragend!", schmetterte der Anwalt ins Telefon, „ich habe einen tollen Auftrag für euch."

„Erstens versuchen wir Arbeit und Freizeit sorgsam zu trennen, aber – und jetzt kommt zweitens – klingt „Auftrag" verführerisch nach Bezahlung", erwiderte Clara in leicht fragendem Tonfall.

Wieder kam ein lautes Lachen durch den Äther: „Wenn deine Punktationen immer so schlampig formuliert waren, muss dein guter Ruf als Strafverteidigerin zufällig entstanden sein. Gut, dass du dein Geld nicht mit der Ausarbeitung von Verträgen verdienen musstest."

„Jetzt sag' doch endlich, was du von uns möchtest. Endloses Hinhalten verbessert auch nicht deine Chancen, uns zur Arbeit zu bewegen."

„Ich habe nicht von Arbeit gesprochen, sondern ich möchte einfach, dass ihr die Augen offen haltet. Da ihr sonst auch recht ausgeschlafen seid, sollte das ja nicht so schwer fallen", kam noch ein kleiner sarkastischer Nachsatz. „Ich habe einen Klienten, der besitzt gemeinsam mit einem weiteren Geschäftsmann aus Deutschland in Eignergemeinschaft eine Jacht. Genau genommen sind beide Gesellschafter eines Unternehmens, dem das Schiff rechtlich gesehen gehört. Das Boot sollte von seinem bisherigen Liegeplatz auf Zypern auf die Kapverden überstellt werden. Dazu hat er einen ehemaligen Kapitän, der sich seit kurzem im Ruhestand befindet und dessen Frau, die auch mit einem Schiff umgehen kann, engagiert. Die beiden hatten den Auftrag, dass sie sich über das Satellitentelefon immer wieder mal bei ihm melden. Nun hat er aber seit einigen Tagen schon nichts mehr von ihnen gehört. Beim letzten Kontakt ist das Schiff gerade in den Atlantik eingefahren und sollte bei euren Inseln vorbei kommen."

„Um was für eine Jacht handelt es sich denn?", wollte Clara wissen.

„Es ist eine Ferretti 730, ein 22 Meter langer Plastikbomber."

Clara holte tief Luft: „Der Klient muss ja noch reicher sein als du!"

Dieter Böhmer lachte wieder einmal: „Da liegst du richtig, aber meine ständigen Honorarnoten an ihn führen da schleichend zu einer Umschichtung."

„Was genau möchtest du, dass wir tun?", fragte Clara.

„Ich möchte, dass ihr feststellt, ob die Jacht, sie heißt übrigens „Julietta", in irgendeinen Hafen auf den Kanaren eingelaufen ist. Eigentlich sollte sie das aus bestimmten Gründen nicht tun, aber ich möchte sicher sein. Wenn das bloße Umhören auf Teneriffa kein Ergebnis bringt, dann bitte ich euch, eine Runde um die anderen Inseln zu drehen. Vielleicht findet ihr sie zufällig. Oder fragt auch bei anderen Jachties ein wenig herum. So ein Schiff sollte doch auffallen. Ich schicke euch auch Bildmaterial und noch ein paar Infos per Email. Für diese Aktion chartere ich sozusagen eure Nussschale für zwei Wochen. Ich schlage einen Preis von 5000 Euro vor. Da ist aber dann alles inklusive. Okay?"

Ein weiteres Mal holte Clara tief Luft: „Wenn du so großzügig bist, dann ist doch sicher ein Haken bei der Sache. Ist die Jacht geklaut, oder was ist sonst los?"

„Ich will euch nicht mit mehr Details belasten, als ihr wissen müsst. Du kennst das ja – anwaltliche Schweigepflicht. Ich rufe euch morgen Abend noch einmal an. Wenn ihr interessiert seid, so könnt ihr mit den Recherchen bereits beginnen. In einer Stunde habt ihr das Mail. So und nun grüß Heinz von mir und sag ihm, er soll seinen faulen Hintern bewegen. Die Gage ist ja nicht schlecht. *Hasta luego!*"

Damit war die Verbindung unterbrochen. Clara berichtete in kurzen Worten, was Dieter Böhmer gesagt hatte. Heinz kratzte sich hinter dem Ohr, was er sonst eher selten tat. „Na ja, der Preis für zwei Wochen Arbeit ist ja ganz ordentlich. Wir müssen bloß aufpassen, dass wir nicht plötzlich mitten in einer bösen Sache stecken. Wirtschaftsanwälte verteilen keine Geschenke, auch nicht an Freunde. Außerdem hast du eine wichtige Frage vergessen."

„Welche?"

„Du hast nicht gefragt, warum sie die Jacht nicht offiziell suchen lassen."

Clara seufzte: „Da hast du Recht. Aber du kennst Dieter ja. Erst quasselt er einen nieder und dann ist er plötzlich weg."

Heinz lächelte: „Kein Problem! Wir wissen genau warum."

„Wissen wir das?"

„Na klar", schmunzelte Heinz, „du sagst, die Jacht lag auf Zypern und sollte auf die Kapverden. Das lässt zweierlei vermuten. Erstens, dass für das Schiff keine Mehrwertsteuer bezahlt wurde, da die Jacht in keinem EU-Land zugelassen ist. Nun sind aber im Mai des Jahres 2004 einige Länder der EU beigetreten, wie du dich ja sicher noch erinnerst. Darunter auch Zypern. Man ist zwar von einem europäischen Steuersystem noch weit entfernt, aber wer vorausschaut, stellt sich darauf ein und bringt seine Millionenjacht in steuerlich ruhigere Gewässer. Eine Registrierung in einem afrikanischen Land und niemand fragt nach irgendwelchen Steuernachweisen. Deshalb hat Dieter auch gemeint, dass sie die Kanarischen Inseln eigentlich nicht anlaufen hätten sollen. Läuft sie nämlich in irgendeinen Hafen eines EU-Mitgliedslandes ein, dann wird sofort die Mehrwertsteuer fällig. Und bei einem Schiff, von dem ich nicht einmal zu schätzen wage, was es gekostet hat, zahlen sich solche „steuerschonenden Vorgehensweisen", wie es dein Juristenfreund nennen würde, schon aus. Und zweitens vermute ich, dass das Schiff nicht viel später als im Jahr 2001 gekauft oder wenigstens bezahlt wurde. In diesem Jahr wurden Unmengen von Schwarzgeld in Sachwerte umgewandelt, um sich den offiziellen Tausch in Euro zu ersparen. Erinnere dich, wie in diesem Jahr die Immobilienpreise auf den Kanaren in die Höhe geschossen sind, weil alles aufgekauft wurde, was zu haben war. So läuft der Hase!"

Clara bekam eine Sorgenfalte auf der Stirn: „Meinst du, wir sollen da mitmachen? Wir können immer noch Nein sagen."

Heinz zuckte mit den Schultern: „So leicht haben wir noch nie Geld verdient. Ich klemme mich morgen an das Telefon und rufe die Häfen durch. Wenn das kein Ergebnis bringt, wie ich erwarte, dann machen wir einfach wieder einmal einen Törn um die Inseln. Wir bekommen ja ein Fixhonorar und sind vom Erfolg unabhängig."

Clara war immer noch nicht beruhigt: „Aber dass der Kontakt über das Satellitentelefon abgerissen ist, das ist doch schon eigenartig. Da steckt doch sicher mehr dahinter!"

„Na ja, solche Geräte können kaputt gehen oder in das Wasser fallen. Du weißt ja, dass der Grund in den Häfen der Cote d'Azur nicht aus Sand oder Schlick besteht, sondern aus Ray Ban Sonnenbrillen, die beim Bücken aus den Brusttaschen der Polohemden gerutscht sind. Warum sollte nicht ein besseres Handy über Bord gehen?"

„Gut. Lassen wir die Sache für heute auf sich beruhen. Morgen Früh klemmst du dich an das Telefon und ich gehe in das nächste Internetcafe und drucke das Mail aus. Wir müssen ja die Bilder vielleicht jemandem zeigen."

Plötzlich merkten beide, wie müde sie waren. Gemeinsam waren sie der Meinung, dass dieser Tag wohl ein besonderer Tag in ihrem Leben war. Heinz bot sich an, die geringe Menge an schmutzigem Geschirr abzuwaschen, während Clara mit einem breiten Gähnen in der Dusche verschwand.

30. Juni
Die Entscheidung

Der Vormittag brachte für Heinz Lauberg ein durchgeglühtes rechtes Ohr. So wie er am Vortag mit seiner Frau Clara besprochen hatte, rief er an diesem Tag die Hafenmeistereien aller möglichen Marinas und Häfen der Insel an, um zu fragen, ob eine große Ferretti mit dem Namen „Julietta" eingelaufen sei. Die Auskünfte waren negativ. Niemand hatte das Schiff gesehen. Und übersehen konnte man es nicht. Eine 73 Fuß Jacht wäre selbst in Monte Carlo oder Marbella nicht völlig unbeachtet geblieben.

Clara kehrte am späteren Vormittag aus dem Internetcafé zurück und hatte einige Blätter Papier in der Hand.

„Nun, warst du erfolgreich?", fragte sie Heinz.
Als der verneinte, legte sie die Papiere vor ihn auf den Salontisch. „Diese Jacht ist unglaublich!", meinte sie mit ziemlich erregter Stimme. „Fünf abgeschlossene Kabinen, eine Pantry, die für einen Haubenkoch geeignet wäre, ein Decksalon, in dem die Sitzsofas so aussehen, dass ich es nicht wagen würde, mich drauf zu setzen. Alles Lack und Leder. Direkt unwohnlich vor lauter Luxus."

Heinz las das Blatt mit den technischen Daten des Schiffes. Eine Länge von 22,5 Metern, eine Breite von 5,5 Metern, zwei Motoren mit jeweils 1200 PS und alles an nautischer Ausrüstung, was in den dicksten Zubehörkatalogen angeboten war.

„Okay", meinte Heinz, „jetzt kennen wir das Schiff, jetzt wollen wir uns einmal mit den sonderbaren Verhältnissen beschäftigen, die dieses Prachtstück italienischer Jachtbaukunst sonst noch umgeben."

Er nahm die anderen ausgedruckten Seiten des Emails zur Hand. Dieter Böhmer hatte geschrieben, dass das Schiff in einer Eignergemeinschaft zwischen seinem Klienten und dessen Geschäftspartner im Jahr 2001 erworben und anschließend in eine eigens dafür gegründete Gesellschaft eingebracht worden war. Heinz lächelte: „Genau, wie ich dir gesagt habe. Hier musste dringend Schwarzgeld veranlagt werden, bevor der Euro über Europa hereingebrochen ist."

In dem Mail stand aber auch noch, dass die Tochter von Böhmers Klienten mit dessen Geschäftspartner „zusammen" war. Heinz nahm sich vor, sich noch einmal genauer über die Art dieses Verhältnisses zu informieren. Er glaubte zwar nicht, dass diese Information überhaupt jemals eine Bedeutung erlangen konnte, war aber der Meinung, „es ist besser, man hat Wissen, das man nicht braucht, als man braucht Wissen, das man nicht hat." Dieter Böhmer schrieb weiter, dass die Jacht mit dem Skipperehepaar an Bord am 12. Juni den Hafen von Limassol verlassen hatte. Am 13. Juni hatte die „Julietta" planmäßig in Alexandria festgemacht. Am 24. Juni hatte es den letzten Telefonkontakt mit dem Schiff gegeben, da hatte es eben die Straße von Gibraltar passiert, um entlang der marokkanischen Küste südwärts zu fahren. Damit endete die Information, die Dieter Böhmer übermittelt hatte.

Heinz und Clara blickten einander an. „Was meinst du, sollen wir uns mit der Sache beschäftigen?", fragte Clara.

„Noch kann ich nicht erkennen, dass wir dadurch in irgendwelche Schwierigkeiten kommen könnten. Wenn es nicht um mehr geht, als eine Runde um die Inseln zu drehen, dann ist, bin ich der Meinung, nicht viel dabei. Und etwas Beschäftigung tut uns vielleicht auch ganz gut", meinte Heinz.

„Ich bin einverstanden", stimmte Clara zu, „wir werden, wenn Dieter am Abend anruft also „Ja" sagen."

„Gut, dann beginnen wir mit den Vorbereitungen der Reise. Machen wir einen Plan, was alles zu erledigen ist."

Clara nahm ein Blatt Papier und einen Bleistift: „Ich schreibe eine Liste, damit wir bei unserem fortgeschrittenen Alter nicht etwas Wesentliches vergessen. Ich schreibe mal den Begriff „Vorräte" und daneben Wasser, Treibstoff und Lebensmittel."

„Schreibe auch noch „Wetter" dazu. Wenn wir einkaufen gehen, möchte ich noch beim Hafenmeister vorbei schauen und einen Blick auf die 72 Stunden Vorhersage machen. Der Luftdruck ist zwar seit Tagen stabil, aber, wie wir wissen, ändern sich die Verhältnisse hier sehr schnell."

„Wir sollten, wenn wir auf dem Boot sind, auch bis zu unserer Abfahrt schon den Kanal 16 abhören und das GMDSS[25] einschalten", sagte Clara, stand auf und drückte die „ON"-Taste.

Heinz lehnte sich zurück und streckte die Beine aus: „Auch die Route sollten wir uns noch genauer überlegen. Wenn wir wirklich in jede Bucht schauen, dann sind wir mit unserer sechs Knoten Schnecke ja Wochen unterwegs. Ich schlage vor, wir machen das am Nachmittag. Dann können wir jetzt in einen Supermarkt fahren und Lebensmittel und Trinkwasser kaufen. Außerdem habe ich schon gewaltigen Hunger. Das heißt, man könnte das auch mit einem Mittagessen verbinden."

„Also wenn die Gefahr besteht, dass du vor einer solchen Aufgabe wegen Unterernährung zu schwächeln anfängst, fahren wir in den ALCAMPO-Markt."

„Schau, bevor man eine große Fahrt antritt, soll man gut gegessen haben. Bloß wegen der Seekrankheit!"

Clara lächelte. „Gibt es etwas, wofür du keine gute Begründung hast?"

Im Aufstehen konterte Heinz: „Ich weiß nicht, sag du es mir!"

Beide zogen leichte Kleidung an, Clara packte aber noch zusätzlich etwas Langärmeliges in die Tasche, da sie die Klimaanlagen in den Märkten fürchtete und sie auch vor den Kühlvitrinen in der Lebensmittelabteilung immer zu frieren begann. Auf dem Weg zum Wagen gingen sie noch beim Hafenmeister vorbei. Der Wetterbericht ließ erst für den dritten Tag das Näherkommen eines Tiefdruckgebietes erkennen. Zwei Tage sollte es noch unverändert sein. Es gab zwar Wolken, aber stärkerer Wind und damit hoher Wellengang war nicht zu erwarten.

Nach kurzer Fahrt stellten sie den Wagen auf dem Parkplatz bei IKEA ab. In stillschweigendem Einvernehmen hatten sie beschlossen, dort das Mittagsmenü zu essen. Das war zwar nicht ganz billig, aber immer sehr gut und außerdem in Form eines *Eat-as-much-as-you-can*-Menüs. Danach wechselten sie hinüber auf den Supermarktparkplatz und erledigten die Einkäufe. Da auch einiges an Trinkwasser in Kanistern gekauft wurde, war der Einkaufswagen nach einer Stunde nur noch sehr mühsam zum Auto zu schieben. Noch schwieriger wurde der Weg vom Auto über den Schwimmsteg zum Boot. Als alles verstaut war, waren beide der Meinung, sie hätten für heute genug geleistet. Heinz öffnete nur noch die Tankstutzen für die Wassertanks und steckte den Gartenschlauch hinein. An jedem Liegeplatz war am Steg ein entsprechender Anschluss vorgesehen und der Wasserverbrauch im Preis für den Liegeplatz inbegriffen. Das Bunkern des Wassers dauerte einige Zeit, da etwa 300 Liter Wasser in die Tanks flossen.

Als es überzulaufen begann, spritzte Heinz noch rasch das Deck und die Aufbauten ab.

Dann gingen beide zu einem gemütlichen Nachmittag bei Kaffee und Kuchen über. Letzteren hatten sie eben erst im Supermarkt erstanden. Nach dieser Entspannungsphase beschlossen sie, ihre Reiseroute zu planen.

„Ich glaube, es ist vernünftig, wenn wir zuerst einmal darüber nachdenken, was eigentlich passiert sein kann. Von diesen Überlegungen ausgehend, wollen wir dann entscheiden, wie wir unsere Runde drehen", meinte Heinz.

Clara stimmte zu. „Die erste Möglichkeit ist wohl, es ist überhaupt nichts geschehen, außer dass das Satellitentelefon ausgefallen ist."

„Allerdings", meinte Heinz, „ist damit nicht das völlige Stillschweigen zu erklären. Ich bin sicher, dass sich auch ein normales Mobiltelefon an Bord befindet. Außerdem hätten sie ja einen Hafen in Marokko anlaufen und sich von dort aus melden können. Marokko wäre gegangen, ohne lästige Fragen nach Mehrwertsteuer oder Herkunft des Geldes zum Kauf der Jacht beantworten zu müssen. Ich fürchte, diese Möglichkeit können wir ausschließen."

„Da stimme ich dir zu", nickte Clara, „dann ist die nächste Möglichkeit, es hat einen Unfall gegeben. Aber sehr realistisch ist das wohl auch nicht. Dass die beiden keine Gelegenheit gehabt hätten, einen Notruf zu senden, das ist doch sehr unwahrscheinlich."

„Richtig", pflichtete Heinz Lauberg bei, „wenn wir ein GMDSS-Gerät auf unserer Nussschale haben, dann ist das auch sicher auf einer Millionenjacht installiert. Und dass keiner der beiden die Chance gehabt hätte, zwei Mal auf die „SOS"-Taste zu drücken, das kann ich mir nicht vorstellen. Damit wäre aber nicht nur sofort eine Rettungsaktion ausgelöst worden, sondern man hätte über die MMSI-Nummer[26] den Eigner feststellen und benachrichtigen können. Einzige Ausnahme, das Schiff wäre in Fahrt gewesen und weder der Skipper noch seine Frau waren zu dem betreffenden Zeitpunkt wach oder bei Bewusstsein. Das Schiff könnte ja auch mithilfe von Autopilot und Kollisionswarnsystem ohne menschliche Führung unterwegs gewesen sein. Zwei ältere Personen, die mehrtägige Fahrten machen müssen, können auch einen Schwächeanfall erleiden oder schlicht und einfach während der Wache einschlafen."

„Gebe ich zu", sagte Clara, „aber was könnte dann letztlich wirklich geschehen sein? Eine Kollision kaum, da hätten die elektronischen Systeme vorher gewarnt. Das Signal weckt sogar einen Halbtoten auf. Gegen ein Riff geknallt kann ich mir auch nicht vorstellen. Der Mann war immerhin Berufskapitän zu einer Zeit, als noch kein GPS-Navigationssystem zur Verfügung stand. Eine knapp an der Wasseroberfläche treibende, alte, aber noch funktionstüchtige Seemine, wie du es vorgestern erwähnt hast, als wir den Notruf der Seidels aufgefangen haben?"

„Das könnte sein, ist aber in diesen Gewässern sehr unwahrscheinlich. Im Roten Meer würde ich das nicht ausschließen, aber hier?", meinte Heinz, „allerdings sollte sogar dann das Absetzen eines Notrufes möglich sein. Außer beide haben sich zur gleichen Zeit im Vorschiff aufgehalten. Dann vergiss nicht, das Schiff hat in Marokko Treibstoff gebunkert. Die müssten bei Gibraltar noch tausende Liter Diesel an Bord gehabt haben. Das hätte sicher zu brennen begonnen. Wrackteile wären an der Oberfläche geschwommen und das alles in einem der meistbefahrensten Seegebiete der Welt, ohne dass es jemand bemerkt? Sein kann das natürlich alles, aber ist es auch wahrscheinlich?"

Clara runzelte die Stirn: „Wahrscheinlich ist es nicht, aber ausschließen können wir es nicht."

„Ja, einbeziehen müssen wir auch diese Möglichkeit, obwohl das für uns keinen Input auf unseren Handlungsplan gibt. Eine untergegangene Jacht suchen, das ist keine Aufgabe für uns."

„Dann kann ich mir nur vorstellen, dass das ach so ehrliche Skipperehepaar die Jacht geklaut hat!", schlug Clara vor.

„Das scheint mir auch die bisher realistischste Version zu sein", stimmte Heinz zu. „Aber vielleicht übersehen wir etwas. Bist du sicher, dass wir an alle Varianten gedacht haben?"

„Sicher kann man nie sein. Es sind auch Kombinationen verschiedener Ereignisse vorstellbar. Eine wäre, die gesamte Elektrik und Elektronik der Jacht fällt aus. Dann stehen die Motoren still und sie können auch nicht funken."

„Und zusätzlich haben sie vergessen, den Akku des Satellitentelefons aufzuladen oder haben es über Bord gehen lassen? Das ist zu viel Pech auf einmal. Das glaube ich nicht", zeigte sich Heinz von der skeptischen Seite.

„Und was ist mit Piraterie?", fragte Clara.

„Daran habe ich auch schon gedacht, aber den Gedanken aus verschiedenen Gründen verworfen. Erstens ist es im Mittelmeer üblich, eine Jacht aus dem Hafen zu klauen und nicht auf offener See zu überfallen. Wären wir im Golf von Mexiko oder im Fernen Osten, in der Straße von Malakka zum Beispiel, dann hielte ich diese Version für wahrscheinlicher. Zweitens stellt sich auch hier die Frage, wie es sein kann, das keine Chance für einen Notruf bestanden hat. Außerdem ist davon auszugehen, dass die Jacht über ein Satellitenortungssystem[27] verfügt. Sie müsste ihre Position also eigentlich automatisch immer wieder als SMS auf ein Handy durchgeben. Danach haben wir Dieter noch nicht gefragt. Das sollten wir beim nächsten Gespräch nachholen. Also, wie vieles – es ist eine Möglichkeit, wenn auch keine sehr realistische."

Clara gähnte: „Gut, so können wir noch den ganzen Abend hindurch unwahrscheinliche Theorien mit mehr oder weniger kriminellem Hintergrund entwickeln. Hat eine davon Einfluss auf unsere Route?"

„Ich denke schon", meinte Heinz. „Wenn ein Verbrechen vorliegt, dann muss diese große Jacht unauffällig an den Kanaren vorbei nach Süden gebracht werden. Eine andere Strecke ist kaum vorstellbar. Eine Atlantiküberquerung ist auch mit so einem großen Motorschiff nicht ohne Weiteres machbar. Für 3000 Meilen Minimum hat auch eine 73 Fuß-Jacht, wenn sie nicht speziell dafür ausgerüstet wurde, zu wenig Treibstoff an Bord. Das bedeutet, dass man versuchen wird, mit der vorhandenen Reichweite ziemlich weit nach Süden zu kommen. Dabei wird man die Kanaren eher westlich umfahren. Der kurze Weg, der wegen der Reichweitenbegrenzung als der wahrscheinlichste erscheint, ist deshalb gefährlich, weil zwischen den östlichsten Inseln, Lanzarote und Fuerteventura und der marokkanischen Küste eine Menge Militär, Küstenwache und andere Aufpasser unterwegs sind."

„Das denke ich auch", sagte Clara, „du meinst, dass dort wegen der afrikanischen Flüchtlinge eine strengere Überwachung des Seegebiets erfolgt."

„Richtig! Für uns bedeutet das, dass wir einmal das Gebiet zwischen Teneriffa, La Palma, La Gomera und El Hierro genauer unter die Lupe nehmen werden. Wobei wir doch auch die Häfen hier nicht unbesucht lassen dürfen. Ich kann natürlich nicht wissen, mit wem ich in dem einzelnen Hafen telefoniert habe und wie verlässlich der Betreffende ist. Wenn es einen Notfall oder einen Defekt gegeben hat, dann ist das Schiff vielleicht trotzdem irgendwo eingelaufen. Vielleicht deshalb auch die Funkstille, damit der Eigner sich keine Sorgen machen muss. Ein ganz schöner Job für uns!"

Clara stimmte zu: „Gut, dann machen wir einmal einen Plan, der auch Zeiten enthält. Wir beginnen also in südwestlicher Richtung an unserer Küste entlang. Was haben wir da an Häfen?" Clara griff nach der Karte: „Radazul, Puerto Güimar, aber der ist ja nur für Mitglieder des *Club Nautico*, dann Los Cristianos, Puerto Colon, vielleicht auch Playa San Juan und als letzte Möglichkeit auf Teneriffa schließlich Los Gigantes."

„Ganz genau", pflichtete Heinz bei, „die möglichen Ankerplätze können wir während der Fahrt einsehen, da brauchen wir uns nicht aufzuhalten und die kleinen Fischerhäfen kommen für dieses Riesenschiff ohnehin nicht in Frage. So überschlagsmäßig sind das 65 Meilen. Das langt für den ersten Tag. Das bedeutet, dass wir die morgige Nacht in Los Gigantes verbringen werden. Ich rufe gleich an, damit wir auch sicher einen Liegeplatz bekommen."

Heinz griff nach dem spanischen Mobiltelefon. Die Nummer der Marina war abgespeichert, so dass die Verbindung rasch hergestellt war. Platz war vorhanden, also konnte die Reise am nächsten Tag beginnen.

Während des Abendessens rief Dieter Böhmer an, das Gespräch brachte aber keine neuen Informationen, außer dass das Skipperehepaar als verlässlich bezeichnet wurde. Er teilte Heinz Lauberg, der das Telefongespräch führte, mit, dass er die Schiffspapiere persönlich übergeben habe und dass er sicher wäre, es mit ehrlichen Leuten zu tun gehabt zu haben. Niemand konnte sich vorstellen, dass die beiden zu einer derartigen kriminellen Handlung fähig wären. Als sich Heinz nach dem Satellitenortungssystem erkundigte, sagte Dieter Böhmer:

„Ja, das ist eine blöde Sache! Das hätte ich euch gleich sagen sollen, habe es aber vergessen. Natürlich gibt es eine solche Anlage. Es ist nur so, dass das Schiff nie wirklich durch einen der Eigner praktisch betrieben wurde. Das habe ich euch schon früher gesagt. Und die Werft-Crew hat das Handy in den Schiffssafe gelegt. Das ist zwar dumm, aber nicht zu ändern."

„Toll!", entfuhr es Heinz, „das Schiff ruft sich sozusagen selbst an!"

Nach einem resignierenden „Ja!" des Anwalts, stimmte Heinz schließlich zu, die Jacht „Julietta" zu suchen.

1. Juli
Die Suche beginnt

Clara und Heinz Lauberg hatten in der Nacht vom 30. Juni auf den 1. Juli schlecht geschlafen. Beide empfanden ihr Vorhaben, bei aller Ruhe, die sie ausstrahlten, doch als Abenteuer. Die Runde an den Küsten der westlichen Inseln entlang, war es wohl nicht, was die unzweifelhaft vorhandene innere Unruhe der beiden verursachte. Es war eher das Bewusstsein, dass der Grund für das Verschwinden der Jacht nicht einfach in einem technischen Defekt oder dem Verlust des Satellitentelefons zu suchen sein konnte. Obwohl weder Clara noch Heinz Lauberg eine konkrete Vermutung bezüglich eines möglichen Verbrechens formulieren konnten. Ein flaues Gefühl im Magen konnten beide nicht verleugnen.

So saßen sie bereits um sieben Uhr früh bei Kaffee und Cornflakes. Das Wetter war wie erwartet gut, es waren auch über den grünen Abhängen des Anaga-Gebirges kaum Wolken zu sehen. Genau so blank präsentierte sich der Himmel, wenn man in die Richtung des Ortes La Esperanza blickte.

Obwohl die Jacht noch in der Marina del Atlantico am Steg lag, hatte Clara sofort nach dem Aufstehen das Funkgerät mit dem GMDSS eingeschaltet. Es war jedoch kein relevanter Funkverkehr zu hören und das Gerät zeigte auch keine Meldung.

Gegen acht Uhr machten sich die beiden zur Abfahrt bereit. Heinz trennte als Erstes die Stromverbindung zum Steg. Dann startete er den Motor, der mit dem gemütlichen Nageln eines großvolumigen Dieselmotors zum Leben erwachte. Der Gewohnheit folgend, drehte Heinz eine Inspektionsrunde über das Deck. Die Vorschiffsluke war noch nicht geschlossen. Das wollte er noch erledigen, bevor die Fahrt begann. Es war zwar mit ruhiger See zu rechnen, aber es konnte immerhin die eine oder andere größere Bug- oder Heckwelle einer Fähre oder eines schnellen Gleiters dazu führen, dass Wasser überkam. Und das sollte ja doch nicht durch die Matratzen und das Bettzeug der V-Koje aufgefangen werden. Beim Setzen der österreichischen Nationalflagge warf er einen Blick über das Heck des Bootes. Er sah, dass, wie es bei einer Zweikreiskühlung[28] sein sollte, Kühlwasser aus dem Auspuff lief. Es war also alles in Ordnung, die Fahrt konnte beginnen. Während Clara die Leinen los machte schloss Heinz noch die Luke und drückte dann den Fahrthebel nach vorne. Das Getriebe kuppelte ein und das schwere Schiff setzte sich langsam in Bewegung. Clara schoss in dieser Zeit die Festmacherleinen auf und holte die Fender an Bord. Während der Fahrt Fender außenbords baumeln zu haben, verstößt gegen die seemännische Etikette.

Inzwischen glitt die „Calima" gemütlich an der an der Backbordseite liegenden Hafenmole entlang. Auf der Steuerbordseite brummten sie an der neuen Konzerthalle von Santa Cruz vorbei, einem architektonisch kühnen Gebäude, entworfen von dem Stararchitekten Santiago Calatrava, das beim ersten Hinsehen an die Oper von Sidney erinnert. Calatrava hat in Valencia, seiner Heimatstadt, einen völlig neuen Stadtteil entworfen, die *Ciutat de les Arts i de les Ciències*, die Stadt der Kunst und Wissenschaft. Ein absolutes Muss für jeden Urlauber, der in diese Gegend kommt. Clara und Heinz Lauberg hatten diese neue Sehenswürdigkeit erst vor einem Jahr besucht. Da war einiges noch im Bau gewesen, aber die unglaublichen Dimensionen und die kühne Beton- und Glasarchitektur hatten sie nachhaltig beeindruckt.

Nachdem die Hafeneinfahrt von Santa Cruz passiert war, beschleunigte Heinz das Schiff auf etwa sechs Knoten Fahrt und steuerte ziemlich genau in südwestlicher Richtung. Erstes Ziel war der Jachthafen von Radazul. Dort sollte noch Diesel gebunkert werden. Nach etwa einer Stunde war es so weit. Die „Calima" lief in Radazul ein. Da die Tankstelle gleich unmittelbar nach der Hafeneinfahrt liegt, genügte eine Kehrtwendung und das Boot glitt langsam zum Kai. Clara wartete bereits mit den Festmacherleinen in der Hand. Der Tankwart übernahm zwar die Leinen, machte aber im gleichen Atemzug auf die Tatsache aufmerksam, dass die Tankstelle erst um neun Uhr öffnet. Heinz blickte auf die Uhr. Es fehlten noch fünf Minuten. „Mit dem Arbeitsbeginn nehmen es die Kanaren eben sehr genau!", kommentierte Clara.

„Das werden wir erst sehen", brummte Heinz. Immerhin war der Tankwart in Richtung Marinaverwaltung verschwunden. Wahrscheinlich warteten ein *Cortado* und hoch fachliche Gespräche zu den letzten Fußballspielen der spanischen *Primera Division* auf ihn und das durfte man nicht versäumen.

Es war eine positive Überraschung. Der Tankwart erschien schon zehn Minuten nach neun Uhr. Immerhin liefen 450 Liter Diesel in die beiden Tanks, die jeweils einer an der Backbord- und an der Steuerbordseite neben dem Motor untergebracht waren. Angenehm war, dass der Preis für den Liter Dieseltreibstoff ziemlich genau bei der Hälfte dessen lag, was er im Augenblick in Kontinentaleuropa kostete.

„Könntest du die Rechnung erledigen und gleich fragen, ob er etwas über die „Julietta" weiß? Ich möchte deine Spanischkenntnisse wieder einmal schamlos ausnützen", meinte Heinz lächelnd.

„Faulpelz! Hättest du gleich mit mir gemeinsam gelernt, dann müsste ich jetzt nicht auf die Tankpier klettern!", antwortete Clara und tauchte im Schiffsinneren unter, um ihre Kreditkarte zu holen.

Das Gespräch brachte aber kein Ergebnis. Der Tankwart hatte das Schiff nicht gesehen und auch nichts von einer Jacht wie dieser gehört. Clara enterte wieder auf die „Calima", machte die Leinen los und das

Boot nahm, nunmehr mit randvollen Tanks, Fahrt auf. Kurz nach dem Verlassen der Marina von Radazul führte der Kurs außen an einigen Tankschiffen vorbei, die das Kraftwerk, das unmittelbar vor dem interessanten Wallfahrtsort Candelaria liegt, mit Brennstoff versorgen. Candelaria selbst hat nur einen kleinen Hafen für die örtliche Fischerei. Dort musste man sich nicht aufhalten. Vorbei an einigen Industrieanlagen ging die Fahrt, immer in sicherem Abstand vom Land nach Puerto de Güimar. Der einige Kilometer bergwärts liegende Ort Güimar ist deshalb interessant, weil Thor Heyerdahl vor einigen Jahren dort völlig überwucherte Stufenpyramiden und Kultplätze fand, die zahlreiche Ähnlichkeiten mit mittel- und südamerikanischen Kulturen aufweisen. Da die Kanarios ihre Eigenständigkeit betonen und es viele zeitgeschichtliche Verbindungen, wie Aus- und Rückwanderungswellen, zwischen den Inseln und Südamerika gibt, kommt ihnen Heyerdahls Theorie, dass schon in sehr alten Zeiten, lange vor Kolumbus, Atlantiküberquerungen möglich gewesen seien, sehr gelegen. Immer noch werden die Spanier als Eroberer betrachtet, die Kanarischen Inseln als Kolonie. Eine Besiedelung aus Südamerika als mögliche Abstammungsquelle der Ureinwohner, der Guanchen, wäre für viele Kanarios eine sehr willkommene Sache. Pech ist, dass man heute durch Genanalysen die nordafrikanische, berberische Abstammung nachweisen kann. Dennoch wurde Heyerdahls Entdeckung, und das völlig zu Recht, sofort als Archäologiepark ausgebaut und kann heute, ebenso wie das angeschlossene Museum, besichtigt werden. Neben den Ausgrabungen ergänzen Nachbildungen der Heyerdahl'schen Binsenboote die Schau.

Für Clara und Heinz gab es auch hier keinen Grund zu stoppen. Puerto de Güimar hat zwar nicht nur, wie der Name schon vermuten lässt, einen kleinen Hafen, sondern auch noch eine Marina, die allerdings nur den Mitgliedern des *Club Nautico* vorbehalten ist. Dort darf man nur in Notfällen einlaufen. Außerdem hätte das 73 Fuß Schiff weit über die kleine Steinbefestigung, die die Boote vor dem Atlantik schützt, hinaus geragt. Erst die Bucht von Poris de Abona bot wieder eine Möglichkeit zum Ankern. Clara und Heinz waren schon bevor sie die Badebucht erreichten, ziemlich sicher, dass sich das Schiff auch dort nicht befinden würde. Die Bucht war sogar von der Autobahn her einsehbar. Da konnte man sich nicht verstecken und davon, dass die Jacht eher nicht auffallen möchte, gingen die Laubergs inzwischen aus. Die Erwartung erfüllte sich. Das weite Halbrund der Bucht war leer. Kein Boot lag vor Anker.

Das blieb auch den ganzen Tag über so. Nirgends gab es eine Spur der verschwundenen Jacht. Hier konnte sich ein Schiff dieser Größe auch kaum verbergen. Der Hafen von Los Cristianos, die Marina Puerto Colon in San Eugenio und der Fischerhafen von Playa de San Juan wurden alle angelaufen, bevor Heinz Lauberg die „Calima" in den Hafen von Los Gigantes steuerte. Über Funk hatte ihnen der Hafenkapitän einen Liegeplatz an der Kaimauer, gleich hinter den Anlegern der Ausflugsschiffe, zugewiesen. Clara hatte den Eindruck, dass jedes Jahr ein neues „Piratenschiff", meist ausgediente Segelfrachter oder Krabbenfischer aus Dänemark, Norddeutschland oder Schweden, oder ein weiteres Glasbodenboot hinzu kam. Der große Verkaufsschlager von Los Gigantes sind die Walbeobachtungsfahrten. Delfine, Wale, Paella, Rotwein, Badeaufenthalt und eine vom Kapitän unterschriebene Urkunde, die das Bestehen des Abenteuers bestätigt, inklusive. Die Zahl der Fahrten hat inzwischen ein Ausmaß angenommen, dass Meeresbiologen ein Abwandern der Tiere befürchten, weil für sie der Stress mittlerweile unerträglich geworden ist. Es wurden zwar Schutzgebiete und Sperrzonen verfügt, aber die Einhaltung wird nicht ausreichend überwacht.

Da das Hafenbüro gleich an der Backbordseite hinter der Hafeneinfahrt liegt, fuhr Heinz an den dortigen Anleger, um gleich die Liegegebühr für die Nacht zu bezahlen und die üblichen Fragen nach der „Julietta" zu stellen. Letzteres wieder ohne Erfolg.

Wegen der Enge dirigierte Heinz die „Calima" rückwärts in das Fahrwasser der Einfahrt, legte das Ruder hart Steuerbord und schwenkte das zehn Tonnen Boot mit einem kurzen Gasstoß herum. Vorbei an den, mittlerweile zur Nachtruhe übergegangenen *„Whale*

Watchern" kamen sie an die freie Stelle am Kai. Nun musste das Boot noch um 180 Grad gewendet werden, bevor die Leinen ausgebracht werden konnten. Vom Dach der Achterkajüte aus war der Kai bequem zu erreichen und somit das Festmachen kein Problem. Da das Boot an einem Poller auf dem Kai lag und nicht an einem der Schwimmstege, war ein Blick auf den Gezeitenkalender angesagt. Der zeigte, dass die Phase der Ebbe schon weit fortgeschritten war, man näherte sich dem Niedrigwasser. Die Leinen brauchten deshalb nicht besonders lose sein. Heinz Lauberg fühlte sich ziemlich zerschlagen, als er den Motor abstellte und mit dem Hauptschalter die Starterbatterie von den Versorgungsbatterien für das Bordstromnetz trennte. Es war ein ziemlich langer Fahrtag gewesen. Leichte Kopfschmerzen führte er auf die andauernde Blendung durch die Reflexe der Sonne auf der bewegten Wasseroberfläche zurück. Fast den ganzen Tag waren sie gegen die Sonne gefahren. Es keimte aber auch eine andere Vermutung in ihm auf. Er machte einen Blick auf das Barometer und tatsächlich kündigte fallender Luftdruck eine Verschlechterung des Wetters an. Mit zunehmendem Alter war Heinz wetterfühlig geworden und die begleitenden Kopfschmerzen waren oft zuverlässiger als die Wettervorhersagen der Funkstellen oder die Verlaufsanzeige des Barometers. Das Fallen des Luftdruckes war nicht dramatisch und er rechnete damit, dass die Überfahrt von Los Gigantes nach La Gomera am nächsten Morgen noch problemlos sein würde. Die Strecke war ja nur knapp über 16 Meilen, also in drei Stunden zu bewältigen. Allerdings bilden bei bestimmten Windrichtungen die beiden Inseln Teneriffa und La Gomera eine Düse, so dass sich durch diesen Effekt Winde, besonders aus nordöstlicher Richtung, deutlich verstärken können. Dann baut sich in der engen Durchfahrt auch oft eine kurze, steile Welle auf, die stark an den Seegang des Mittelmeeres erinnert und den Komfort bei der Überfahrt deutlich drücken konnte.

Heinz machte Clara auf die Veränderungen aufmerksam und gemeinsam beschlossen sie, morgen schon früh unterwegs zu sein, um das ruhige Wetter noch ausnützen zu können. Befand man sich schon einmal auf der Südseite von La Gomera, dann war man gegen die in dieser Jahreszeit vorherrschenden nördlichen und nordöstlichen Winde geschützt. Man lag dann im Lee[29] des Zentralgebirges, hinter dem Gipfel des Garajonay mit immerhin 1487 Metern Höhe. Die genaue nautische Planung des nächsten Tages wollten sie nach dem Abendessen machen. Schon eine halbe Stunde, nachdem sie das Boot festgemacht hatten, waren sie auf dem kurzen Weg in eines der direkt am Jachthafen gelegenen Restaurants.

Los Gigantes ist ein kleiner Ort, über dem sich fast senkrechte, teils sechshundert Meter hohe Felswände auftürmen, deren gigantischer Anblick letztlich dem Ort seinen Namen gegeben hat. Bedingt durch die Lage führt nur eine recht steile Straße bis zum Hafen. Und obwohl Heinz und Clara durch die ganztägige Fahrt kaum zu körperlicher Bewegung gekommen waren, wollten sie nicht noch „bergsteigen", wie Heinz es ausdrückte, sondern wählten eines der Hafenrestaurants. Die Müdigkeit, die Heinz nach wie vor auch auf den bevorstehenden Wetterwechsel zurück führte, ließ sie bloß zu einem Imbiss greifen, obwohl sie auch während der Fahrt kaum gegessen hatten. Heinz schaffte gerade noch das regelmäßige Anheben eines großen Glases Bier, einer Jarra, während Clara mit einem Wasser ohne Gas das Auslangen fand. Sie sprachen auch kaum. Jeder hing seinen Gedanken nach, die sich doch seit zwei Tagen fast ausschließlich um die verschwundene Jacht „Julietta" drehten.

Während sie im Restaurant saßen und in den Hafen blickten, läutete das Telefon und Dieter Böhmer erkundigte sich nach dem „Stand der Ermittlungen", wie er es ausdrückte. Er schien trotz der mangelnden Sprachqualität des Mobiltelefons und der Entfernung, die Müdigkeit und auch einen Hauch von Resignation in Heinz Stimme bemerkt zu haben. Deshalb wies er nochmals darauf hin, dass sie nicht unter Erfolgsdruck standen und, als besondere Aufmerksamkeit, bemerkte er auch, dass das Chartergeld bereits in einem Umschlag für sie bereit lag. War es das Gespräch oder der Inhalt, jedenfalls belebte sich Heinz

Laubergs Stimme und er teilte Dieter Böhmer mit, dass an diesem Tag ohnehin nicht mit dem Auffinden der Jacht zu rechnen war. Teneriffa würde dafür nicht die notwendige Abgeschiedenheit bieten.

„Du bist also inzwischen zu der Meinung gelangt, dass es keine einfache, ich möchte sagen natürliche Erklärung für das Stillschweigen gibt?", fragte Böhmer sorgenvoll.

Heinz antwortete: „Ich habe das gestern Abend eingehend mit Clara diskutiert. Wir sind viele mögliche Szenarien durchgegangen, aber keines schien uns wirklich bestechend zu sein. Wir fanden also weder eine, wie du es ausgedrückt hast, „natürliche", noch eine „nicht natürliche" Version, die uns glaubhaft erscheint. Aber wir erheben auch keinen Anspruch darauf, dass wir wirklich auf alle Möglichkeiten gestoßen sind. Wir fahren morgen nach La Gomera. Wenn wir auch dort keinen Erfolg haben, dann werden wir auch noch La Palma und El Hierro einen Besuch abstatten. Die östlichen Inseln Lanzarote und Fuerteventura erscheinen uns als mögliche Aufenthaltsorte aus verschiedenen Gründen unwahrscheinlich zu sein. Wenn du damit einverstanden bis, dann machen wir das so."

„Mir ist alles recht, was ihr vorhabt. Im Interesse meines Klienten bitte ich euch nur darum, mit entsprechender Diskretion vorzugehen. Also bitte keine Polizei", forderte Dieter Böhmer.

„Keine Angst, wir bringen die Schwarzgeldaffäre nicht ins Rollen!", sagte Heinz ein wenig süffisant und beendete das Gespräch.

Da alles aufgegessen war und die Gläser gelenzt, verlangte Heinz die Rechnung, die wegen ihrer bescheidenen Bestellung einen erfrischend kleinen Betrag aufwies. Heinz legte das Geld auf die Tasse und beide standen auf und schlenderten zum Boot zurück.

Eine halbe Stunde beschäftigten sie sich noch mit der Routenplanung des morgigen Tages. Dann wurde dieser erste Juli für beendet erklärt.

2. Juli
Überraschung auf Gomera

Als am Vormittag des zweiten Juli die Sonne den Hafen von Los Gigantes erreichte, waren Clara und Heinz Lauberg mit ihrer Jacht „Calima" bereits auf See. Das Barometer war über Nacht weiter gefallen. Mit dem zeitigen Aufbruch versuchten sie, den zu erwartenden starken Winden noch zu entgehen. Sie wollten so rasch wie möglich die Enge zwischen Teneriffa und La Gomera hinter sich bringen.

La Gomera ist eine sehr grüne Insel. Aus der Luft gesehen, wird sie oft mit einer Orange verglichen, da sie von eher runder Form ist, mit dem von einem Nationalpark umgebenen Berg Garajonay in der Mitte, von dem aus tief eingeschnittene Schluchten, die *Barrancos*, radial zur Küste verlaufen. Das unwegsame Gelände führte in alter Zeit zur Entwicklung einer leistungsfähigen Pfeifsprache, genannt *Silbo*, mittels der man sich über die Schluchten hinweg verständigen konnte. Heute, durch das Mobiltelefon ersetzt, ist sie nur noch eine Touristenattraktion, obwohl sie wieder in den Schulen der Insel La Gomera gelehrt wird.

Trotz der drohenden Sturmgefahr hatten Clara und Heinz sich entschlossen am nördlichen Ende der Insel mit der Suche nach der „Julietta" zu beginnen. Außerdem gibt es dort das eindrucksvolle Naturdenkmal des „Orgelfelsen" zu sehen. Zahlreiche schmale senkrecht stehende Felsbänder vereinigen sich zu einer überdimensionalen

Orgel aus Stein, die zwar keinen Ton von sich gibt, aber einen einzigartigen Anblick bietet.

Nachdem die beiden die „*Organos*" Felsen gebührend bewundert hatten, wandten sie sich über Backbord in südöstliche Richtung. An dieser Küste gab es keine vernünftigen Ankerplätze, aber auch die Westküste wäre nicht einladender gewesen. So näherten sie sich dem östlichsten Punkt der Insel, der Punta San Cristobal. Knapp dahinter liegt die Inselhauptstadt San Sebastian. In der runden Bucht, an der der Ort liegt, haben schon die Schiffe Pinta, Nina und Santa Maria des Christoph Kolumbus geankert. Von hier aus brach er am 6. September 1492 auf, um den Seeweg nach Indien zu suchen.

San Sebastian hat sich äußerlich in den fünfhundertzehn Jahren vermutlich wenig verändert. Die Kirche Nuestra Señora de la Asunción, in der Kolumbus die letzte Messe vor seiner Abreise gehört hat, ist noch heute die Gemeindekirche des Ortes. Auch bei seinen nächsten zwei Reisen in die Neue Welt, wählte Kolumbus Gomera als Absprungbasis. Nicht ganz unbeteiligt daran soll die hübsche Witwe Beatriz de Bobadilla gewesen sein. Ihrem 1488 zu Tode gekommenen Ehemann Fernán Peraza, einem der brutalsten Konquistadoren mit einer Vorliebe für hübsche Guanchenmädchen, werden wir später noch einmal begegnen. Beatriz de Bobadilla ließ den Entdecker Christoph Kolumbus die Herausforderung der Überquerung des Atlantiks entspannt angehen. Bei seiner vierten Reise verzichtete er auf San Sebastian. Die Witwe hatte inzwischen wieder geheiratet.

Da es erst gegen Mittag ging, beschlossen Clara und Heinz Lauberg noch weiter zu fahren. Von hier an, um die südliche Küste herum bis nach Valle Gran Rey an der Westküste, gab es einige Plätze, an denen sich eine 73 Fuß-Jacht aufhalten konnte. So fuhren sie am Wellenbrecher, der den Hafen von San Sebastian und die Marina Gomera schützt, entlang. Clara bereitete ein einfaches Mittagessen. Fertige Ravioli aus dem Beutel mit Tomatensoße aus dem Karton. Das war auch dann zuzubereiten, wenn das Schiff nicht ganz so ruhig lag, wie in einem Hafen und es konnte auch vom Skipper während der Fahrt gegessen werden. Nach einigen Minuten passierten sie den Ort Playa del Cabrito. Hier konnten nur einige kleine Fischerboote an dem kurzen Kai festgemacht werden, keinesfalls aber eine riesige Ferretti-Jacht. Sie hätte auch den ganzen Ort überragt.

Eine weitere Stunde später kamen sie nach Playa Santiago. Hier gibt es zwar einen kleinen Hafen, aber Heinz, der seine „Calima" vom Außensteuerstand aus fuhr, sah sofort, dass das Objekt ihrer Begierde auch hier keine Zuflucht gesucht hatte. Der Hafen wird von der Fischergenossenschaft betrieben und bietet wenig Platz für Besucher. Daher lenkte Heinz sein Boot weiter die Küste entlang, um nach Valle Gran Rey zu kommen. Dort, hatte er gemeinsam mit seiner Frau Clara beschlossen, wollten sie für den Rest des Tages und die Nacht bleiben.

Wenige Minuten, nachdem sie die westliche Landspitze, die die Bucht von Playa Santiago begrenzt, passierten, war sie da. Stolz und schön lag die Riesenjacht in der Bahia de Ereses. Heinz zog sofort den Hebel der Motorsteuerung zurück und schaltete auf Leerlauf. Clara erfasste augenblicklich die Situation. Leise, so als könnte ihre Stimme auf der mehrere hundert Meter entfernten Jacht gehört werden, zischte sie Heinz in das Ohr: „Fahr' weiter. Dass auf diesem Boot irgendetwas nicht stimmt ist klar, also versuchen wir zu passieren, als ob uns die Jacht nicht interessieren würde."

„Okay, verstanden. Dann müssen wir uns aber völlig normal verhalten. Dazu gehört, dass wir die Jacht mit einem Fernglas bewundern und dass wir sie über Funk anrufen, was meinst du?"

Clara dachte kurz nach: „Beobachten ist nicht schlecht, denn so genau wissen wir ja auch noch nicht, dass das unser Schiff ist. Mit dem Fernglas kann ich den Namen lesen", sagte sie, griff sich das Glas und führte es an die Augen. „Ja, das ist die Julietta"', bekräftigte sie, was beide ohnehin vermutet hatten.

„Gut, dann werde ich sie anrufen", sagte Heinz und setzte auf Kanal 16 einen Funkruf ab. Beide warteten gespannt, aber der Lautsprecher blieb still. „Ich versuche es nochmals", meinte er. Wieder kam von dem Schiff keine Antwort.

Clara runzelte die Stirn. „Das ist schon eigenartig und passt genau zu der Vermutung, dass hier irgendetwas nicht stimmt. Fahren wir um die nächste Ecke und beratschlagen wir, wenn wir außer Sicht sind."

So taten sie es auch. Vor Cala Cantera ließ Heinz den Anker fallen. Die Wassertiefe lag bei acht Metern. Da der Grund aus Sand bestand, genügte es, etwa 30 Meter Kette zu strecken. Als er sicher war, dass der Anker gegriffen hatte, schaltete Heinz den Motor ab.

„Also, halten wir Kriegsrat!", forderte Heinz seine Frau auf.

„Was wissen wir?", begann Clara. „Wir wissen, dass es sich bei der Jacht um das gesuchte Boot handelt. Wir wissen auch, dass das ganze Vorhaben nicht wie geplant läuft. Der Skipper hat sich seit über einer Woche nicht gemeldet und das Schiff liegt an einer Stelle, wo es nicht hingehört. Das alles sind Indizien dafür, dass, um es so allgemein wie möglich auszudrücken, etwas nicht in Ordnung ist."

„Richtig", bekräftigte Heinz, „außerdem ist es doch eigenartig, dass wir überhaupt niemanden an Deck gesehen haben. Ich habe auch keine offene Luke bemerkt. Entweder es war niemand an Bord, oder die sitzen alle im Innenraum. Seltsam bei so schönem Wetter. Es ist auch eigenartig, dass niemand auf meine Anrufe geantwortet hat."

„Das sind also die einigermaßen gesicherten Fakten", warf Clara ein, „jetzt überlegen wir, wie wir uns weiter verhalten sollen. Und damit uns mehr dazu einfällt, werde ich uns rasch einen Kaffee kochen und nachsehen, ob sich noch Süßes in irgendeiner Lade findet." Sie stand auf und verschwand im Vorschiff.

Heinz rückte in den Schatten des Sonnendaches, das die Flying Bridge überspannte. Durch das Schwojen, die Bewegung des Schiffes um den Anker durch die Wellen und den Wind, wanderte der Schatten beständig nach links oder rechts. Heinz hatte heute schon genug direkte Sonnenstrahlen gehabt. Er betrachtete die felsigen Ufer. Der Platz, an dem die „Julietta" lag, war gut gewählt. In dieser Bucht, der Bahia de Ereses herrschte totale Einsamkeit. Die Steilabhänge verhinderten neugierige Badegäste und auch das Meer war nur wenig befahren. Ein echtes Versteck.

Clara kam mit einer Kanne, halb gefüllt mit Filterkaffee, zwei Tassen, zwei Tellern mit Gebäck und zwei vollen Gläsern mit Wasser auf einem Tablett zurück. Die Gläser waren außen beschlagen und Heinz konnte sich nur mühsam zurückhalten, den Inhalt in einem Zug hinunter zu schütten. Clara füllte die Tassen so weit, dass der durchschnittliche Wellengang nicht dazu führte, dass der Kaffee überschwappte. Beide genossen den ersten Schluck. Unabhängig voneinander hatte sie ein Gefühl der Befriedigung überkommen. Ihr Auftrag war erfüllt. Sie sollten das Schiff suchen und hatten es gefunden. Dennoch hatte die Geschichte kein Ende. Die „Julietta" machte den Eindruck, als wäre sie ein Geisterschiff. Sie schaukelte hinter der nächsten Felsnase irgendwie tot auf den Wellen.

„Wir könnten nachhause fahren", meinte Clara, „wir haben die „Julietta" entdeckt."

„Möchtest du nicht trotzdem wissen, was dort an Bord geschehen ist?", fragte Heinz.

„Ja, natürlich interessiert mich das", gestand Clara ein, „aber ich denke, wir sollten jede Aktion vor Beginn ganz genau überlegen und wir sollten auch, bevor wir nur irgendetwas unternehmen, mit Dieter darüber sprechen."

„Der Meinung bin ich auch", stimmte Heinz zu, „immerhin ist er sozusagen unser Auftraggeber. Vielleicht will er ja doch die Polizei einschalten und dann haben wir auf dieser Szene nichts verloren. Mehr als einmal in der Woche möchte ich nicht mit der *Guardia Civil* zu tun haben", spielte Heinz auf den Leichenfund der Familie Seidel an.

„Was meinst du, wie es den Seidels geht?", nahm Clara den Faden auf.

„Ich glaube, an so einer Sache hat man eine ganze Weile zu arbeiten. So schön können die Kanarischen Inseln gar nicht sein, dass man darüber ein solches Erlebnis so einfach vergisst. Ich hoffe, dass ihnen die spanischen Behörden bei der geplanten Rückfahrt in das Mittelmeer nicht noch Probleme machen. Es wäre übrigens interessant, ob man über die Identität der Leiche schon etwas herausgefunden hat. Kannst du nicht deinen Pathologen anrufen?"

„Gott sei Dank ist es nicht „mein Pathologe", wie du dich schon wieder einmal so einfühlsam ausdrückst!", wies Clara ihren Mann zurecht. „Er hat mir seine Karte gegeben. Ich bin aber nicht sicher, ob ich die aufbewahrt habe. Ich hoffe ja doch, noch lange keinen persönlichen Zugang zu einem Mediziner dieses Faches zu benötigen. Und wenn, dann müssen sich ohnehin Andere darum kümmern."

„Kommen wir wieder zur „Julietta" zurück. Es wird immer später und ich möchte nicht hier in dieser Bucht die Nacht verbringen. In ein paar Stunden wird sich das Wetter verschlechtert haben und dann möchte ich nicht noch hier sein. Ich schlage vor, wir fahren nicht weiter nach Valle Gran Rey, sondern tuckern die paar Meilen zurück und versuchen, einen Platz in Playa de Santiago zu bekommen. Dort liegen wir einigermaßen geschützt, können uns ein Abendessen in einem der Fischlokale am Strand gönnen und dabei gemeinsam mit deinem Freund Dieter die weiteren Schritte überlegen."

„Abgesehen davon, dass Dieter auch dein Freund ist, auf diese Erweiterung der Beziehung lege ich Wert, stimme ich dir zu. Dabei können wir noch einmal einen Blick auf das Schiff werfen, wenn wir daran vorbei fahren. Jetzt könntest du ja versuchen, das letzte Kap enger zu umrunden und dichter unter Land zu fahren, dann kommen wir näher an das Schiff heran."

„Gut, so machen wir es und du legst dich gemütlich auf das Vordeck und linst mit dem Fernglas hinüber, ob du irgendetwas erkennen kannst. Das kann nicht sehr verdächtig sein, denn dass ein Schiff dieser Größe Aufmerksamkeit erregt, das ist doch wohl normal."

Nach dem Ende des Gespräches startete Heinz den Motor und holte den Anker ein, was dank der elektrisch betriebenen Ankerwinde zwar einigen Lärm verursachte, aber ohne schweißtreibende Handarbeit abging. Clara breitete eine Decke auf das Dach der Vorschiffskajüte, legte das Fernglas daneben ab und machte es sich bequem. Heinz fuhr noch vor dem Strand von Cala Cantera dicht unter Land. Hier kam ihm das, erst in diesem Jahr eingebaute, vorausschauende Echolot sehr zustatten, das nicht nur die Wassertiefe unmittelbar unter dem Schiff anzeigte, sondern auch, was bis zu einer Entfernung von etwa 100 Metern an Untiefen oder Riffen vor dem Schiff lag. Und gerade schroffe Lavafelsen gibt es ja vor den Küsten der Kanarischen Inseln genug.

Heinz umrundete das Kap und sofort kam wieder das gesuchte Schiff in Sicht. Im ersten Anblick hatte Heinz den Eindruck, dass er dort eine Bewegung wahrgenommen hatte. Als er aber genauer aus den Augenwinkeln hinsah, lag die Ferretti bereits wieder völlig leblos vor Anker. Allerdings hatte der Ebbstrom eingesetzt und die „Julietta" um 180 Grad so gedreht, dass nun das Heck in Richtung See lag. Deutlich konnte man die Plicht und die schön gewundene Treppe auf die Flying Bridge sehen. Die große Glaswand, die den Salon von der Plicht trennte, war allerdings aus beschichtetem Material gefertigt, das lediglich alles spiegelte und keinen Einblick in das Innere des Bootes zuließ.

„Ich werde auf das Glas verzichten", meinte Clara. „Zu sehen ist ohnehin nichts und falls wir beobachtet werden, dann zeigen wir wenigstens keine übertriebene Neugier."

Heinz stimmte zu und die „Calima" zog ihre Bahn aus der Bahia de Ereses heraus und weiter in Richtung Playa de Santiago. Da er nicht wusste, ob an Bord der „Julietta" nicht doch der Funk abgehört wurde, fragte Heinz über sein Handy an, ob es für die Nacht einen Liegeplatz gäbe und er erhielt vom Hafenmeister eine Stelle gleich nach der Einfahrt längs des Wellenbrechers zugewiesen. Der Platz war nicht wirklich toll, da der Schwell jedes einlaufenden und ausfahrenden Schiffes zu spüren sein würde. Aber Playa de Santiago bietet nicht viel mehr.

Man kann sonst nur an einer *Mooring Boje*[30] hängen oder vor Anker gehen. Beides hätte Heinz noch weniger begeistert. Immerhin hatte das stark fallende Barometer Sturm angekündigt und da war ein Platz an der Mole nicht zu verachten, mochte man auch noch so unruhig liegen.

Kaum hatte Heinz das Schiff an den Kai dirigiert, brachte er zur Sicherheit vier Leinen aus. Man konnte ja nicht wissen, was an Sturm und Wellengang auf einen zu kam. Gemeinsam knüpften sie alle vorhandenen Fender auf die Steuerbordseite, um das Boot sicher vor Beschädigungen durch die Molenwand zu schützen.

Der Wind hatte inzwischen tatsächlich deutlich aufgefrischt und ein Blick auf das offene Meer zeigte, dass sich schon die ersten Schaumkronen bildeten. Clara schauerte es. Sie hatte das Gefühl, dass es auch deutlich kälter geworden war. Vielleicht hatte sie aber auch bloß zu spät gemerkt, dass lange schon die Sonne hinter den Wolken verschwunden war und zu spät Bikini und T-Shirt gegen wärmere Kleidung eingetauscht. Deshalb freute sie sich auf eine heiße Dusche und den Landgang mit dem Abendessen in einem der Lokale an der kleinen Uferpromenade. Während sie sich ankleidete, besetzte Heinz das Badezimmer und nach einer halben Stunde sprangen beide auf die Hafenmole und begannen ihren Spaziergang in den Ort. Playa de Santiago war bis vor Kurzem ein kleiner, ruhiger Ort. Durch den Bau eines kleinen Flughafens westlich des Dorfes hat sich der Charakter insofern geändert, als heute ein gut ausgebautes Straßennetz in das Innere der Insel führt. Diesen Projekten mussten einige Bananenplantagen weichen.

Am Ende der Mole lag der Tank für den Dieseltreibstoff, dann führte der Weg entlang einiger auf den Strand gezogener Fischerboote bis zur Asphaltstraße, die zwischen den Häusern des Ortes und der Bucht verlief. Clara und Heinz Lauberg beschlossen, sich zuerst einen Überblick über die Gastronomie zu verschaffen und erst anschließend eine Entscheidung zu treffen. Viel Auswahl gab es ohnehin nicht. Sie entschieden sich schließlich für das „*El Pescador*". Es war noch eines jener guten alten Lokale, in denen man sich den Fisch, den man zubereitet haben möchte, in der Kühlvitrine aussuchen kann und der dann nach Gewicht verrechnet wird. Clara entschied sich für *„Filete de Bonito"*, Fleisch einer kleinen Tunfischart, die unmittelbar in den kanarischen Gewässern gefangen wird. Heinz bestellte sich eine Portion gegrillter Sardinen. Dazu orderten sie noch *„Papas arrugadas con mojo"*, kleine einheimische Kartoffeln, mit einer Unmenge von Salz in der Schale gekocht und auch so gegessen, mit einer scharf-würzigen Soße aus Chili und Knoblauch. Eine Portion Salat rundete die Bestellung ab.

Als sich die beiden an einen Tisch setzten, der zwar außerhalb des Lokales, dennoch aber nahe der Hauswand stand, merkten sie, dass der Wind inzwischen noch weiter zugenommen hatte.

„Jetzt möchte ich nicht auf der „Julietta" sein und in einer Bucht vor Anker liegen", sagte Heinz. „Bei diesem Seegang wird es auch auf diesem großen Pott von Stunde zu Stunde ungemütlicher. Ich nehme an, dass das Ding zwar über Stabilisatoren verfügt, aber die arbeiten natürlich nur, wenn das Boot in Fahrt ist."

Clara blickte auf: „Hoffentlich hauen die nicht ab, weil es ihnen zu wackelig wird!"

Heinz schüttelte den Kopf. „Das glaube ich nicht. Wo sollten sie hin? Wenn sie sich nicht davor scheuen würden, in einen Hafen zu kommen, dann hätten sie sich kaum in einer der abgelegensten Buchten versteckt. Außerdem lauern auf allen Seiten Winddüsen. Östlich zwischen Teneriffa und Gomera und westlich ist es La Palma, das den Wind anschwellen lässt. Nein, ich glaube nicht, dass sie jetzt ihren Platz verlassen werden. Es sei denn, die Sache wird so extrem, dass sie doch einen Hafen anlaufen. Allerdings würde ich dann den Skipper, wer immer das im Moment auf diesem Schiff auch sein mag, nicht verstehen, denn sowohl der Wetterbericht als auch das rasch fallende Barometer haben das stürmische Wetter schon lange angekündigt. Nein, die müssen draußen bleiben, komme was da wolle." Heinz goss sich einen Schluck Rotwein, der inzwischen in einem Tonkrug serviert worden war, in sein Glas und nippte daran. Abweichend vom allgemein üblichen Geschmack, trank Heinz Lauberg Rotwein auch zu Fisch. Dann fuhr er fort: „Ich werde jetzt Dieter Böhmer anrufen und ihm unsere Erfolgsmeldung überbringen. Vielleicht ist damit unser Auftrag, wie er ja ursprünglich gesagt hat, schon beendet und wir können wieder über unsere Zeit frei verfügen. Noch freier als vorher, weil bei Dieter ein dick mit Geld gefülltes Kuvert auf uns wartet."

Er holte das Mobiltelefon aus der Tasche und suchte die entsprechende Nummer aus dem Letztnummernspeicher heraus. Nach einigen Sekunden war die Verbindung hergestellt und Heinz erzählte von den Neuigkeiten des Tages.

Mit „Was möchtest du, dass wir weiter tun?", beendete er seinen Bericht.

Nach einer kurzen Nachdenkpause antwortete Dieter Böhmer: „Vorerst noch nichts. Ich werde alles mit meinem Auftraggeber abstimmen. Die Sache ist sehr sensibel. Ich melde mich wieder bei euch. Das kann durchaus noch heute sein, also lasst euer Telefon eingeschaltet." Nach einer kurzen Verabschiedung beendete Heinz das Gespräch.

Nun hatten sie, zumindest für den Augenblick, ihre Pflichten erledigt und konnten sich dem Essen widmen, das eben aufgetragen wurde. Clara bekam zwei große Scheiben Bonito, dessen festes Fleisch sich fast wie von selbst vom Rückgrat und den daran sitzenden, harten Gräten ablöste. Die Unmenge kleiner Fische, die sich auf Heinz Laubergs Teller türmten, machten um einiges mehr Arbeit. Clara nahm nur eine kleine Portion Kartoffel, so dass Heinz ein ganzer Berg dieser runzligen, mit einem zarten Salzschleier überzogenen Erdfrüchte blieb, den er mit großem Genuss verzehrte. Auch die rote *Mojo*-Soße mundete vorzüglich.

Eben hatten sie das Essen beendet, als auch schon wieder das Telefon läutete. Es war Dieter Böhmer. Er teilte mit, dass er am Freitag auf die

Kanaren kommen werde und ersuchte, ihn am Nachmittag im Hafen von San Sebastian abzuholen.

Nach dem Ende des Gespräches sahen Clara und Heinz einander verwundert an. Clara meinte: „Das muss ja ein Goldesel sein, dieser geheimnisvolle Kunde. Wenn Dieter so praktisch von heute auf morgen alle Termine sausen lässt und zu uns herunter kommt, dann heißt das eine ganze Menge!"

„Ich finde es auch interessant, dass er in der Hauptsaison innerhalb von zwei Tagen einen Platz im Flugzeug auftreiben konnte. Irgendwie ist er schon beeindruckend, dein Lieblingskollege."

Clara warf ihm einen koketten Blick zu: „Er ist lediglich einer meiner zahlreichen Lieblingskollegen. Allerdings einer, der auf der Uni einmal bei mir Übungen im Rahmen eines Proseminars gemacht hat. Und wenn du jetzt eine dumme Aussage über den Begriff „Übungen" machen solltest, dann warne ich dich schon vorher, dass ich dann sauer bin und den ganzen Abend kein Wort mehr mit dir reden werde."

Dieses Risiko wollte Heinz nicht eingehen. Stattdessen ergriff er ihre Hand, drückte einen Kuss darauf und schickte einen Blick aus schmachtenden Augen über den Tisch.

Kurze Zeit später sah man sie, eng umschlungen, zu ihrem Schiff gehen. Der Wind hatte inzwischen noch zugelegt und wohl schon Sturmstärke erreicht.

3. Juli
Eine Sturmnacht im Hafen

Es war eine unruhige Nacht gewesen. Zu allem Überdruss hatte es zu regnen begonnen. Schwere Tropfen knallten, von den Böen gepeitscht, gegen die Aufbauten des Bootes. Der Sturm hatte nicht nur eine beträchtliche Lautstärke entwickelt, sondern auch mitten in der Nacht ein großes Fischerboot von seiner Mooringboje gerissen und gegen das Heck der „Calima" getrieben. Das rumpelnde Geräusch und die plötzliche Bewegung des Schiffes hatten Clara und Heinz zwar sofort aus dem ohnehin leichten Schlaf geweckt, aber da drückte das Fischerboot schon mit all seiner Gewalt von sicher nicht unter 15 Tonnen gegen das Heck ihres Bootes. Die hinteren Fender zur Hafenmole waren zum Zerplatzen zusammengedrückt. Zwischen den beiden Schiffen gab es überhaupt keinen dämpfenden Schutz. Die beiden Rümpfe rieben sich in dem hohen Wellengang, der in dem nicht wirklich gut geschützten Hafen herrschte, heftig gegeneinander. Zudem standen von dem Fischereifahrzeug einige metallene Teile ab, die bereits solche Schrammen in die Bordwand der „Calima" gekerbt hatten, dass man sie trotz der fast vollständigen Dunkelheit deutlich erkennen konnte. Heinz griff sich einen Bootshaken und versuchte, das Fischerboot wegzudrücken. Ebenso hätte er versuchen können, einen Berg zu verschieben. Der kalte Fallwind, der über den steilen Felshang herunter stürzte, übte eine solche Gewalt auf die hohen Aufbauten des Fischerbootes aus, dass kein Mensch vermocht hätte, das schwere Fahrzeug dagegen zu drücken. Heinz sah auch sofort die Sinnlosigkeit seiner Bemühungen und rief Clara, die, so wie er selbst, im Pyjama völlig durchnässt und vor Kälte zitternd neben ihm stand, zu, sie solle einige Kissen nach oben bringen. Schon wenige Sekunden später war sie mit einem Arm voll Pölstern neben ihrem Mann. Heinz versuchte nun, die Bewegungen der Schiffe nützend, eines der Kissen an der am meisten gefährdeten Stelle zwischen die Rümpfe zu drücken. Dabei musste er nicht nur alle Kräfte aufbieten, sondern auch besonderes Augenmerk darauf richten, dass seine Hand oder sein Arm nicht zwischen den Bordwänden zerquetscht wurden. Eine ungewöhnlich große Welle ließ die Schiffe kurz auseinander weichen. Das nützte er sofort und brachte das Kissen in Position. Als die beiden Rümpfe wieder gegeneinander schlugen, zog er blitzartig seinen Arm zurück. Trotz des Sturmes hörte er, wie sich das Eisenteil, das die Beschädigungen verursacht hatte, durch den Stoff des Polsters bohrte.

Nachdem die akuteste Gefahr gebannt war, holte er einige Bändsel, also kurz abgeschnittene Leinen und ein großes Messer. Damit durchstieß er drei weitere Kissen in der Mitte und fädelte die Leinen durch, damit er sie an den entsprechenden Stellen an der Reling festmachen konnte. Dann begann wieder die gefährliche Arbeit, die eben erzeugten Ersatzfender zwischen den stampfenden Rümpfen in Position zu bringen. Einmal wurde sein Mittelfinger eingeklemmt und er schrie auf vor Schmerz. Aber nachdem er sich befreit hatte, konnte er den Finger bewegen, es schien also nichts gebrochen zu sein. Als letzte Maßnahme machten sie das losgerissene Fischerboot an ihrem eigenen Fahrzeug fest, um nicht noch an anderen Stellen Beschädigungen zu erleiden.

Völlig erschöpft, durchnässt und frierend gingen sie unter Deck. Als Erstes zogen beide warme, trockene Kleider an. Dann stellte Clara Wasser auf den Gaskocher, was wegen der starken Schiffsbewegungen nicht einfach war. Die Topfklammern hielten zwar den Wasserkessel fest über der Flamme, aber das Wasser schwappte mehrmals aus der Ausgussöffnung. Kaum war der Tee in den Tassen, nahmen beide die Gefäße in die Hand, um die Bewegung auszugleichen und gleichzeitig die Wärme in den eisig kalten Händen zu spüren. Plötzlich fühlte Heinz im Zeigefinger der rechten Hand einen pochenden, dumpfen Schmerz. Ein Blick zeigte, dass der Finger stark anzuschwellen und sich zu verfärben begann. Heinz hoffte immer noch, dass es sich dabei lediglich um eine Quetschung und nicht um einen Knochenbruch handelte.

Aus der Bordapotheke holte Clara essigsaure Tonerde und machte Heinz einen Verband. Schließlich war der Finger dick umwickelt und damit ruhig gestellt. Anschließend saßen beide nebeneinander im Salon. Sie sprachen kaum. Jetzt erst spürten sie das wahre Maß an Erschöpfung, das sich ihrer bemächtigt hatte. Nach einiger Zeit krochen sie wieder in die Koje. Eine zusammengerollte Decke musste die fehlenden Kopfkissen ersetzen, die jetzt draußen die Backbordseite ihres Schiffes „Calima" vor den wilden Angriffen des Fischerbootes schützten. Sie krochen gemeinsam in Claras etwas größerer Koje eng unter der Decke zusammen und versuchten, sich gegenseitig ein wenig Wärme zu spenden. Schon nach kurzer Zeit waren sie eingeschlafen.

Als Clara und Heinz Lauberg um ziemlich genau neun Uhr erwachten, schien der Sturm noch in unveränderter Heftigkeit zu blasen, der Regen hatte aber aufgehört. Ein Blick aus den Fenstern des Salons zeigte, dass das Fischerboot immer noch längsseits lag. Während sich Clara um das Frühstück kümmerte, rief Heinz vom Mobiltelefon aus das Hafenbüro an, um von den Vorfällen der letzten Nacht zu berichten. Das Vorhaben gelang deshalb nicht wirklich, weil sich im Hafenbüro niemand fand, der Englisch verstand und die Spanischkenntnisse von Heinz Lauberg nicht ausreichten, um den Sachverhalt in seiner vollen Tragweite zu schildern. So weit Heinz verstehen konnte, wollte man sich bemühen, jemand zu schicken. Zu ihrer Überraschung dauerte es nur einige Minuten und eine verwegen aussehende Gestalt kämpfte sich durch den Sturm über die Hafenmole zu ihrem Boot.

Es war der Eigentümer des Fischerbootes. Sehr wortkarg, ja, Clara hatte sogar den Eindruck von echter Unfreundlichkeit, kletterte der Mann über das Deck ihres Bootes auf sein eigenes Schiff. Nun wurde aber Heinz heftiger und verlangte von dem Mann in allen ihm geläufigen Idiomen, dass sie das Ablegemanöver besprechen sollten. Seine Sorge war, dass das Schiff mit Ruder hart Backbord erst recht gegen sein Boot drücken und schließlich die ganze Seite abschrammen würde. Man einigte sich auf eine Ablegetechnik, die als „Eindampfen in die Spring" bezeichnet wird. Heinz machte alle Leinen los, bis auf jene, die vom Vorschiff des Fischerbootes zum Heck seiner eigenen „Calima" führte. Diese Leinenführung nennt man „Spring". Der Skipper des Fischerbootes legte das Ruder hart Steuerbord und gab einen kurzen Gasstoß. Da das Schiff vorne fixiert war, bewegte es sich dort kaum, das Heck schwang jedoch von Laubergs Boot frei. Dann wurde auch die Spring gelöst und in Rückwärtsfahrt kam das Fischerboot schließlich frei, ohne weitere Beschädigungen zu verursachen. Heinz fand die vorhandenen Blessuren der Bootshaut ohnehin ausreichend. Es gab einige tiefe Schrammen, die bis in die Glasmatten des Wandaufbaues hinein reichten. Das musste fachmännisch repariert werden. Nachdem er sein durch das Ablegemanöver des Fischerbootes unterbrochenes Frühstück beendet hatte, holte er als Erstes die völlig zerfetzten Kissen ein. Die traurigen Reste der Füllung tanzten auf den Kronen der Wellen. Während Clara sich über das Frühstücksgeschirr und die Aufräumarbeiten nach der schlimmen vergangenen Nacht hermachte, setzte sich Heinz an den Laptop und schrieb eine Schadensmeldung in englischer Sprache. Als der kleine Drucker die drei Blätter ausgespuckt hatte, nahm er sie und machte sich auf den Weg in das Hafenbüro. Dort wurden die Seiten mehrfach kopiert und Heinz erhielt ein Exemplar mit dem offiziellen Stempel der Hafenbehörde zurück. Man versicherte ihm in ungewohnter Freundlichkeit, dass die Fischergenossenschaft, die *Cofradia de Pescadores*, eine Haftpflichtversicherung für ihre Mitglieder habe und dass er nur mit der Rechnung für die Reparatur wieder zu kommen bräuchte, dann würde man den Schaden aus der Versicherung heraus ersetzen. Freundlich lächelnd meinte der Mann dann noch, dass es wohl am vorteilhaftesten sei, man würde gleich die örtlichen Reparaturmöglichkeiten nützen. Er würde jemanden kennen ... Heinz winkte ab. Die Schäden seien durch Kosmetik nicht zu beheben. Da mussten Fachleute ans Werk und das konnte nur in Los Cristianos oder in Santa Cruz de Tenerife garantiert werden. Er verließ einen leicht enttäuschten Hafenkapitän und ging zurück auf das Schiff. Inzwischen hing das Fischerboot an einer anderen Boje. Heinz Lauberg hoffte, dass diese Mooring halten würde.

Zurück auf dem Schiff berieten Clara und Heinz, was an diesem Tag, der so früh und so dramatisch begonnen hatte, noch geschehen sollte. Rasch kamen sie überein, dass sie einen Wagen brauchen würden, schon, um Dieter Böhmer am Freitag von der Landestelle der Fähre aus Los Cristianos abholen zu können. Clara hatte keine besondere Lust mit dem Bus in die Inselhauptstadt San Sebastian zu fahren. Das Wetter zeigte zwar deutliche Zeichen einer bevorstehenden Besserung und das Barometer war inzwischen auch schon wieder im Steigen begriffen, aber sie fühlte sich noch von der letzten Nacht her ziemlich zerschlagen und wollte sich eine ausgiebige Mittagspause mit erholsamem Schläfchen gönnen. Irgendwie ahnte sie, dass die turbulenten Zeiten noch nicht vorüber waren.

Heinz machte sich auf den Weg in den Ort zur Busstation, in der Hoffnung, nicht allzu lange warten zu müssen. Ein Blick auf den aushängenden Fahrplan zeigte, dass noch Zeit für einen *Cortado* war. Er suchte also die nächste Bar auf und bekam prompt seinen Kaffee in einem kleinen Glas auf den Tresen gestellt. Er schüttete den vollen Inhalt des Zuckersäckchens in die dunkelbraune Flüssigkeit, die so aussah, als könnte man sie notfalls auch mit Messer und Gabel essen. Wie nahezu regelmäßig, wenn er einen *Cortado* trank, verbrannte er sich mit dem ersten Schluck die Spitze der Zunge. Der Schmerz übertönte kurzfristig das Pochen in seinem verletzten Finger, den er heute noch nicht von seiner schützenden Umhüllung befreit hatte.

Nachdem er das Glas geleert hatte, zahlte er die geforderten sechzig Cent, es war also nicht nur ein guter, sondern auch ein besonders billiger *Cortado* gewesen, und ging wieder die wenigen Schritte zur Haltestelle, die auf den Kanaren *Estacion de Guaguas* genannt wird.

Da die Fahrpläne, das hatte ihn seine langjährige Erfahrung mit den Autobussen auf Teneriffa gelehrt, bloß als grober zeitlicher Anhalt zu nehmen waren, hatte er ein fünfminütiges Zeitpolster eingeplant. Mit dem Erfolg, dass er eine Viertelstunde in der zugigen Busstation stand, bevor das Fahrzeug langsam anrollte. Er zahlte und setzte sich auf einen der ersten freien Plätze auf der rechten Seite. Damit hatte er Aussicht auf das Meer. Die Fahrt ging über die üblichen gewundenen Straßen, vorbei an schroffen Abstürzen in Barrancos, tief in das Landesinnere, durch Orte, die einander an Blumenpracht zu übertreffen suchten, hinein nach San Sebastian. Der Ort schmiegt sich in die Bucht, die durch einen langen Wellenbrecher vor der See geschützt ist. In lockerer Folge sind über das dicht besiedelte Gebiet hinaus viele Häuser an die umgebenden Abhänge gebaut.

Nahe dem Fähranleger fand Heinz Lauberg die Autovermietung „*Garajonay rent a car*". Mit Glück bekam er ohne Voranmeldung einen viertürigen Opel Corsa mit Autoradio und Klimaanlage. Die gesamte Abwicklung nahm beinahe eine drei Viertelstunde in Anspruch. Mittlerweile war es später Mittag geworden. Heinz übernahm das metallicblaue Auto und suchte gleich die nächste Tankstelle auf. Wie immer, wenn er einen Leihwagen übernahm, war der Tank fast leer. Da aber auf den Kanaren nicht nur der Preis für Dieseltreibstoff sehr niedrig ist, sondern es auch Benzin quasi im permanenten Sonderangebot gibt, empfand Heinz das nicht so schlimm. Nach dem Tanken fuhr er die Straße, die er noch vor nicht viel mehr, als einer Stunde mit dem Bus gekommen war, wieder zurück. In einem kleinen Ort hielt er vor einer Bar und kaufte sich dort ein *Bocadillo con tortilla y queso*, ein Brötchen mit Omelette und Käse. Dazu trank er ein Bier aus der Dose und nach wenigen Minuten saß er wieder im Wagen. Ein Blick auf die Uhr zeigte ihm, dass er, wenn er jetzt zum Boot zurück käme, Clara mit Sicherheit in ihrem verdienten Mittagsschlaf stören würde. Spontan entschloss er sich dazu, zu versuchen, mit dem Wagen möglichst nahe an die Bahia de Ereses heran zu fahren und einen Blick auf die „Julietta" zu werfen. Er war zwar ziemlich sicher, das Schiff noch dort anzutreffen, aber dennoch machte sich in seinem Magen bei dem Gedanken, dass das auch nicht so sein könnte, ein flaues Gefühl bemerkbar. Kurz vor dem kleinen Ort Antoncojo zweigte links ein Weg ab. Dort ließ er das Auto stehen und wanderte einen Ziegensteig entlang in Richtung auf die Küste. Da die Klippen steil in das Meer abfielen, hatte er erst kurz vor dem Steilabhang die Möglichkeit, in die Bucht hinein zu sehen. Da lag sie. Sofort bemerkte er, dass das große Schiff, trotz des bereits abgeflauten Windes, noch immer heftig in dem hohen Wellengang rollte und stampfte. Wer immer in der vergangenen Nacht auf dem Boot gewesen war, eine angenehme Zeit hatte auch dort niemand verbracht.

Heinz Lauberg setzte sich an der Kante zum Steilabfall vor einen Ginsterbusch, der seine Konturen vor dem hellen Himmel, der mittlerweile immer größere blaue Flecken zeigte, so nachhaltig verwischte, dass er davon ausgehen konnte, vom Schiff aus nicht gesehen zu werden. Er ärgerte sich, dass er nicht das Fernglas mitgenommen hatte. Trotz der Entfernung konnte er jedoch erkennen, dass die große Schiebetüre, die von der Plicht aus in den Salon des Schiffes führte, geöffnet war. Lange Zeit geschah nichts. Zumindest konnte Heinz aus seiner Position nichts erkennen. Dann trat plötzlich ein Mensch heraus und ging zur Reling. Er schaute sich um und Heinz konnte erkennen, dass es sich dabei um einen Mann handelte. Er hatte auch den Eindruck, dass dieser Mann jung war. Wenn er sich bei seiner Beurteilung nicht täuschte, dann konnte das jedenfalls nicht der bereits pensionierte Skipper sein, der für die Überstellung der Jacht engagiert worden war. Der Mann blieb lange an der Reling stehen. Heinz konnte sich gut vorstellen, dass er es genoss, sich den frischen Wind um die Nase wehen zu lassen. Außer, dass er immer wieder umher blickte und sowohl das

Meer als auch den Strand und den Abhang auf Beobachter untersuchte, stand er regungslos.

Plötzlich traten zwei weitere Personen aus dem Schiff. Obwohl Heinz sicher war, von dort aus nicht gesehen werden zu können, duckte er sich tiefer in den Ginster, was zur Folge hatte, dass eine ganze Ladung Wassertropfen von den Ästen auf ihn niederging. Ein zwar herzhaftes, aber böses Wort entfuhr ihm, aber trotz der Unannehmlichkeit rührte er sich nicht. Zwei Personen sollten an Bord sein, jetzt waren es schon drei. Nach Plan war die Reise also jedenfalls nicht verlaufen. Abgesehen von der Tatsache, dass sich das Schiff an einem Ort befand, an dem es eigentlich nicht sein sollte.

Heinz konzentrierte seine Aufmerksamkeit auf die zwei Personen, die eben ins Freie getreten waren. Eine war jedenfalls eine Frau. Sie hatte langes, braunes Haar, das der Wind sofort zu zausen begann. Sie machte einen raschen Schritt neben den Mann, der bereits an der Reling stand, beugte sich nach außen und erbrach sich, wie Heinz an den konvulsivischen Krämpfen sehen konnte, von denen ihr Körper gequält wurde. Eindeutig, es handelte sich um einen schweren Fall von Seekrankheit. Und sie schien ansteckend zu sein, weil jetzt auch der zweite Mann, der gemeinsam mit ihr aus der Kabine gekommen war, Poseidon ein ergiebiges Opfer brachte.

Heinz war froh, nicht selbst von dieser Gleichgewichtsstörung betroffen zu sein. Er wusste, wie elend man sich fühlte, wenn Nausea einen in ihren Fängen hatte. Jetzt setzten sich die beiden Geplagten auf das Sofa in der Plicht. Der Mann hielt aber großen Abstand und Heinz hatte den Eindruck, dass er die Frau ständig im Auge behielt. Es geschah lange nichts. Heinz wartete. Er traute sich nicht, seinen Beobachtungsposten aufzugeben, weil die entstehende Bewegung dann doch vielleicht bemerkt worden wäre. Er wechselte nur wenige Zentimeter seine Lage, weil sein linkes Bein einzuschlafen drohte. Die Zeit kam ihm endlos vor. Er hätte sich gewünscht, eine zweite Dose

Bier gekauft zu haben. So hätte sich die erzwungene Siesta leichter ertragen lassen. Da die Personen, die er sehen konnte, sich praktisch nicht bewegten, nahm er das Schiff genauer in Augenschein. Es war eine Flybridge Jacht mit einem Außenfahrstand. Die Flybridge erreichte man über eine Treppe, die von der Backbordseite der Plicht in einer Windung nach oben führte. Über dem hinteren Teil ragte noch ein stromlinienförmiger Geräteträger hoch hinaus, auf dem er mehrere Funkantennen, die Drehantenne eines Radargerätes, einen Lautsprecher und ein Mehrtonhorn erkennen konnte. Am Heck des Schiffes sah er, eingeformt in den Rumpf, eine Garage für das Beiboot. Eine vermutlich hydraulisch ausfahrbare Gangway ergänzte die Ausrüstung, die Heinz von seiner Position aus sah. Das Vorschiff war teilweise durch die Aufbauten verdeckt. Jedenfalls war bei dieser Jacht nicht gespart worden. Die Zusatzausrüstung hatte da sicher noch einmal einen Betrag ausgemacht, um den sich andere Leute ein ganzes Boot kauften.

Plötzlich, wie auf Kommando, gingen alle drei Personen wieder in das Innere des Schiffes und die Türe wurde zugezogen. Heinz empfand es als Erlösung, endlich seinen Platz verlassen zu können. Rasch glitt er hinter die Kante des Abhanges und ging dann gemächlich zum Wagen zurück.

Inzwischen hatte Clara nicht nur ihr Schlafdefizit der vergangenen Nacht aufgeholt, sondern auch bereits ihren Nachmittagskaffee getrunken, als Heinz wieder auf das Schiff kam. Er berichtete über seine Erlebnisse. Clara stimmte ihm zu, dass sie inzwischen genug Beweise dafür gesammelt hatten, um sicher sein zu können, dass hier nicht alles mit rechten Dingen zuging.

„Es ist idiotisch, dass wir mit all dem Wissen nicht einfach zur *Guardia Civil* gehen können", brummte Heinz.
„Du hast ja erst gestern von Dieter gehört, dass wir in dieser Richtung nichts unternehmen sollen. Und außerdem kommt er ja morgen

selbst her. Dann soll er die Verantwortung für die Sache übernehmen. Schließlich ist er Anwalt."

Heinz grummelte: „Das wohl, aber ich bin der Skipper und von meinen Verantwortlichkeiten kann mich auch die Anwesenheit eines österreichischen Anwaltes nicht entbinden. Und wenn ich so seltsamer Umstände ansichtig werde, dann muss ich das der Polizei melden."

Clara entgegnete: „Ohne die Informationen, die Dieter uns gegeben hat, wäre nichts von alledem verdächtig. Eine große Jacht liegt in einer Bucht vor Anker. Nach einer Sturmnacht ist zumindest ein Teil der Besatzung seekrank. Weil sie Ruhe und Erholung suchen, haben sie ihr Funkgerät ausgeschaltet oder antworten einfach nicht. Das ist zwar unhöflich, aber bei dem allgemeinen Sittenverfall, der auf See herrscht, ist das nicht besonders auffällig."

„Sie haben auch keine Flagge gesetzt", erinnerte sich Heinz. „Jetzt im Sommer sollte die Nationale von acht Uhr bis spätestens einundzwanzig Uhr gehisst sein. Es scheint ihnen also jegliche Seemannstradition, Höflichkeit und Etikette zu fehlen."

„Na, mein alter Seebär", sagte Clara und begann ihn im Nacken zu kraulen, „sei nicht gleich beleidigt, dass sie dich nicht gegrüßt haben. Es sind, wie du mir erzählt hast, junge Leute. Die wissen vielleicht nichts von seemännischen Traditionen."

„Wenn du mir jetzt noch schlüssig erklärst, warum statt einem alten Ehepaar zwei Männer und eine junge Frau an Bord sind, dann bin ich vollständig beruhigt!", ließ Heinz nicht locker.

Clara bedauerte, dafür keine glaubhafte Version anbieten zu können. Da man heute ohnehin nichts mehr unternehmen konnte, beschlossen sie, noch einmal nach San Sebastian hinein zu fahren und sich im Hotel Conde de Gomera ein Abendessen zu vergönnen. Dieses Hotel liegt am Abhang einer der Klippen, die die Stadt umgeben und ermöglicht einen ungehinderten Ausblick auf den Ort, den Hafen und den Atlantik. Die Einrichtung besteht aus antiken spanischen Möbeln und die Wände sind mit Edelholz getäfelt. Ein luxuriöses Ambiente für zwei, die der Meinung waren, sich nach den Unbequemlichkeiten und Gefahren der letzten Nacht etwas Besonderes gönnen zu dürfen.

4. Juli

Der Anwalt trifft ein

Es war schon gegen neun Uhr am Vormittag, als sich endlich an Bord der „Calima" Bewegung zeigte. Nach den Aufregungen der Nacht davor hatten Clara und Heinz Lauberg tief, fest und erholsam geschlafen.

Als sie sich endlich dazu entschlossen, aus den Kojen zu steigen und Clara sich der Zubereitung des Frühstücks widmete, wickelte Heinz den dicken Verband von seinem verletzten Mittelfinger. Der erste Anblick war ein kleiner Schock. Verschwollen und blau verfärbt, mit Blutaustritten im Bereich der Nagelwurzel, betrachtete Heinz das Ding, als gehörte es nicht zu ihm. Erst als er mit den Fingern der unverletzten Hand einen leichten Druck darauf ausübte und sogleich heftiger Schmerz einsetzte, konnte er die Zugehörigkeit zu seinem Körper nicht länger verleugnen. Trotz der nach wie vor vorhandenen Empfindlichkeit drückte er den Finger ab, um festzustellen, ob sich ein Bruch ertasten ließ. Das war nicht der Fall. Die Beweglichkeit der Gelenke war zwar durch die Schwellung noch stark eingeschränkt und recht schmerzhaft, aber immerhin in einem Ausmaß vorhanden, dass Heinz glaubte, einen Bruch ausschließen zu können. Er entschied sich dafür, lediglich ein Heftpflaster um die Fingerspitze zu kleben, dort wo das Blut durch die Quetschung ausgetreten war.

Inzwischen zog sich anheimelnder Kaffeeduft durch das ganze Schiff. Heinz fand, dass einfache Brötchen nicht ausreichend motivierend waren, den Gefahren der Zukunft zu trotzen und er entnahm dem Kühlschrank eine Vakuumpackung Speck und vier Eier, die sich innerhalb weniger Minuten in leckeres Bacon and Eggs verwandelten. Salz, Pfeffer und je ein Glas Orangenjuice ergänzten diese, nunmehr vollwertige Mahlzeit.

Das Wetter war schön. Die Sonne strahlte von einem nahezu wolkenlosen Himmel, der Luftdruck, der schon den ganzen vergangenen Tag wieder angestiegen war, hatte sich stabilisiert und auch der Wetterbericht versprach schöne Tage.

Die übliche Morgenbesprechung während des Frühstücks, ein ständiges Ritual der Laubergs, ergab den Wunsch, endlich wieder einmal im Meer zu baden.

„Das können wir natürlich gleich hier tun, entweder vom Boot aus, oder wir gehen hinüber an den Strand. Eine andere Möglichkeit ist, dass ich das Beiboot aufblase und wir tuckern mit dem Außenborder in die nächste Bucht", schlug Heinz vor.
„Und ich weiß auch genau, welche Bucht du meinst", ergänzte Clara.

Dann stellten sie aber einhellig fest, dass für solche Vorhaben die Zeit nicht reichen würde. Sie mussten ja am frühen Nachmittag am Fähranleger in San Sebastian sein, um Dieter Böhmer abzuholen. Kurz entschlossen vertauschten sie die Pyjamas mit Badekleidung und gingen an Deck. Obwohl die Sonne mit sommerlicher Stärke strahlte, verursachte der leichte Wind doch einen Eindruck von Kühle. Beiden war klar, dass sie entweder sofort schwimmen mussten oder es heute überhaupt nicht schaffen würden. Clara war, wie meist, die Erste im Wasser.

„Es ist herrlich! Komm, wenn du einmal herinnen bist, dann fühlt es sich ganz warm an", lockte sie ihren Mann.

Der stand auf der Badeplattform, die an der Heckwand der Achterkajüte angebracht war und streckte die unverletzte Hand vorsichtig ins Wasser.

„Kannst du mir erklären, warum hier unbedingt der kalte Kanarenstrom diese Inseln umfließt und nicht der warme Golfstrom?"

„Weil wir auf den Kanarischen Inseln sind und nicht auf dem Golfplatz und jetzt komm endlich, du Feigling!", provozierte Clara.

Mit einem tiefen Seufzen stieg Heinz auf die oberste Sprosse der Badeleiter, die an der Plattform gelenkig befestigt war und in das Wasser abgeklappt werden konnte.

„Glaubst du, das kann meinem Finger schaden?", versuchte er noch einmal dem morgendlichen Bad zu entkommen.

„Wenn du denkst, dass ein kalter Umschlag schlecht für eine Schwellung ist, dann bleib draußen", schloss Clara die Debatte ab und machte ein paar kräftige Schwimmtempi.

„Natürlich glaube ich das nicht", grummelte Heinz und versuchte, sich mit der verletzten Hand festhaltend, mit der anderen Wasser auf den Körper zu schöpfen, um sich auf das Kommende vorzubereiten. Schließlich gab er alle Vorsicht auf und ließ sich einfach hinein fallen. Der erste Eindruck war, als würde er in einem Sektkübel landen. Aber nach einer halben Minute sah die Sache schon anders aus und er strampelte heftig seiner Frau hinterher. Obwohl sie ja praktisch in einem Hafen schwammen, war das Wasser rein und klar und man hatte auch in tieferem Wasser eine herrliche Sicht auf den Boden. Der Gezeitenstrom hatte offensichtlich sämtliche schwimmfähigen Reste ihrer in der vorigen Nacht zerstörten Pölster auf die offene See befördert. Da ihr Schiff ziemlich am Ende der Mole in der Nähe der Hafenausfahrt lag, schwammen beide in Richtung auf das offene Meer zu, vorbei an den großen Lavabrocken am Ende der Hafenmole, auf denen sich bereits zahlreiche Krabben etwas Wärme von der Sonne holten. Neugierig betrachteten sie mit ihren Stielaugen die beiden Schwimmer. Doch wenn sie auch nur den Funken einer Bedrohung verspürten, huschten sie sofort zwischen die Felsspalten oder ließen sich in das Wasser fallen.

Kaum hatten die beiden das Molenende erreicht, als sich auch schon höherer Wellengang bemerkbar machte. Dadurch wurde das Schwimmen sofort um einiges unkomfortabler, und sie kehrten um. Eine ganze Runde durch den Hafen zu schwimmen, dafür reichte die Wassertemperatur nicht aus. So zogen sie einen weiten Bogen, der aber schließlich doch gleich an der Badeleiter endete. Ein erstes Abfrottieren erfolgte noch auf der Plattform, dann stiegen sie auf das Achterdeck und Clara verschwand sofort im Innenraum, um zu duschen. Heinz machte es sich inzwischen auf einer Backskiste bequem und tankte einige Sonnenstrahlen. Als er an sich hinunter blickte, merkte er, dass er von sommerlicher Bräune noch weit entfernt war. „Wenn der Stress so weitergeht, wird sich das auch nicht so bald ändern!", räsonierte er halblaut vor sich hin.

Nach zwei Minuten kam er zu der Ansicht, dass Clara genug Zeit zum Duschen gehabt hatte. Er ging in das Schiff und klopfte. Clara interpretierte das Signal sofort richtig. „Ich habe noch den Kopf voll Schaum. Also setz dich hin und nerve mich nicht. Wenn du klopfst, geht es auch nicht schneller", schallte es durch die Türe. Obwohl es noch immer Vormittag war, griff sich Heinz eine Dose Bier und wanderte auf das Achterdeck zurück. Nun konnte es auch länger dauern.

Aber schon nach kurzer Zeit erschien Claras, in ein Badetuch gewickelter Kopf im Niedergang und Heinz erhielt den kurzen Bescheid: „Bad frei!"

„Jetzt trinke ich noch mein Bier", gab er sich dickköpfig.

„Na klar, mein Guter, ich brauche ohnehin noch eine Weile", ließ Clara den Fehdehandschuh unbeachtet.

Da die Dose einheimisches „Dorada" ohnehin rasch geleert war, besetzte nun Heinz die kleine Duschzelle. Als er den Wasserhahn aufdrehte, erschrak er. Das Wasser empfand er noch kälter als den Atlantik.

„Du hast das ganze warme Wasser verbraucht!", sandte er seine Missbilligung der Situation in Richtung seiner Frau.

„Nein, mein Schatz, wir sind seit zwei Tagen nicht gefahren und wenn das Kühlwasser den Inhalt des Boilers nicht erwärmt und du kein Kabel zu einer Steckdose gelegt hast, dann gibt es einfach kein warmes Wasser. Auch für mich war kaum noch was da."

„Es gibt keine Steckdosen hier heraußen an der Mole", versuchte Heinz seine Ehre zu retten.

Clara öffnete die Tür zur Dusche und lächelte: „Und unser Stromaggregat ist wohl auch kaputt, oder warum hast du es sonst nicht eingeschaltet?"

„Heute bist du gnadenlos", sagte Heinz und schlüpfte in seinen Bademantel. Er ging an Deck, holte den kleinen Honda Generator aus einer Backskiste, steckte ihn an die Außendose des Schiffes und startete ihn.

„So, jetzt kannst du wenigstens die Haare föhnen, wenn ich schon kalt duschen muss."

Clara zwitscherte ein „Danke!" aus den Tiefen des Schiffes und Heinz stellte sich unter das kalte Wasser. Es würde mehr als eine Stunde brauchen, bis der Boiler über die kleine elektrische Heizpatrone aufgewärmt ist.

Hätte Heinz einer Erfrischung bedurft, die Dusche hätte dafür gesorgt. So trachtete er, rasch in die Kleider zu kommen, um sich nicht der Gefahr einer Erkältung auszusetzen. Dann sucht er sich ein Sonnenplätzchen auf dem Achterdeck und wartete, bis Clara frisch geföhnt und sommerlich gekleidet im Niedergang erschien und mitteilte, sie sei nun fertig.

Heinz stoppte den Generator und verstaute das Gerät, dann schlossen die Laubergs das Schiff ab, spazierten zu ihrem Wagen und fuhren nach San Sebastian. Dort war bei beiden der Hunger schon so groß, dass sie auf die sonst übliche sorgfältige Auswahl eines Restaurants verzichteten und in der erstbesten Kneipe einkehrten. Während Clara sich mit einer *Plata Combinada* aus Hamburger, Spiegelei, Salat und Pommes begnügte, aß Heinz *Chocos*, also Tintenfischkörper und dazu die üblichen kanarischen Kartoffeln mit *Mojo*. Beide gönnten sich ein Bierchen und so wurde die Welt wieder rund und behaglich. Das kalte

Wasser des Atlantik und die ebensolche Dusche nachher hatten bei beiden einen Wärmebedarf anwachsen lassen, der dazu führte, dass sie nun einträchtig neben dem Schatten des Sonnenschirmes saßen und die Hitze auf der Haut richtig genossen.

„Was machen wir im Sommer eigentlich hier?", fragte Heinz und ergänzte: „Im Mittelmeer könnten wir schwimmen, wie in einer Badewanne. Hier wird es nie richtig warm."

„Kann es sein, dass wir uns einfach ein wenig verwöhnt haben? Vielleicht sollten wir bloß öfter einen kleinen Schwimmausflug machen."

„Als höflicher Mensch der alten Schule lasse ich dir dabei gerne den Vortritt", schloss Heinz das Thema ab.

Nach zwei abschließenden *Cortados* bezahlte Heinz die Rechnung und sie schlenderten langsam zur Mole hinaus, wo sich der Fähranleger befand. Der Weg führte vorbei am Jachthafen, der allerdings ziemlich leer war. Nun waren sie wirklich der prallen Sonne ausgesetzt und der helle Beton strahlte kräftig zurück. Dennoch empfanden sie die herrschende Temperatur nicht als unangenehm.

Sie waren eben bis zum Molenkopf geschlendert, als das riesige Schiff, ein Fährkatamaran des norwegischen Reeders Fred Olsen, der den Großteil des innerkanarischen Verkehrs bestreitet, in den Hafen einlief. Für Heinz war es jedes Mal ein Erlebnis, die Manöver dieser Schiffe, die so überhaupt nicht wie Schiffe im klassischen Sinne aussahen, zu beobachten. Die beiden schlanken Rümpfe, gebaut um Wellen zu durchschneiden, waren durch das eigentliche Fahrzeugdeck verbunden. Der freie Raum dazwischen, so hatte Heinz den Eindruck, würde ausreichen, dass ein kleineres Boot ohne Berührung durchfahren könnte. Dennoch eine schlimme Vorstellung für jeden Skipper.

Inzwischen hatte der Katamaran so gedreht, dass er nun langsam mit dem Heck voraus zur Anlegestelle glitt. Die ersten Leinen waren an Land geworfen und von den wartenden Leinenkommandos des Hafens um große Poller gelegt worden. Mit den an Bord befindlichen starken Seilwinden wurde nun das Schiff in seine endgültige Position gebracht. Schon begann sich die Rampe zu senken, um die Fahrzeuge abfahren lassen zu können. Die Passagiere verließen das Schiff einige Stockwerke höher über einen gerüstartigen Turm, so dass Autos und Menschen einander nicht in die Quere kommen konnten.

Es dauerte nicht lange und Dieter Böhmer erschien auf der Treppe. Er trug eine helle Hose, ein hellblaues Polohemd und bequeme Schuhe. In der Hand hatte er, wie Heinz positiv bemerkte, eine Reisetasche, die sein Urlaubsgepäck enthielt. Ein Koffer wäre auf der Jacht nur schwer zu verstauen gewesen.

„Schönen Nachmittag, Frau Professor!", wurde Clara Lauberg herzlich begrüßt.

„Meine Verehrung, Herr Kollege!", ging Clara darauf ein.

Dieter Böhmer wandte sich zu Heinz: „Und wie ist das werte Befinden des Herrn Kapitän? Immer eine Hand breit Wasser unter dem Kiel gehabt?"

„Hallo Dieter!", lächelte Heinz. „Bisher schon, aber mit dir als zusätzlichem Ballast könnten wir schon in Probleme kommen."

„Du siehst genau wie ein Urlauber aus. Dabei bist du doch zum Arbeiten hier. Wo ist Anzug und Krawatte? Herr Kollege, ich muss sie doch wohl nicht auf die Standespflichten als Anwalt hinweisen?", erteilte Clara eine spaßige Rüge.

„Danke, dass du mich indirekt auf die herrschende Hitze hinweist, Clara. Wollen wir hier einen Sonnenbrand bekommen oder habt ihr irgendwo euer Schiff versteckt, auf dem es, wenn sich Heinz nicht grundlegend gebessert hat, sicher ein kaltes Bier gibt."

„Keine Angst, Dieter, ich bin immer noch so unmoralisch wie früher", beruhigte Heinz, „aber du solltest deinen ersten Durst sofort stillen. Das Boot liegt nicht in San Sebastian, sondern einige Kilometer entfernt. Wir haben für den Herrn Doktor natürlich schon ein Auto besorgt, aber sowohl der Wagen als natürlich auch das Schiff sind in der prallen Sonne. Wenn du also etwas zum Schwitzen brauchst, dann sollten wir noch hier auftanken."

Lachend strebten die drei zu einer kleinen Bar, wo sie im Schatten eines Sonnenschirmes ein gemütliches Plätzchen fanden, um einen Begrüßungsschluck zu nehmen. Nach dem üblichen einleitenden Geplauder erkundigte sich Dieter Böhmer über den „Stand der Ermittlungen", wie er es immer wieder ausdrückte.

Heinz fasste die bisherigen Ereignisse zusammen: „Nachdem du uns am 29. Juni auf die Sache angesetzt hast, habe ich am 30. alle Häfen und Marinas durch telefoniert, allerdings ohne Erfolg. Viel haben wir uns zwar auch nicht von der Aktion versprochen, da du uns ja gesagt hast, dass die Jacht in keinem Hafen eines Landes der Europäischen Union anlegen kann, will der Eigner nicht steuerpflichtig werden. Am 1. Juli sind wir dann um die südliche und westliche Seite Teneriffas gefahren. Nur dort kann eine Jacht liegen. Die gesamte Nordseite hat nur Häfen für kleine Fischerboote und selbst die werden aus dem Wasser gehoben, so unruhig ist dort oft die See. Und Ankerplätze gibt es praktisch keine. Am 2. Juli sind wir von Los Gigantes aus hier herüber nach La Gomera gefahren. Von Nordosten beginnend, haben wir die Insel in südlicher Richtung umrundet. Eigentlich wollten wir nach Valle Gran Rey. Auf dem Weg sind wir an der Bahia de Ereses vorbei gekommen und da haben wir sie liegen gesehen in all ihrer Pracht. Wir sind einfach an ihr vorbei gefahren und haben beobachtet, obwohl es nichts zu beobachten gab. Es war niemand zu erblicken und durch die Sonnenschutzverglasung konnten wir auch nicht in die Jacht hinein sehen. Wir haben dann in der nächsten Bucht geankert und beschlossen, wieder zurück zu fahren und uns in den Hafen von Playa de Santiago zu verholen, weil wir da praktisch in der nächsten Bucht liegen. Dann kam eine stürmische Nacht, mit deren Details ich dich verschonen möchte. Das Ergebnis war jedenfalls ein leicht angequetschter Mittelfinger der rechten Hand, den ich dir hiermit vorstellen darf." Heinz hielt den blessierten Finger hoch, der noch immer in einem abwechslungsreichen Farbenspiel zwischen blau, grün und gelb schwankte.

„Gestern jedenfalls habe ich ein Auto besorgt", ergänzte Heinz, „und bin dann zur Bucht gefahren. Dort ging ich in Deckung und habe das Schiff eine ziemlich lange Zeit beobachtet. Dabei habe ich festgestellt, dass sich zwei Männer und eine junge Frau an Bord befinden. Mindestens einem Mann und der Frau hat die Seekrankheit ziemlich zugesetzt. Ich hatte den Eindruck, dass es sich dabei um jüngere Personen handelt, jedenfalls nicht um einen pensionierten Kapitän und seine Frau. Wir können also davon ausgehen, dass hier einiges faul im Staate Dänemark ist", schloss Heinz seinen Bericht ab.

„Gut, das wissen wir also wenigstens!", sagte Dieter. „Jetzt erzähle ich euch, was ich weiß, glaube aber nicht, dass das einen wesentlichen Beitrag leistet. Also! Das Schiff gehört einem Unternehmen, einer Kapitalgesellschaft mit Sitz in Zypern. Eigentümer sind mein Klient und sein deutscher Geschäftspartner. Für die österreichischen und die deutschen Behörden existiert die Jacht nicht. Die gute „Julietta" wurde mit Geld erworben, das an den Büchern vorbei gelaufen ist. Da das Schiff von Italien aus sofort in nicht EU-Gewässer gebracht wurde, konnte auch die Mehrwertsteuer gespart werden. Dass das bei einem solchen Boot kein Bettel und auch durchaus üblich ist, brauche ich euch nicht zu sagen. Damit haben wir aber das Problem, dass wir die Jacht nicht offiziell suchen können. So seid ihr zu eurem hoch dotierten Auftrag gekommen. Übrigens habe ich das Geld in der Tasche. Wenn wir die Sache erfolgreich abschließen, dann gibt es noch eine substanzielle Zuzahlung. Das darf ich euch von meinem Klienten ausrichten."

„Könntest du den Begriff „erfolgreich" etwas genauer definieren?", unterbrach Clara.

„Unter „erfolgreich" verstehen wir, wenn die Jacht wieder in der Verfügungsgewalt meines Klienten steht, sie dort liegt, wo sie liegen soll, nämlich vorerst auf den Kapverdischen Inseln und wenn wir das alles geschafft haben, ohne EU-Behörden einschalten zu müssen. Es geht jetzt nicht mehr nur um das Schwarzgeld, das in der Jacht steckt, sondern um eine eventuelle steuerliche Prüfung der gesamten finanziellen Verhältnisse der beiden Herren. Das könnte ruinöse Folgen haben. Und ich möchte den Klienten nicht verlieren. Außerdem bin ich Wirtschaftsanwalt und kein Strafverteidiger", setzte Dieter Böhmer mit einem Seitenblick auf Clara fort.

„Du sahnst demnach ziemlich ab bei der Sache?", fragte Clara stirnrunzelnd.

„Schau", entgegnete Dieter, „je krummer die Dinge, desto fetter die Honorare. Das war so, das ist so und – so hoffe ich – wird es auch bleiben. Aber das ist dir ja auch nicht fremd, liebe Clara."

„Zwischen den beiden Herren", setzte Dieter fort, „gibt es noch eine zusätzliche Verbindung. Die Tochter meines Klienten ist die Lebensgefährtin des anderen. So, mehr kann und darf ich euch nicht sagen. Außerdem hat das, was ich noch sagen könnte mit hoher Wahrscheinlichkeit nichts mit dem Mysterium um das Boot zu tun."

„Wie ist dein Kunde zu dem Kapitän und seiner Frau gekommen?", fragte Heinz.

„Er hat auf eine entsprechende Anzeige in einer Bootszeitschrift geantwortet. An der Integrität der beiden besteht kein Zweifel. Sie sind zwar nicht reich, haben aber alles, was sie brauchen, leben in einem schönen Häuschen in Norddeutschland und sind eher das, was man als „Biedermänner" bezeichnen kann."

„Engagiert wurden sie von deinem Klienten?"

„Ja, er hat die ganze Sache gemanagt, aber ich habe ihnen alle Papiere übergeben. Die Leute sind ehrlich. Da bin ich mir sicher."

Heinz streckte sich: „Gut, dann schlage ich vor, wir fahren zum Schiff – zu unserem meine ich – und verstauen einmal deine Sachen. Dann werden wir heute nicht mehr viel unternehmen können, aber Pläne schmieden, dazu langt die Zeit allemal."

Dieter zahlte die Rechnung. Das Geld, das er für Clara und Heinz mitgebracht hatte, konnte nicht mehr auf die Bank gebracht werden, da es dafür schon viel zu spät war. So gingen sie zum Wagen und fuhren nach Playa de Santiago.

Auf der „Calima" angekommen, richteten sie für Dieter die V-Koje im Vorschiff. Während Clara die Matratzen mit frischen Laken überzog, pumpten Heinz und Dieter auf dem Achterdeck das Schlauchboot auf und schraubten den Motor, einen Yamaha Außenborder mit 8 PS Leistung, an den Spiegel. Das fertige Boot wurde zu Wasser gelassen, an den Davits am Heck der „Calima" befestigt und hoch gezogen. Jetzt hing das Beiboot sicher vertäut am Heck und sowohl das Schiff als auch das Beiboot waren jederzeit einsatzbereit.

Nach getaner Arbeit gönnten sich alle drei eine Dusche, die jetzt sogar mit leicht angewärmtem Wasser aufwarten konnte.

Nach einem Abendessen an Land ging man früh zu Bett. Alle fühlten, dass die nächsten Tage anstrengend werden könnten.

5. Juli
Eine wichtige Erkenntnis

Der Morgen verlief ein wenig turbulent. Die Organisation, wer sich wann umzieht, duscht, die Zähne putzt oder die Toilette benutzt, musste erst zur Routine werden. Und das, obwohl die „Calima" über zwei Sanitärräume verfügte. Schließlich war es aber doch so weit gekommen, dass alle im Salon um den Tisch herum beim Frühstück saßen. Heinz Lauberg hatte das Kommando über den Herd übernommen und wieder einmal gebratenen Speck mit Eiern und eine große Kanne Kaffee vorbereitet. Allerdings waren damit die Vorräte weitgehend erschöpft, da insbesondere der Kühlschrank nur eine begrenzte Kapazität aufwies. Speck gab es keinen mehr und nur noch ein Ei. Auch Wasser und sonstige Getränke, Obst und Gemüse mussten nachgekauft werden.

Daher beschlossen die drei, dass Clara sich um die Ergänzung der Lebensmittelvorräte kümmern sollte, während Heinz und Dieter nach San Sebastian fahren wollten, damit sie das Geld, die versprochenen 5000 €, auf das Konto, das Clara bei der *„Caja Canarias"* unterhielt, einzahlen konnten. Heinz war immer nervös, wenn sich größere Summen Bargeld an Bord befanden. Er sah es auch nicht gerne, wenn Gäste Wertsachen mit auf das Boot brachten.

Gemeinsam verließen sie die „Calima", schlenderten über die Mole und am Strand vorbei zum Ort. Die ersten Lokale öffneten eben. Da am Abend immer alles weggeräumt wurde, begann für das Bedienungspersonal jeder Tag mit einiger körperlicher Anstrengung. Alle Tische, Stühle und Sonnenschirme mussten täglich aufs Neue aus dem Lokal auf die Gehsteige geschafft und dort aufgestellt werden. Abends, beim Aufräumen, waren dann die Sesselakrobaten am Werk. Im freien Flug wurden die Plastikstühle über mehrere Meter Entfernung auf die ständig wachsenden Stapel geworfen. Die Stapel dann, sie waren inzwischen viel zu schwer und unhandlich, um sie tragen zu können, es hatte aber wohl auch noch nie jemand ernsthaft versucht, zog man mit ratternden Geräuschen über das raue Pflaster bis in die Eingänge der kleinen Bars. Da viele dieser Lokale erst nach Mitternacht endgültig schlossen, war ein lärmbedingtes Aufwachen zwischen ein und zwei Uhr morgens schon zu einer kaum noch beachteten Gewohnheit geworden.

Im Ort schließlich betrat Clara auf dem Hauptplatz den *Supermercado el Paso*, ein kleiner Markt, der aber alle benötigten Waren anbot, während Heinz und Dieter noch ein paar Schritte weiter zum Auto gingen.

Im Wagen erzählte Dieter, dass der österreichische Eigner der Jacht „Julietta" sein wichtigster Klient sei. Ein international tätiger Geschäftsmann, der besonders in den ehemaligen Ostblockstaaten und im arabischen Raum gute Verbindungen hatte und dort auch eine Menge Geld verdiente.

Dadurch, und durch ein verzweigtes Netz von Firmen, die alle mehr oder weniger sein Eigentum waren und häufig ihren jeweiligen Firmensitz strategisch platziert in Metropolen unterschiedlichster Staaten hatten, gelang es, einen nicht unerheblichen Teil seiner Einkünfte an allen Finanzämtern vorbei zu verdienen. Deshalb war die Sache mit der Jacht jetzt besonders unangenehm. Jeder hier aufgewirbelte Staub konnte sich zu einer drohenden Wolke auswachsen, die geeignet war, das ganze Imperium zu überschatten. Heinz verstand sofort, dass das der Grund dafür war, warum keinesfalls die Polizei eingeschaltet werden durfte.

„Und welche Bedeutung hat dieser Klient für dich?", fragte Heinz.
„Ich muss nicht von seinen Honorarzahlungen leben, aber ich könnte es und das nicht schlecht", antwortete Dieter.

„Nun, dann werden wir versuchen, dir diesen Sponsor zu erhalten", schloss Heinz mit einem beruhigenden Unterton dieses Gespräch ab, wissend, dass hier wohl alle Beteiligten, inklusive Freund Dieter Böhmer, in einer anderen finanziellen Liga spielten, als er mit seiner Frau Clara.

Da sie schon seit geraumer Zeit hinter einem Linienbus herfuhren, ohne eine wirkliche Chance zu haben, ihn zu überholen, erzählte Heinz vom Abenteuer der Seidels mit dem männlichen Leichnam, der sich in ihrer Jacht verfangen hatte. Dieter hörte aufmerksam zu. Immer wieder unterbrach er den Redefluss und stellte eine Frage.

„Kann das etwas mit unserem Problem zu tun haben?", fragte er mit, wie es Heinz schien, sorgenvoll gerunzelter Stirne.

„Das kann kein Mensch sagen. Der Kanarenstrom, in dessen Bereich der Leichenfund stattfand, verläuft in südlicher Richtung. Von diesem Gesichtspunkt aus, wäre das natürlich möglich. Ich habe auch Unterlagen an Bord, mit denen wir ungefähr ausrechnen können, wie schnell der Körper mit dem Strom geschwommen ist. Unsicherheitsfaktoren sind dabei der Wind und dass wir nicht sagen können, ob der Körper immer an der Meeresoberfläche war. Meine nautische Literatur bezieht sich bei Angaben über Meeresströmungen naturgemäß auf die Oberfläche und nicht auf Tiefenströme. Und ich weiß auch nicht ganz genau, wo die Seidels den Toten gefunden haben. Das steht zwar in den Unterlagen der *Guardia Civil*, aber die dürfen wir ja nicht fragen. Ich kann jedoch versuchen, die Jacht der Familie Seidel über Funk zu erreichen. Das ist natürlich ein Glücksfall, sollten wir Erfolg haben. Wenn sie auf unserer Seite von Gomera, in der Nähe des östlichen Endes von El Hierro oder auch in einer für den Funk günstigen Position auf La Palma sind und die Funkantenne an der Mastspitze montiert haben, dann klappt es vielleicht. Einen Versuch ist es wert. Versprich dir aber nicht zu viel von der ganzen Sache. Erstens können meine Berechnungen der Drift des toten Körpers völlig daneben liegen und zweitens gibt es rund um die Inseln einen regen Schiffsverkehr. Da kann schon mal jemand über Bord gehen. Das wird ganz besonders dann möglichst unbemerkt geschehen, wenn der Betreffende nicht nur nicht freiwillig springt, sondern eine Kugel im Leib hat. Natürlich sollte das irgendwann einmal die Schiffsführung spitz kriegen und eine Suche auslösen. Ich kann mir aber vorstellen, dass manch ein Kapitän eines Schiffes nicht gerne mit Polizei oder Küstenwache Kontakt haben möchte. Nicht immer ist ausschließlich das, was auf den Frachtpapieren steht, auch tatsächlich in den Laderäumen zu finden. Und gerade, wenn an Bord ein Mord passiert, wird der Kapitän eines solchen Kahnes versuchen, die Sache zu vertuschen. Auch Reeder haben solche Klienten, wie du und leben nicht schlecht von ihnen", endete Heinz mit einem kleinen Seitenhieb.

„Du meinst, es kann auch ein Matrose einfach verloren gehen und keiner stellt Fragen?"

„Er hätte ja auch im letzten Hafen vom Schiff ausgerissen sein können. Ein anderer Kapitän könnte ihm eine Heuer angeboten haben, dass es sich nicht gelohnt hätte, die vermutlich nicht besonders wertvollen persönlichen Sachen noch von Bord zu holen. Da gibt es hundert erprobte Versionen, wie das Verschwinden eines Mannes auf hoher See erklärt werden kann. Viele von den armen Teufeln haben keine Familie. Nach denen fragt tatsächlich niemand. Oft ist das, was unter billigen Flaggen auf See fährt, für eine Söldnertruppe zu schlecht. Auf manchen Kähnen kommen schon hundert Jahre Zuchthaus und mehr zusammen. Natürlich findest du diese rauen Burschen meist auf keiner Crewliste. Und du brauchst auch nicht erwarten, dass sich einer seiner Mitsklaven sehr darüber aufregt, wenn die Koje neben ihm plötzlich leer bleibt."

„Rau ist die See", zeigte sich Dieter nur wenig beeindruckt. Heinz hatte das starke Gefühl, dass ihm alle diese Dinge nicht wirklich vollkommen fremd waren. Jedenfalls hatte er sicher gleich die Nützlichkeit solcher Verhältnisse für bestimmte Arten von Geschäften und Warenlieferungen erkannt.

Inzwischen waren sie in der Hauptstadt von La Gomera angekommen und hatten das Geld auf der Bank eingezahlt. Im Anschluss schlug Heinz vor, sollten sie in die Bucht von Ereses fahren, damit auch Dieter einen Blick auf das Schiff werfen konnte. Wieder ließ Heinz den Wagen an der Straße geparkt und sie machten sich auf den kurzen Fußmarsch zum Abhang. Als sie wieder bei dem Ginsterstrauch Stellung bezogen hatten, sahen sie, dass auf der „Julietta" die Türe von der Plicht in den Salon offen stand. Sie bemerkten auch, dass jemand mit kräftigen Tempi im Wasser schwamm. Durch das Fernglas, das Heinz mitgenommen hatte, konnte er zu seinem nicht geringen Schreck erkennen, dass der Mann, der vollständig bekleidet aufrecht in der Plicht stand und die Person im Wasser zu beobachten schien, eine Waffe trug. Er setzte das Glas ab und reichte es Dieter, ohne etwas zu sagen. Nach kurzer Zeit stieß der einen leisen Pfiff aus und schaute Heinz an.

Wieder einmal kratzte der sich hinter dem Ohr und meinte: „Na ja, irgendetwas in dieser Richtung war wohl auch zu erwarten. Dass sich der Skipper, der die Überstellung machen sollte, nicht einfach verfahren hat oder sich ein paar schöne Tage auf den Inseln machen will, das wissen wir jetzt schon seit einiger Zeit."

„Wenn du die Jacht hättest überstellen müssen. Wie wäre dein Weg gewesen?", fragte Dieter Böhmer.

„Das Mittelmeer können wir uns von der Route her sparen. Ab Gibraltar gibt es dann zwei verschiedene Varianten. Die eine Möglichkeit ist, an der marokkanischen Küste entlang gemütlich mit abendlichem Landfall hinunter zu fahren. Dafür spricht auch, dass das Schiff sicher in Marokko einklariert[31] hat, schon weil es tanken musste. Es spricht also alles dafür, dass der Skipper diesen Weg gewählt hat. Es gibt für ihn keinen Grund, und das wäre die zweite Möglichkeit, westlich der Kanarischen Inseln nach Süden zu fahren."

Heinz machte eine kurze Pause, in der sie weiter ihre Augen auf das Schiff gerichtet hatten. Die Person, von der sie bisher nur den Kopf auf dem Wasser gesehen hatten, entpuppte sich, als sie über die Badeleiter aus dem Wasser stieg, als jene Frau, die Heinz beim intensiven Ausleben ihrer Seekrankheit beobachtet hatte.

„Schau, Dieter, das ist doch eindeutig nicht die gleichaltrige Frau eines pensionierten Berufskapitäns!", entfuhr es Heinz in ziemlicher Lautstärke.

Dieter Böhmer nahm wieder das Glas an die Augen. „Nein, da hast du Recht. Wir sehen schon wieder jemanden, der eigentlich nicht an Bord sein dürfte. Schau, wie der Bursche mit der Pistole im Halfter immer einen Sicherheitsabstand zu dem Mädel einhält. Er hilft ihr nicht einmal in den Bademantel. Dabei wäre es doch sicher reizvoll, sie abzutrocknen, meinst du nicht?"

Heinz sandte einen strafenden Blick: „Sogar wenn ich dieser Meinung wäre, würde ich das einem Anwalt gegenüber, noch dazu, wenn dieser ein Freund meiner Frau ist, sicher nicht zugeben. Aber unabhängig davon, finde ich das auch seltsam. Wenn er ihr schon nicht beim Bademantel hilft, diese Sitten haben sich seit dem vorigen Jahrtausend, aus dem wir stammen, möglicherweise verändert, so ist doch der Abstand, auf den er immer bedacht ist, recht augenfällig. Das habe ich einmal bei einer Spezialausbildung beim Heer gelernt: Ja niemals die Pistole ansetzen und ja nie zu nahe dran sein. Der Bursche ist gut. Ein Profi!"

Dieter lächelte mit leisem Spott: „Der Ranger bricht in dir durch. Deine Vergangenheit als Killer lässt sich eben nicht unterdrücken."

„Gut, dass ich dann gerade eben einen Juristen an meiner Seite habe, auch wenn der nur ein langweiliger Wirtschaftsanwalt, noch besser gesagt ein Schattenwirtschaftsanwalt ist", drehte Heinz Lauberg die Spitze um.

Inzwischen hatte die Sonne schon den Mittag deutlich durchschritten. Heinz zog eine Grimasse: „Toll! Wenn Clara für dich ein Begrüßungsmahl gekocht hat und wir kommen erst am Nachmittag, dann wird allgemeine Begeisterung herrschen."

Langsam zogen sie sich aus ihrer Deckung zurück. Jetzt blickte ihm Heinz zum ersten Mal, seit sie in die Bucht gekommen waren, voll in das Gesicht. Was er sah gefiel ihm gar nicht. Dieter Böhmer war knallrot. Sie hatten völlig vergessen, dass sie die ganze Zeit mit dem Gesicht nach Süden gesessen waren. Dieter hatte keinen Sonnenschutz aufgetragen und jetzt merkte man bereits deutlich das Ergebnis.

„Verdammt, das war unvorsichtig!", entfuhr es Heinz.

Dieter Böhmer sah ihn an, ohne zu verstehen.

„Na, du hast einen Riesensonnenbrand im Gesicht!", klärte Heinz ihn auf. „Komm, wir fahren zum Schiff, dort habe ich eine Creme in der Bordapotheke. Da können wir versuchen, zu retten, was zu retten ist."

Eben wollten sie ihren Aussichtspunkt verlassen, als beide gleichzeitig den Lärm eines langsam laufenden Dieselmotors aus der Bucht vernahmen. Sofort drückten sie sich wieder in das Geäst des Ginsters und beobachteten, wie ein kleines offenes Fischerboot mit zwei Personen an Bord gemächlich in die Bucht einlief und sich auf die Jacht zu bewegte. Ein Mann erschien in der Plicht, ging auf die Badeplattform hinunter und wartete auf das Anlegen des Bootes. Kaum längsseits gekommen, sprang einer der beiden Männer aus dem Fischerboot an Bord der „Julietta". Durch eine bequeme Luke, die offensichtlich zu einem Niedergang führte, verschwanden die beiden Männer, wie Heinz Lauberg vermutete, in Richtung Maschinenraum. Der Andere machte das traditionelle Holzboot an einer Klampe fest. Heinz Lauberg wunderte sich, dass der Mann nicht die Chance nutzte, um sich diese Superjacht anzusehen. So eine Gelegenheit würde er nie wieder in seinem Leben bekommen. Er machte es sich jedoch in seiner Nussschale gemütlich.

Schon nach kurzer Zeit kamen die beiden Männer wieder aus dem Inneren des Schiffes. Eine Unterhaltung folgte, dann stieg der Mann wieder zu seinem Fischerkameraden in das Holzboot und sie tuckerten langsam, wie sie gekommen waren, aus der Bucht.

Heinz und Dieter blickten einander an.

„Und was sagt uns das jetzt?", fragte Dieter.

„Ohne hundert Prozent sicher zu sein, denke ich, dass die Jacht ein technisches Problem hat. Der Mann, der an Bord der „Julietta" ging, war vermutlich ein Mechaniker. Damit kennen wir auch den Grund, warum sich das Schiff nicht bewegt. Aber da wittere ich eine Chance, wie wir vielleicht genauer erfahren können, was auf der Jacht los ist. Dazu müssen wir uns aber beeilen. Ich möchte vor dem Fischerboot in Playa Santiago sein. Dann sehen wir, aus welcher Werkstatt der Mechaniker stammt und versuchen, ihn auszuhorchen, vorausgesetzt, dass wir eine gemeinsame Sprache finden."

Der Fußweg aus der Bucht bis zum Wagen erschien ihnen endlos. Als sie schließlich ankamen, waren beide außer Atem. Sie setzten sich in den Wagen. Dieter klappte die Sonnenblende herunter, um sein Gesicht im Make-up-Spiegel zu betrachten. „Na, super!", entfuhr es ihm, „statt mit sommerlicher Bräune werde ich ohne Haut nach Hause kommen!"

„Bevor du wieder im vertrauten wolkigen Wien bist, wirst du schon noch einige Zeit hier überstehen müssen. Und ab sofort befiehlt dir dein Kapitän, dass du ständig eine Kappe zu tragen hast."

Die wenigen Kilometer bis Santiago hatten sie bald zurück gelegt. Um keine Minute zu früh, denn das Fischerboot umrundete eben den Molenkopf. Vom Strand aus beobachteten sie, wie es langsam und schon mit ausgeschaltetem Motor auf das Ufer zuglitt. Die beiden Männer zogen das Boot mit vereinten Kräften hoch auf den Strand. Dann verabschiedeten sie sich und jeder ging seiner Wege. Heinz Lauberg und Dieter Böhmer entschieden rasch, dass sie jeweils einem der beiden folgen wollten, um herauszufinden, wer der Mechaniker war. Als Treffpunkt war die Jacht „Calima" vereinbart worden, wo Clara vermutlich bereits dringend mit Töpfen und Pfannen duftenden Inhaltes warten würde. Heinz folgte dem Mann in die engen Gassen des Ortes. Es dauerte nicht lange, da hielt ein Wagen an und der Fahrer verwickelte den vermeintlichen Mechaniker in ein Gespräch, mit dem Effekt, dass der in den Wagen einstieg. Als sich das Auto in Bewegung setzte, zerdrückte Heinz Lauberg ein „Verdammt!" zwischen den Lippen und kehrte um.

Clara hatte tatsächlich eine hübsche, bunte Gemüsepfanne vorbereitet, aber, in weiser Voraussicht, dass sich das Eintreffen der beiden Männer verzögern könnte, hatte sie noch nicht gekocht, sondern das geschnittene Gemüse inzwischen in den Kühlschrank gestellt.

„Habt ihr schon irgendwo gegessen oder seid ihr in einer Bar versumpft oder habt ihr das Geld nicht eingezahlt und dafür die Puppen tanzen lassen oder welche unmoralische Erklärung gibt es sonst für euer langes Ausbleiben?"

„So geht es schwer arbeitenden Männern!", konterte Heinz. „Wir haben nach der Bank noch einen Blick auf das Schiff geworfen und wieder einige Erkenntnisse gewonnen. Dieter ist wohl noch nicht da?"

Da Clara das Offensichtliche mit einem „Nein!" bestätigt hatte, meinte Heinz, er wolle doch noch einmal in den Ort gehen, um zu sehen, ob Dieter irgendeine Assistenz benötigte.

Als er aus dem Salon trat, sah er den Anwalt aber bereits mit finsterer Mine die Mole entlang kommen.

„War deiner der Mechaniker?", fragte er Heinz schon von Weitem.

„Kann ich nicht sagen, er ist von einem Mann in einem Auto mitgenommen worden. Wie war es bei dir?"

„Ach verdammt!", zischte Dieter, der inzwischen heran gekommen war. „Es war praktisch genauso. Der ist in ein Auto gestiegen und weggefahren. Da du die Wagenschlüssel eingesteckt hast und ich dich auch nicht finden konnte, ist der Kerl abgehauen."

Da sofort ohnehin keine weiteren Schritte unternommen werden konnten beschlossen sie, zu Mittag zu essen und sich nachher mit der Berichterstattung für Clara und der Planung der weiteren Vorgangsweise zu beschäftigen. Ihnen war klar, dass sie bis jetzt nur beobachtet hatten. Nun, das fühlten alle drei, war es an der Zeit, erste Handlungen zu setzen.

Aber es kam, wie es kommen musste, nach dem Essen beanspruchte die Verdauung so viel Blut, dass der Intellekt in eine kleine Mittagsruhe flüchtete. Besonders Dieter war ziemlich geschafft, da er nicht nur mit der klimatischen Umstellung zu kämpfen hatte, sondern sich auch noch sein veritabler Sonnenbrand bemerkbar machte.

Als sich alle wieder voll fit fühlten, war ein guter Teil des Nachmittags inzwischen vergangen. Sie beschlossen, auf dem Achterdeck Kaffee zu trinken und zu beraten.

Dieter begann: „Ich möchte einmal zusammenfassen, was wir bisher wissen. Dabei könnt ihr beide gleich überprüfen, ob ich alles, was ihr mir erzählt habt, auch richtig verstanden habe.

Am 24. Juni meldet sich der gemietete Skipper auf der „Julietta" zum letzten Mal per Satellitentelefon beim Eigner. Da befindet sich das Schiff im Bereich von Gibraltar. Es hat in Marokko zum letzten Mal Treibstoff aufgenommen und muss, wie du, Heinz, mir erklärt hast, mit an Sicherheit grenzender Wahrscheinlichkeit in Marokko einen weiteren Hafen anlaufen, um wieder zu tanken."

„Das ist korrekt", warf Heinz ein, „Die Jacht wird kaum eine größere Reichweite als etwa 1000 Seemeilen haben und dafür muss sie schon mit ordentlichen Zusatztanks ausgerüstet sein. Viel mehr ist für das Mittelmeer und das war ja das bisherige Revier der Jacht, nicht notwendig."

„Also", fuhr Dieter fort, „das können wir dann als einigermaßen gesichert annehmen. Ich habe von der Sache im Lauf des 29. Juni erfahren und euch abends angerufen. Weitere drei Tage später findet ihr die Jacht hier auf Gomera. Das war am 2. Juli.

Heute ist der 5. Juli und das Schiff hat sich offenbar noch nicht bewegt. Mehrere Beobachtungen haben gezeigt, dass sich nicht weniger als drei Personen an Bord befinden. Und zwar zwei Männer und eine Frau. Keine dieser Personen hat, das konntet ihr bei mehrfachen vergangenen Gelegenheiten und heute auch ich mit dem Fernglas beobachten, Ähnlichkeit mit jenen, die eigentlich an Bord sein sollten."

„Das können wir so bestätigen", schaltete sich Clara ein.

„Gut", setzte Dieter Böhmer fort, „und jetzt kommt etwas, was du noch nicht weißt, Clara. Heute hatte die Jacht Besuch von zwei Männern, die in einem Fischerboot kamen. Einer davon hat sich irgendetwas im Inneren des Schiffes angesehen. Wir vermuten, dass es sich bei dem Mann um einen Mechaniker handelt. Also gibt es ein technisches Problem."

Heinz ergänzte: „Sobald die wieder mit ihrem Boot abgefahren sind, haben wir versucht, rechtzeitig hier zu sein, um zu sehen, wer der Mechaniker ist und wo die Werkstätte. Das ist dann leider etwas schief gegangen."

Dieter ergänzte noch die fehlenden Informationen, dann kehrte kurze Zeit ein nachdenkliches Schweigen ein.

Schließlich meinte Clara: „Natürlich ist das, was ich jetzt mache rein hypothetisch, aber legen wir zeitlich den zweiten Handlungsfaden daneben, nämlich den Leichenfund der Familie Seidel. Am 27. Juni habe ich abends das Funkgerät eingeschaltet und wir haben den Spruch der Seidels aufgefangen, dass sich eine Leiche an ihrem Segelboot verfangen hat. Die Position war nahe von San Andres auf Teneriffa. Die *Guardia Civil* birgt den Toten und bringt ihn in die Gerichtsmedizin in das Universitätskrankenhaus von La Laguna. Fische haben schon ziemlich viel Gewebe abgefressen, so dass eine Identifizierung über sein Aussehen nicht möglich erscheint. Es lässt sich auch der genaue Todeszeitpunkt nicht exakt feststellen, da die primären Indikatoren, wie das postmortale Absinken der Körpertemperatur, die Stärke der Ausprägung der Leichenstarre oder der Leichenflecken durch ihren Zustand und dem Aufenthalt im Wasser keine Hinweise geben. Erst Laboruntersuchungen von Gewebeproben könnten hier eine genauere Aussage ermöglichen. Er kann zwischen einem und mehreren Tagen im Wasser gelegen haben. Vermutlich noch nicht eine ganze Woche, wie mir der Pathologe versichert hat."

Heinz begann laut zu denken: „Das bedeutet, falls dieser Leichnam etwas mit der „Julietta" zu tun hat, wenn es sich zum Beispiel um den Skipper handelt, dann müsste sich das in einem sehr engen Zeitfenster abgespielt haben. Der Tod kann dann nur zwischen dem Zeitpunkt des letzten Telefonates am 24. Juni und vermutlich den Vormittagsstunden am 27. Juni eingetreten sein, da die Seidels die Leiche am Abend des

27. gefunden haben und sie da schon stark von den Fischen angefressen war. Aber wir wissen natürlich nicht, ob zwischen den beiden Vorfällen ein Zusammenhang besteht."

„Genau", stimmte Dieter Böhmer zu, „da können wir jedoch etwas unternehmen. Kehren wir, bevor wir uns mit möglichen Maßnahmen beschäftigen, zu den Erkenntnissen zurück, die wir durch die direkte Beobachtung der Jacht gewonnen haben. Wir haben gesehen, dass zumindest einer der beiden Männer, die bisher auf dem Schiff beobachtet wurden, eine Waffe trägt und wir haben heute den Eindruck gewonnen, dass die Frau, die an Bord ist, von dem Mann mit der Waffe bewacht wurde. Das Alter der Frau schließt aber aus, dass es sich dabei um die Ehefrau des Skippers handelt. Es gibt also drei verschiedene Gruppen, wenn wir das einmal so ausdrücken wollen: Den Skipper und seine Frau, die wir, zumindest bisher, nicht gesehen haben. Die beiden Männer, von denen wenigstens einer bewaffnet ist und eine Frau, die wir überhaupt nicht zuordnen können."

„Daraus ergeben sich einige Fragen", ergänzte Clara. „Die Erste: Ist der aufgefundene Tote der Skipper und was ist geschehen? Wenn es nicht der Skipper ist, dann sollten wir wissen, wo sich diese beiden Personen befinden. Die Nächste: Wer sind die beiden Männer und was ist ihre Absicht? Die dritte Frage: Wer ist diese Frau?"

Heinz schaltete sich ein: „Bis heute habe ich mich auch gewundert, warum das Schiff die ganze Zeit, nämlich zumindest seit dem 2. Juli, wahrscheinlich aber länger, still in der Bucht von Ereses liegt. Das ist nun wenigstens klar, irgendetwas ist kaputt."

„Dann schlage ich vor, wir versuchen einige Spekulationen", sagte Clara.

Heinz meinte: „Da bin ich auch dafür und damit das besser geht, hole ich jetzt eine Flasche Wein, *agua con gas* und etwas zum Knabbern." Er stand auf und verschwand im Niedergang, um kurze Zeit später mit einem Tablett, auf dem sich die angekündigten Dinge befanden, wieder zu kehren.

Er begann: „Also wenn mich meine alte Skippernase nicht völlig betrügt, dann ist das Schiff gekapert worden. Die Straße von Gibraltar ist etwa 15 Kilometer breit. Gehen wir davon aus, dass sich die Jacht von den spanischen Hoheitsgewässern gut frei gehalten hat, dann ist sie eher an der marokkanischen Küste entlang gefahren, wenn sie zu diesem Zeitpunkt schon in Marokko einklariert haben, was ich annehme, weil sie dort vermutlich bereits einmal getankt haben. Ansonsten müssen wir, so bin ich überzeugt, davon ausgehen, dass sich das Schiff in einem kleinen Streifen internationalen Gewässers bewegt hat. Jedenfalls eine ideale Stelle, um einem Schiff, auf das man es abgesehen hat, aufzulauern. Natürlich hat die Kaperung nicht in der Straße von Gib stattgefunden, das wäre zu auffällig gewesen. Aber schon kurz danach laufen die Kurse der üblichen Schifffahrtsrouten weit auseinander. Und so eine Sache ist ja bald erledigt."

„Das klingt plausibel", bekräftigte Clara. „Bei dieser Aktion könnte, wahrscheinlich versehentlich, der Skipper getötet worden sein. Vergessen wir nicht, er wurde ja von einem Querschläger getroffen. Natürlich immer vorausgesetzt, dass es sich bei dem Toten von San Andres um den Skipper handelt."

„Okay", meldete sich Dieter zu Wort, „wir müssen versuchen, Schritt für Schritt Klarheit über die offenen Fragen zu erhalten. Ich werde jetzt einmal meinen Klienten anrufen und ihn über den letzten Stand der Dinge informieren. Dann solltest du, Clara, versuchen, den Pathologen im Krankenhaus zu erreichen und in Erfahrung bringen, ob sie mit der Identifizierung weitergekommen sind. Und, ich glaube, wir sollten die Jacht unter Beobachtung halten, damit sie nicht plötzlich verschwindet. Sie könnte ja auch heute repariert worden sein."

„Das glaube ich nicht, das wäre mir zu rasch gegangen. Aber was könnten wir schon tun, wenn sie die Motoren anwirft?", fragte Heinz.

„Du wirfst auch deine Motoren an und wir brausen hinterher!", zeigte sich Dieter über diese Frage erstaunt.

„Lieber Dieter", sprach Heinz mit der Stimme eines Märchenerzählers, „ist dir zwischen den beiden Schiffen kein Unterschied aufgefallen?"

„Deines ist kleiner", bekannte Dieter Böhmer.

„Es ist nicht nur kleiner, sondern von der Rumpfform und der Motorisierung her ein Verdränger. Wir laufen in voller Fahrt mit unseren 120 PS etwa acht Knoten. Die „Julietta" hat 2400 PS. Die fahren etwa drei oder vier Mal so schnell wie wir. Wenn die sich also entschlossen haben, das Weite zu suchen, dann können wir ihnen nur hinterher winken. Unsere einzige Chance ist, die Sache abzuschließen – was immer das bedeuten mag – so lange die Jacht in der Bucht liegt."

„Gut", beendete Dieter die Beratung, „dann werde ich jetzt telefonieren."

Er ging in das Schiff und holte sein Handy. Das Gespräch war lang und die Schilderung der Erkenntnisse war vollständig. Dieter ersuchte seinen Gesprächspartner noch, zu versuchen, Genaueres über das Skipperehepaar heraus zu finden. Ob es Verwandte gibt und wenn ja, ob die etwas von den beiden gehört hätten. Der geheimnisvolle Klient, dessen Namen Dieter Böhmer bisher noch kein einziges Mal erwähnt hatte, versprach, sich darum zu kümmern.

„Er ist schon recht zufrieden, dass wir das Schiff gefunden haben", berichtete Dieter von seinem Telefonat, „er meint, wir sollten die Möglichkeit prüfen, es möglichst unauffällig in unsere Gewalt bringen zu können." Als er die beiden tiefen Atemzüge hörte, mit denen sich Heinz und Clara Lauberg mit genug Luft für einen geharnischten Protest versorgen wollten, ergänzte er rasch: „Natürlich gegen ein fürstliches Honorar!"

Heinz riss das Wort an sich: „Geld ist Geld und eine 44er-Magnum ist eine 44er-Magnum. Mit einer solchen Waffe wurde der Mann, der jetzt in der Pathologie in La Laguna im Kühlfach liegt, nämlich mit ziemlicher Sicherheit erschossen. Und falls das der Leichnam des alten Skippers ist, dann stammt die Kugel aus der Waffe eines jener Männer, die wir heute beobachtet haben. Ich verzichte gerne auf ein fürstliches Honorar, wenn ich damit die 44er vermeiden kann. Schlag' dir das aus dem Kopf!"

Clara brachte gleichfalls ihre Ablehnung zum Ausdruck.

„Ich denke, wir streiten jetzt nicht darüber", meinte Dieter, „sondern überschlafen die Angelegenheit. Ich selbst spiele auch nicht gerne den

Helden. Nicht einmal für diesen Herren. Aber es wäre doch gelacht, wenn uns nicht irgendein Trick einfallen würde. Für heute haben wir aber genug gemacht. Ich lade euch in der Hauptstadt in das beste Lokal zum Abendessen ein auf Rechnung der Kanzlei Dieter Böhmer."

Dem letzten Satz stimmte sowohl Clara als auch Heinz vollinhaltlich zu.

Clara empfahl das Restaurant La Cabana, das hinter San Sebastian in einer Schlucht liegt und in rustikalem Ambiente typisch kanarische Küche anbietet. Es wurde noch ein sehr netter Abend, an dem insbesondere Clara und Dieter in Erinnerungen an längst vergangene Universitätszeiten schwelgten.

Auf dem Weg zurück zur „Calima" kam Dieter Böhmer noch einmal auf die Sache mit der „Julietta" zu sprechen: „Ich denke, wir finden erst einmal heraus, ob es sich bei dem Toten, den sich die Deutschen mit ihrem Segelboot eingefangen haben, tatsächlich um den Skipper handelt. Das ist nicht weiter gefährlich; Stichwort 44er-Magnum."

„Das ist kein Stichwort, sondern ein Schießwort", entgegnete Heinz, „da schlage ich vor, dass du", dabei wandte er sich zu seiner Frau um, die auf der Rückbank des kleinen Wagens saß, „morgen in der Früh mit dem Spital telefonierst und in Erfahrung bringst, ob der Pathologe, der die Autopsie gemacht hat, im Dienst ist. Wenn ja, dann fahren wir mit der Fähre hinüber und statten ihm einen Besuch ab. Telefonisch werden wir wahrscheinlich keine Auskunft bekommen."

Clara dachte kurz nach, dann sagte sie: „Nun, ich glaube, wenn ich den Arzt persönlich erreiche und bloß frage, ob eine Identifizierung gelungen ist, dann kann ich das auch telefonisch erledigen. Ich mache mir aber keine allzu großen Hoffnungen. So, wie der Tote ausgesehen hat, sehe ich nur zwei Möglichkeiten: Eine Identifizierung mittels DNA-Analyse oder über die Zähne."

„Vielleicht kann ich da eine kleine Vorarbeit leisten", warf Dieter Böhmer ein. „Ich habe in Wien einen Mann, den ich dann einsetze, wenn ich etwas heraus finden will, von dem Andere nicht wollen, dass ich es weiß. Den könnte ich mobilisieren. Er soll versuchen, den Zahnarzt des Skippers zu ermitteln. Vielleicht gibt es ja irgendwo ein Röntgenbild."

„Dein Sherlock Holmes sitzt in Wien und der Skipper stammt aus Deutschland. Wie soll das innerhalb einer vernünftigen Zeit abzuwickeln sein?", wandte Heinz ein.

„Nun, der Typ hat schon so seine Verbindungen. Ich arbeite grundsätzlich nur mit Profis. Deshalb habe ich mich ja auch wegen der Suche nach dem Schiff an euch gewandt!", ergänzte Böhmer mit einem schalkhaften Lächeln.

„Und wie man sieht, hast du die richtige Wahl getroffen", konterte Clara.

Inzwischen waren sie wieder in Playa de Santiago eingetroffen. In der Straße, die direkt am Strand entlang führt, fanden sie einen Parkplatz. Da es noch nicht spät war, wollte Dieter Böhmer noch einen kurzen Zwischenstopp in einer der kleinen Bars einlegen, an denen sie auf ihrem Weg zur Mole und damit zum Liegeplatz des Schiffes vorbei gingen. Die beiden Männer tranken je einen großen spanischen Brandy und Clara delektierte sich an einem Baily's, der dickflüssig, sahnig und dennoch von wärmender Schärfe durch ihre Kehle floss.

Plötzlich richtete sich Heinz Lauberg in seinem Plastiksessel auf und blickte über den Kopf seiner Frau Clara hinweg.

„Da kommt der Typ, hinter dem ich heute her war. Wir sollten die Gelegenheit nützen und herausfinden, ob er der Mechaniker ist oder ob das der Andere war." Als der Mann an ihrem Tisch vorbei ging, grüßte Heinz ihn mit einem freundlichen „Ola!" und einem strahlenden Lächeln und bemerkte, dass dieser sich gleich an den Nebentisch setzte.

„Und wer tut's?", fragte Clara.

„Wer spricht das beste Spanisch von uns?", fragte Heinz zurück.

Clara wusste genau, worauf diese Frage abzielte, und sah die Möglichkeit entschwinden, sich zu drücken.

„Na gut", resignierte sie, „obwohl ich finde, dass das ein Gespräch von Mann zu Mann ist. Aber ich verstehe natürlich, dass du kneifen willst und dich Dieter, habe ich überhaupt noch nie so schweigsam erlebt."

„Ich kann es auf Latein versuchen", bot Dieter Böhmer an.

Clara legte alle Geringschätzung, zu der sie dem Freund gegenüber fähig war in ihren Ton und sagte nur ein Wort: „Angeber!"

Schließlich war es doch Heinz Lauberg, der sein gesamtes Spanisch zusammenkramte und den Mann ansprach. Er sagte, dass der Motor seines Schiffes Probleme mache und er gerne hätte, wenn sich ein Mechaniker die Sache anschauen würde.

Ohne ein besonderes Zeichen der Verwunderung zu zeigen, antwortete der Mann, er sei Fischer, aber er könne sich den Motor auch ansehen, er würde eine Menge davon verstehen. Sein Bruder sei Automechaniker in San Sebastian. Und es sei schade, dass er erst jetzt davon erfahren habe, weil erst heute Nachmittag sei der hier gewesen. Heinz Lauberg hatte innerhalb einer Minute praktisch alles erfahren, was er gehofft hatte. Er fragte bloß noch, wo der Bruder in San Sebastian zu finden sei und bekam auch prompt die genaue Beschreibung der Adresse. Es war deshalb ganz einfach, weil San Sebastian nicht wirklich eine Metropole ist, und sich die Werkstätte ohnehin unmittelbar beim Hafen befand. Heinz dankte herzlich und sagte, er würde den Bruder morgen in der Früh aufsuchen.

Dann beschlossen die drei, dass sie für heute genug Abenteuer gehabt hätten. Es kam aber anders. An Bord erwarteten sie drei Unannehmlichkeiten. Als Erstes bemerkten sie einen formlosen Zettel, den jemand an die Tür zum Salon geheftet hatte. Heinz griff danach und als er sah, dass es eine Nachricht in spanischer Sprache war, hielt er das Stück Papier wie automatisch seiner Frau Clara hin. Ebenso selbstverständlich griff sie danach und schon wenige Sekunden später legte sich ihre Stirn in leichte Sorgenfalten. „Die wollen uns hier los sein", brachte sie den Inhalt des Schreibens, das vom Hafenmeister stammte, auf den Punkt. „Mehr als drei Nächte sind für Gastlieger nicht vorgesehen", ergänzte sie.

„Sind die aber genau. Das ist heute die vierte Nacht. Und bezahlt habe ich außerdem auch nur für drei", meinte Heinz.

„Wenn sie bei ihren Mooringbojen auch so genau wären, dann hätte sich dieses blöde Fischerboot nicht im Sturm losreißen können und wir jetzt nicht eine zerschrammte Backbordseite", zeigte sich Clara verärgert.

„Jetzt fahre ich ohnehin nicht los", sagte Heinz, „weil ich erstens freiwillig keine Nachtfahrt mache. Weil ich zweitens etwas getrunken habe und weil ich drittens in San Sebastian einen gemütlichen Liegeplatz haben möchte, der möglichst weit vom Fähranleger weg ist. Bei Dunkelheit gurke ich da sicher nicht herum. Andererseits spricht auch nichts dagegen, den Liegeplatz zu wechseln. Die Entfernungen sind so gering, dass wir auch von San Sebastian aus die „Julietta" unter Beobachtung halten können und der Mechaniker ist auch dort und den müssen wir ja wohl dringend sprechen. Ich werde also morgen in aller Frühe den Hafenmeister besuchen, noch eine Nacht löhnen und dann verholen wir uns in die Hauptstadt."

Das war also vereinbart. In alter seemännischer Gewohnheit machte Heinz einen Blick auf das Barometer, mit dem Effekt, dass er seine Brille holte, um die Veränderungen quantitativ besser sehen zu können. Da wartete die zweite unangenehme Überraschung.

„Das auch noch!", brummte er, „wir werden Schlechtwetter bekommen. Das Barometer fällt. Nicht rasend schnell, aber seit einigen Stunden stetig."

„Sollten wir dann nicht doch besser heute noch nach San Sebastian fahren?", fragte Dieter Böhmer.

„Nein, so schnell wird es nicht gehen. Ich denke, dass morgen noch ganz vernünftige Verhältnisse herrschen werden. Vielleicht stabilisiert sich der Luftdruck wieder. Wir wollen ja ohnehin früh auf den Beinen sein", beruhigte Heinz.

Die dritte böse Überraschung war: Es gab wieder nur kaltes Duschwasser. Heinz hatte im Trubel der Ereignisse nicht an das Stromaggregat gedacht, das während der Zeit, in der sie wegen ihres Abendessens ohnehin abwesend waren, den Boiler ausreichend lange mit Strom hätte versorgen können.

Nachdem Dieter Böhmer ein kurzes Telefonat mit seinem geheimnisvollen Ermittler in Österreich geführt hatte, machten sich alle lustlos an die persönlichen Schlafvorbereitungen. Wegen der erfrischenden Temperatur des Duschwassers leicht gereizt, begab man sich schließlich in die Kojen.

6. Juli
Der Mechaniker

Heinz Lauberg erwachte früh am Morgen. Unmittelbar danach stand er auf und machte sich, nach der Morgentoilette, die im Wesentlichen aus einer Rasur mit natürlich immer noch kaltem Wasser bestand, an die Zubereitung des Frühstücks. Da man sich auf einem Boot solcher Größe ohnehin nicht bewegen kann, ohne dass man von allen anderen Crewmitgliedern gehört wird, tauchte auch bald das verschlafene Gesicht von Anwalt Dieter Böhmer aus der V-Koje des Vorschiffes auf. Lediglich Clara konnte sich, wie meist, nicht sofort aufraffen. Sie erschien, eng in einen langen Frottee-Bademantel gehüllt, erst, als das Frühstück schon auf dem Tisch stand. Heinz drängte zur Eile. Ein morgendlicher Blick auf das Barometer zeigte zwar, dass sich der Luftdruck inzwischen nahezu stabilisiert hatte, aber das Niveau, auf dem er sich befand, ließ doch eine Wetterverschlechterung befürchten.

„Da kommt wieder einiges auf die Leute der „Julietta" zu, wenn der Wind wieder zulegt und die Rösser des Poseidon in die Bucht reiten", meinte Heinz.

Dieter sah von seiner Tasse Kaffee auf: „Welche Rösser reiten wohin? Wovon sprichst du?"

„Eine Landratte durch und durch!", tadelte Clara. „Die Rösser des Poseidon sind die Brandungswellen, die, wenn sie am flacher werdenden Ufer brechen, lange Mähnen aus Gischt hinter sich her ziehen."

„Mein Gott, wie lyrisch ihr schon zu nachtschlafener Zeit sein könnt!", zeigte Dieter Böhmer wenig Verständnis.

Heinz ersuchte Clara, alles im Boot seefest zu verstauen, damit keine Gläser, Teller, Nahrungsmittel oder Wäschestöße im Wellengang auf Wanderschaft gehen konnten. Er selbst machte sich auf den Weg zur Hafenmeisterei. Kaum hatte er an der verschlossenen Tür gerüttelt, als ihm auch schon einfiel, dass es ja Sonntag war. Um diese Zeit waren gläubige Fischer in der Kirche, wenn sie überhaupt schon auf den Beinen waren! Heinz zerquetschte ein kurzes hässliches Wort zwischen den Lippen und trabte wieder zurück auf das Schiff.

„Hat niemand von euch auf den Kalender geschaut?", raunzte er grantig, als er in den Salon der „Calima" gestiegen war.

„Hätte jemand sollen?", kam Claras Gegenfrage. Aus gutem Grund nahm Heinz den Fehdehandschuh nicht auf. Er verscheuchte stattdessen die beiden Anderen aus dem Salon. Dann nahm er den Tisch aus seiner Verankerung und klappte den Teppich zurück, um an einen der Deckel zu gelangen, die den Zugang zu dem unter dem Salonboden gelegenen Motor ermöglichten.

Heinz nannte den Motorraum immer seinen „Weinkeller", nicht, weil er dort seine geheimen Trinkvorräte gelagert hätte, sondern, weil ihm oft, nachdem er das Schiff gebraucht gekauft hatte, die Tränen gekommen waren, angesichts all der Dinge, die dort in Stand gesetzt werden mussten. Mittlerweile waren fast alle Arbeiten erledigt, aber der Name blieb. Heinz prüfte den Motorölstand und öffnete das Seeventil für die Motorkühlung. Dann tauchte er wieder auf. Clara saß inzwischen gemeinsam mit Dieter Böhmer auf der Flying Bridge im Schatten des großen Sonnendachs.

Er stieg die Stufen zu ihnen hinauf und schlug vor, die kurze Reise nach San Sebastian anzutreten.

„Musst du nicht noch für eine Nacht bezahlen?", fragte Dieter.

„Und wem soll ich das Geld geben, wenn alles zu ist?", gab Heinz etwas spitz zurück.

Sie beschlossen, dass Dieter Böhmer mit dem Wagen in die Inselhauptstadt fahren sollte.

Heinz Lauberg fühlte sich irgendwie angespannt. Ein Blick zum Himmel zeigte zahllose stark zerfaserte Zirruswolken und der Wind wehte auch im Hafen bereits mit beträchtlicher Stärke. Um Schlimmerem zu entgehen, ging Heinz in den Salon zum Innenfahrstand, denn nur von dort aus ließ sich der Motor starten. Nach dem Anlassen der Maschine ging er, wie er es gewohnt war, zum Heck des Schiffes, um von der Plicht aus seinen üblichen Kontrollblick auf den Auspuff zu werfen, ob die Wassereinspritzung auch funktionierte. Alles lief wie gewohnt.

„Soll ich dir mit den Leinen helfen?", fragte Clara aus luftiger Höhe.

Heinz verneinte. Es waren alle Leinen so gelegt, dass er sie vom Schiff aus losmachen konnte. Kaum war das erledigt, ging er raschen Schrittes zum Außensteuerstand auf der Fly. Mit dem Bugstrahlruder drückte er das Schiff vorne nach Backbord und damit frei von der Molenwand. Dann kuppelte er ein und ließ das Boot mit Standgas aus dem Hafen gleiten. Als sie den Molenkopf passierten, brachte Heinz den Motor auf eine Drehzahl von 1500 Umdrehungen. Das reichte für eine Geschwindigkeit von etwa fünf Knoten. So fuhren sie, nicht weit vom Ufer entfernt, nach Nordosten in Richtung auf die Inselhauptstadt San Sebastian de la Gomera, die sie nach etwas mehr als eineinhalb Stunden Fahrzeit erreichten. Nähert man sich dem Hafen aus südlicher Richtung, dann geht der Blick direkt auf den Jachthafen, der durch eine eigene kleine Mole zusätzlich geschützt ist. Die „Calima" glitt also an der Hauptmole entlang zum nördlichen Ende der Bucht. Dort lag auch der Empfangssteg für Fahrtenjachten.

Während Heinz das Anlegemanöver von der Flying Bridge aus fuhr, hatte Clara einen Stock tiefer auf dem Gangbord stehend, bereits die Fender ausgehängt und hielt die Leinen bereit. Am Ufer stand ein Marinero, der die Bug- und die Heckleine in Empfang nahm, sie jeweils um einen Poller legte und dann zu Clara zurück an Bord warf. Sie belegte dann jede Leine auf einer Klampe. Das genügte für den Moment, denn dort würde das Boot nicht liegen bleiben. Es mussten lediglich die Formalitäten erledigt werden.

Auch Dieter Böhmer, der mit dem Wagen die Inselhauptstadt um einiges früher erreicht hatte, wartete bereits, um an Bord gehen zu können.

Heinz ging, nachdem das Schiff festgemacht war und er den Motor abgestellt hatte, mit den Papieren zum Hafenmeister, der im ersten Stock des Fährterminals sein Büro hatte und bezahlte dort auch gleich für eine Woche den Liegeplatz, der ihm zugewiesen wurde.

Wieder auf dem Schiff, machte Clara die Leinen wieder los und Heinz bewegte die „Calima" im Schleichgang zu ihrem Liegeplatz für die nächsten Tage. Zwischen den Stegen war es etwas eng für das mehr als 11 Meter lange Schiff, doch mit der kräftigen Hilfe des Bugstrahlruders ließ sich „Calima" so stellen, dass sie dann in gerader Linie in die Box manövriert werden konnte. Da sie an einem Schwimmsteg festmachten, konnten die Leinen straff durchgesetzt werden, weil dieser von den Gezeiten unabhängig war. Heinz erledigte die üblichen Aufgaben, wie das Seeventil der Kühlung zu schließen, den elektrischen Landanschluss herzustellen, dann den Hauptschalter der Elektrik vom Batterie- auf Landstrom umzuschalten und schließlich auch die Stromversorgung des Kühlschranks von 12 Volt auf 220 Volt umzustellen. Rasch noch das Logbuch schreiben und damit waren alle seemännischen Pflichten erfüllt.

Clara hatte in dieser Zeit in ihrer Tasche gekramt und die Visitenkarte des Pathologen von La Laguna gefunden. Eine telefonische Nachfrage ergab, dass hinsichtlich der Identifizierung noch keine Fortschritte erzielt worden waren.

Heinz schlug vor, einen kurzen Kriegsrat zu halten. Also setzten sich die drei auf der Fly zusammen, um die nächsten Aktivitäten zu überlegen.

„Der erste Schritt ist klar, wir suchen den Mechaniker", meinte Dieter Böhmer.

Heinz stimmte zu, stellte aber die Frage in den Raum, wie das im Detail ablaufen sollte: „Vorausgesetzt, wir können uns mit ihm verständigen. Was fragen wir dann? Warum funktioniert die Ferretti nicht? Warum sind Leute an Bord, die dort nicht sein sollten? Ich würde an der Stelle dieses Mannes die Gegenfrage stellen, was uns das eigentlich angeht!"

„Da hast du Recht!", stimmte Clara zu. „Was haltet ihr von nur so viel Wahrheit, wie es notwendig ist, verbrämt mit einer finanziellen Zuwendung?"

„Ich fürchte, daran führt kein Weg vorbei", meinte Dieter. „Ich hoffe nur, der Typ ist nicht auch mit einem Polizisten verwandt oder mit einem Finanzbeamten!", ergänzte er.

„Dieses Risiko müssen wir wohl eingehen. Also, ich schlage vor, dass wir alle gemeinsam dort hin gehen. Ich, weil ich der Skipper bin und wenn es um die Technik geht, mit ihm reden kann, Clara, du, weil du besser Spanisch kannst als ich und schließlich du, lieber Dieter, weil du sicher noch hundert Euro in deiner Kriegskasse hast."

Mit diesem Vorschlag waren alle einverstanden. Heinz und Clara verschwanden noch kurz in die Achterkajüte, um sich umzuziehen, was Dieter Böhmer in der gleichen Zeit in seiner Vorschiffskajüte erledigte. Dann verließen sie über das seitliche Gangbord das Schiff. Heinz und Dieter halfen Clara dabei ein wenig, denn die Bordwand der Jacht überragte den Schwimmsteg um etwa einen drei viertel Meter. Heinz nahm sich vor, hier eine umgekehrte Kiste hinzustellen, damit das Verlassen und Betreten des Schiffes in Zukunft einfacher würde.

Inzwischen hatte der Wind in einem Ausmaß zugenommen, dass bereits die Plastiksessel der Lokale, die sich an der Uferpromenade befanden, einiges an eigenständigem Leben entwickelt hatten. Von den Sonnenschirmen ganz zu schweigen, von denen einer bereits kopfüber im Hafenwasser trieb. Sie schlenderten über den Paseo Fred Olsen und bogen dann in eine kleine Seitengasse ein, in der sie auch rasch die Werkstätte fanden. Da sich mehrere dunkle Gestalten an einem Auto zu schaffen machten, das in Zentraleuropa wohl nur noch den Schrotthändler interessiert hätte, fragte Heinz: „Señor Contreras?" Den Namen hatte ihm am Vortag der Bruder gesagt.

Einer der Männer wies in eine Richtung und sagte bloß: *„Oficina"*. Also war der Gesuchte wohl im Büro. Als die drei den Raum betraten, sahen sie einen Mann in mittleren Jahren hinter einem Schreibtisch sitzen, das Mobiltelefon am Ohr. Vor dem Tisch standen zwei Besucherstühle, auf denen Clara und Heinz Platz nahmen. Dieter Böhmer blieb hinter ihnen stehen. Das Telefonat wurde in kanarischem Dialekt geführt, so dass weder Heinz noch Clara ausreichend viel davon verstanden, um sich ein Bild über den Inhalt machen zu können. Jedenfalls schien es um einen Großauftrag zu gehen, da sich das Gespräch ziemlich in die Länge zog. Heinz sah sich um und merkte, dass in dem Raum eine gute Ordnung herrschte. Es lagen kaum Papiere auf dem Schreibtisch, es standen keine schmutzigen *Cortado*-Gläser umher und der Mann selbst war einfach und sauber gekleidet. Den Händen sah man zwar die Arbeit mit Schmierfett und Motoröl an, aber Heinz Lauberg konnte sich noch gut an den letzten Ölwechsel auf seiner „Calima" erinnern. Da hatte es auch eines über mehrere Tage verteilten Schrubbens bedurft, um alle Trauerränder unter den Fingernägeln wieder los zu werden.

Schließlich ging das Telefonat doch zu Ende und dann kam die nächste positive Überraschung. In recht gutem Deutsch sagte der Mann: „Guten Morgen! Was kann ich für sie tun?"

Heinz war platt. Damit hatte er nicht gerechnet. Fremdsprachenkenntnisse sind in Spanien Mangelware. Nicht einmal Englisch ist verbreitet, daher waren diese Deutschkenntnisse nicht zu erwarten gewesen. Die sofortige Nachfrage, woher denn das Wissen stamme, brachte zu Tage, dass der Mann nach dem Abschluss seiner Berufsausbildung fast zehn Jahre in Deutschland in einem großen Volkswagen Reparaturbetrieb gearbeitet hatte. Auf die Frage, warum er wieder hierher zurück gekommen war, antwortete er: „Der Winter in Deutschland war fast nicht zu ertragen. Daran konnte ich mich auch noch nach zehn Jahren nicht gewöhnen."

Eine Aussage, für die Clara und Heinz alles Verständnis der Welt aufbrachten, waren sie doch selbst zu Winterflüchtlingen geworden.

Die Frage, wie der Mann auf die Idee gekommen sein konnte, sie sofort deutsch anzusprechen, verkniff sich Heinz Lauberg. Es ärgerte ihn ohnehin immer, dass er offensichtlich auf Grund seines Aussehens, groß, ehemals blond, nunmehr silber überschattet und blauäugig, sofort als „Deutscher" erkannt wurde. Der Mann erzählte weiter, dass er in diesen Jahren hart gespart hatte und es ihm dann möglich geworden war, mit dem Geld die Werkstätte zu kaufen, in der sie sich jetzt befanden.

Schließlich kam Heinz zur Sache: „Wir haben gesehen, wie sie gestern, gemeinsam mit ihrem Bruder zu der Ferretti 730 in die Playa de Ereses gefahren sind. Nun muss ich ihnen eine kleine Geschichte erzählen. Diese Jacht ist Eigentum eines deutschen Geschäftsmannes, der ein Freund von mir ist. Der bisherige Liegeplatz des Bootes war Zypern. Aus bestimmten Gründen entschloss sich der Eigner, die Jacht von dort auf die Kapverdischen Inseln zu verlegen. Dazu engagierte er einen erfahrenen Skipper, der, gemeinsam mit seiner Frau, die Überstellungsfahrt durchführen sollte. Weil für das Schiff innerhalb der Europäischen Union keine Mehrwertsteuer bezahlt worden war, durfte die Jacht keinen Hafen eines EU-Landes anlaufen. Den letzten Kontakt mit dem Schiff hatte der Eigner vor etwa zwei Wochen in der Nähe von Gibraltar. Es war dann geplant, entlang der marokkanischen Küste südwärts zu fahren. Vor einer Woche hat uns nun der Eigner kontaktiert und weil er weiß, dass wir mit einem eigenen Boot hier sind, gebeten, nach dem Schiff zu suchen. Wir haben nun die Jacht hier entdeckt, aber es sind andere Personen an Bord, als der alte Skipper und seine Frau. Wir vermuten, dass das Schiff gekapert wurde. Aus bestimmten Gründen können wir nicht die spanische Polizei einschalten, deshalb stellen wir jetzt selbst Nachforschungen an. Ich bitte Sie daher, uns alles zu erzählen, was Sie bei Ihrem Besuch auf der Jacht mitbekommen haben."

Es trat eine kurze Pause ein. Pablo Contreras legte seine Stirne in Falten und dachte nach.

„Das ist eine schlimme Geschichte", sagte er schließlich. „Und ich kann nicht wissen, ob die Dinge, die Sie mir erzählt haben, auch wahr sind."

Dieter Böhmer trat nach vorne: „Natürlich ist das auch kein Beweis, aber ich bin der Anwalt des Eigners und kann ihnen meine Mitgliedschaft in der österreichischen Anwaltskammer nachweisen." Mit diesen Worten zückte er seine Brieftasche, entnahm ihr den Ausweis und legte ihn vor Pablo Contreras auf den Schreibtisch. Der warf einen Blick darauf und meinte: „In Ordnung. Ich hatte ohnehin nicht den Eindruck, dass Sie mich belügen. Nur, mein Problem ist, dass ich Ihnen kaum etwas erzählen kann. Am 30. Juni rief mich mein Bruder an und sagte mir, dass er in Playa Santiago von einem Mann angesprochen worden war, der einen Mechaniker suchte. Wobei der Ausdruck „angesprochen" nicht ganz richtig ist, weil mein Bruder nur Spanisch spricht und der Mann es in deutscher Sprache versuchte. Ich traf dann am 2. Juli in Playa Santiago mit dem Mann zusammen, um zu erfahren, was für ein Problem besteht. Dabei merkte ich, dass Deutsch nicht seine Muttersprache ist. Ich glaube, er spricht eigentlich Russisch oder Tschechisch, so genau kann ich das nicht sagen. Er wollte, dass ich an Bord komme und mir die Technik ansehe. Es gibt praktisch keinen Strom mehr an Bord. Das sagte er mir jedenfalls. Nun gab es ja vom 3. auf den 4. Juli einen Sturm, deshalb bin ich mit meinem Bruder schließlich am Samstag hinaus gefahren. Als ich das Schiff gesehen habe, kam mir ohnehin der Verdacht, dass da etwas nicht in Ordnung ist. Eine solche Jacht und ein Skipper aus Russland? Mein erster Gedanke war, es handelt sich um eine Mafia-Organisation. Als wir an dem Boot festgemacht hatten, gingen wir sofort in den Maschinenraum. Zwei riesige MAN-Diesel, ein Vetus-Generator und alles, was man sich nur wünschen kann. Tatsächlich war es aber so, dass ich mich unter Deck mit der Taschenlampe zurecht finden musste. Die Batterien waren wirklich vollkommen leer und das bei einem mehrere Kilowatt starken Generator. Ich habe sofort gesehen, dass die elektrische Schaltung bei einer Jacht wie dieser anders läuft, als bei gewöhnlichen Booten. Ich habe also mit dem Mann vereinbart, dass ich das Bordbuch mitnehme und wenn ich weiß, was los sein kann, mit dem entsprechenden Material wieder zur Jacht hinaus komme. Er hat mir übrigens ein sehr gutes Angebot für meine Arbeit gemacht."

„Konnten Sie feststellen, ob sich noch mehr Personen an Bord befinden?", fragte Heinz.

„Als ich im Maschinenraum war, habe ich gehört, dass sich darüber jemand bewegt hat. Aber wie viele Personen da sind, das kann ich nicht sagen", antwortete Pablo Contreras.

„Was haben Sie mit dem Mann als nächsten Schritt vereinbart?", stellte Heinz die nächste Frage.

„Am Montagnachmittag sollte ich wieder zur Jacht kommen. Am Vormittag dachte ich, könnte ich noch Dinge besorgen, die ich für die Reparatur benötige. Ich muss aber sagen, dass mir die Sache zu kompliziert ist. Ich habe das Bordbuch studiert. Die ganze Jacht ist computergesteuert. Da gibt es kaum einen normalen Schalter. Ich bin nicht sicher, ob ich die Systeme wieder zum Laufen bringen kann."

Heinz Lauberg hatte den Eindruck, im Moment nicht mehr in Erfahrung bringen zu können. Er schlug vor, der Mechaniker sollte am Nachmittag zu ihnen auf die Jacht kommen. Vielleicht würde ihm ja noch etwas einfallen.

Pablo Contreras bezweifelte das zwar, stimmte dem Treffen aber sofort freudig zu, als Dieter Böhmer ihm einen Hundert-Euro-Schein „für die eben aufgewendete Zeit" überreichte.

Da es inzwischen Mittag geworden war, beschlossen Clara, Heinz und Dieter bei einem Mittagessen über die Sache nachzudenken. Sie gingen in die *Casa del Mar*, die direkt an der Hafenpromenade lag. Eine kombinierte Fischplatte für drei Personen war rasch bestellt. Niemand unter ihnen hatte den Kopf frei dafür, sich lange mit Speisekarten auseinander zu setzen.

Mit „Also Russen!" eröffnete Dieter Böhmer das Gespräch. „Viel mehr haben wir ja nicht in Erfahrung bringen können."

Heinz blickte von seinem Teller auf und sagte: „Du hast ja gesehen, wie kurz der Mann an Bord gewesen ist. Außerdem hatte er keinen

Grund besonders wachsam zu sein. Er hat einen guten Auftrag an Land gezogen. Zumindest aus seiner Sicht. Ob er für seine Arbeit Geld bekommen hätte oder eine Kugel aus einer 44er-Magnum, das könnte nur die Zukunft zeigen."

Clara blickte erschrocken auf. „Du meinst …"

„Da bin ich ziemlich sicher!", setzte Heinz fort.

„Wie können wir mehr in Erfahrung bringen?", fragte Dieter Böhmer. „Vielleicht kann sich der Mann bei seinem nächsten Besuch etwas mehr umsehen", setzte er fort.

Heinz schüttelte den Kopf und erwiderte: „Wir dürfen ihn nicht überfordern. Der hat keinerlei Interesse daran, Detektiv zu spielen. Und wir können ihm das Risiko, das er in keiner Weise abschätzen kann, auch nicht zumuten. Er soll das Schiff reparieren. Wenn er nun mit einer geladenen Batterie das Aggregat starten kann, dann ist das Boot in spätestens einem Tag, je nach der Batteriekapazität und der Leistungsfähigkeit des Vetus-Generators wieder voll funktionstüchtig. Die bleiben sicher keine Minute länger, als sie müssen. Und wenn sie einmal in Fahrt sind, dann ist unser Auftrag endgültig erledigt. Wie schon gestern gesagt – die sehen wir dann nie wieder."

Clara blickte zu Dieter Böhmer und fragte: „Warum meldet dein Klient das Schiff nicht einfach als gestohlen? Es wird doch versichert sein. Oder hat sich dein Multimillionär die Kaskoprämie gespart und nur eine Haftpflichtversicherung?"

Dieter Böhmer erwiderte: „Nein, das Schiff ist natürlich auch gegen Diebstahl etc. versichert. Der Grund, warum mein Klient sein Boot zurück haben will ist der, dass er auf den Kapverdischen Inseln ein Ferienresort der Luxusklasse mit einer angeschlossenen Charterstation für Schiffe der obersten Preisklasse aufbauen möchte. Die „Julietta" war dafür als Einstieg geplant. Diese Inselgruppe ist ja derzeit touristisch noch völlig unterentwickelt. Wenn man jetzt zu billigen Preisen investiert, kann man in ein paar Jahren richtig viel Geld verdienen. Diese Chance wollte mein Klient nützen. Auf diesen Inseln herrscht noch große Armut. Arbeitskraft kostet wenig und als internationaler Investor wirst du auf Händen getragen. Für das eingesetzte Kapital besteht eine relativ große Rechtssicherheit und du kannst in deiner Werbung auch betonen, dass es nur eine geringe Kriminalität gibt. Die Bevölkerung ist dort katholischer als der Papst. Also ein Paradies. Es braucht nur noch jemanden, der es für den internationalen Tourismus wach küsst. Nun hat der Bau und die Ausrüstung der „Julietta" über ein Jahr gedauert. Das heißt, bei einer Neubeschaffung, die finanziell für meinen Auftraggeber leistbar wäre, würde er mit dem Projekt eine Verzögerung von mehr als einem Jahr hinnehmen müssen. Dazu ist er nicht bereit. Die Sache macht nur Sinn, wenn er der Erste am Platz ist. Es herrscht aber schon reges Interesse bei potenziellen Investoren. Also drängt die Zeit. Das sind die Gründe, warum die „Julietta" wieder in die Verfügungsgewalt des Eigners zurückgebracht werden soll. Eines möchte ich aber noch sagen", ergänzte er. „Mir ist klar, dass eure Arbeit praktisch erledigt ist. Es ist aber so, dass ich nicht weiß, wie ich ohne eure weitere Hilfe meinen Auftrag erfüllen kann."

Heinz schüttelte den Kopf: „Lieber Dieter, ich gestehe, dass ich im Augenblick überhaupt keine Idee habe, wie du deinen Klienten wieder in den Besitz seines Schiffes bringen könntest, weder mit noch ohne uns."

In diesem Moment läutete bei Dieter Böhmer das Mobiltelefon. Nachdem er sich gemeldet hatte, hörte er lange zu. Dann sagte er: „Na, jedenfalls danke, dass Sie es versucht haben. Schicken Sie Ihre Honorarnote wie gewöhnlich an meine Kanzlei."

Als er die Verbindung getrennt hatte, wandte er sich zu Clara und Heinz und sagte: „Das war mein Mann für die Nachforschungen. Leider war er erfolglos. Der Zahnarzt gibt Unterlagen nur mit einem Gerichtsbeschluss heraus und aus verständlichen Gründen können wir den nicht bekommen. Natürlich könnte ich Leute anheuern lassen, die sich die Unterlagen auf illegalem Weg beschaffen, aber das würde auch zu viel Staub aufwirbeln."

Clara bemerkte: „Ist der Staub nicht schon in der Luft? Wenn sich dein Mann für's Grobe – pardon, ich berichtige mich, dein Mann für die Nachforschungen nach den Unterlagen des Skippers gefragt hat, dann weiß der Arzt, wozu man das braucht. Was ist, wenn er von sich aus die Polizei informiert?"

Dieter Böhmer dachte nach, nach einigen Sekunden sagte er: „Da sehe ich keine große Gefahr. Erstens hat mein Mann in dem Gesprächsstadium sicher keinen Namen genannt, und wenn doch, dann den eines anderen Patienten dieses Arztes. Und wenn er tatsächlich den Fehler gemacht haben sollte, den richtigen Namen zu nennen, so lässt sich, zumindest kurzfristig, keine Verbindung zwischen dem Skipper und meinem Klienten oder mir nachvollziehen. Nein. Da droht keine unmittelbare Gefahr."

Durch die langen Gespräche war ihr Essen mittlerweile erkaltet. Sie beschlossen, noch einen *Cortado* zu trinken und sich dann auf das Schiff zurück zu ziehen und die Sache weiter zu beraten.

Als sie auf die Straße traten bemerkten sie, dass der Wind schon etwas nachgelassen hatte und die Bewölkung bereits große blaue Löcher zeigte. Das Wetter schien sich zu bessern.

Auf der „Calima" angekommen, entschied sich Clara dafür, eine kurze Mittagsruhe einzulegen und verschwand in der Achterkajüte. Heinz und Dieter zogen sich mit einer Flasche *Veterano Osborne*, dem berühmten spanischen Brandy aus Jerez mit dem schwarzen Stier als Markenzeichen sowie zwei Gläsern auf die Flying Bridge zurück. Sie hofften, der Brandy würde sie inspirieren.

Heinz begann laut zu überlegen: „Wenn wir mehr erfahren wollen, so müssen wir irgendwie auf das Schiff kommen. Den Mechaniker können und dürfen wir nicht einer Gefahr aussetzen, die er in keiner Weise abschätzen kann. Ich hoffe, da stimmst du mir zu", wandte er sich an Dieter Böhmer.

Der nickte: „So schwer es mir fällt, aber da muss ich dir Recht geben. Andererseits, wir selbst können deshalb nicht an Bord, weil die

Leute, die sich dort aufhalten, das Schiff offensichtlich kaum verlassen. Und wenn, dann scheint es, dass bloß einer der Männer auf die Insel kommt. Fällt dir irgendeine Möglichkeit ein, sie von Bord zu locken?"

Heinz dachte nach. Er blickte Dieter Böhmer an und meinte: „Also das, was mir sofort einfällt, wird dir nicht gefallen. Natürlich würden sie das Schiff verlassen, wenn wir es in Brand setzen. Das könnte ich mir sowohl technisch als auch körperlich zutrauen, aber das löst nicht unser Problem. Das Schiff soll ja erhalten bleiben."

Dieter lehnte sich zurück und richtete seinen Blick in den Himmel. „Warum würden sie das Schiff verlassen, wenn es brennt?"

Heinz Lauberg sah den Freund fassungslos an. „Das fragst du aber jetzt nicht im Ernst, oder? Das Schiff ist aus Kunststoff. Wenn man da ein Feuer nicht sofort bemerkt, so lange es noch kleinräumig auf eine enge Fläche begrenzt ist, hat man keine Chance mehr. Da nützen auch die tollsten Löschanlagen nichts. Es ist schon auf einem Stahlschiff, so paradox das klingen mag, ein Brand kaum zu beherrschen. Obwohl rings herum Wasser ist. Bei unserem Glasfaserboot gilt nur noch „rette sich wer kann". Außerdem ist die Frage, wie viel Diesel sich noch in den Tanks befindet. Wenn die weitgehend leer sind, was ich natürlich nicht wissen kann, dann besteht extreme Explosionsgefahr, wegen des Gas-Luft-Gemisches. Also ich verstehe deine Frage wirklich nicht. Oder willst du auf etwas anderes hinaus?"

Auf Dieter Böhmers Gesicht machte sich ein feines Lächeln breit. „Also gut. Sie verlassen das Schiff in erster Linie, weil sie ihr Leben retten wollen. Aber, wenn du es genau durchdenkst, verlassen sie das Schiff auch, weil sie damit nicht mehr ihre Vorhaben durchführen können, was immer die sein sollten. Die Chance ist vertan."

„Und was sagt uns das?", fragte Heinz, der dem Gedankengang seines Freundes nicht folgen konnte.

Das Lächeln auf dem Gesicht des Anwaltes wurde immer breiter. „Fällt dir, als altem Seebären noch eine andere, weniger zerstörerische Möglichkeit ein, das Schiff so nachhaltig lahm zu legen, dass die einfach keine Chance mehr sehen, mit dem Boot abhauen zu können?"

„Du bist wirklich ein schlauer Fuchs!", meinte Heinz anerkennend. „Klar, da gibt es sicher viele Möglichkeiten. Man könnte am Motor manipulieren, an der Hydraulik der Steuerung oder auch an der Elektrik oder der Elektronik Schaden anrichten, der sich nicht durch eine einfache Reparatur beseitigen lässt. Es wäre alles dazu geeignet, was die Beschaffung von Ersatzteilen erfordert, die es nicht im einfachen Zubehörhandel gibt. Leider muss ich dir sagen, dass auch das die Anwesenheit an Bord erfordert. Man müsste sich ein Bild davon machen können, was einerseits leicht und unauffällig zerstörbar, andererseits aber auch ohne die Jacht in einen kanarischen Hafen schleppen zu müssen, wieder in Stand gesetzt werden kann, sonst könnten wir ja auch gleich die *Guardia Civil* verständigen. Selbst wenn wir die Jacht, auf welche Weise immer, wieder in unsere Gewalt bringen sollten, müssen wir damit so schnell es geht wieder in internationale Gewässer. Stichwort Steuerpflicht!"

„Womit wir wieder beim Ausgangspunkt angelangt wären", meinte Dieter Böhmer resignierend und setzte fort: „Klammern wir vorerst das Problem aus, dass wir offensichtlich noch keine Möglichkeit haben, das Schiff selbst in Augenschein zu nehmen. Könntest du diese Jacht fahren?"

„Rechtlich gesehen gibt es da keine Schwierigkeiten, solange es sich dabei um ein so genanntes Sportboot handelt und das ist ja der Fall. Trotz der Größe ist es kein kommerzielles Schiff. Ja, sogar mit Chartergästen würde mein Sportbootführerschein See ausreichen. Außerdem habe ich noch ein paar andere Patente, die sogar in die Berufsseefahrt hineinreichen. Das ist also kein Problem. Schwierig kann es sein, mich mit der Technik des Schiffes vertraut zu machen. Da kann mir auch der Mechaniker nicht helfen, das muss man selbst gesehen haben."

„Alle unsere guten Ideen scheinen an einem Punkt zu enden. Wir können nicht auf das Schiff! Und damit basta!", meinte Dieter Böhmer resignierend.

Heinz Lauberg füllte die Gläser nach. Stumm prosteten sie einander zu.

Heinz begann sich ernsthaft zu fragen, ob es nicht klüger wäre, sich aus der ganzen Sache auszuklinken. Ihr Auftrag war schließlich erfüllt. Ihr Honorar hatten sie sich redlich verdient. Alles was sie jetzt machten war Fleißaufgabe. Ein zusätzliches Honorar würde es ja erst geben, wenn „sich das Schiff wieder in der Verfügungsgewalt des Eigners befindet", wie Dieter Böhmer es ausgedrückt hatte. Und dafür gab es offensichtlich keine Chance.

Plötzlich kam Heinz Lauberg eine Idee: „Glaubst du, wir können den Mechaniker dazu bewegen, mich morgen als Gehilfen mit an Bord zu nehmen?"

Völlig von dem Einfall überrascht, blickte Dieter auf: „Für eine ordentliche Portion Geld tut der sicher alles. Wir haben nur zwei Probleme: Erstens will ich nicht, dass du dich in eine unkalkulierbare Gefahr begibst und zweitens bringt mich Clara um, wenn sie das hört!"

„Ich könnte mir mit einiger Fantasie sicher jetzt schon ein paar Gründe ausdenken, die das rechtfertigen würden", sagte Clara, die eben mit einem Glas Wasser in der Hand auf dem Gangbord unterhalb der Flying Bridge, auf der die beiden Männer saßen, vorbei gegangen war. Sie stieg die Stufen zu ihnen hinauf und setzte sich auf eine Backskiste. „Also, lasst hören!"

Sofort ergriff Dieter Böhmer das Wort: „Heinz hatte den Einfall, er könnte morgen den Gehilfen des Mechanikers spielen und so die Jacht erkunden. Ich habe aber gleich abgelehnt. Ich halte das für zu gefährlich!"

„Ich halte das für völlig verblödet!", machte Clara nicht gerade aus ihrem Herzen eine Mördergrube. „Räuber und Gendarm spielen, das konntest du doch während deiner Dienstzeit als Offizier lange genug. Außerdem war James Bond in allen Filmen jünger als du. Also schminke dir diese Schnapsidee" – sie deutete dabei auf die Flasche *Veterano Osborne* – „gleich wieder ab. Wir haben unseren Job getan und die Jacht gefunden. Das war's!"

Dieter Böhmer hatte den Kopf gesenkt, linste aber hinter den Augenbrauen hervor, um die Reaktion von Heinz Lauberg nicht zu versäumen.

Heinz räusperte sich, dann sagte er: „Ich schlage vor, dass wir einmal alle Chancen, Möglichkeiten und Risiken dieser Idee *sine ira et studio* durchdenken."

„*Sine studio* kann ich mir vorstellen, aber ohne *ira* werde ich das nicht schaffen!", entgegnete Clara.

Dieter Böhmer schaltete sich immer noch nicht ein, was für Heinz ein Signal war, dass der an dem Gedanken bereits Gefallen gefunden hatte.

„Na, versuchen wir es", schlug Heinz vor. „Ich könnte zum Beispiel keine andere Sprache außer Spanisch verstehen."

„Toll!", unterbrach Clara. „Da hast du ja morgen dann einen sehr stillen Tag vor dir!"

Heinz griff die Spitze nicht auf, sondern setzte fort: „Natürlich müsste ich heute mit dem Mechaniker eine Vereinbarung treffen, dass er morgen langsam spricht und sich einfach ausdrückt. Er darf mir auch keine Fragen stellen. Andererseits, wenn ich bloß der Gehilfe bin, dann genügt es vielleicht, wenn ich seinen Tätigkeiten zuschaue und ihm allenfalls Werkzeug zureiche. Das müsste doch gehen. Er könnte mich zum Beispiel zum Fahrstand schicken, um zu sehen, ob eine Kontrolllampe leuchtet, während er im Motorraum etwas ausprobiert. Oder um den Motor zu starten, wobei der allerdings nicht anspringen dürfte, sonst werfen sie uns gleich über Bord und hauen ab. Was wir wissen müssen ist, ob unser Mechaniker Pablo Contreras bereits für das technische Problem eine Lösung gefunden hat, die er morgen ausprobieren möchte. Das müssten wir ihm dann eben ausreden. Jedenfalls wäre es gut, wenn ich schon vor morgen einen Blick in das Bordbuch werfen könnte, dann wäre ich bereits etwas schlauer, wenn ich an Bord komme. Hätten wir jetzt bei unserem Besuch seine Telefonnummer aufgeschrieben, dann könnte er die Unterlagen gleich mitbringen. Wann sollte er eigentlich da sein?"

Clara blickte auf die Uhr: „In einer halben Stunde. Aber unabhängig davon, halte ich deine Idee immer noch für zu gefährlich. Insbesondere deshalb, weil ich den Nutzen nicht erkennen kann. Du wirst als Mechanikergehilfe die Jacht nicht schwer bewaffnet mit einem

Schraubenschlüssel zurück erobern können. Also wozu möchtest du dieses Risiko eingehen?"

„Ich habe sicher nicht vor, den Helden zu spielen", antwortete Heinz und setzte fort: „Aber irgendwie interessiert mich doch die ganze Geschichte. Ich glaube auch, dass wir keine Chance haben, das Schiff in unsere Gewalt zu bringen. Schraubenschlüssel gegen eine 44er-Magnum ist nicht wirklich Erfolg versprechend. Aber, und das weißt du nicht, weil du da noch nicht hier auf der Fly warst, wie ich es mit Dieter besprochen habe, vielleicht gibt es eine Möglichkeit, dass die das Schiff freiwillig verlassen, nämlich dann, wenn sie keine Chance mehr sehen, ihr Vorhaben, was auch immer das sein mag, zu verwirklichen. Jetzt könnten wir natürlich versuchen, mit unserem Pablo Contreras ein Abkommen zu treffen, dass er sich nicht in der Lage sieht, die Störung zu beheben. Wenn er dazu allerdings nur eine geladene Batterie braucht, dann ist das unter Umständen nicht glaubwürdig und alles was nicht glaubwürdig ist, ist auch gefährlich. Andererseits, es hat einen Grund, warum plötzlich auf dem Schiff kein Strom ist. Also irgendeinen Defekt muss es geben, sonst wären die Batterien nicht leer gewesen. Vielleicht könnte ich noch eine Kleinigkeit dazu beitragen, dass das Schiff mit Sicherheit nicht in Fahrt kommt, wenn man nicht weiß, wo der Hase im Pfeffer liegt und das wüsste dann ja nur ich. Ich kann also hoch und heilig versprechen, dass ich nicht den Helden spielen werde. Wenn alles klappt, dann können wir gemütlich im Liegestuhl warten, bis es denen zu bunt oder besser zu unerträglich wird. Denn eines dürft ihr ja nicht vergessen: Auf dieser Jacht müssen bereits schlimme Zustände herrschen. Wenn die Elektrik ausfällt, dann gibt es dort kein fließendes Wasser und die Toiletten funktionieren auch nicht. Die Kühlschränke sind ausgefallen, von weiteren Kleinigkeiten, wie der Klimaanlage will ich ja gar nicht reden. Also gemütlich ist es dort schon lange nicht mehr."

Clara blickte zu Dieter Böhmer und fragte: „Was sagst du dazu?"

Dem Anwalt war die Frage sichtlich unangenehm. Nach einer kurzen Nachdenkpause erwiderte er: „Prinzipiell erscheint mir der Weg, den Heinz entwickelt hat, um das Schiff von den Piraten frei zu bekommen, der einzig gangbare zu sein, wenn man polizeiliche Gewalt nicht einsetzen kann. Das persönliche Risiko, das Heinz eingeht, kann ich natürlich auch nicht abschätzen. Andererseits, wenn es mit der Rolle des Mechanikergehilfen klappt, dann glaube ich, dass die Gefahr nicht zu groß ist. Ich sehe nur zwei riskante Konstellationen. Die eine ist, wenn das Schiff wieder fahrbereit wäre und man weder den Mechaniker noch den Gehilfen weiterhin benötigt. Die zweite, wenn der Mechaniker sagt, dass er überhaupt keine Chance sieht, die Störung zu beheben. In beiden Fällen könnte es sein, dass sich die Piraten bedroht fühlen und sich potenzieller unliebsamer Zeugen entledigen möchten. Es müsste also so ablaufen, dass keinerlei Verdacht auftreten kann, dass hier absichtlich die Reparatur verschleppt wird. Die Umstände passen einfach nicht. Es muss ein Ersatzteil aus Italien oder Deutschland beschafft werden und das dauert schlicht ein oder zwei Wochen. Damit müsste nach meiner Meinung auch die äußerste Schmerzgrenze eines russischen Seeräubers überschritten sein."

„Gut!", meinte Clara. „Ich will nicht sagen, dass mir die Sache gefällt, aber ich muss zugestehen, die Idee erscheint logisch. Wenn ich mir vorstelle, was für Zustände auf dieser Luxusjacht herrschen müssen. Die sind vielleicht schon mehr als eine Woche ohne sanitäre Anlagen. Da glaube ich auch, dass einem irgendwann die Lust vergeht. Was ich noch nicht sehe, ist, wie wir dem Mechaniker die Sache schmackhaft machen wollen. Denn eines können wir ja unter uns offen aussprechen. Das Risiko, das Heinz trägt, das trägt der Mechaniker auch oder vielleicht sogar noch ein größeres."

Da schaltete sich wieder Dieter Böhmer ein: „Ich bin ziemlich sicher, dass einige Scheine der gewichtigen Art das Problem lösen werden."

„Gut, dass du das erwähnst!", kam Heinz auf denselben Punkt zu sprechen. „Wie sieht eigentlich mein Honorar für das Husarenstück aus?"

„Den Mechaniker zahle ich quasi aus der Portokasse. In deinem Fall möchte ich mit meinem Klienten die Sache verhandeln, aber sei sicher, dass ich bei dieser Verhandlung deine Interessen vertrete. Allein die Idee, die Piraten praktisch auszuhungern und damit zur Aufgabe zu zwingen ist einiges wert und dann noch das Risiko an Bord zu gehen. Ich möchte jetzt keinen Betrag nennen, aber ich kann dir zusagen, dass du damit zufrieden sein wirst."

„Gut, dann bereiten wir uns in den paar Minuten, die uns bleiben, rasch auf das Gespräch mit Pablo Contreras vor. Was muss er wissen, um uns nicht unsinnigerweise in Gefahr zu bringen, was muss er wissen, um unseren Plan nicht zu gefährden und was muss er nicht wissen. Das sind, so glaube ich, die wesentlichen Punkte. Seine Motivation überhaupt mitzumachen überlasse ich dir, lieber Dieter."

„Haben wir eigentlich schon entschieden, dass du an Bord gehst?", fragte Clara.

Heinz sah ihr offen direkt ins Gesicht und antwortete: „Ich möchte es machen!"

„Was sagst du Dieter?", wandte sich Clara an den Freund.

Der schüttelte den Kopf und sagte: „Ich habe dazu zwar eine Meinung, aber ich möchte euch nicht beeinflussen. Ich akzeptiere alles, worauf ihr euch einigt. Und das als Freund und als Anwalt. Aber die Entscheidung müsst ihr treffen."

Es entstand eine lastende Stille. Dann sagte Clara: „Also gut, wenn du das machen willst, dann bin ich einverstanden." Spontan stand Heinz auf und drückte seiner Frau einen Kuss auf die Stirne. „Also dass ich dir damit eine solche Freude mache, habe ich nicht erwartet!", meinte Clara leicht sarkastisch.

„Ich werte es als Zeichen dafür, dass du mir trotz fortgeschrittenem Alter doch noch einiges zutraust", antwortete Heinz.

„Gemäß deinem Plan brauchst du ja bloß intelligent, aber nicht kräftig zu sein und Weisheit nimmt, so sagt man, mit dem Alter zu. Oder willst du doch insgeheim mit den Piraten raufen? Dann ziehe ich nämlich meine Zustimmung sofort zurück und kette dich im Weinkeller unseres Bootes an."

„Keine Sorge!", entspannte Heinz die Situation. „Ich war lange genug Soldat, um zu wissen, dass die Helden immer als Erste sterben. Und Schraubenschlüssel gegen 44er-Magnum ist nicht mutig, sondern dumm."

„Ola!", erschallte es vom Steg her. Unten stand Pablo Contreras und lächelte freundlich zu den dreien auf der Flying Bridge hinauf.

„Kommen Sie an Bord!", lud Heinz den Mann ein und ging ihm gefolgt von Dieter und Clara entgegen.

Obwohl das Wetter jetzt wieder hochsommerlich schön war und die schlimmen Dinge, die der rasante Fall des Luftdruckes angedeutet hatte, nicht eingetreten waren, ging die Gruppe für ihr Gespräch in den Salon. Die Abgeschlossenheit, die der Raum trotz notwendigerweise geöffneter Fenster vermittelte, schien für das bevorstehende Gespräch die erforderliche Intimität zu gewährleisten. Heinz Lauberg entkorkte eine Flasche Rotwein und Clara stellte eine Schale mit verschiedenen Nüssen auf den Tisch im Salon.

Pablo Contreras interessierte sich zuerst jedoch für das Schiff. Heinz Lauberg machte also einen äußeren und inneren Rundgang. Ein kurzer Blick in den Motorraum schloss die Informationstour ab. Dann gruppierten sich alle im Salon um den Tisch. Man hob die Gläser und nach einem *„Salud"* lief der erste Schluck Rotwein durch die Kehlen.

Dann wandte sich Heinz dem Gast zu und begann: „Wir haben den Nachmittag über nachgedacht, was wir tun können, um mehr zu erfahren. Grundsatz unserer Überlegungen war, dass für Sie, Pablo, dabei kein Risiko entstehen darf. Daher haben wir einen Vorschlag zu unterbreiten. Ich möchte morgen als Ihr Gehilfe mit Ihnen zur „Julietta" fahren. Wenn wir dort einen längeren Aufenthalt haben, als Ihr letzter es gewesen ist, dann kann man sich vielleicht an Bord umsehen. Ich würde nur Spanisch sprechen. Sie müssten sich dann einfach ausdrücken und mir keine Fragen stellen. Das ist vielleicht etwas kompliziert, aber ich glaube, es ist zu schaffen. Es wäre für uns interessant, wer die anderen beiden Personen sind. Wichtig ist, dass Sie das Boot morgen nicht fahrbereit machen."

Pablo Contreras legte die Stirn in nachdenkliche Falten und meinte: „Ich werde morgen einen großen, randvoll geladenen Akku mitbringen. Das wird ein Stück mit 200 Amperestunden Kapazität sein. Wenn sonst keine Störung vorliegt, dann können wir damit die Motoren starten. Diese große Kapazität langt auch dann, wenn die

Maschinen nicht sofort anspringen. Und ich glaube, weniger kann ich den Leuten nicht bieten, ohne dass ich den Auftrag verliere, was wegen der guten Bezahlung unangenehm wäre. Außerdem könnten die irgendeinen Verdacht schöpfen, wenn ich die Sache endlos verzögere."

Heinz Lauberg blickte dem Mann direkt in die Augen und erwiderte: „Dann muss ich Sie jetzt vielleicht erschrecken, aber wir sind überzeugt davon, dass Sie das Flottmachen des Schiffes nur ganz kurz überleben würden. Die können es sich nicht leisten, einen Zeugen zurück zu lassen, der vermutlich den Chef der Bande von Angesicht zu Angesicht gesehen hat."

Pablo Contreras machte ein besorgtes Gesicht, schüttelte aber dann den Kopf und meinte: „Warum sollten die das tun? Sobald ich das Schiff hin bekommen habe, fahren die auf und davon und ich sehe sie nie wieder. Ich könnte sie mit meinem Wissen überhaupt nicht gefährden."

„Das sehe ich anders!", betonte Heinz. „Die Piraten müssen einkalkulieren, dass ihnen bei der ganzen Sache doch der eine oder andere Verdacht gekommen ist. Wie Sie selbst gesagt haben, war es für Sie verwunderlich, dass der Skipper einer solchen Millionen teuren Luxusjacht offensichtlich Russe oder Tscheche ist. Was könnte Sie hindern, nach dem Abschluss Ihrer Arbeiten zur *Guardia Civil* zu gehen und denen von Ihrem Verdacht zu erzählen? Die könnten dann das Schiff überprüfen. Käme nichts dabei heraus, dann hätten Sie, Herr Contreras, dabei weder etwas gewonnen noch verloren. Stellt sich aber bei der Überprüfung heraus, dass die Jacht gestohlen ist, dann würde für Sie eine bedeutende Auffindungsprämie anfallen. Ich bin davon überzeugt, dass die Verbrecher ähnlich denken. Und wir glauben, dass die bereits im Verlauf des Geschehens getötet haben. Es würde zu weit führen, Ihnen jetzt die ganze Geschichte zu erzählen, aber wir denken, dass das Skipperehepaar, das das Schiff überstellen sollte, nicht mehr am Leben ist."

Pablo Contreras war im Verlaufe dieser Mitteilungen auf der Sitzbank immer kleiner geworden.

„Das wäre schlimm!", meinte er. „Da muss ich Ihnen offen sagen, dass ich keine große Lust habe, überhaupt das Schiff nochmals zu betreten."

Jetzt ergriff Dieter Böhmer das Wort. „Damit würden Sie den möglichen Verdacht der Leute sofort bestätigen und sich selbst und Ihre Familie in Gefahr bringen. Eine vernünftige Möglichkeit, die Sie haben, ist, dass Sie sofort zur *Guardia Civil* gehen. Da erfüllen Sie dann zwar Ihren Auftrag nicht und bekommen also auch kein Geld, Sie können auch keinen Finderlohn für die Jacht beanspruchen, weil die von meinen Freunden Clara und Heinz aufgefunden wurde, aber es droht Ihnen wenigstens keine Gefahr. Genau das bitten wir Sie aber nicht zu tun. Es ist nicht in unserem Interesse, dass spanische Behörden an Bord des Schiffes kommen. Mehr kann ich dazu nicht sagen. Wenn Sie unserem Vorschlag zustimmen und Heinz morgen mit auf die Jacht nehmen, dann bin ich bereit, Ihnen den Schaden zu ersetzen, der durch das Nichterfüllen Ihres Auftrages entsteht. Was haben die Piraten Ihnen geboten?"

Pablo dachte um drei Sekunden zu lange nach. Dann blitzten seine schwarzen Augen und er sagte: „Ich hätte 1000 Euro von Ihnen bekommen."

Dieter Böhmer griff nach seiner Brieftasche und entnahm ihr zwei Fünfhundert-Euro-Scheine. „Sie sollen dadurch, dass Sie auf unseren Vorschlag eingehen, keinen Verlust haben. Wenn die Sache morgen klappt bin ich bereit, Ihnen nach Ihrer Rückkehr von der Jacht noch einmal den gleichen Betrag zu bezahlen. Sind Sie mit dieser Regelung einverstanden?", fragte er.

Pablo Contreras akzeptierte sofort. Heinz war sicher, dass der Betrag von tausend Euro, den Pablo genannt hatte, schon übertrieben war. Der übliche Stundenlohn betrug zwischen 25 und 35 Euro. Rechnete man noch etwas für seinen Bruder und dessen Boot ein, anders war die „Julietta" ja nicht zu erreichen, dann kamen großzügig berechnet fünfhundert Euro heraus. Aber im Sinne der Sache sagte Heinz kein Wort, es war ja außerdem nicht sein Geld. Allerdings wollte er unbedingt noch heute das Bordbuch der „Julietta", damit er sich noch etwas schlau machen konnte, bevor er das Schiff betrat. Um ihre Vereinbarungen zu besiegeln, tranken sie noch zusammen jeder ein Glas Rotwein. Dann verabschiedete sich Pablo Contreras und sprang gemeinsam mit Heinz Lauberg auf den Steg. Sie wollten noch in der Werkstätte vorbei schauen, weil sich dort die Unterlagen über das Schiff befanden.

Nach zwanzig Minuten war Heinz Lauberg wieder zurück. Er setzte sich auf die Flying Bridge und begann in dem luxuriös ausgestatteten Bordbuch zu blättern. Die beiden Anderen hielten inzwischen Abstand, um ihn nicht zu stören. Clara ging daran, das Abendessen zuzubereiten. Sie hatte sich für Spagetti mit Tomatensoße entschieden. Ein Essen, dass Clara und Heinz in Spanien besonders gerne aßen, weil ihnen die fertig zubereitete Tomatensoße aus dem Karton dort außerordentlich gut schmeckte.

Dieter Böhmer hatte sich in eine Ecke der Sitzbank im Salon zurückgezogen und beobachtete Clara beim Rühren der Spagetti.

„Habt ihr eigentlich eine Waffe hier an Bord?", fragte er Clara.

„Nein, haben wir nicht. Heinz, als alter Soldat, ist der Meinung, dass Waffen Probleme anziehen. Auch der Transport wäre schwierig. Wir könnten eine Pistole kaum an Bord lassen, wenn wir das Schiff auf Monate verlassen, um nach Hause zu fliegen. Wir können sie aber auch nicht auf einfache Weise im Flugzeug mitnehmen. Das ist alles schwierig. Was wir natürlich hier haben ist eine Signalpistole. Heinz sagt, dass die ohnehin auf kurze Entfernung eine furchtbare Waffe darstellen würde, wegen des Magnesium Brandsatzes, den man verschießt. Aber wirklich zielen kann man damit natürlich nicht. Und ich möchte dich auch noch einmal daran erinnern, dass wir uns keinesfalls auf Abenteuer einlassen, bei denen der Besitz einer Pistole erforderlich ist. Zu mehr, als dem morgigen Erkundungsgang werde ich nicht zustimmen. Und wenn ich mich gegen ein Vorhaben ausspreche, dann respektiert Heinz meine Meinung, auch wenn sein Kämpferherz Lust auf Abenteuer haben sollte."

„Nein, Clara, da brauchst du keine Sorge haben. Ich bin schon dankbar, wenn wir morgen Abend etwas klarer sehen. Dann werden wir, genauso, wie es Heinz vorgeschlagen hat, einfach warten, bis denen die Sache zu heiß wird. Ich hoffe allerdings nur, dass sie, wenn sie die „Julietta" verlassen, das Boot nicht zerstören."

„Das denke ich nicht!", sagte Heinz, den der Duft nach Tomatensoße von der Flying Bridge in den Salon gelockt hatte. „Sie abzubrennen, würde zu großes Aufsehen erregen. Sonst könnten sie sie noch auf einfache Art und Weise versenken, in dem sie die Schläuche der unter Wasser liegenden Zuläufe für die Motorkühlung bei geöffneten Seeventilen abschneiden oder von den Tüllen abziehen. Ich bin aber sicher, dass die Wassertiefe in der Bucht von Ereses nicht ausreicht, um das Schiff vollständig untergehen zu lassen. Außerdem würde es Stunden dauern, bis die Jacht auf Grund sitzt. Es kann aber auch sein, dass man das Schiff auf diese Weise überhaupt nicht versenken kann. Es ist fast anzunehmen, dass alle unter Wasser liegenden Borddurchbrüche im Bereich des Maschinenraumes liegen. Der ist aber gegenüber dem vorderen Teil des Schiffes abgeschottet. Wenn Wasser einläuft, dann kann es nur in den Motorraum selbst und in die von achtern zugängliche Crewkabine eindringen. Und das führt wahrscheinlich bloß dazu, dass das Schiff recht hochnäsig im Wasser liegt. Außerdem ist das alles viel zu auffällig. So würde nur jemand handeln, der sehr emotionell reagiert. Ich habe aber den Eindruck, es handelt sich bei unseren Freunden um Profis. Und die würden nicht wegen einer kleinen, der Sache nicht dienenden Rache, irgendein vermeidbares Risiko heraufbeschwören. Nein, ich bin davon überzeugt, dass sie einfach abhauen werden. Und ich bin auch davon überzeugt, dass das gar nicht mehr so lange dauern wird, wenn man bedenkt, welche Zeit die jetzt schon in dieser Bucht ankern. Das einzige Glück ist, dass sie auf einer der äußeren Inseln liegen. Da sind sie vor den Schnellbooten der *Guardia Civil*, der Zollbehörden und des Militärs relativ sicher, weil die sich um die illegalen Einwanderer aus Afrika kümmern. Deshalb sind wohl alle Kräfte auf den Bereich östlich von Lanzarote und Fuerteventura konzentriert."

Inzwischen hatte Clara die Spaghetti auf drei Schüsseln aufgeteilt, mit Tomatensoße übergossen und auf den Tisch gestellt. Dann holte sie noch eine neue Packung Parmesan aus dem Kühlschrank, schnitt sie auf und legte das Säckchen auf einen Teller, den sie für alle zugänglich in der Mitte des Tisches platzierte. Um mit Sicherheit jeden Tomatenfleck auf dem schönen Einband des Bordbuches der „Julietta" zu vermeiden, legte es Heinz auf einen freien Platz auf dem Steuerstand.

„Nun, kannst du das Luxusstück schon bewegen?", fragte Dieter Böhmer.

Heinz Lauberg schüttelte den Kopf: „Das wird noch etwas dauern. Alles läuft praktisch über den Computer. Ich habe auch noch nie ein Schiff gefahren, das kein Steuerrad mehr hat. Aber vielleicht ist es auch gar nicht nötig, alle Funktionen zu beherrschen. Jedenfalls werde ich mich mit der Steuerung der Klimaanlage zuletzt befassen."

Damit wandten sich nun alle dem Essen zu, das ohnehin alle Konzentration erforderte, wollte man verhindern, dass abgleitende Spagettienden Tröpfchen von Tomatensoße auf das jeweilige T-Shirt befördern. Rotwein und Mineralwasser ergänzten das Mahl.

Da nach dem Essen und dem abschließenden Geschirr spülen die Dunkelheit noch nicht hereingebrochen war, beschlossen die drei, noch einen Spaziergang durch San Sebastian zu machen. Die Inselhauptstadt von Gomera ist ja eher ein Dorf, dessen Häuser, viele davon noch im traditionellen kanarischen Stil, sich die umschließenden Hänge hinaufziehen. Clara, Heinz und Dieter erwanderten sich den Hügel, der den Hafen an seinem nördlichen Ende abschließt. Von dort oben hatten sie einen wundervollen Blick auf die Mole und die Stadt. Die Sonne näherte sich langsam dem Kamm der Berge, die zur Inselmitte hin immer höher werden und schließlich mit dem Garajonay den höchsten Punkt der Insel erreichen. Sie setzten sich vor eine kleine Bar, von der sie einen wunderbaren Ausblick hatten. Zu den drei Flaschen Bier stellte der Kellner noch eine Tasse mit verschiedenen Nüssen auf den Tisch, wie es in vielen kanarischen Lokalen Tradition ist. So warteten sie auf den Sonnenuntergang. Während des unbeschreiblichen Farbenspiels, das die tief stehende Sonne auf die wenigen Wolken zeichnete, sprachen sie kaum. Für Clara und Heinz war es immer etwas Besonderes, dem Wechsel der Farben, der sich in ungeheurer Schnelligkeit vollzog, zuzusehen. Feuriges Gelb wurde zu blutigem Rot, das dann über Violett immer mehr in Blautöne überging. So kam langsam die Nacht.

„Trinken wir noch eine Runde, bevor wir in die Kojen kriechen?", fragte Dieter.

„Eine Letzte geht noch", meinte Heinz, „und du brauchst nicht in die Koje zu kriechen, du kannst dich einfach hinlegen. Auch wenn unsere „Calima" nur halb so groß ist, wie die „Julietta", kriechen muss man nicht."

„Du musst aufpassen", wandte sich Clara an Dieter Böhmer, „das ist eine Stelle, wo er sterblich ist. Es gibt zwei Themen, über die man bei Heinz besser keine Witze macht. Das eine Thema ist Heinz Lauberg und das andere ist sein Schiff."

„Schon recht!", maulte Heinz. „Seid nur bösartig zu mir, bevor ich mich morgen in das Abenteuer stürze!"

Mit einem Schlag wurde allen dreien wieder bewusst, was der morgige Tag bringen könnte.

„Sei bloß vorsichtig, dass du nicht plötzlich mit Pablo in deutscher Sprache sprichst", meldete Clara eine ihrer zahlreichen Befürchtungen an.

„Warum ist das eigentlich notwendig, dass du kein Deutsch verstehst? Haben wir das schon besprochen?", fragte Dieter.

„Ich möchte, dass alles so normal, wie möglich aussieht. Es ist schon ungewöhnlich, dass ein kanarischer Mechanikermeister eine Fremdsprache so perfekt beherrscht wie Pablo. Wenn nun sein Hilfsarbeiter auch fließend in Deutsch parliert, dann muss das bereits unglaublich erscheinen. Je einfältiger ich mich anstelle, desto leichter kann ich mich umsehen und versuchen, so viel wie möglich in Erfahrung zu bringen. Ich werde nur diese eine Gelegenheit haben. Dabei werde ich versuchen, heraus zu bekommen, was eigentlich passiert ist. Es könnte ja auch sein, dass der Skipper und seine Frau auf dem Schiff gefangen gehalten werden. Ich glaube das zwar nicht, aber es ist möglich. Wir wissen auch nicht sicher wie viele Personen sich wirklich an Bord befinden. Zwei Männer und eine Frau haben wir gesehen, aber das bedeutet ja nicht, dass sich nicht noch mehr Menschen auf dem Schiff aufhalten. Ihre Absichten werde ich nicht erkunden können, da gebe ich mich keinen Illusionen hin. Was ich aber wissen möchte ist, was wirklich technisch mit dem Schiff los ist. Es kann ja sein, dass ich die „Julietta" schon bald fahren muss und da möchte ich die eigentliche Störung kennen, die dazu geführt hat, dass alle Batterien leer sind."

„Da hast du ja ein ganz schönes Programm vor dir. Wann und wo triffst du dich mit Pablo?", fragte Dieter.

„Um vierzehn Uhr beim Hafenausgang. Wir fahren dann mit seinem Wagen nach Playa de Santiago und dann mit dem Boot seines Bruders zur Jacht. Der Bruder kommt übrigens morgen nicht mit. Pablo hat von der Werkstätte aus mit ihm telefoniert. So weit ich das Gespräch verfolgen konnte, hat er ihm keine sensiblen Dinge mitgeteilt. Ich glaube es war das Argument, dass er ohnehin einen Gehilfen hat und noch die schwere Batterie und dass es dann zu eng würde, wenn der Bruder auch noch im Boot wäre."

„Hoffen wir, dass unsere unzähligen Geheimnisse lange genug verborgen bleiben!", seufzte Clara.

„Mit dieser Hoffnung wollen wir den heutigen Tag für beendet erklären", schlug Heinz vor. Er verlangte *la cuenta*, die Rechnung, legte neben dem Fünf-Euro-Schein die passenden Münzen auf den Tisch und dann brachen sie auf zum Boot, auf dem alle eine unruhige Nacht verbrachten. Es war kein Sturm und auch nicht der Seegang, der ihnen den Schlaf verscheuchte. Es war einfach die konkrete Angst, dass doch, bei aller Vorsicht und Planung, etwas schief gehen könnte.

7. Juli
Auf der Jacht

Als Heinz Lauberg an diesem Tag erwachte, hatte er nicht das Gefühl überhaupt geschlafen zu haben. Clara schien es ähnlich ergangen zu sein. Sie sah ihn bereits mit großen braunen Augen an, als er den ersten Blick zu ihrer Koje hinüber warf.

Mit „Guten Morgen!" eröffnete Heinz den Tag.

„Guten Morgen, mein Schatz!", antwortete Clara und setzte fort: „Ich werde mich um das Frühstück kümmern. Du kannst inzwischen in die Dusche."

Das war für Heinz ein sicheres Zeichen, dass seine Frau der Meinung war, er müsse besonders verwöhnt werden. Schon lange hatten sie das informelle Abkommen getroffen: „Frühstück machen ist Männersache." Wenn sich Clara freiwillig als Erste aus der Koje rollte, dann war das nicht ohne Bedeutung.

Als sich alle schließlich im Salon trafen, gab es neben einer großen Kanne Kaffee auch Schinken, Käse und für jeden ein Ei zum Frühstück.

Heinz seufzte, als er sich setzte: „Ich finde es toll, was du alles vorbereitet hast, mein Schatz, aber ich habe eine Bitte: Versuchen wir alle, uns so normal wie möglich zu verhalten. Ich möchte heute auch kein vielgängiges Mittagessen, sonst komme ich womöglich auf die Idee, dass das eine Henkersmahlzeit sein soll. Und ich möchte nicht nervöser sein, als ich es ohnehin schon bin. Also machen wir einen Tag, wie jeden anderen, nur dass ich um zwei Uhr nachmittags einen kleinen Ausflug unternehme. O. K.?"

Clara schaute schuldbewusst auf den überquellenden Frühstückstisch. Augenblicklich tat Heinz seine Bemerkung leid. Er lächelte sie an und sagte: „Aber mit einem reichlichen Frühstück zu beginnen, hat noch nie geschadet!" Damit war die Spannung gewichen und das Essen von lockerem Geplauder begleitet.

Nach der morgendlichen Stärkung warf Heinz einen Blick auf das Barometer. Es war wieder kräftig gefallen. Offensichtlich war doch eine Schlechtwetterfront im Anzug. Das gefiel ihm gar nicht, wenn er an das kleine Fischerboot dachte, mit dem er heute, gemeinsam mit Pablo Contreras, zur „Julietta" fahren würde. Er hoffte, dass zumindest der begleitende Starkwind nicht so rasch über die Südküste La Gomeras hereinbrechen würde. Seufzend zog er sich mit dem Bordbuch in den Schatten des Sonnendaches auf der Flying Bridge zurück. Er musste versuchen, so viel wie möglich von der Technik des Schiffes zu verstehen, bevor er heute Nachmittag die „Julietta" betreten würde. Die wichtigste Erkenntnis war, dass auf dem Schiff der Computer das Sagen hatte. Heinz erkannte auf den ersten Blick nichts, das in üblicher Weise mit der Hand gemacht werden müsste. Für alles gab es Servomotoren oder Hydraulikzylinder. Ob es sich dabei um das Öffnen oder Schließen von Zu- und Ablaufventilen, das Aus- und Einfahren der Gangway oder das zu Wasser lassen des Beibootes aus seiner Garage im Heck des Schiffes handelte. Hatte man aber das System durchschaut, so erschien Heinz der Aufbau sehr logisch. Das gesamte Informationszentrum an den beiden Fahrständen bestand aus drei Computerschirmen. Einer war für die Motorkontrolle vorgesehen. Dort konnte man für jeden der beiden Motoren die Drehzahl, Kühlwassertemperatur, Öldruck, Ladekontrolle, den Durchschnittsverbrauch und die Betriebsstunden ablesen. Ein Schirm steuerte über mehrere Menüs die ganze Palette von Automatiken und Servos, und ein Schirm war während der Fahrt für die nautischen Informationen zuständig. Es konnte das Radarbild über die elektronische Seekarte gelegt werden, hier wurde auch der Autopilot, die elektronische Selbststeueranlage, mit den notwendigen Impulsen versorgt. Man konnte die jeweilige Position ablesen, den anliegenden Kurs, die Entfernung zum nächsten Ziel in nautischen Meilen oder die Stunden und Minuten bis zum Eintreffen, die Geschwindigkeit durch das Wasser und über Grund, die Tiefe und wenn man wollte noch einiges mehr, was das Herz des Seemannes so begehrt, wenn er auf großer Fahrt ist. Sonst waren an den Steuerständen noch die Einhebelschaltungen für jeden Motor zur Steuerung von Getriebe und Gas vorhanden und ein großer und zwei kleine Joysticks. Der große schaltete die Ruderhydraulik und ersetzte somit das Steuerrad und jeweils ein kleiner war für das Bug- und Heckstrahlruder zuständig.

Sobald Heinz Lauberg zu der Ansicht kam, die allerwesentlichsten Dinge über das Schiff zu wissen, legte er das Bordbuch weg. Es wäre sehr verwirrend gewesen, sich noch eingehender mit all den Dingen auseinander zu setzen, wenn man nur die schriftliche Unterlage vor sich hat. Am Nachmittag würde er mehr sehen. Als er sich in seinem Stuhl zurücklehnte und die Brille von der Nase nahm, tauchte Dieter Böhmers Kopf in der Plicht auf. „Störe ich, oder machst du gerade eine schöpferische Pause?", fragte er.

„Du störst nicht, komm' nur herauf!", antwortete Heinz. „Ich pausiere gerade schöpferisch, wie du es netterweise ausgedrückt hast. Ich möchte ohnehin noch über den heutigen Nachmittag plaudern."

„O. K., da komme ich gerne", antwortete Dieter und stieg, die paar Stufen zur Fly hinauf. Mit einer Hand hielt er sich dabei fest, die andere transportierte eine Dose Bier, die noch nicht geöffnet war.

„Wenn du willst, hole ich dir auch eine Dose", bot Dieter Böhmer an.

„Nein, danke, aber heute bin ich abstinent", kam prompt die Ablehnung. Dann setzte Heinz fort: „Ich werde Pablo bitten, dass er nicht sofort versucht, den Motor zu starten. Wir werden vorher noch ein paar Anschlüsse elektrisch durchmessen. Falls er kein Messgerät mithat, dann nehme ich meines von hier mit. Ich möchte mich jedenfalls einige Zeit auf dem Schiff aufhalten. Ich fasse noch einmal zusammen, was ich versuchen werde heraus zu finden. Das sind drei Dinge: Ich möchte wissen, warum die Jacht stromlos ist. Bloß das Anschließen eines geladenen Akkus ist mir zu wenig. Zweitens interessiert mich, wie viele Personen tatsächlich an Bord sind und wie sich die verhalten. Handelt es sich dabei wirklich um Russen und so weiter. Und schließlich möchte ich drittens doch einen Blick auf den Fahrstand des Schiffes werfen. Ich habe versucht, mich aus dem Bordbuch so schlau wie möglich zu machen, aber eine Betriebsanleitung ist Eines, die Dinge wirklich sehen und „begreifen" ist ein Anderes."

„Und du solltest versuchen, wenn es relativ gefahrlos möglich ist, das Schiff trotz Pablos Reparatur weiter lahm zu legen, damit unsere Freunde nicht abhauen können", ergänzte Dieter.

„Richtig! Das muss darüber hinaus so erfolgen, dass ich jederzeit im Stande bin, die von mir verursachte Störung wieder zu beheben. Jemand, der aber nicht weiß, was ich gedreht habe, der soll den Fehler nicht erkennen können", setzte Heinz Lauberg fort.

Dieter Böhmer schüttelte den Kopf: „Das ist ein ganz schönes Programm. Hoffentlich klappt das alles. Noch dazu werdet ihr, Pablo Contreras und du, ständig unter Aufsicht stehen. Das macht die Sache auch nicht gerade einfacher."

„Ich werde sehen, was möglich ist. Bitte erwarte nicht von mir, dass ich irgendwelche Aktionen setze, die ein besonderes Risiko darstellen", meinte Heinz abschließend.

Dann stand er auf und ging in die Achterkajüte, um sich Arbeitskleidung anzuziehen. Da sein Blauzeug frisch gewaschen war, öffnete er noch kurz den Deckel der zum Motorraum seiner Jacht „Calima" führte und – obwohl er wusste, dass da alles in Ordnung war – kontrollierte er noch einmal die Seeventile. Da man sich dafür auf den Knien bewegen musste und auch noch unter einigen Leitungen durchkriechen, war der Arbeitsanzug nachher nicht mehr ganz so blütensauber.

Obwohl der offene Deckel Clara bei der Arbeit in der Pantry behindert hatte, war das Essen fertig, als Heinz wieder aus dem „Weinkeller" kam. Es gab Leber mit Speck und Zwiebelringen, alles gut angebraten und dazu Reis. Deftiges, ausgiebiges Essen für einen langen schweren Nachmittag, dachte Heinz. Weil der Hosenboden noch sauber war, konnte er sich ohne weitere Vorsichtsmaßnahmen im Salon zu Tisch setzen. Dieter Böhmer hatte auch bereits Platz genommen und so füllte Clara einen Teller nach dem anderen mit dem duftenden Essen. Angesichts einer seiner Lieblingsspeisen wollte Heinz nicht auf das dazu passende Bier verzichten.

„Bier beruhigt ja auch!", rechtfertigte er sein Abgehen, von dem gefassten Vorsatz, heute auf jeden Alkohol zu verzichten.

„Außerdem ist das Cuvée aus gerösteter Zwiebel und Bier, das du dann verströmst, ein wichtiger Beitrag zu deiner Tarnung", meinte Clara mit einem Lächeln, das die dahinter versteckte Angst und Sorge nur unvollkommen überdeckte.

Während des Essens waren alle um möglichste Normalität bemüht, was nicht wirklich gut gelang. Dieter Böhmers Frage: „Was habt ihr vor, wenn das alles hier vorbei ist?", löste lediglich ein betretenes Schweigen aus. Sie hatten einfach noch nicht darüber nachgedacht. Die „Julietta" war zu beherrschend.

Da bis zum Eintreffen Pablos noch mehr als eine Stunde Zeit war, beschloss Heinz, so er dazu in der Lage sein würde, einen Mittagsschlaf zu halten. Er zog sich in die Achterkajüte zurück und legte sich auf die Koje. Natürlich war von Schlaf keine Rede. Also versuchte er wenigstens, mit einem autogenen Training zu einiger Entspannung zu kommen. Auch das gelang ihm nicht. Heinz konnte die erforderliche Konzentration einfach nicht aufbringen. Da sich immer größer werdende Zweifel bei ihm einstellten, ob die Idee, als Mechanikergehilfe aufzutreten, wirklich funktionieren konnte, beschloss er, den Versuch des Mittagsschlafes abzubrechen. Aus seiner Zeit als Offizier wusste er, dass Angst so lange sinnvoll ist, so lange sie vorsichtig macht. Wird sie lähmend, dann ist sie gefährlich. Er verließ also die Koje und ging in den Salon. Clara war gemeinsam mit Dieter auf der Fly. Von dort hörte er die leisen Stimmen einer gedämpften Unterhaltung. Heinz begann, sich reisefertig zu machen. Er überprüfte noch einmal alle Taschen seines Arbeitsanzuges, um sicher zu gehen, dass sich darin kein verräterisches Stück Papier befand. Stattdessen holte er noch einen leicht öligen Putzlappen aus dem „Weinkeller", den er an Stelle eines Taschentuches einsteckte. Auch sein Multimeter, ein Vielfachmessgerät zur Spannungs-, Strom-, Widerstands- und Durchgangsmessung legte er bereit. Dann war er gerüstet. Er überlegte, ob er sich zu den beiden auf der Fly gesellen sollte, tat es dann aber nicht. Er wollte die Verabschiedung so kurz wie möglich machen. Im Salon zu sitzen und den Zeiger der Uhr zu beobachten erschien ihm auch wenig reizvoll und eher dazu geeignet, seine Unruhe zu verstärken. Daher entschied er sich dafür aufzubrechen, auch wenn er eine halbe Stunde zu früh am Treffpunkt sein würde. Er steckte das Multimeter in eine der Taschen seines Arbeitsgewandes und ging über das Gangbord zum Aufgang auf die Flying Bridge.

„Hallo ihr beiden!", machte er sich bemerkbar. „Ich verabschiede mich jetzt und mache mich auf den Weg zum Treffpunkt mit Pablo Contreras."

„Bist du nicht um einiges zu früh dran?", fragte Clara und richtete ihre Augen voller Sorge und Angst auf ihren Heinz.

Er schaute zum fünften Mal in der letzten Viertelstunde auf seine Armbanduhr: „Ja schon, aber ich hasse es, wenn ich herumsitze und bloß warte. Da gehe ich lieber am Treffpunkt noch ein wenig auf und ab."

Dieter Böhmer richtete sich in seinem Bordstuhl auf, legte die Stirn in Falten und stellte die Frage, der bisher alle ausgewichen waren: „Was tun wir, wenn es spät wird und du noch nicht zurück bist?"

Heinz schüttelte den Kopf. „Das wird nicht eintreten. Aber ich nehme unser österreichisches Handy mit. Dann können wir in jedem Fall wechselweise Verbindung aufnehmen. Falls ihr anruft, dann wundert euch nicht, wenn ich spanischen Unsinn erzähle. Dann sind wir noch an Bord der „Julietta" und ich kann nicht frei sprechen, weil ein Aufpasser in der Nähe ist. Falls das nicht klappt, also wenn ich mich nicht melde, oder das Handy abgeschaltet ist und es nähert sich der Sonnenuntergang, dann wollen wir zur Sicherheit überlegen, ob ihr nicht doch die *Guardia Civil* verständigen solltet. Trotz der wirtschaftlichen Nachteile, die daraus für deinen Klienten, lieber Dieter, erwachsen könnten."

Dieter Böhmer räusperte sich und meinte: „Also wie schon gesagt, Heinz, deine Sicherheit hat oberste Priorität. Wenn wir das jetzt so vereinbaren, dann kannst du dich darauf verlassen, dass mit dem letzten Sonnenstrahl die Kavallerie bei dir eintrifft."

„Das ist es ja gerade, was mich zögern lässt", gab Heinz Lauberg nachdenklich zurück. „Wenn die Kerle das sind, wofür wir sie halten, dann kann das für Pablo und mich erst recht gefährlich werden. Wir sind ideale Geiseln."

„Mich reut schon, dass ich dem Unternehmen zugestimmt habe. Wahrscheinlich hat mich da der Alkoholdunst, der aus euren Gläsern mit *Veterano Osborne* zu mir geweht wurde, so benebelt, dass ich nicht mehr klar denken konnte", sagte Clara und sie ergänzte: „Klar ist ja wohl nach wie vor, dass du kein vermeidbares Risiko eingehen wirst."

Heinz nickte zustimmend.

Clara: „Und wenn doch etwas schief laufen sollte, dann werde ich die *Guardia Civil* verständigen und denen die Sache so darlegen, dass sie gar keine Lust verspüren, ein Boot mit Wald- und Wiesenpolizisten dort hin zu schicken. Es gibt sicher auf Teneriffa oder Gran Canaria eine Gruppe mit Antiterror-Spezialisten. Auf die werde ich bestehen."

Heinz Lauberg schüttelte bedächtig den Kopf. „Ich denke, dass das keine gute Idee ist. Entschuldige bitte Clara, wenn ich das so deutlich sage. Natürlich können Kampfschwimmer unbemerkt an das Schiff und wahrscheinlich auch an Bord gelangen. Aber was dann? Auf der Jacht gibt es viele Räume. So eine Aktion kann nur in der Dunkelheit erfolgen. Da ist – und ich weiß wovon ich rede – Freund und Feind nur sehr schwer zu unterscheiden. Aber auch *friendly fire* ist tödlich! Und einem Gasangriff, der alle auf dem Schiff für einige Zeit außer Gefecht setzt, traue ich nicht. Erinnere dich an die Sache mit dem Musicaltheater in Moskau. Vielleicht kennen sich die Spanier mit solchen Dingen besser aus als die Russen, aber wissen können wir das erst nachher."

Er zögerte kurz, dann setzte er fort: „Ich will damit nicht sagen, dass grundsätzlich auf die Polizei verzichtet werden soll. Vielleicht geht es ja nicht anders. Aber ich bitte dich, das vorher gut zu überlegen. Ich möchte dir aber auch sagen, dass ich mit jeder Aktion, die du setzt, einverstanden bin."

Das Vertrauen, das sich in diesen Worten ausdrückte, ließ Claras Augen für einen Moment feucht werden.

„Was haltet ihr von folgendem Vorschlag?", schaltete sich Dieter Böhmer in das Gespräch ein: „Wir beide, Clara und ich fahren mit dem Corsa zur Bucht. Du hast mir ja deinen Beobachtungspunkt gezeigt und den Ginster, der dir die erforderliche Deckung gegeben hat. Ich bin sicher, dass ich dort wieder hin finde. Dann haben wir das Geschehen auch im Blickfeld und können sogar rascher reagieren, wenn wir merken, dass etwas nicht so läuft, wie es soll."

Sofort stimmte Clara zu und nach einer kurzen Zeit des Bedenkens war auch Heinz Lauberg einverstanden. Es beruhigte ihn irgendwie, zu wissen, dass Clara in der Nähe war. Sie hatte sich in der Vergangenheit schon so oft in schwierigen Situationen bewährt, dass Heinz ihre bloße Anwesenheit als halben Garant dafür empfand, dass die Operation gelingen würde.

Inzwischen war es auch Zeit, aufzubrechen. Heinz gab Clara einen kurzen Abschiedskuss und mit einem „Macht es gut!" zu Dieter Böhmer verließ er das Schiff. Auf dem Weg zum Ausgang der Marina merkte Heinz, wie schwül und drückend die Wetterlage war. Der helle Beton ließ die Hitze in schmerzhaften Wellen aufsteigen. Heinz Lauberg schwitzte wie selten in seinem Leben. Pablo Contreras erwartete ihn schon. Auch er schien sich auf den bevorstehenden Nachmittag nicht zu freuen. Tiefe Sorgenfalten durchfurchten seine Stirn.

Heinz versuchte, seine eigene Angst und Unsicherheit zu unterdrücken und strahlte Pablo mit siegessicherem Lächeln an: „Na, wie geht's, alles in Ordnung?"

„*Si, si, muy bien!* Sehr gut, danke!", gab Pablo wenig überzeugend von sich. Er zeigte Heinz noch die Batterie, die er im Kofferraum hatte. Es war nicht das angedrohte Bleimonster von 200, sondern lediglich ein gerade noch von zwei Männern handhabbarer Akku mit 120 Amperestunden Kapazität.

Auf der Fahrt nach Playa de Santiago, die Heinz heute besonders kurz vorkam, besprach er nochmals mit Pablo die geplante Vorgehensweise. Der wichtigste Aspekt war, die Motoren nicht sofort mit der Hilfsbatterie zu starten. Heinz musste die Zeit haben, sein geheimes Zerstörungswerk vorzunehmen. Über diese Absicht verlor er allerdings kein Wort.

In Playa de Santiago fuhr Pablo sofort zu den Fischerbooten, die hoch auf den Strand gezogen waren. Bei einem der Boote wurden sie von zwei Männern erwartet. Der eine war der Bruder Pablos, der andere der Obmann der Fischerkooperative, der auf recht brüske Art von Heinz das Liegegeld für eine Nacht einforderte, das noch nicht bezahlt worden sei. Als Heinz zu verstehen gab, dass er kein Geld dabei habe, begann der Spanier laut zu werden. So viel Heinz verstehen konnte, zog er über die Ausländer her, die zwar tolle Jachten haben, aber die armen Fischer um das bisschen Liegegeld bringen wollen. Da platzte Heinz der Kragen. Mit unendlich falscher Grammatik und mit seinem recht geringen spanischen Wortschatz, der noch dazu von allen ihm bekannten Kraftausdrücken dominiert wurde, wies Heinz den Mann darauf hin, dass er nicht hatte zahlen können, weil am Sonntag niemand im Büro der Kooperative gewesen war. Und dass in diesem verrotteten Hafen sein Schiff ohnehin schwer beschädigt worden war, weil sich niemand um die sichere Verankerung der verdammten Moorings kümmert. Und der Liegeplatz sei sowieso ein Witz gewesen. Kein Strom, kein Wasser, nichts! Dafür Geld zu verlangen und das nicht zu knapp, wäre ohnehin schon wieder eine typisch spanische Abzocke.

Nur – es nützte nichts. Der Typ ließ nicht locker. Schließlich schaltete sich Pablo ein. Man einigte sich darauf, dass Pablos Bruder die geforderten 30 Euro vorerst auslegen würde. Heinz sollte sie dann später zurückerstatten. Heinz war ziemlich sauer. 30 Euro war der Preis für einen Liegeplatz in einer mittelmäßigen Marina und nicht für einen unruhigen Platz an der Außenmole eines schlecht geführten Gemeindehafens ohne jede Infrastruktur. Am meisten wurmte ihn, dass er nichts dagegen unternehmen konnte.

Der einzige positive Effekt war, dass sich der Kooperativenhäuptling endlich entfernte und man gemeinsam das Boot in das Wasser ziehen konnte. Anschließend luden Heinz und Pablo die Batterie in das Boot. Dann war es endlich so weit, dass sie ablegen konnten.

Das kleine Fischerboot, blau gestrichen und von einem alten Mercedes 190 D-Motor angetrieben, tuckerte langsam, laut und qualmend aber stetig aus dem Hafen und in Richtung Bahia de Ereses.

Heinz Lauberg bemühte sich, den Ärger der letzten Minuten hinunter zu schlucken und sich auf die kommende Aufgabe zu konzentrieren. Es dauerte nur kurz und schon kam die Superjacht hinter einer Landspitze in Sicht. Je näher sie dem Schiff kamen, desto gewaltiger erschienen seine Ausmaße. Heinz musste innerlich über den Abscheu lächeln, den er empfand, als sich das Fischerboot mit seinen alten Autoreifen, die als Fender ausgebracht waren, der spiegelblanken strahlend weißen Außenhaut der Jacht näherten. „Als ob ich nicht andere Sorgen hätte, als schwarze Gummistriche auf dem Gelcoat[32] einer fremden Jacht!", schalt er sich innerlich.

Er griff sich eine Festmacherleine, die am Boden des Fischerbootes lag, während Pablo die Badeplattform der Ferretti ansteuerte. Das Anlegen war in Sekunden erledigt. Heinz blickte nach oben und sah, wie ein Mann am Heck erschien, der sie nach einem kurzen Blick mit einer Handbewegung an Bord winkte. Gemeinsam mit Pablo hievte er die schwere Batterie auf die Badeplattform. Das wäre leichter gewesen, wenn ihnen der Mann geholfen hätte, aber der stand bloß reglos da und beobachtete sie. Heinz bemühte sich, keine Neugier erkennen zu lassen. Er hielt den Kopf gesenkt und tat so, als würde der Transport der Batterie seine ganze Aufmerksamkeit erfordern, schielte jedoch durch seine Wimpern, um den Mann einschätzen zu können. Da er mit Pablo eben die Badeplattform erklommen hatte und der Typ noch immer gut einen Meter höher stand als sie, hatte er den Eindruck, einen Riesen vor sich zu haben. Der Körperbau war gelinde gesagt athletisch. Die gut definierten Muskelpartien zeichneten sich durch das enge T-Shirt deutlich ab. Im Hosenbund der Jeans, durch das außen getragene Shirt nur unvollkommen verdeckt, steckte ein Revolver, dessen Kaliber Heinz aber nicht erkennen konnte, da nur die Umrisse durch den dünnen Stoff zu erkennen waren.

Gemeinsam mit Pablo nahm er die Batterie auf und sie stiegen die in das Heck eingeformte Treppe zur Plicht hinauf. Trotz seines Wissens über die Dimensionen dieses Schiffes, war Heinz Lauberg dennoch überrascht von der Größe. Die Plicht hätte als Veranstaltungsort für eine Tischtennis-Meisterschaft dienen können. Inklusive Logenplätze für teuer zahlende Prominenz.

„Das dein Gehilfe?", wandte sich der Mann, den Heinz Lauberg in seinen Gedanken den „Riesen" nannte, in gebrochen deutscher Sprache an Pablo. Der stimmte zu und ging, den am zweiten Griff der Batterie hängenden Heinz Lauberg hinter sich her ziehend, zu einem Niedergang.

Heinz bewegte sich einige Sekunden lang wie ferngesteuert. Er hatte am Oberarm des „Riesen" eine Tätowierung bemerkt. Erst hatte er über diese Buchstabenfolge in kyrillischer Schrift einfach hinweg gesehen. Doch plötzlich war ihm bewusst geworden, was dort stand. Er erkannte einige Zeichen und das reichte, um ihn den Schriftzug SPEZNAZ lesen zu lassen. Diese Erkenntnis hatte ihm einen Schauer über den Rücken gejagt. Die SPEZNAZ war eine Spezialeinheit der Roten Armee gewesen. Hoch geschulte, brutale Typen, die mit allen Mitteln, die sich auch nur entfernt dazu eigneten, blitzschnell und lautlos töten konnten. Diese Männer waren für Kommandoeinsätze vorgesehen. Attentate, Sprengfallen, Hinterhalte und die gezielte Tötung von Personen zählten zu ihren Aufgaben. Sie konnten nachts lautlos aus einem Fluss auftauchen oder mit dem Fallschirm abspringen, ihr blutiges Handwerk verrichten und wieder verschwinden. Niemand hatte sie gesehen, aber alle wussten, dass es sie gab. In zahlreichen ideologischen Parteischulungen war ihnen jegliches Unrechtsbewusstsein gegenüber Nichtkommunisten aberzogen worden. Heinz, der ebenfalls eine Zeit lang während seines eigenen militärischen Lebens einer Eliteeinheit angehört hatte, wusste, dass dieser Mann eine personifizierte Lebensgefahr darstellte.

Er war so überrascht, dass Pablo ihn schon die Treppe hinunter gezogen hatte, bevor er sich noch näher auf dem Schiff hatte umsehen können. Jedenfalls betraten sie einen kurzen Gang, in dem es drei Türen gab. Pablo schritt zielsicher auf jene zu, die gerade vor ihnen lag. Dahinter befand sich ihr Aufgabengebiet, der Maschinenraum. Wieder war Heinz Lauberg sprachlos. Er konnte nicht umhin, diesen technischen Salon mit dem Weinkeller seiner „Calima" zu vergleichen. Was ihm als Erstes auffiel, war die Höhe des Raumes. Er konnte beinahe aufrecht stehen. Trotz der riesigen Motoren und all der Zusatzaggregate gab es ausreichend Platz, sich bewegen zu können. Auf seiner „Calima" musste er zwischen dem Motor und den Tanks unter den Bowdenzügen für Gas und Getriebesteuerung durchkriechend, auf allen vieren zu den hinteren Seeventilen robben. Das war nicht nur ein anderes Schiff, das war eine andere Welt. Was hier fehlte war allerdings offenbar jegliches Licht. Im Schein des Lichtkegels der Taschenlampe, die Pablo Contreras mitgebracht hatte, konnte er zwar zahlreiche abgedichtete Feuchtraumleuchten erkennen, aber von keiner kam auch nur ein Quäntchen Licht. Sie waren so tot, wie das ganze restliche Schiff. Es gab nicht einmal Lüftungsschlitze, die etwas Sonnenlicht eindringen ließen. Der Motorraum wurde offensichtlich durch ein Gebläse belüftet und die Motoren saugten die notwendige Verbrennungsluft direkt von außen an. Heinz empfand die Stimmung als grotesk. Sie waren von modernster Supertechnik umgeben, aber es war eine primitive Zwei-Euro-Taschenlampe notwendig, um sich zurechtzufinden.

In einfachem Spanisch sagte Pablo, wo sich die Batteriebänke befinden und zeigte Heinz den Weg dorthin. Gemeinsam brachten sie die Ersatzbatterie an den Kunststoffschrank heran, in dem sich, vom restlichen Motorraum gasdicht separiert und eigens belüftet, vier riesenhafte Batterien befanden. Auf den ersten Blick war klar, dass sich solche Stücke auf La Gomera nicht einfach im Laden kaufen ließen. Trotz der großen Kapazität der einzelnen Akkus, kam Heinz die Bestückung insgesamt für ein Schiff dieser Größe eher dürftig vor, bis er sich erinnerte, dass hier ja ein vollautomatisch arbeitender Generator darauf wartete, die Batterien wieder randvoll zu laden. Unter der Voraussetzung, es war noch genug Strom da, um den Generator zu starten. Diesen letzten Satz dachte Heinz Lauberg mit einem inneren Lächeln. „Das kann mir nicht passieren, meinen Generator kann ich händisch anwerfen!", fand er endlich etwas, das er seiner kleinen „Calima" gegenüber der Luxus-„Julietta" zugutehalten konnte. „Ich gehe zum Boot und hole Startkabel", sagte Pablo leise auf Spanisch. Heinz fand, das wäre eine gute Gelegenheit, das Schiff wenigstens für ein paar Augenblicke in Augenschein nehmen zu können. „Ich gehe", antwortete er kurz und machte sich auf den Weg nach oben.

Das gleißende Licht machte ihn fast blind, als er den Niedergang in Richtung Plicht verließ. Dennoch sah er, dass er eigentlich nichts sah. Die gebogenen Glastüren zum Inneren des Schiffes waren geschlossen und einmal mehr verhinderte die starke Tönung jeden Blick hinein. Heinz Lauberg ging die paar Stufen hinunter auf die Badeplattform und sprang in das kleine Fischerboot. Von dort aus warf er einen Blick zum Ufer, in dem Versuch, Clara und Dieter erkennen zu können. Die Entfernung war aber zu groß und die Tarnung zu gut. Also wandte er sich wieder seiner Aufgabe zu. Wegen der geringen Spanischkenntnisse hatte er Pablo nicht fragen können, wo sich die Kabel befinden. Er sah sich um. Dabei bemerkte er, dass der Riese den Niedergang halb herauf gekommen war, um sowohl ihn als auch Pablo beobachten zu können. „Shit!", dachte Heinz. „Wenn der merkt, dass ich keine Ahnung habe, wo ich suchen soll, dann kann er Verdacht schöpfen."

Andererseits fiel ihm ein, dass er mit Pablo ja Spanisch gesprochen hatte und er konnte ziemlich sicher sein, dass der Riese das nicht verstanden hatte. Der wusste also nicht, dass er mit Startkabeln in den Händen aus dem Fischerboot auftauchen sollte. Die Schallschutzhaube, die den Motor in der Mitte des Bootes abdeckte, erschien Heinz der wahrscheinlichste Aufbewahrungsort. Also löste er die Schnellverschlüsse und hob die aus Sperrholz gefertigte Kiste vom Motor. Neben der Maschine selbst befanden sich dort jedoch nur noch ein fünf Liter Kanister mit Motoröl und einige schmutzige Putzlappen. Die elektrischen Leitungen für den Starter des Motors führten nach achtern. Heinz bemerkte dort eine kleine Sitzbank. Dort war offensichtlich die Starterbatterie untergebracht. Logischerweise vermutete Heinz dort auch die Kabel. Er setzte die Motorhaube also wieder auf und versuchte dabei so gelassen, wie möglich zu wirken. „Jede Unsicherheit vermeiden", das war seine Devise. Er ging also zur Backskiste, öffnete sie und wie erwartet befand sich dort die Batterie. Daneben waren noch eine Unmenge von Plastiksäckchen. Er begann eine systematische Durchsuchung. Ohne Erfolg. Angelzeug, Schmierfett, etwas Werkzeug und tausend andere Dinge, aber keine Startkabel. Nun blieb ihm nichts anderes übrig, als den Versuch aufzugeben. Er strahlte den Riesen an und zuckte hilflos mit den Schultern. Dann stieg er wieder auf die Badeplattform und machte sich auf den Weg zum Maschinenraum. Fieberhaft dachte er nach, was er nun zu Pablo sagen sollte. Für „Ich habe die Kabel nicht gefunden", fehlten ihm einige Vokabel. Also sagte er bloß: *„No cables!"*

„*Pero si!*" „Aber ja!", antwortete Pablo mit hörbarer Ungeduld in der Stimme, die die Verärgerung über die Dummheit seines Gehilfen gut zum Ausdruck brachte. Er stieg also selbst hinauf. Heinz folgte ihm, er wollte ja etwas lernen. Pablo nahm im Fischerboot einen Teil des Fußbodens auf und darunter, unter zehn Zentimetern Bilgenwasser, brachte er die Startkabel zum Vorschein. Nun, dort hätte Heinz ganz sicher nicht gesucht. Als Pablo ihm die Kabel auf die Badeplattform reichte, bemerkte er, dass die Federn, die die Polklemmen auf den Batteriepolen halten sollten, völlig abgerostet waren. Kein Wunder, wenn man sie im Salzwasser liegend aufbewahrte.

Wieder im Maschinenraum machte sich Pablo daran, die Ersatzbatterie und die Bordbatterien zu verbinden. Das ging Heinz zu schnell. Ließ sich der Generator mit der Fremdspannung starten, dann war ihr Job getan. Im besten Fall bekäme dann Pablo sein Geld und könnte gemeinsam mit ihm zurück nach Playa Santiago tuckern. Die Jacht wäre dann morgen sicher über alle Berge. Im ungünstigsten Fall würde die Jacht zwar auch verschwinden, aber sie würden nicht nach Hause fahren, sondern irgendwo auf See zu Fischfutter umfunktioniert werden. Er warf Pablo einen warnenden Blick zu, aber in der herrschenden Dunkelheit hatte der ihn entweder nicht bemerkt oder falsch interpretiert.

„*Miramos a los motores!*" „Schauen wir uns die Motoren an!", radebrechte Heinz.

Nun schien Pablo verstanden zu haben. Er richtete den Strahl seiner Taschenlampe auf den an der Backbordseite liegenden der beiden gewaltigen MAN-Motoren. Jeder von ihnen brachte 1200 PS auf die Antriebswelle. Das Wissen hatte Heinz aus dem Bordbuch. Er machte sich geschäftig über die Maschine her, verfolgte Leitungen, prüfte Verbindungsmuffen, tastete da und rüttelte dort, um die Zeit zu gewinnen, die er brauchte, um irgendeinen kleinen, aber betriebswichtigen Teil entfernen zu können. Damit wollte er die Jacht auf Dauer lahm legen.

„Was suchen bei Maschine? Elektrizität kaputt!", bellte der „Riese" plötzlich und verringerte den Abstand zu den beiden auf ein von Heinz als bedrohlich empfundenes Ausmaß.

Heinz biss sich auf die Lippen, um nur ja keine Antwort zu geben. Er durfte ja kein Deutsch verstehen.

Pablo versuchte abzuwiegeln: „Wir haben nur nachgesehen, ob alles in Ordnung ist, falls die Motoren jetzt anspringen."

Ohne ein weiteres Wort blieb der „Riese" an ihnen dran. Heinz hatte in der Nähe der Batterien einen großen Schaltschrank bemerkt. Offensichtlich handelte es sich um einen Teil der Steuerungsperipherie des zentralen Rechners. Wie selbstverständlich ging Heinz darauf zu, schraubte den wasser- und staubdichten Deckel ab und tat so, als würde er den festen Sitz der einzelnen Platinen überprüfen. Nach wenigen Sekunden hatte er so etwas, wie das Motherboard eines Computers erkannt. Das ließ sich aus der Kontaktleiste ziehen. Alles was er brauchte, waren zwei Sekunden ohne Beobachtung durch den „Riesen". Da kamen ihm Pablo und der Zufall zu Hilfe. Plötzlich gab es einen lauten Knall und ein kurzes, aber heftiges Aufblitzen. Pablo hatte die Versorgungsbatterie angeschlossen. Ein unerwartet hoher Stromfluss hatte im Verein mit den verrotteten Polklemmen einen riesigen Abreißfunken verursacht.

In diesem Moment zog Heinz das Motherboard aus der Kontaktleiste. Die Stromkabel des Lüfters, der auf dem Prozessor saß, hatte er einfach aus ihren Steckern gerissen. Rasch schob er die große Platine in seinen Hosenbund und zog seine Arbeitsbluse darüber. Einige spitz abstehende Drähte und Lötverbindungen stachen zwar in seine Haut, aber da konnte man im Moment nichts machen. Ruhig montierte er wieder die durchsichtige Plastikabdeckung und ging zu Pablo.

Dort zückte er sein Messgerät, schaltete auf Strommessung und wählte den höchsten Bereich. Dann schloss er es zwischen dem Pluspol der Ersatzbatterie und dem der Starterbatterie des Schiffes an. Es gab wieder einen Knall, einen Funken, der den Maschinenraum wie ein Blitz grell erleuchtete und das Messgerät war hinüber. Da Heinz so etwas erwartet hatte, konnte er Verbrennungen vermeiden.

Pablo sah den „Riesen" an und sagte: „Wir werden weder die Maschine noch das Aggregat starten können. Die leeren Batterien nehmen so viel Strom auf, dass die Ersatzbatterie in Minuten auch leer sein wird. Wir brauchen einen Originalsatz aufgeladener Batterien. Anders bekommen wir das Schiff nicht wieder flott."

Heinz biss sich auf die Lippen. Er hoffte, dass der „Riese" nicht auch noch von Niederspannung eine Ahnung hatte. Zu einfach war die Schwachstelle in Pablos Argumentation zu durchschauen. Für den Start des Aggregats musste natürlich nicht eine einzige der leeren, durstigen Bordbatterien angeschlossen sein. Man konnte das Aggregat direkt von der Ersatzbatterie aus starten und die Schiffsakkus erst danach wieder anklemmen. Aber andererseits waren Pablo für das Erfinden dieser Ausrede auch nur Sekunden zur Verfügung gestanden.

Der „Riese" fiel tatsächlich darauf herein: „Du können besorgen?", fragte er Pablo.

„Ja, ich kann welche bestellen", antwortete dieser.

„Wie lange dauern?"

Pablo zuckte mit den Schultern: „Ich weiß es nicht. Ich kann morgen auf Gran Canaria anrufen und fragen, ob dort welche lagernd sind. Dann könnten sie am Nachmittag hier sein. Wenn sie dort nicht sind, dann kann es länger dauern."

In der Dunkelheit konnte Heinz nicht erkennen, welche Wirkung diese Information auf den „Riesen" gehabt hatte. Jedenfalls entstand eine kurze Pause. Dann sagte er: „Du versuchen. Wenn Batterien, dann morgen Nachmittag wieder mit Boot herkommen."

Damit schien die Sache für heute beendet zu sein. Heinz Lauberg fiel ein Stein vom Herzen. Alles war ganz einfach gewesen. Und dass sich die Jacht nicht aus der Bucht bewegen konnte war doppelt abgesichert. Eine kräftige Finanzspritze aus Dieter Böhmers schier unerschöpflicher Handkasse würde wohl dazu führen können, dass die Akkus auf Gran Canaria nicht aufzutreiben waren und die Platine in seinem Hosenbund musste ja auch zu etwas gut sein.

Als sie wieder an Deck waren, wollte Heinz noch einmal zum Ufer linsen, ob er seine Frau Clara und Dieter Böhmer nicht doch erkennen konnte, die einsetzende Ebbe hatte das Schiff jedoch so gedreht, dass die riesigen Aufbauten jede Sicht in diese Richtung nahmen. Gemeinsam mit Pablo Contreras ging er die wenigen Stufen zur Badeplattform hinunter. Pablo sprang in das Boot seines Bruders und Heinz Lauberg bückte sich, um die Leine von der Klampe zu wickeln, als plötzlich die Platine aus seinem Hosenbund rutschte und auf das Teakdeck fiel. Er bückte sich blitzschnell, aber der „Riese" kam ihm zuvor. Mit einem Schritt war er neben ihm. Heinz Lauberg spürte einen gewaltigen Hieb, der seinen Kopf traf und ein kurzes, aber heftig blitzendes Gewitter in seinem Hirn auslöste. Dann wurde es Nacht.

Ein Mann im Boot

Kurz nach dem Heinz Lauberg die „Calima" verlassen hatte, machten sich auch seine Frau Clara und Anwalt Dieter Böhmer reisefertig. Clara bewaffnete sich mit dem starken Fernglas, das immer in Reichweite des Innenfahrstandes der „Calima" lag. Dann wurden auch zwei Flaschen Mineralwasser eingepackt und eine Rolle Kekse für den Notfall. Dieter Böhmer cremte noch einmal sehr sorgfältig alle blank liegenden Hautstellen mit einer Sonnenmilch mit Schutzfaktor 18 ein. Die Haut in seinem Gesicht begann sich langsam abzulösen und er widmete den darunter erscheinenden rosafarbenen Stellen seine besondere Aufmerksamkeit. Anschließend schlossen sie das Schiff ab und gingen zum Wagen. Clara setzte sich hinter das Lenkrad und gab Dieter Böhmer eine Landkarte in die Hand. Als Hilfe, falls sein Orientierungsvermögen doch nicht ausreichen sollte, die Bucht wieder zu finden. Bald schon bewegten sie sich landeinwärts. Gomera ist von derart schroffen Schluchten, die alle von den Zentralgebirgen zum Meer verlaufen, durchfurcht, dass es keine Uferstraße gibt.

Die Fahrt verlief ohne Aufenthalte. Es waren kaum Autos auf der Straße. An Playa de Santiago vorbei ging die Fahrt nur noch wenige Minuten weiter. Bald schon wies Dieter Böhmer auf einen abzweigenden Feldweg, den sie noch eine kurze Strecke mit dem Auto entlang fuhren. Dann hielten sie, stiegen aus und gingen die letzte Strecke zu Fuß.

Der Ginsterbusch, an dessen Zweigen noch die letzten Blüten saßen, gab nur wenig Schatten, ließ aber ihre Konturen mit dem Hintergrund verschmelzen. Sie hatten noch etwa eine Viertelstunde zu warten, bis das kleine Fischerboot das Kap umrundete, das Playa de Santiago von der Bahia de Ereses trennt. Clara merkte, dass ihre Nervosität mit jedem Meter, den sich das Boot der stolz im Wasser liegenden Ferretti näherte, zunahm. Ohne ein Wort zu sprechen, beobachteten die beiden das Anlegen. Prompt öffnete sich eine der Glastüren zum Salon der Jacht gerade so weit, dass ein Mann heraustreten konnte.

Clara nahm das Glas, um genauer beobachten zu können. Sie sah die hünenhafte Gestalt des Mannes und der Stein in ihrem Magen legte noch einmal an Gewicht zu. Wortlos reichte sie das Glas an Dieter Böhmer weiter. Nach einer Minute setzte er es ab. „Dem Typen möchte ich nicht in die Quere kommen!", sprach er aus, was Clara mit großer Angst um ihren Mann erfüllte. Sie sahen, wie Pablo Contreras gemeinsam mit Heinz das Boot verließ und beide, je an einem Griff die Ersatzbatterie tragend, zur Plicht hinaufgingen. Nach wenigen Sekunden waren alle in einem Niedergang, dessen Türe seitlich vom Saloneingang lag, verschwunden.

Dann geschah lange nichts. Trotz der Anspannung, unter der beide standen, begann sich auch Müdigkeit breit zu machen. Clara versuchte ein Gespräch zu führen, das jedoch bald wieder erstarb. Dann merkte sie mehrfach, wie Dieter Böhmers Kopf in einem Sekundenschlaf nach vorne fiel.

„Du kannst dich ruhig ein wenig ausstrecken. Wer weiß, was heute noch alles auf uns zu kommt.", meinte Clara.

„Ich glaube tatsächlich, dass ich mich nach einem Viertelstündchen Ruhe wieder fitter fühlen würde", gestand Dieter und streckte sich auf dem warmen Lavaboden aus. Schon nach einer Minute kündeten die regelmäßigen Atemzüge davon, dass er eingeschlafen war.

Clara hatte nicht auf die Uhr gesehen, als sie ihren Beobachtungspunkt bezogen hatten, aber ihrem Gefühl nach musste wohl schon fast eine Stunde vergangen sein, als Heinz plötzlich in der Plicht der „Julietta" auftauchte. Einen Moment lang hatte sie das Gefühl, er würde zu ihr her blicken. Sie konnte dem Drang aufzuspringen und mit beiden Armen zu winken kaum widerstehen. „Bitte komm gesund wieder zurück!", flüsterte sie. Nach einem kurzen Aufenthalt im Fischerboot verschwand Heinz wieder im Niedergang, um gleich darauf gemeinsam mit Pablo Contreras wieder aufzutauchen. Clara sah, wie sich Pablo im Boot zu schaffen machte. Dann gingen alle in das Innere des Schiffes zurück.

Clara ließ ihren Freund Dieter Böhmer eine Stunde lang schlafen. Dann fühlte sie sich plötzlich so einsam, dass sie seine Ruhe durch ein hörbares Räuspern beendete.

„Habe ich etwas versäumt?", fragte Dieter, der sich den Schlaf aus den Augen rieb und mühsamer, als sein Alter es erwarten ließ, wieder in eine sitzende Position wechselte. Der unebene Boden hatte seine Muskeln verspannt.

In kurzen Worten schilderte sie die wenigen Begebenheiten. Als sie wieder auf das Schiff blickte, bemerkte sie, dass es nunmehr quer zum Ufer stand. Die Gezeiten hatten das Schiff gedreht und nach einigen weiteren Minuten lag es mit dem Bug zu ihnen. Dadurch war der Niedergang und die Plicht aus ihrem Blickwinkel von den Aufbauten verdeckt.

„Verdammt!", machte sich ihre Spannung Luft. „Jetzt können wir den Niedergang und die Türen zum Salon nicht mehr einsehen!"

Dieter Böhmer versuchte, sie zu beruhigen: „Nach dem, was du mir erzählt hast, hat sich ohnehin kaum etwas abgespielt. Und wenn sie mit dem Fischerboot wieder abfahren, dann bekommen wir das ja mit. Dann fahren wir in den nächsten Ort, dessen Namen ich schon wieder vergessen habe und holen Heinz dort ab."

„Du meinst Playa de Santiago", ergänzte Clara.

„Genau, das meine ich. Du wirst sehen, in spätestens zwei Stunden sitzen wir dort in einem Lokal, trinken ein Bier und beginnen damit, darauf zu warten, dass sich der Rest der Angelegenheit praktisch von selbst erledigt."

Clara seufzte: „Ich bete darum, dass du Recht hast!"

„Wer sollte sonst Recht haben, wenn nicht ein Anwalt! Aber das weißt du ja, du gehörst ja selbst zur Zunft", versuchte Dieter einen Scherz. Clara quälte sich ein Lächeln ab, aber der Stein lag immer noch unverändert schwer in ihrem Magen.

Wieder tat sich einige Zeit nichts. Die schöne, stolze Ferretti schaukelte kaum wahrnehmbar auf den Wellen.

Claras geübtem Seefrauenblick entging allerdings nicht, dass sich hohe schwarze Wolkengebirge aufzutürmen begannen. Das schlechte Wetter, das das Barometer schon in der Frühe des vorigen Tages angekündigt hatte, schien sich zu nähern. Eben wollte sie eine entsprechende Bemerkung machen, als sie das Tuckern des alten Diesels des Fischerbootes hörte. Auch Dieter Böhmer legte den Kopf schief. Als er das Geräusch identifiziert hatte, lächelte er breit und sagte: „Na, du alte Schwarzseherin! Wie ich gesagt habe, in einer halben Stunde gehen wir zum gemütlichen Teil der Aktion über. Ich fühle schon das kalte Bier in der Kehle!"

In diesem Moment tauchte das Boot aus der Abdeckung durch die hohen Aufbauten der Ferretti auf und beide sahen im selben Moment, dass es nur mit einer Person besetzt war. Ein lautes, scharfes „Nein!" entfuhr Claras Mund und sie riss das Fernglas hoch. Ein Blick genügte und sie sah die Bestätigung dessen, was sie ohnehin schon gewusst hatte. Es war Pablo Contreras, der das Boot, offensichtlich mit der höchsten Geschwindigkeit, die der alte Mercedes erlaubte, in Richtung Playa de Santiago steuerte.

Dieter Böhmer glaubte seinen eigenen Worten nicht, als er sagte: „Beruhige dich, das muss noch gar nichts heißen. Vielleicht brauchen sie bloß noch ein bestimmtes Werkzeug oder einen Ersatzteil. Ich schlage vor, wir fahren zurück, weil hier gibt es ohnehin nichts zu sehen. Dann erwischen wir Contreras so bald er in den Hafen einläuft."

Noch während Dieter Böhmer gesprochen hatte, war Clara bereits aufgesprungen und hatte die ersten Schritte auf dem Weg zum Auto zurück gelegt. Sie musste sich mit Gewalt losreißen, und erst das Gefühl niederkämpfen, ihren Heinz in einer wahrscheinlich lebensbedrohlichen Situation zurück zu lassen. Aber die Vernunft sagte ihr, dass sie hier nichts ausrichten konnte. Beide rannten zurück zum Wagen. Die Türen waren noch nicht geschlossen, als Clara schon den Motor startete. Mit angezogener Handbremse und voll eingeschlagenen, durchdrehenden Vorderrädern wendete sie auf der Stelle. Einen Augenblick lang war der Wagen eingehüllt in eine Wolke aus Staub des trockenen Feldweges und den Geruch von verbranntem Gummi, den der zunehmende Wind der Schlechtwetterfront verblies. Dann fuhr sie, so schnell es der enge Weg erlaubte, zurück zur Asphaltstraße, die, vom Inselinneren kommend über Alajero und am kleinen Flughafen vorbei nach Playa Santiago führt.

Sie kamen praktisch gleichzeitig mit Pablo Contreras im Hafen an. Clara parkte den Corsa notdürftig ein und sprang aus dem Wagen. Dieter Böhmer folgte ihr. Pablo, der Mechaniker, ließ das Boot seines Bruders halb im Wasser liegen. Dort konnte es sicher nicht bleiben, besonders da der immer stärker werdende Wind in dem schlecht geschützten Hafen bereits einigen Seegang entstehen ließ. Aber das war im Augenblick das Letzte, woran die drei dachten.

„Es ist etwas Schlimmes passiert!", bestätigte Pablo Contreras Claras Befürchtungen, noch während er ihnen über den Kies des Strandes entgegen lief.

„Ich hatte alles gut im Griff, da hat Ihr Mann unsinnigerweise irgendwann dieses blöde Teil an sich gebracht und dann fällt es ihm im letzten Moment noch aus der Hose!", schrie Pablo, offensichtlich am Ende seiner Nerven.

Zu aller Angst und Sorge um ihren Mann wurde Clara nun auch zornig: „Bevor Sie hier herum maulen erzählen Sie uns jetzt der Reihe nach, was passiert ist."

Pablo blickte Clara groß an. Als spanischer Macho[33] war er nicht gewohnt von einer Frau in dieser Weise zurechtgewiesen zu werden. Aber seine Deutschlanderfahrung ließ ihn über diese Sache hinwegsehen.

Nach einem kurzen, verächtlichen Schnaufen begann er mit einem chronologischen Bericht. Besonders ausführlich wurde seine Darstellung dort, wo er den, seiner Meinung nach genialen Trick mit den Akkus beschrieb: „Es ist mir tatsächlich gelungen, dem Mann einzureden, dass wir einen kompletten neuen Akkusatz brauchen, um das Schiff flott zu bekommen. In dieser Zeit muss Ihr Mann von irgendwo diese große Platine entwendet haben. Alles war gelaufen. Ich saß schon im Boot, als Ihrem Mann beim Lösen der Festmacherleine das Ding aus dem Hosenbund rutschte. Der Verbrecher hat das natürlich sofort gesehen und Ihrem Mann in Sekundenschnelle mit seinem Revolver eine über den Kopf geschlagen. Ihr Mann fiel um wie ein Stück Holz. Dann richtete er den Revolver auf mich. Ich habe noch nie eine Waffe mit einem solchen Kaliber gesehen. Ich musste zurück auf die Plicht. Er öffnete die Türe zum Salon einen Spalt breit und besprach sich mit jemandem. Dann machte er die Türe sofort wieder zu. In seinem nicht sehr guten Deutsch hat er mir dann befohlen, Ihnen zu sagen, falls Sie Ihren Mann noch einmal lebend sehen wollen, dann sollen Sie alleine morgen um fünf Uhr früh mit dem Schlauchboot zur Jacht kommen. Weiter hat er mir noch gedroht, mich und meine Familie umzubringen, wenn ich die Polizei verständige. Wenn Sie zur *Guardia Civil* gehen, dann stirbt Ihr Mann, das soll ich Ihnen auch noch sagen." Er holte tief Luft, dann fuhr er fort: „Und, ich habe die Schnauze voll. Natürlich habe ich von denen kein Geld gesehen. Ich erwarte also, dass Sie", und damit wandte er sich an Dieter Böhmer, „Ihr Wort halten und für meinen Schaden aufkommen. Für die Lebensgefahr, in die mich die Ungeschicklichkeit dieses Mannes gebracht hat, sollte eigentlich noch ein fetter Happen draufgepackt werden."

Mit einem nahezu unmerklichen Kopfschütteln und einem passenden Blick hielt Dieter Böhmer Clara davon ab, ihrer aufgestauten Emotion freien Lauf zu lassen.

„Wissen Sie, ob mein Freund noch lebt?", fragte er stattdessen.

„Bewegt hat er sich nicht, aber ich habe gesehen, dass er atmet. Der Gauner hat ihn dann an einem Fuß gepackt und von der Badeplattform hinauf in die Plicht gezogen. Der schlaff herunterhängende Kopf polterte dabei die Stufen hinauf und hat auch eine Blutspur hinterlassen. Ich bin sicher, Ihr Mann hat eine Platzwunde, so wie dieser Verbrecher zugeschlagen hat. Mehr weiß ich nicht."

Dieter Böhmer nickte: „Gut, dann kommen Sie morgen, sagen wir so gegen vierzehn Uhr zum Boot im Hafen von San Sebastian. Da bekommen Sie Ihr Geld."

Pablo nickte und verschwand in den Ort. Dieter Böhmer nahm an, dass er seinem Bruder die vollbrachten Heldentaten schildern würde.

Inzwischen hatte sich der Himmel vollständig mit schwarzen Wolken überzogen und ein heftiger Sturm peitschte die See, so dass die Gischt der Wellenkämme waagrecht weg geweht wurde.

Der starke Wellengang im Hafen hatte das Fischerboot, mit dem Pablo Contreras von der „Julietta" zurück gekommen war, fast vom Ufer gelöst.

Clara sagte: „Komm, ziehen wir das Boot weiter herauf, sonst will er, dass du seinem Bruder morgen ein neues kaufst, wenn das zu Bruch geht, oder aus dem Hafen geschwemmt wird."

Gemeinsam brachten sie das kleine, aber doch ziemlich schwere Boot so weit auf den Strand, dass von den Wellen her keine Gefahr mehr drohte.

Man sah Dieter Böhmer an, dass er damit rechnete, dass Clara ihm Vorwürfe machen würde. Eigentlich war ja der Auftrag der Laubergs bereits erledigt gewesen. Er, Dieter Böhmer, war es gewesen, der die Idee eingebracht hatte, das Schiff wieder unter die Verfügungsgewalt des Eigners zu bringen. Hatte die letzte Entscheidung auch Heinz Lauberg getroffen, so konnte der Anwalt doch nicht abstreiten, für manches der Auslöser gewesen zu sein. Clara aber dachte gar nicht daran. Sie war viel zu sehr eine Frau der Tat, dass sie Gedanken und Kraft an Dinge verschwendet hätte, die nicht mehr geändert werden konnten.

„Komm, fahren wir zurück zum Schiff. Dort werden wir in Ruhe die Situation und die Möglichkeiten, die wir haben, überdenken", sagte sie.

Dieter Böhmer stimmte zu. Schweigsam, jeder in trüben Gedanken versunken, fuhren sie zurück nach San Sebastian de La Gomera.

Inzwischen war es dunkel geworden. Sie beschlossen, in einem Uferrestaurant einen kleinen Imbiss zu nehmen und gingen dann rasch an Bord der „Calima", um Kriegsrat zu halten.

Kaum waren sie auf dem Schiff angekommen, als Clara in der Achterkajüte verschwand und mit einer dicken Weste wieder auftauchte. Es war nicht nur die äußere Temperatur, die durch das Schlechtwetter gefallen war, sie fröstelte viel mehr von innen heraus.

Als sie sich an den Tisch gesetzt hatten, zerriss plötzlich Claras Nervenkostüm und sie begann heftig zu weinen. Dieter Böhmer legte einen Arm um ihre Schulter. Er hätte jetzt gerne einige tröstliche Worte zu ihr gesagt, aber alles was ihm einfiel klang schon in seinen eigenen Ohren banal und nichts sagend. Wie musste das erst Clara anmuten. Sie fürchtete ernsthaft um das Leben ihres Mannes.

Doch schon nach wenigen Minuten hatte sie ihre Emotionen wieder unter Kontrolle. „O. K., es ist schon wieder vorbei", sagte sie.

„Gut, dann wollen wir versuchen, einige Dinge zu klären, die mir derzeit völlig unverständlich sind", schlug Dieter Böhmer vor. „Was ich nicht verstehe, ist zum Beispiel, woher der Typ, der Heinz niedergeschlagen hat, weiß, dass er verheiratet ist und dass ihr über ein Schlauchboot verfügt. Denn wenn er sagt, dass du morgen, praktisch vor Sonnenaufgang alleine mit dem Boot zur Jacht kommen sollst, dann ist das sicher nicht ins Blaue hinein gesprochen."

Als Dieter Böhmer das Niederschlagen ihres Mannes erwähnte, biss Clara sich auf die Lippen, aber sie fasste sich sofort wieder.

„Vielleicht hat Pablo Contreras geplaudert. Wer weiß, was der ihnen alles erzählt hat, um seine Haut zu retten", meinte Clara.

„Nun, gesagt hat er uns nichts davon, aber das muss ja auch nichts heißen!", brummelte Dieter Böhmer.

Plötzlich blickte Clara auf: „Es kann natürlich auch sein, dass sie uns durch ein starkes Fernglas beobachtet haben, als wir mit der „Calima" das erste Mal an ihnen vorbei gefahren sind. Heinz hat das Boot vom Außensteuerstand aus gefahren und war gut zu sehen. Es kann also durchaus sein, dass der Typ ihn wiedererkannt hat." Dieter Böhmer dachte nach: „Dann hatte er von vornherein keine Chance, das Boot so einfach zu verlassen. Wenn das wirklich so war, dann müssen die Gefahr gewittert haben, als Heinz an Bord kam."

Clara schüttelte den Kopf und meinte: „Vielleicht haben sie ihn erst erkannt, nachdem sie ihn …" Sie brachte das Wort „niedergeschlagen" einfach nicht über die Lippen.

Ihr Freund nickte zustimmend, als sich sein Handy lautstark bemerkbar machte.

Er nahm das Gespräch an. Clara überlegte, ob sie diskreterweise den Salon verlassen sollte, damit der Anwalt ungestört telefonieren konnte. Schließlich blieb sie sitzen. Innerhalb des Schiffes hätte man das Telefonat von jedem möglichen Raum aus mitgehört und nach draußen wollte sie nicht gehen, wegen des Sturmes, der den Regen, der inzwischen eingesetzt hatte, in Schwaden vor sich her peitschte. Sie dachte an Heinz, der unter wer weiß welchen Umständen auf der Jacht, die ungeschützt in der Bucht lag, festgehalten wurde. In ihre eigenen Gedanken versunken, hatte sie auf das Gespräch nicht geachtet, das Dieter Böhmer eben beendete. Sein Gesichtsausdruck zeigte eine Mischung aus Verwirrung und Sorge.

„Das eben war mein Auftraggeber. Es gibt noch einen neuen Aspekt bei der ganzen Sache. Er vermutet, dass sich seine Tochter an Bord der Jacht befindet. Zur Zeit der Abfahrt des Schiffes hätte sie in Griechenland sein sollen. Sie hat aber den Aufenthalt einige Tage früher abgebrochen und, das lassen Nachforschungen, die inzwischen angestellt wurden vermuten, dürfte nach Zypern geflogen sein. Was dort dann passiert ist, kann zumindest derzeit noch nicht genau gesagt werden, aber zeitlich würde alles zusammen passen."

Clara hatte äußerst interessiert zugehört. Lange sah sie Dieter Böhmer an, dann sagte sie: „Beantworte mir bitte eine Frage. Ist die junge Dame in der Rolle eines Opfers oder eines Täters an Bord dieses Schiffes?"

Für Claras Gefühl zögerte Dieter Böhmer etwas zu lange mit der Antwort, als er sagte: „Ich bin sicher, dass sie ebenso Opfer ist, wie Heinz. Ich weiß, dass manches, was ich dir über meinen Klienten erzählt habe, ein schräges Licht auf ihn werfen kann. Aber da bin ich sicher, dass er nicht seine Tochter in eine solche Sache verwickeln würde."

„Du hast eben den Ausdruck „solche Sache" verwendet. Falls du eine Ahnung hast, was für eine Sache das ist, dann erwarte ich von dir, dass du mir sofort die Wahrheit sagst, auch wenn geschäftliche Interessen deines Klienten dadurch verletzt würden. Ich habe nämlich absolut keine Ahnung, was hier Sache sein könnte", sagte Clara in einem sehr festen Tonfall.

Dieter Böhmer zuckte mit den Schultern und erwiderte: „Clara, ich schwöre dir, ich habe auch keine Ahnung. Bis jetzt habe ich geglaubt, dass es das Schiff an sich ist, um das es geht. Nach dem Telefonat und unter der Voraussetzung, dass sich wirklich die Tochter meines Klienten an Bord befindet, sind die Fäden so verworren, dass mir tatsächlich jeder Durchblick fehlt."

„Gibt es neue Direktiven?", fragte Clara.

„Natürlich möchte der besorgte Vater sicher wissen, ob die Tochter unter die Seeräuber gefallen ist. Und natürlich möchte er sie, genauso, wie wir unseren Heinz, unverletzt wieder haben", wählte er seine Worte mit Bedacht.

„Kann es sich um einen ordinären Erpressungsfall handeln?"

Dieter Böhmer schüttelte den Kopf: „Bis jetzt gibt es keine Forderung. Aber das muss nicht unbedingt etwas heißen."

Clara seufzte: „Also wissen wir eigentlich gar nichts."

Darauf meinte Dieter Böhmer: „Lassen wir eine gute alte Heinz Lauberg'sche Tradition aufleben. Fassen wir doch einmal zusammen, was wir haben. Vielleicht können wir doch den einen oder anderen Schluss ziehen, wenn wir alle Erkenntnisse, über die wir in diesem Fall verfügen, noch einmal bewusst durchgehen."

Clara nickte: „Gute Idee. Also da haben wir eine Dame, Tochter eines reichen Vaters, die sich, aus welchem Grund auch immer, in Griechenland aufhält. Wir haben eine Luxusjacht auf Zypern, die von dort steuerschonend auf die Cap Verden gebracht werden muss. Wir haben ein Skipperehepaar, das diesen Job erledigen soll. Irgendwann um die Mitte des Juni treffen alle unsere bisherigen Mitspieler in Limassol zusammen. Unter der Voraussetzung, dass die Frau an Bord tatsächlich die Tochter des Eigners ist. Gehst du so weit mit mir konform?"

„Vollständig!", antwortete Dieter Böhmer und ergänzte: „Dann sticht die Jacht in See. Vorerst verläuft alles nach Plan. Der Skipper meldet sich regelmäßig über Satellitentelefon. Allerdings erwähnt er die Anwesenheit der Tochter des Eigners mit keinem Wort, was zumindest sehr sonderbar anmutet. Auch die junge Dame sucht keinen Kontakt. Weder mit ihrem Vater noch mit ihrem Lebensgefährten. Das Schiff läuft verschiedene nordafrikanische Häfen an. Schließlich passiert es die Straße von Gibraltar und dann beginnt sich das Bild zu verwirren. Sicher wissen wir, dass das Schiff mindestens seit dem 2. Juli in einer abgeschiedenen Bucht vor La Gomera liegt und dass sich wahrscheinlich zwei Männer und eine Frau an Bord befinden. Diese Frau scheint aber nicht direkt zu den beiden zu gehören. Sie macht eher den Eindruck einer Gefangenen. Die Männer tragen Waffen und halten immer einen Sicherheitsabstand zu ihr ein."

Clara stimmte zu: „Das erhärtet die Annahme deines Klienten, bei der Frau könnte es sich um seine Tochter handeln. Weißt du, wie sie aussieht?"

Dieter Böhmer verneinte und Clara setzte fort: „Was wir nicht wissen, ist, was mit dem Skipperehepaar geschehen ist, das du für diesen Job engagiert hast. Die können noch auf dem Schiff sein, sie könnten getötet und über Bord geworfen worden sein. Sicher wissen wir aber, dass das Schiff einen Defekt aufweist, der nicht einfach zu reparieren ist. Die Banditen suchen daher einen Mechaniker, der den Schaden beheben soll. Sie finden ihren Mann in der Person Pablo Contreras. Eine erste Inspektion, die Contreras gemeinsam mit seinem Bruder durchführt, ergibt, dass das gesamte Schiff ohne elektrische Energie ist. Aus den uns bekannten Gründen fährt Heinz heute gemeinsam mit Pablo zur Jacht. Wie wir alle vereinbart haben, versuchen sie, das Schiff weiter lahm zu legen. Heinz, indem er aus einer Steuerungseinheit eine Platine entfernt und versucht, sie mit zu nehmen. Pablo, indem er dem einem der Gangster sein Akkumulatorenmärchen erzählt. Bei der Abfahrt vom Schiff geht dann alles schief. Heinz verliert die Platine, wird niedergeschlagen und verletzt. Spätestens jetzt erkennen die Verbrecher, dass sie Heinz schon einmal gesehen haben. Und zwar als Skipper einer Jacht, die an einem Tag zweimal an ihnen vorbei gefahren ist. Sie haben auch gesehen und offensichtlich bewusst registriert, dass sich nicht nur ein Mann, Heinz, auf dem Boot befunden hat, sondern auch eine Frau und dass ein Schlauchboot in den Davits hing. Falls sie auch bemerkt haben, und davon gehe ich eigentlich aus, dass das Schiff keine spanische Nationale gefahren hat, dann mussten jedenfalls die Alarmglocken geschrillt haben, sobald sie erkannten, dass ein ausländischer Skipper in die Rolle eines spanischen Mechanikergehilfen geschlüpft ist, um an Bord zu kommen. Letzteres alles unter der Voraussetzung, dass es nicht Pablo Contreras war, der sie über alle diese näheren Umstände aufgeklärt hat."

Die Sorgenfalten auf Dieter Böhmers Gesicht hatten inzwischen die Tiefe von Barrancos angenommen, als er sagte: „Wenn das alles so war, wie du es jetzt, übrigens durchaus glaubhaft, dargestellt hast, dann müssen diese Leute, die das Schiff in ihrer Gewalt haben, ungeheuer gut sein. Das macht die Sache für uns auch nicht gerade einfacher."

Clara blickte Dieter Böhmer offen an und meinte: „Ich wäre auch schon überglücklich, wenn ich eine nicht „einfache Sache" oder besser gesagt, überhaupt eine Möglichkeit sehen würde, wie wir Heinz und eine allfällige weitere Geisel von dort wegholen könnten. Ich fürchte nämlich, dass wir jetzt nicht mehr aus Rücksicht auf die krummen Geschäfte deines Klienten, sondern um das Leben der Geiseln zu schützen, auf die Assistenz der *Guardia Civil* verzichten müssen. Zu dem, was wir in diesem Zusammenhang heute zu Mittag mit Heinz besprochen haben, kommt ja jetzt immerhin noch die Wahrscheinlichkeit, dass sich mit der Frau eine zweite Geisel an Bord befindet. Das macht eine Befreiungsaktion durch die Polizei noch riskanter."

„Da hast du sicher Recht. Und ich sage das jetzt auch nicht aus Geschäftsinteressen. Ich bitte dich dringend, mir das zu glauben. Auch bei mir steht Heinz, sein Leben und seine Gesundheit an erster Stelle."

Clara brachte ein Lächeln zu Stande: „Das weiß ich doch. Um daran zu zweifeln sind wir viel zu lange befreundet. Jetzt haben wir die Vergangenheit aufgearbeitet, überlegen wir nun, was wir weiter tun. Da gibt es für mich nur eine Möglichkeit. Ich muss ihr Spiel spielen. Das heißt, dass ich morgen mit dem Schlauchboot zum Schiff fahren werde."

Die Sorgenfalten wichen nicht mehr aus Dieter Böhmers Gesicht: „Hast du aus dem Fenster gesehen? Bei dem Wetter willst du in einer Nussschale von Boot auf das Meer hinaus?"

Clara sah ihn unbewegt an und sagte: „Erinnerst du dich, welche Botschaft Pablo gebracht hat? „Wenn Sie Ihren Mann noch einmal lebend sehen wollen ..." und ich möchte meinen Mann nicht nur noch einmal lebend sehen. Also habe ich keine andere Wahl. Du darfst mir glauben, Spaß macht es mir auch keinen!"

Dieter versuchte es noch ein letztes Mal: „Du musst mir verzeihen, wenn ich das so drastisch anspreche, aber was ist, wenn dir etwas zustößt?"

Clara lächelte, als sie sagte: „Dann lieber Dieter, wenn ich auf See umkommen sollte oder die mich auch noch als Geisel behalten, wirst du alleine weiter machen müssen."

Dieter Böhmer hatte den Eindruck, dass Clara Lauberg die Aussicht, gemeinsam mit ihrem Mann als Geisel zu fungieren, nicht wirklich schreckte. Schwer schluckte er diese Erkenntnis hinunter. Er hatte offen Angst davor, in dieser schwierigen Situation plötzlich völlig alleine da zu stehen.

Clara schien seine Gedanken gelesen zu haben und versuchte, ihn zu beruhigen: „So schlimm wird es schon nicht werden. Bis morgen kann sich das Wetter ja bessern und ein Schlauchboot hält mehr aus, als man ihm auf den ersten Blick zutrauen würde. Und dass die mich auch kidnappen, das glaube ich nicht. Vielleicht bekomme ich die Rolle des Vermittlers zwischen den Entführern und den Angehörigen der Opfer zugedacht. Auch wenn ich in einem Fall dann gleichzeitig Angehöriger und Vermittler bin. Eine Sache macht mir aber besondere Sorgen. Die haben mich morgen derartig früh zur Jacht beordert, dass ich die Sorge habe, die könnten doch planen abzufahren. Vielleicht haben sie den Trick mit den Akkus, auf den unser Pablo ja so stolz war, doch durchschaut und die Platine, die für Heinz zum Verräter wurde, wieder eingesetzt. Ich weiß nicht, ich habe ein äußerst ungutes Gefühl. Und wie Heinz dir ja gesagt hat, mit der „Calima" haben wir keine Chance, die Ferretti zu verfolgen. Ich kann zwar mit unserem Schiff umgehen, aber schneller machen kann es niemand."

Dieter Böhmer dachte nach. Dann fragte er: „Gibt es hier ein Hubschrauberunternehmen?"

Clara blickte auf. „Du meinst, einen mietbaren Hubschrauber mit Pilot?"

„Genau das meine ich", bestätigte Dieter Böhmer.

Clara überlegte: „Also auf La Gomera sicher nicht. Ob es das auf Teneriffa oder Gran Canaria gibt weiß ich nicht. Solche Vergnügungen übersteigen unsere Möglichkeiten. Bist du dir bewusst, was das kosten kann? Ein Hubschrauber ist die teuerste Möglichkeit, nicht selber gehen zu müssen!"

„Also wenn die Frau an Bord tatsächlich die Tochter meines Klienten ist, dann darf ich dir verraten, dass für sie eine Entführungsversicherung besteht. Die deckt neben der Bezahlung des Lösegeldes bis zu einer bestimmten Höhe, auch die Nebenkosten, die bei der Abwicklung anfallen. Und wenn es nicht die Tochter ist, dann ist diese gute Nachricht meinem Klienten sicher so viel wert, dass ich ihm diese Spesen verrechnen kann. Mach' dir also deshalb keine Sorgen."

Clara warf einen bewundernden Blick auf ihren Freund und sagte: „Es ist schon toll, in welcher Liga du spielst."

Dieter Böhmer lachte, als er sagte: „Ich hatte ja auch eine hervorragende Lehrerin an der Universität!"

8. Juli

Gefangenschaft

Als er aus der Tiefe einer ausgeprägten Ohnmacht wieder auftauchte, realisierte Heinz Lauberg unmittelbar drei Dinge. Das Beherrschendste war der wahrhaft brüllende Kopfschmerz, der mit zunehmender Wachheit exponentiell anzusteigen schien. Ferner bemerkte er, dass seine Hand- und Fußgelenke gefesselt waren. Und das noch auf besonders gemeine Art und Weise. Man hatte die Arme auf seinen Rücken gebogen, und ihm dann, auf der Seite liegend, die Beine hinten hochgezogen. Anschließend hatte ein angenehmer Zeitgenosse noch die Hand- und Fußfessel verbunden. Im Mittelalter hatte man das „Krummschließen" genannt und diese Zwangshaltung damit nicht nur sehr anschaulich beschrieben, sondern auch versucht, auf diese Weise das Erinnerungsvermögen von der Ketzerei Verdächtigen zu verbessern. Heinz Lauberg vermutete, eine ganze Weile ohnmächtig gewesen zu sein. Es schien ihm auch, dass er schon eine ziemlich lange Zeit so gefesselt gewesen sein musste, denn er hatte kein Gefühl in Händen und Füßen und die Verspannungen in seinem Nacken, verursacht durch die unbequeme Lage, machten auch ein Bewegen des Kopfes unmöglich.

Das Dritte, das er realisierte, war, dass in seiner unmittelbaren Umgebung ein Dieselmotor gleichmäßig vor sich hin brummte. Damit kehrte auch sein Erinnerungsvermögen langsam zurück. Zu diesem Zeitpunkt wurde ihm zum ersten Mal bewusst, in welcher Lage er sich befand. Und die war alles andere als rosig. Warum musste ihm auch diese Scheißplatine im blödesten Augenblick aus der Hose rutschen? Aber nun war das eben einmal so und Heinz erkannte rasch, dass es keinen Sinn machte, mit Geschehnissen in der Vergangenheit zu hadern. Weil auch die Zukunft keine berauschend schönen Aspekte bot, versuchte er sich intensiver mit der Gegenwart zu beschäftigen. Da er nicht wusste, ob er beobachtet wurde, hielt er die Augen vorerst geschlossen. Die wichtigste Erkenntnis war: Er lebte noch. Sofort drängte sich Heinz eine ziemlich unangenehme Frage auf: „Warum haben die mich nicht sofort erschossen?" Solche Fragen hatte er sich nicht mehr gestellt, seit er einmal als Beobachteroffizier im Auftrag der Vereinten Nationen im Libanon in einen Hinterhalt palästinensischer Terroristen geraten war. Die Antwort in der aktuellen Situation war wohl: Er hatte eine Funktion. Als erste Möglichkeit fiel ihm ein, er könnte als Geisel fungieren. Dass man Geld für sein Leben erpressen wollte, das glaubte Heinz Lauberg ausschließen zu können. Kidnapper, die eine solche Tat ausführen, kennen ihr Opfer und die finanziellen Verhältnisse vorher genau. Eine realistischere Möglichkeit wäre, dass mit seinem Leben das schnelle Flottmachen des Schiffes erkauft werden sollte. Vielleicht war das ja schon im Gange, hörte er doch ziemlich laut das Geräusch des Dieselmotors. Eine andere Möglichkeit wäre, dass man durch seine Gefangenschaft an Bord verhindern wollte, dass jemand die *Guardia Civil* oder gar das Militär in Form der Küstenwache einschaltete.

Es war ihm auch bewusst, dass er keine Ahnung davon hatte, was Pablo Contreras ihnen erzählt haben mochte. Es sei denn, Pablo hätte eine ähnliche Behandlung erfahren wie er. „Vielleicht liegt er ja bloß eine Ecke weiter!", sagte sich Heinz. Er hoffte jedenfalls inständig, dass sein Mechanikermeister nicht die endgültige Wirkung einer Revolverkugel kennen gelernt hatte. Wie ein Blitz fiel ihm noch ein weiterer Grund ein, warum man ihn nicht gleich erschossen hatte. Und der gefiel ihm gar nicht.

Vielleicht hatte Pablo Contreras ja entkommen können. Die Gangster hätten so keine Chance gehabt, zu erfahren, in welchem Auftrag oder mit welchem Ziel er, Heinz, an Bord gekommen war. Dieses Wissen war aber zweifellos wertvoll für die Kidnapper. Sie würden wohl versuchen, es auf irgendeine Weise aus ihm heraus zu bekommen. Das Bild der Tätowierung SPEZNAZ, die er an dem „Riesen" bemerkt hatte, flimmerte vor seinen Augen. Vor den Methoden, die SPEZNAZ-Leute bei solchen Gelegenheiten anwendeten, graute ihm. Ein Satz aus seiner eigenen Spezialausbildung fiel ihm ein: „Wenn du gefangen bist und keine Gelegenheit auf Befreiung oder Flucht hast und man foltert dich, um ein Geständnis oder Informationen zu erpressen, dann provoziere deine Folterer so sehr du kannst. Dann hast du die Chance, dass du den Schmerzen entkommst, weil ihnen die Geduld reißt und sie dich sofort töten." Das war ein Tipp für 20-jährige, unverheiratete Söldnernaturen. Er aber wollte seine Frau wieder sehen. Und er wollte einfach auch noch nicht sterben.

Für den Fall, dass sie beabsichtigten, ihn zu verhören, beschloss er, ihnen alle Fragen, so gut er konnte, zu beantworten. Wo er keine Antwort wusste, würde er versuchen glaubhaft zu lügen. Natürlich bestand die Möglichkeit, dass sie ihn dann erschießen würden, wenn sie den Eindruck hatten, genug zu wissen. Aber das konnte er ohnehin nicht wirklich verhindern. Jedenfalls verspürte er keine Lust, den Helden zu spielen, er würde sich jedoch auch nicht einfach abschlachten lassen. Das stand fest.

Da tauchte eine weitere Möglichkeit in seinem Gehirn auf. Vielleicht hatte Pablo Contreras ihnen erzählt, dass er Skipper ist und er war deshalb noch am Leben. Wenn der Tote, den sich die Seidels in ihrer Schraube eingefangen hatten, tatsächlich der Kapitän gewesen war, der die Jacht überstellen sollte, dann brauchten sie vielleicht einen Schiffsführer für ihr weiteres Vorhaben. Aber wer hatte die Jacht dann von Marokko hierher gefahren? So schön diese Version im ersten Ansehen erschienen war, so wenig wahrscheinlich wurde sie bei näherer Betrachtung.

Den Gedanken, wie es Clara ging, versuchte er aus seinem Kopf zu verdrängen. Wenn sie und Dieter Böhmer wirklich in der Bucht gewesen waren, dann hatten sie ja direkt mitbekommen, was geschehen war. Clara würde vor Angst um ihn halb verrückt sein. Er kannte aber seine Frau gut genug, um sicher sein zu können, dass sie keine unüberlegten Handlungen setzen würde. Die Anwesenheit des gemeinsamen Freundes wirkte ebenfalls beruhigend auf ihn. Dieter Böhmer würde seine Frau unterstützen, egal wie es kam. „Ob sie wieder als Anwältin arbeiten wird, wenn ich tot bin?", schoss es ihm durch den Kopf. „Ich muss diszipliniert sein! So ein Unsinn darf mich nicht belasten!", wies er sich mental zurecht.

Plötzlich hörte er außer dem Dieselmotor noch ein Geräusch. Offensichtlich hatte jemand eine Türe geöffnet, denn es traf ihn der Strahl einer Taschenlampe. Blitzschnell schloss Heinz wieder die Augen. Er hatte in dem Moment, als der Lichtkegel der Lampe den Raum etwas erhellte, erkannt, dass er im Maschinenraum der Jacht lag. Ein Gefühl sagte ihm, dass sich jemand näherte. Er versuchte, weiter den Ohnmächtigen zu spielen. Da explodierte in seinem Inneren ein Feuerball aus Schmerz. Der schwere Tritt hatte ihn genau in den Bauch getroffen. Reflexartig riss er die Augen auf, ohne wirklich etwas erkennen zu können, da der Strahl der Taschenlampe ihn blendete. Irgendwie merkte er aber rechtzeitig den Ansatz eines zweiten Trittes und rollte sich etwas zur Seite. Der schwere Schuh traf seinen Oberschenkel. Offensichtlich war das eigentliche Ziel seine Geschlechtsteile gewesen. Benommen von all den Schmerzen fühlte Heinz, wie sich jemand an den Fesselungen zu schaffen machte. Ein scharfes Messer durchschnitt jene Fixierung, die ihn krumm geschlossen hatte. Es blieb ihm aber kein Augenblick, um die verrenkten und vom Blutkreislauf weitgehend abgeschnittenen Glieder wieder zu beleben. Brutal riss ihn ein offensichtlich bärenstarker Arm nach oben. Heinz versuchte zu stehen, aber er sackte wieder zusammen. Seine Beine waren gefühllos. Das Blut hatte noch nicht ausreichend zu zirkulieren begonnen. Da packte ihn jemand am Kragen seines Arbeitsanzuges, den er immer noch trug, und schleifte ihn durch den Niedergang, den er bereits kannte nach oben. Seine Füße polterten kraftlos über die Stufen.

In der Plicht ließ der Mann ihn fallen wie einen Kartoffelsack. Heinz genoss es, ein paar Minuten in einer halbwegs normalen Haltung am Boden zu liegen. Seine Hände waren zwar immer noch auf dem Rücken gefesselt, aber er konnte wenigstens seinen Körper nach vorne krümmen, was die Schmerzen nach dem ersten Fußtritt reduzierte. Es fühlte sich an, als würden mehrere Millionen Ameisen durch seine Beine, Arme und Hände laufen, doch langsam wurde er wieder Herr über seine Gliedmaßen. Um nicht weitere Tritte zu provozieren, rollte Heinz sich auf den Bauch und versuchte, in eine kniende Position zu kommen. Er erachtete das als positives Signal an seine Kidnapper. Erstmals riskierte er einen kurzen Rundblick. Es war dunkel, aber am Horizont zeigte sich schon deutlich ein heller Streifen. Heftiger Wind zerrte an seinen Kleidern und das Meer toste. Er fühlte auch, wie das Schiff im Seegang schwankte. Das aufkommende Licht ermöglichte es ihm, den Mann, dem er sein schmerzhaftes Erwachen verdankte, genauer zu erkennen. Es war nicht der „Riese" vom vergangenen Nachmittag, aber es schien eine gelungene Kopie zu sein. Groß, stark, geschorener Kopf und Heinz vermutete, dass sich auch am linken Oberarm dieses Typen die identische Tätowierung SPEZNAZ befinden würde. Wie wenn der Blick, den Heinz Lauberg auf ihn geworfen hatte, ein Auslöser gewesen wäre, bewegte sich der Mann plötzlich auf Heinz zu. Der erwartete eine weitere Misshandlung und versuchte alle Muskeln anzuspannen um damit seine inneren Organe und seine Knochen zu schützen. Aber nichts Böses geschah. Der Mann durchschnitt lediglich seine Fußfessel. Jetzt erkannte Heinz, dass es sich bei dem Fesselungsmaterial um Kabelbinder aus Kunststoff handelte. Teuflische schmale Plastikriemen, die man nicht abreißen konnte, die aber höllisch in das Fleisch schnitten. Er wollte sich gar nicht vorstellen, wie wohl seine Handgelenke aussahen.

Inzwischen war der Himmel grau geworden und Heinz konnte eine praktisch geschlossene Wolkendecke erkennen. Plötzlich hörte er ein neues Geräusch. Nach wenigen Sekunden konnte er es identifizieren. Es handelte sich offensichtlich um einen kleinen Außenbordmotor. Auch sein Bewacher hatte das Geräusch wahrgenommen. Er half Heinz auf die Beine. Wie durch ein Wunder schienen sie in den wenigen Minuten wieder ihre Funktion gelernt zu haben. Kaum stand er, schubste ihn der Mann in Richtung Vorschiff. Heinz stolperte das Gangbord entlang. Er hatte keinen Blick für die Schönheit des Decks, das mit Teakholzstäben belegt war. Er musste all seine Konzentration aufbieten, um nicht zu stürzen. Auf dem Vordeck angekommen, drückte ihn sein Begleiter wortlos auf eine, in das Kabinendach eingeformte Sitzmulde. Da saß Heinz, die Hände noch immer auf den Rücken gefesselt, den Blick zum Bug des Schiffes, der zum nahen Ufer zeigte und lauschte auf das Näherkommen des Außenbordergeräusches.

Kampf mit der See

Clara war am Abend des 7. Juli in der Achterkajüte der „Calima" in ihre Koje gekrochen, überzeugt davon, ohnehin keinen Schlaf zu finden. Sie konnte sich nicht erinnern, jemals so unglücklich gewesen zu sein. Der Anblick der leeren Backbordkoje, in der sonst ihr Mann Heinz schlief, war für sie kaum zu ertragen. Ebenso, wie das Bewusstsein, dass er in der Gewalt von Verbrechern war, die, das konnte mit ziemlicher Sicherheit angenommen werden, vor der Anwendung äußerster Gewalt nicht zurückschreckten. Der Wunsch der Gangster oder der Befehl, je nach dem, wie man es betrachtete, sie solle um fünf Uhr früh mit dem Schlauchboot zur Jacht kommen, vermittelte ihr wenigstens die Sicherheit, dass Heinz noch am Leben war. Natürlich erkannte sie das Wunschdenken, das hinter dieser Sicherheit stand. Es konnte ebenso sein, dass ihr Mann den Schlag auf den Kopf nicht überlebt hatte und die Kidnapper lediglich eine neue Geisel brauchten. Und die liefert sich selbst dann auch noch mit dem eigenen Schlauchboot frei Haus!

Trotz dieses Risikos würde sie am nächsten Morgen losfahren. Als sie schließlich doch einschlief, quälten wirre und ängstigende Träume ihre gemarterte Psyche. Es war der Ton des Weckers, der sie um zwei Uhr früh aus dem Schlaf riss. Sie hatte kein Gefühl der Erholung. Leichter Kopfschmerz und der Eindruck, tonnenschwere Glieder zu haben, erweckten in ihr die Vorstellung, über Nacht drastisch gealtert zu sein. Nach den notwendigsten Verrichtungen der Morgentoilette, wobei eine

Gesichtswaschung mit kaltem Wasser doch etwas belebend wirkte, zog sie sich warm an. Der Wind blies immer noch heftig, wie sie an den Geräuschen erkannte, die von draußen in die Kajüte drangen. Wasserdichte Schutzbekleidung unter dem Arm schob sie die Schiebetüre zurück, die die Achterkajüte vom Salon trennte. Dort brannte bereits Licht. Dieter Böhmer hatte sich auf Socken aus seiner V-Koje im Vorschiff geschlichen, bereits Kaffee gekocht und im Vorratsschrank einige Schoko-Croissants gefunden, die er auf einem Teller bereitgelegt hatte. Nun waren süße Croissants zwar etwas, mit dem man Clara sonst nie aus der Koje hätte locken können, aber an diesem besonderen Morgen akzeptierte sie jedes Frühstück. Die Fürsorge, die ihr Freund zeigte, ließ sie die Einsamkeit, die sich in ihrer Seele breit gemacht hatte, besonders schmerzvoll empfinden. Verzweifelt kämpfte sie gegen ihre Tränen an. Dieter Böhmer bemerkte es zwar, kannte Clara aber gut genug, um jetzt nicht zu versuchen, Trost zu spenden, wo alles nur eine vage und hohle Phrase sein konnte. Er murmelte etwas Unverständliches und verschwand für eine Minute in seine unbeleuchtete Vorschiffskabine. Als er zurück kam, saß Clara bereits auf der Bank und trank ihren Kaffee. Die Vernunft motivierte sie dazu, sogar zwei der ungeliebten Croissants zu essen, die eigentlich als Beilage zum Nachmittagskaffee gedacht waren. Aber da sie mit schwerer See zu rechnen hatte und auch nicht wusste, wie lange es dauern würde, bis sie wieder zum Schiff zurück kam, schien es ihr besser einen gefüllten Magen zu haben. Das Frühstück war in wenigen Minuten zu Ende. Gesprochen wurde kaum. Clara stellte ihre Tasse in die Spüle. Dann holte sie aus einer großen Lade unter der Backbordsitzbank einen Kanister mit fünf Litern Wasser hervor. Den wollte sie ins Beiboot mitnehmen. Sie dankte Gott dafür, dass Heinz die „Calima" nicht, wie er es sonst gerne tat, mit dem Heck zum Ufer gelegt hatte, sonst wäre es nicht möglich gewesen, das Beiboot, das in den Davits hing, einfach zu Wasser zu lassen.

„Ich werde versuchen, telefonisch Erkundigungen wegen eines möglichen Hubschraubers einzuholen", sagte Dieter Böhmer und ergänzte: „Und wenn das zu nichts führt, dann versuche ich eine Internetrecherche. Ein Internetcafé wird diese Inselhauptstadt ja wohl haben."

Währenddessen war Clara in ihre Schutzbekleidung geschlüpft, hatte sich die Schwimmweste angezogen, mit den Gurten fixiert und an einem starken Klettverschluss an der Schulter eine Xenon-Blitzlampe[34] fixiert. Kurz überlegte sie noch, die Signalpistole mitzunehmen. Im Normalfall wäre das keine Frage gewesen. Sie befürchtete aber, durchsucht zu werden. Und, wie Heinz ja immer betonte, konnte ein solches Signalmittel durchaus als Waffe eingesetzt werden. Da bestand die Gefahr eines Missverständnisses, also ließ sie das schwere Ding zurück. Schließlich steckte sie noch ein tragbares GPS-Satellitennavigationsgerät ein, damit sie in der Dunkelheit sowohl die Jacht als auch notfalls wieder zurück zur „Calima" finden konnte, falls Regen oder der Seegang die Landsicht unmöglich machten. Die entsprechenden Positionen hatte sie noch gestern Abend vor dem zu Bett gehen programmiert. Damit waren ihre Vorbereitungen abgeschlossen.

Gemeinsam mit Dieter Böhmer brachte sie das Schlauchboot zu Wasser. Nach einer kurzen Verabschiedung stieg sie auf die Badeplattform und von dort in das Boot. Der 8 PS-Yamaha-Motor verfügte über einen 25 Liter-Benzintank, den Heinz immer in vollem Zustand mittransportierte. Damit konnte die kurze Strecke von etwa 15 Seemeilen zur Jacht und ebenso viele wieder zurück, leicht bewerkstelligt werden. Sie startete den Motor, der sofort mit dem typischen Zweitaktergeräusch zu laufen begann. Dann hakte sie noch die Sicherheitsleine ihrer Schwimmweste in einen Griff des Bootes, damit sie im Seegang nicht über Bord gehen konnte, winkte Dieter Böhmer, der mit sorgenvollem Gesicht am Heck der „Calima" stand, ein letztes Mal zu, drehte am Gasgriff und steuerte dem Hafenausgang zu.

Je näher sie mit ihrem kleinen Zodiac-Schlauchboot der Hafenausfahrt kam, desto heftiger blies der Wind und auch die Wellen wurden zusehends höher. Das Boot hatte zwar einen Festrumpf und zwei kräftige Tragschläuche, aber ohne Zwang wäre wohl niemand unter den herrschenden Bedingungen damit aus dem Hafen gefahren. Es fehlte jede Positionsbeleuchtung, auch die minimale Version einer einfachen, rundum strahlenden weißen Lampe war nicht an Bord. Es war eben nur das Beiboot einer Jacht.

Bei der Hafenausfahrt wurde der Seegang dann wirklich schlimm. Durch die geringe Wassertiefe verwandelten sich die weiten, hohen Atlantikwellen in weiß schäumende Brecher. Noch etwas geschützt von der Hafenmole nahm Clara Gas weg und beobachtete die Reihenfolge der Wellen. Sie erkannte eine Art von Siebenerrhythmus. Jede siebente Welle schien besonders hoch zu sein. Also wartete sie die schlimmsten Berge ab und gab dann Vollgas. Das Boot schoss auf das Meer hinaus. Obwohl die nächsten Wellen tatsächlich nicht zu den höchsten zählten, drohte das kleine Fahrzeug über die Längsachse zu kentern. Clara hatte den Eindruck, eine senkrechte Wasserwand hoch zu fahren. Dann brach der Wellenkamm und überschäumte das Zodiac. „Bitte lieber Motor, bleib' jetzt nicht stehen!", flehte Clara in ihrer Not. Dann ging es steil auf der anderen Seite der Welle zu Tal. Der Motor tat verlässlich seine Pflicht. Noch zwei Mal wurde das Boot von den Brechern überflutet, dann hatte Clara tieferes Wasser erreicht, und die See türmte sich nicht mehr zu gewaltigen Wasserwalzen auf.

Der Sturm, der offenbar genau gegenan blies, wehte aber Fontänen von Gischt wie weiße Vorhänge von den Wellenkämmen. Clara wusste um diese Gefahr. Dabei konnte man ertrinken, obwohl man gar nicht im Wasser war. Also wendete sie sich so gut es ging vom Wind ab und kontrollierte den Kurs über das GPS, das sie in einer Außentasche ihres Schutzanzuges trug und immer nur für wenige Sekunden heraus zog. Da die Dunkelheit eine dauernde Verwendung der Hintergrundbeleuchtung des Displays erforderte, machte sie sich Sorgen, ob die Batterien lange genug Strom liefern würden, bis sie bei der Jacht „Julietta" angekommen war. Aber da konnte man ohnehin nichts tun.

Ein Batteriewechsel unter diesen Umständen war nicht möglich und sie hatte auch keine Ersatzbatterien dabei.

Als sie aus der Bucht von San Sebastian hinaus fuhr, nahm sie die hell beleuchtete Christusstatue, die auf einem Hügel südlich der Stadt steht, das Denkmal des heiligen Herzens Jesu, als gutes Zeichen für ihr Vorhaben und auch den Ausgang der ganzen unseligen Angelegenheit. Das *„Monumento al Sagrado Corazon de Jesus"* erinnert an die weltberühmte Christusstatue von Rio de Janeiro.

War Clara ab der Hafenausfahrt eher südlichen Kurs gefahren, um möglichst rasch aus der gefährlichen unmittelbaren Uferzone heraus zu kommen, so steuerte sie ab dem Zeitpunkt, an dem die Statue querab lag, einen ziemlich genau südwestlichen Kurs, der sie immer parallel zur Küste in Richtung Playa Santiago brachte. Es war eine nahezu vollständig dunkle Nacht. Die geschlossene Wolkendecke verhinderte das Durchdringen des Mondlichtes. Außer der Statue sah Clara keine weiteren Landmarken. Wegen ihrer Froschperspektive und dem ständigen auf und ab des Bootes wäre es ohne das GPS unmöglich gewesen, sich zu orientieren. Die Küste, die sie entlangschaukelte, war praktisch unbewohnt. Es gab kein erleuchtetes Haus, keine Straßenbeleuchtung. Sie hatte Probleme, den Kurs zu halten. Immer wieder musste sie die Stellung der Pinne des Außenborders korrigieren. Ein Schlauchboot ist für höhere Geschwindigkeiten und Gleitfahrt konzipiert. Die Seegangsverhältnisse zwangen Clara aber, die Geschwindigkeit so weit zu reduzieren, dass lediglich eine halbgleitende Fahrt möglich war. Wellen aus uneinheitlichen Richtungen, kleine Änderungen der Windrichtung, aber auch nur eine bloße geringfügige Gewichtsverlagerung, ließen das kleine Boot sofort unbemerkt den Kurs verändern. Sie hatte das Gefühl, Stunden unterwegs zu sein. Trotz der Schutzbekleidung fror sie elend. Die fliegende Gischt hatte Wasser über den Kragen in ihre Kleidung eindringen lassen und die verkrampfte Haltung, die sie im Boot einnahm, führte rasch zu starken Rückenschmerzen. Die See machte es ihr unmöglich, auf einem der Tragschläuche zu sitzen. Sie benützte also das Sitzbrett, das knapp hinter der Mitte des Bootes zwischen die Schläuche gespannt war. Um nicht von einer Welle aus dem Boot geschleudert zu werden, hatte sie die freie linke Hand um einen der Tragegriffe verkrampft und mit den Beinen stützte sie sich, so gut es ging ab.

Ein Blick auf das GPS zeigte, dass sie eben die Playa de la Guancha durchfuhr. Ihr graute vor der Vorstellung, wie lange es noch dauern würde, an ihr Ziel für diese Fahrt zu gelangen. Um sich abzulenken, berechnete sie im Kopf die Fahrzeit bis in die Playa de Erese und verglich ihr Ergebnis mit der Information, die ihr das GPS darüber lieferte. Dabei sah sie, dass sie, vorausgesetzt, sie konnte die Geschwindigkeit halten, ziemlich genau zur geforderten Zeit von fünf Uhr früh dort eintreffen würde.

Ein besonders hoher Wellenberg ermöglichte Clara für einen Moment eine bessere Landsicht. Dabei bemerkte sie einige Lichter. Wenn die Landkarte, die sie im Kopf hatte, stimmte, dann war das die Ortschaft El Cabrito, „das Zicklein", und das bedeutete, dass sie auf die Landzunge Punta Gorda zufuhr. Damit hatte sie fast die halbe Strecke nach Playa Santiago zurück gelegt. Dann folgte ein besonders dunkler Uferabschnitt. Zwischen der Punta Gorda und der etwa drei Kilometer entfernten Punta de la Gaviota gab es in Ufernähe praktisch keine Besiedelung. Ein schroffer Barranco nach dem anderen durchfurchte die Landschaft. Weit im Landesinneren lag die Ortschaft Contreras, eine zufällige Namensgleichheit mit dem Mechaniker.

Clara hatte sich vollständig in sich selbst zurück gezogen. Sie versuchte, jede nicht notwendige Bewegung zu vermeiden, um nicht mit einer feuchten, kalten Stelle ihrer Kleidung in Berührung zu kommen. Sie konnte vieles ertragen, aber Kälte führte bei ihr rasch in eine lähmende Apathie. So fuhr sie, in einer leichten Trance mit ihrer Nussschale durch die aufgewühlte See, tat wie ferngesteuert was getan werden musste, um das Boot vor dem Kentern zu bewahren und auf Kurs zu halten und nahm sonst kaum etwas wahr. Wieder verging eine Ewigkeit. Dann wurde sie plötzlich von einem Brecher überrascht. Blitzartig war sie hellwach, als sie die schäumende Wasserwand auf sich zu rasen sah. Aber es war zu spät. Die besonders hohe Welle erwischte das Boot von schräg vorne. Clara kämpfte mit allen Mitteln gegen die Katastrophe. Sie versuchte, noch mit Vollgas den Wasserberg rechtwinkelig anzuschneiden, aber Tonnen von Wasser stellten das Boot quer und die darüber hinweg brausende Wasserwalze ließ es kentern.

Clara verlor jede Orientierung. Sie war erfahren genug, jetzt nicht in Panik zu verfallen und hielt die gerade noch eingeatmete Luft an. Die Schwimmweste würde sie verlässlich nach oben tragen. Da stieß sie mit dem Kopf gegen etwas Hartes. Ihre tastenden Hände bestätigten ihre Befürchtung: Sie war unter dem gekenterten Boot! Für einen Moment überfiel sie Todesangst. Sie fühlte sich gefangen. Dann aber gewann wieder klare Überlegung die Oberhand. Es war nahezu unmöglich, dass sich in dem Hohlraum, den das Boot über ihr bildete, keine Luftblase befand. Sie ließ sich also von der Schwimmweste mit dem Gesicht nach oben zum über ihr schwebenden Boden des Schlauchbootes treiben und tatsächlich. Dort war Luft! Keuchend füllte sie ihre Lungen.

Oft und oft hatten Heinz Lauberg und sie die verschiedensten möglichen Katastrophenszenarien durchgesprochen und präventiv sinnvolle Handlungsalternativen erwogen. Dabei hatten sie auch vor ziemlich langer Zeit das Aufrichten des gekenterten Schlauchbootes in tiefem Wasser praktisch geübt. Allerdings war damals ruhige See gewesen und am Boot war nicht ein 30 Kilogramm schwerer Motor angeschraubt gewesen. Es hatte sich natürlich auch kein fast voller Benzintank an Bord befunden.

Clara musste als Erstes unter dem Boot hervortauchen. Sie holte tief Luft und startete einen Versuch. Schon nach wenigen Schwimmbewegungen merkte sie, dass sie den Auftrieb der Schwimmweste nicht überwinden konnte. Wieder atmete sie einige Liter ihres so begrenzten

Luftvorrates. Sie musste die Schwimmweste ausziehen. Da die Weste ja mit der Sicherheitsleine am Boot hing, war die Wahrscheinlichkeit groß, dass diese in der turbulenten See nicht verloren gehen würde. Mit ihr wären das GPS und das Xenon-Blitzlicht weg gewesen. Clara öffnete also die Gurte und den Reißverschluss der Schwimmweste, stieß sich vom Bootsboden nach unten ab und konnte so tatsächlich an die Wasseroberfläche gelangen. Ein erster Blick rund um sich zeigte ihr, dass die umgebende See relativ ruhig war. Auch der Wind schien weniger geworden zu sein. Vermutlich war sie mit dem gekenterten Boot hinter die Punta de la Gaviota getrieben worden und befand sich nun im Lee der Landzunge. Das war zwar einerseits angenehm, aber Clara kannte die Küsten der Kanaren, mit ihren zahllosen im Wasser liegenden Lavablöcken, an denen sich haushoch die Wellen brachen. Näherte sie sich dem Land zu sehr, dann war sie verloren. Gegen diese Gewalten kam niemand an.

Es ging also darum, das Schlauchboot so rasch wie möglich wieder aufzurichten und den Motor, der natürlich durch die Kenterung Salzwasser angesaugt hatte und zum Stillstand gekommen war, wieder in Gang zu bringen. Clara wusste, dass es notwendig war, eine Leine an einem Tragegriff zu befestigen, das Seil über das kieloben treibende Boot hinweg auf die andere Seite zu führen, es dann wegen des besseren Halts um ein Handgelenk zu wickeln und sich mit den Füßen vom Boot weg zu stemmen. Auf diese Weise bildete der Körper ein Gegengewicht zum Boot. So konnte das Schlauchboot wieder in die richtige Schwimmlage gebracht werden. Mit etwas Glück hoffte Clara, dieses Manöver bewerkstelligen zu können. Sie schwamm zum Bug des Bootes, löste dort die Festmacherleine, band sie an einen der seitlichen Tragegriffe und warf das freie Ende über den Bootsboden. Aber das Tau war zu kurz. Da fiel Clara ein, dass sie einen Gürtel in den Bund ihrer Hose gefädelt hatte. Mit inzwischen vollständig klammen Fingern nestelte sie unter Wasser den Riemen aus den Schlaufen der Hose und band ihn an das lose Ende des Seils. Mit der Gürtelschnalle voraus warf sie die verlängerte Leine über den Bootsboden. Dann schwamm sie auf die andere Seite. Dort bekam sie den Lederriemen zu fassen. Mit beiden Beinen stemmte sie sich so weit vom Tragschlauch nach außen, wie sie konnte. Schon nach wenigen Sekunden musste sie feststellen, dass ihr Gewicht nicht ausreichte, um das Boot umzudrehen. Die Seite, an der der Gürtel befestigt war, hob sich zwar etwas aus dem Wasser, aber das reichte nicht. Wieder befiel sie ein Gefühl der Verzweiflung. Sie musste um fünf Uhr früh bei der „Julietta" sein „… wenn sie ihren Mann lebend wieder sehen …" wollte, wie Pablo Contreras die Worte des Kidnappers wiedergegeben hatte. Außerdem vernahm sie deutlich das Geräusch der Brandung. War sie einmal in diesen Hexenkessel hineingeraten, dann hatten ohnehin alle Sorgen und Ängste ein Ende. Einen kurzen Moment lang erschien ihr diese Vorstellung durchaus verlockend. Dann schüttelte sie kräftig den Kopf und nahm den Kampf wieder auf.

Sie brauchte Hilfe. Das war ihr klar. Auf menschliche Hilfe konnte sie hier heraußen lange warten – zu lange. Also mussten die Naturgewalten selbst das ihre beitragen. Schwimmend drehte sie das Schlauchboot quer zum Wind. Sie selbst war auf der Leeseite. Dann nahm sie noch einmal alle Kraft zusammen, stemmte die Beine gegen den Bootskörper und riss an ihrem Gürtel. Der erste Versuch schlug fehl, der zweite aber klappte. Es gelang ihr, nach wie vor in Lee hängend, die Luvseite des Bootes so weit anzuheben, dass sich der Wind im Hohlraum zwischen den Schlauchkörpern fing und sie in ihren Bemühungen unterstützte, statt sie zu behindern. In einem fast elegant zu nennenden Schwung drehte sich das Boot und schwamm nun wieder in der richtigen Lage auf dem Wasser. Mit letzten Kräften zog sie sich in das Zodiac.

Ein Blick in Richtung Ufer zeigte ihr aber, dass sie keine Zeit zum Verschnaufen hatte. Zu nahe war die Brandung. Der Motor war noch an seinem Platz. Die Befestigungsgurte des Tanks hatten auch gehalten. Die Benzinleitung schien intakt zu sein. Die Zeit für vergebliche Startversuche konnte sie sich sparen. Rasch löste sie die Verriegelung der

Motorabdeckung und hob die Plastikhaube ab. Im Motor fand sie festgezurrt den Kerzenschlüssel, sie zog die Zündkabel von den beiden Zylindern, schraubte die Kerzen heraus und steckte sie ein. Dann pumpte sie mit dem in der Benzinleitung integrierten Ball Treibstoff in den Vergaser. Anschließend zog sie einige Male kräftig an der Startleine. Sie hoffte, damit das angesaugte Salzwasser aus dem Vergaser entfernt zu haben. Nun nahm sie eine Zündkerze nach der anderen heraus, trocknete sie, so gut es ihre triefende Kleidung zuließ ab und schraubte sie wieder ein. Dann wischte sie noch die Zündkabel und die Kerzenstecker ab, steckte sie an und setzte zur Sicherheit die Motorhaube wieder auf. Falls der Motor ansprang wollte sie bei dem Geschaukel dann nicht in der Nähe der drehenden Schwungscheibe herumfingern müssen. Ein kurzes Gebet schwebte zur mittlerweile weit entfernten Christusstatue von San Sebastian. Dann riss sie an der Startleine. Das Wunder geschah. Beim dritten Versuch sprang der Motor an und lief rund.

Jetzt warf sie noch rasch einen Blick ins Wasser nach ihrer Schwimmweste. Die trieb unmittelbar neben dem Boot. Es war ein Leichtes, sie aus dem Wasser zu fischen und wieder anzulegen. GPS und Blitzlicht waren noch an Ort und Stelle. Clara zog den Getriebehebel nach vorne und drehte am Gasgriff. Der Motor kam auf Touren und das Boot nahm Fahrt auf. Plötzlich merkte sie, dass sie die Landschaft der Insel recht gut erkennen konnte. Das Morgengrauen hatte eingesetzt. Erschrocken blickte sie auf die Uhr. Sie hatte nur noch eine halbe Stunde und war noch gute fünf Meilen von ihrem Ziel entfernt. Jetzt brachte sie das Boot in Gleitfahrt, obwohl es an manchen Wellenkämmen abhob und recht unsanft in das folgende Wellental klatschte. Sie vertraute auf das erprobte Zodiac. Und sie beschloss ein Dankes-Mail an Yamaha zu schreiben, wenn nur alles gut abgelaufen war, wobei sie im Moment nicht hätte sagen können, was alles für ein gutes Ende nötig wäre.

Nach etwa zehn Minuten sah sie die Lichter von Playa Santiago. Ihr fiel die schlimme Sturmnacht ein, die sie dort mit Heinz verbracht hatte. Ob sein damals eingeklemmter Finger wohl noch schmerzte? Sie hatte sich in den letzten turbulenten Tagen nicht darum gekümmert. Schlechtes Gewissen begann sich breit zu machen. Doch schließlich rang sie sich zu der Meinung durch, dass der Finger wohl im Moment von untergeordneter Bedeutung war. Hatte sie nur erst einmal ihren Heinz zurück, dann würde sie sich auch wieder seines verletzten Fingers annehmen.

Sie passierte die Punta del Espino, die die Bucht von Playa Santiago nach Südwesten hin begrenzt. Nun war die Jacht nur noch etwa drei bis vier Kilometer entfernt. Sie würde es schaffen. Mit dem Bewusstsein, diese gefährliche Fahrt praktisch hinter sich zu haben, traten die Sorgen und Ängste, was sie wohl auf der „Julietta" erwarten würde wieder in den Vordergrund. Sie versuchte, die hässlichen Bilder, die ihr durch den Kopf schossen, auszublenden. In wenigen Minuten würde sie Klarheit haben. Plötzlich sah sie auch schon die Umrisse der Jacht vor sich. Sie steuerte direkt zum Heck. Als sie sich nach weiteren drei Minuten der Jacht näherte, bemerkte sie, dass sie bereits von einem Mann erwartet wurde, der ihr Zeichen gab, anzulegen. Nach wenigen Augenblicken stieß das Schlauchboot auch schon mit dem Bug gegen die Badeplattform. Der Mann bückte sich und hielt das Boot an einem Tragegriff fest. Schließlich deutete er Clara, sie solle den Motor abstellen und auf dem Sitzbrett bleiben. Dann rief er etwas in einer Sprache, die Clara eindeutig als russisch identifizieren konnte. Sie hatte im Gymnasium einige Jahre die Sprache gelernt, sie aber später nie praktiziert. Jetzt ärgerte sie sich über diese Tatsache sehr, obwohl, das musste sie sich eingestehen, auch die besten Sprachkenntnisse wohl nichts an der Gesamtsituation geändert hätten.

Inzwischen war es nicht nur hell geworden, es hatte auch der Wind merkbar nachgelassen. Das Wetter schien sich zu bessern. Da hörte sie Schritte auf dem Schiff. Als sie aufblickte, sah sie Heinz, dem offensichtlich die Hände auf dem Rücken gefesselt waren. Er wurde von einem weiteren Mann, der nach Claras Dafürhalten genau so aussah wie jener, der das Zodiac hielt, geführt. Ja, sie hatte sogar den Eindruck, dass er gestützt wurde. So hatte sie Heinz Lauberg noch nie gesehen. Die Arbeitskleidung war mehrfach zerrissen und mit Blut befleckt. Die Haare klebten an seinem Kopf und sie sah, dass er große Schmerzen hatte.

„Mein Gott, was haben sie mir dir gemacht!", schrie sie gequält auf.

Mit einer Stimme, die sie kaum wieder erkannte, so belegt und brüchig klang sie, antwortete Heinz: „Mach dir keine Sorgen, es geht mir gut."

Wie auf ein Stichwort wechselten dann die beiden Männer ihre Positionen. Der, der Heinz Lauberg gebracht hatte, kam auf die Badeplattform und übernahm das Schlauchboot und der andere stieg hinauf zur Plicht und schob Heinz Lauberg wieder außer Sichtweite.

„Nein! Noch nicht! Ich möchte mit meinem Mann sprechen!", rief Clara angstvoll.

Der Mann richtete seinen Blick auf sie und jeder weitere Protest ihrerseits erstarb im Ansatz. Ein Paar stechender, blauer Augen sahen sie in einer Weise an, dass sie wusste, dass Schreien, Betteln, Protestieren oder was auch immer, völlig sinnlos war.

Mit ruhiger Stimme sagte der Mann in gebrochen deutscher Sprache: „Du hören genau zu! Wenn du Polizei, dann Mann tot. Wir brauchen Mann eine Woche. Dann Mann frei. Ich gebe dir Zettel. Darauf stehen eine Name und eine Telefonnummer. Du Telefon Mann und sagen, wir haben Tochter. Er zahlen eine Million Euro. Dann Tochter frei und Mann frei. Nicht zahlen, Tochter und Mann tot. Auf Zettel noch Telefonnummer. Du rufen genau in drei Tage um zwölf Uhr Telefonnummer und sagen Geld hier. Ich sage dir, wo Geld übergeben. Wenn ich bekommen Geld, Tochter und Mann frei. Du nicht Telefon, Tochter und Mann tot. Du verstehen? Nicht Polizei, nicht Militär oder alle tot."

Clara nickte heftig. Sie hatte in der letzten Minute so oft das Wort „tot" gehört, dass sie keinen Zweifel hatte, dass der Mann meinte, was er sagte.

„Du zurück, drei Tage kurze Zeit!" Mit diesen Worten stieß der Mann das Schlauchboot von der „Julietta" ab. Gehorsam startete Clara den Motor und machte sich auf den Rückweg. Mit jedem Meter, den sie sich von der Luxusjacht entfernte, wurde ihr Herz schwerer. Heinz hatte furchtbar ausgesehen. Offensichtlich war man sehr rau mit ihm umgesprungen. Vielleicht hatte es ja einen Kampf gegeben? Jedenfalls hatte sie aber gesehen, dass Heinz, wenn auch verletzt, wenigstens am Leben war. Und der Mann hatte gesagt, dass sie ihn eine Woche brauchen würden. Das klang in ihren Ohren, wie eine Lebensversicherung. Zwar wie eine mit Ablaufdatum, aber immerhin: Eine Woche war eine Woche. Am liebsten wäre sie bei Heinz an Bord geblieben. Das hätte jedoch keinen Sinn gemacht. Sie würde alles genau und sorgfältig mit Dieter Böhmer durchsprechen. Jetzt war es wichtig, heil und gesund zur „Calima" zurück zu kommen. Wind und Wellen kamen jetzt von achtern, was die Sache etwas angenehmer machte, aber sie fror in ihren immer noch klitschnassen Sachen entsetzlich. Eine Erkältung konnte sie sich jedenfalls nicht leisten. Sie wusste, dass viel von ihrer geistigen und körperlichen Fitness abhing. Für alle Beteiligten.

„Julietta" erwacht

Als Heinz Lauberg nach dem kurzen Augenblick, den er seine Frau sehen durfte, wieder auf das Vordeck gebracht wurde, verließen ihn die Nerven. Er hatte ihren entsetzten Blick gesehen, als sie seiner ansichtig geworden war. Und er hatte gesehen, dass auch sie Unvorstellbares durchgemacht haben musste auf dem Weg von der „Calima" bis hierher. Dass sie das bei diesem Wetter geschafft hatte, schien Heinz ohnehin ein Wunder zu sein. Jedenfalls wich wieder alle Kraft aus seinen Beinen. Der Länge nach fiel er nach vorne und hätte sich wohl eine weitere Verletzung zugezogen, wenn nicht der bärenstarke Arm seines Bewachers den Sturz gemildert hätte. Ein verzweifeltes Schluchzen schüttelte seinen Körper. Es war ihm einen Moment lang egal, dass die Verbrecher seine Schwäche sahen. Er konnte auch nichts dagegen tun. Es war alles so rasch aus einem beschaulichen Aufenthalt auf Teneriffa in ein Inferno gekippt. Zu seiner Überraschung setzte es keine weiteren Fußtritte. Nach einer Minute hatte Heinz Lauberg seine Emotionen wieder im Griff. Doch als er nach wenigen Augenblicken das bekannte Geräusch des Außenbordmotors hörte und ihm bewusst wurde, dass sich Clara von ihm entfernte, fiel es ihm schwer, die eben wieder erlangte Beherrschung zu behalten.

Andererseits war das aber ein Signal dafür, dass Clara frei war. Man hatte ihr wohl einen Auftrag erteilt. Was immer das auch sein mochte, jedenfalls bedeutete es mit ziemlicher Sicherheit einen Zeitgewinn.

Seine Rolle in diesem schlechten Stück kannte er zwar immer noch nicht, aber er war mittlerweile davon überzeugt, dass er wenigstens auf der Besetzungsliste stand.

Als der Lärm des Außenborders verklungen war und die einzige Geräuschkulisse nur noch der Wind und die See war, kam der zweite Mann auf das Vorschiff und löste seinen augenblicklichen Bewacher ab. Jedenfalls wurde er wieder wenig schonend hoch gezogen und auf die Beine gestellt.

„Mitkommen!" Es schien loszugehen, was immer „es" wohl war. Sie gingen über das Gangbord, das sich an Steuerbord befand zurück in die Plicht. Dort hielt ihn der Mann kurz an und Heinz fühlte einen stechenden Schmerz an seinen Handgelenken. Seine Fessel war durchgeschnitten worden. Als er seine Hände nach vorne holte, sah er den Grund für den Schmerz. Der schmale Plastikriemen des Kabelbinders hatte ihn tief eingeschnitten. Blutende Striemen zogen sich über beide Handgelenke. „Das wird wohl bald genau so hübsch aussehen, wie mein gequetschter Finger!", dachte Heinz und musste beinahe lächeln. Der „Riese" bedeutete ihm, die Schiebetüre, die den Innenraum von der offenen Plicht trennte, zu öffnen. Überraschend leicht und leise ließ sich die große gebogene und aus getöntem Sicherheitsglas bestehende Türe zur Seite schieben und gab damit den Blick auf den atemberaubenden Innenraum dieser Superjacht frei. Heinz Lauberg hatte schon manches tolle Boot von Pershing oder Broom gesehen. Aber das hier schlug alles. Der Raum, den er betrat, wurde allgemein auf Schiffen als Salon bezeichnet. Dieser hier hätte auch in einem Penthouse als solcher gelten können. Ein U-Sofa an Backbord, mit weißem Leder bezogen, davor ein niedriger Tisch, dessen Rauchglasplatte in der Form eines Delfins geschnitten war. Das Auge des Tieres, das extra in die Platte eingesetzt war, glitzerte trotz des dicht bewölkten Himmels und der Sonnenschutzverglasung der Fenster in einer Weise, dass Heinz Lauberg nicht zu beurteilen wagte, ob das der Kunstfertigkeit der Firma Swarovsky oder jener von de Beer zuzurechnen war. Auf der anderen Seite befand sich ein Barschrank, der in kühnem Schwung, ohne eine scharfe Ecke oder Kante jeweils am linken und rechten Ende nahtlos in je ein Fauteuil überging. Aus dem Barschrank ragte ein Plasmaschirm, der wohl zu einem irgendwo verborgenen Fernsehtuner inklusive Video und DVD-Player gehörte. Das im unansehnlich Grau der Erzeugerfirma gehaltene Stück, erschien Heinz in dieser Umgebung ein echter, unverzeihlicher Stilbruch zu sein. Alles war mit echtem Leder bezogen oder aus hellem Holz mit gerundeten Kanten gefertigt. Und dann ragte da so ein Plastikstück aus diesem italienischen Designermöbel.

Der Boden war nicht, wie sonst üblich, mit einem Spannteppich belegt, sondern bestand aus einem kunstvoll und sehr detailreich gearbeiteten Sternparkett, dessen Mittelpunkt genau unter dem zentralen Beleuchtungskörper lag. Die aus geschliffenem Kristallglas gefertigte Lampenschale trat mit ihrer Lichtbrechung und ihrem Funkeln in ernsthafte Konkurrenz zum Auge des Delfins. Alles glänzte und spiegelte und Heinz Lauberg war versucht, entweder auf den Zehenspitzen zu gehen oder sich die Schuhe auszuziehen, um nichts zu beschmutzen.

Vom Salon führten zwei Stufen in den Essbereich. An Steuerbord stand der fest verankerte Tisch aus Wurzelholz, die Tischplatte mit feinst gearbeiteten Intarsien mit maritimen Motiven. Insgesamt standen acht Stühle bereit. Auch diese aus Wurzelholz und die Sitzflächen und Rückenlehnen mit eben jenem weißen Leder bezogen, das Heinz schon bei der U-Sitzgruppe im Salon bewundert hatte. „Wie das wohl aussieht, wenn sich der erste Chartergast mit einem verschwitzten, sonnengeölten Rücken hinein lümmelt?", fragte er sich, verwarf den Gedanken aber sofort wieder. Auf so einem Schiff ging man nicht nur nicht mit Badezeug in den Salon, wahrscheinlich zog man zum Essen ein Dinnerjackett an. Er achtete zwar auf seiner „Calima" auch darauf, dass die Polsterung nicht mit Sonnenöl in Berührung kam, aber ein Dinnerjackett hatte er nicht einmal in seiner Wohnung in Wien hängen.

An der Backbordseite führte eine Treppe nach oben auf die Flying Bridge und eine weitere nach unten zu den Gästekabinen. Dazwischen trennte eine Türe die Pantry vom restlichen herrschaftlichen Teil des Schiffes ab. Undenkbar doch, dass der Eigner oder seine Gäste den Geruch etwa von gerösteten Zwiebeln ertragen müssten, den der Smutje[35] in der Pantry in der Pfanne hat! Noch ein kurzes Stück in Richtung Bug lag auf der Backbordseite der Steuerstand und an Steuerbord eine l-förmige Sitzecke aus schon bekanntem Material. Von dort aus konnte man, wie der Skipper von seinem Arbeitsplatz aus, nach vorne durch die riesige getönte Frontscheibe auf das Vorschiff und in gehörigem Abstand auch auf das Wasser sehen.

Heinz war platt! Solch ein Luxus, der sicher weit jenseits der Standardausstattung dieses Schiffes der Topklasse lag, war ihm noch nie untergekommen. Aber er hatte keine Zeit, sich länger an der fabrikneu anmutenden Schönheit und Perfektion zu erfreuen.

„An Steuer!", wies ihn der „Riese" an. Heinz Lauberg setzte sich befehlsgemäß auf den bequemen Steuerstuhl. Für einen Skipper ein echtes Erlebnis. Eine Anzahl von Signallampen und Schaltern lag vor ihm. Lediglich jene Instrumente, die auf allen Jachten zu finden sind, fehlten. Es gab keinen Drehzahlmesser, keinen Betriebsstundenzähler, keine Tankanzeige, keine Ladekontrolle, keine Anzeige für Öldruck und Temperatur oder die wichtige Angabe über die Temperatur des Kühlwassers. Aus dem Betriebshandbuch wusste er aber, dass diese Informationen auf einem der drei Bildschirme erscheinen würden, die vor ihm, integriert in den schönsten Steuerstand, den er je gesehen hatte, darauf warteten, zum Leben erweckt zu werden. Nun würde er ja wohl erfahren, was man von ihm wollte. Und so war es auch. „Du fahren das Schiff", stellte der „Riese" fest. So ganz in seinem Innersten hatte Heinz das, zumindest während der letzten Minuten, schon erwartet. Er schüttelte den Kopf: „Aber ich kenne das Schiff nicht. Man kann ein so großes Boot nicht so einfach fahren. Und außerdem ist es ja defekt!"

„Du reparieren Schiff und du fahren Schiff, sonst …", und mit diesen Worten zog er einen Revolver aus dem Hosenbund, von dem Heinz bisher nur den Griff gesehen hatte. Es war eine 44er-Magnum, wie er an der Größe der Laufmündung erkannte.

Das war ein überzeugendes Argument. „Gut, ich werde es versuchen", verlieh Heinz Lauberg seiner kurzfristig geänderten Meinung Ausdruck. „Aber ich bin kein Mechaniker", versuchte er eine kleine Einschränkung vorzubringen.

Der „Riese" ging mit keinem Wimpernzucken darauf ein.

„Im Maschinenraum läuft das Stromaggregat. Hat Pablo das gestartet?", fragte Heinz.

Der „Riese" sagte nur: „Spanier!"

„Hat er auch die Platine wieder eingesetzt?"

„Nicht verstehen!"

Heinz zeigte mit den Händen den Umriss des Schaltelementes und versuchte es dabei mit anderen Worten: „Hat er den Teil, den ich … ausgebaut habe, wieder eingesetzt?"

Wortlos ging der „Riese" zurück zum Barschrank, öffnete eine Lade und kam mit dem Teil wieder zurück.

„Gut, dann beginnen wir damit, die Platine wieder an Ort und Stelle zu bringen", meinte Heinz Lauberg.

Der „Riese" nickte und stand auf. Mit dem Revolver deutete er in die Richtung zum Heck und Heinz verstand, dass er vorgehen solle. Es hätte ihn gewundert, wenn das anders gewesen wäre. So stiegen sie wieder den Niedergang hinunter, den Heinz schon recht gut kannte. Er sah sich nach einem Lichtschalter um, fand ihn, aber die Betätigung zeigte keine Wirkung. Auch mehrmaliges Auf- und Abschnippen änderte daran nichts. Offensichtlich gab es immer noch keinen Strom an Bord. Nun begann sich Heinz Lauberg aber zu wundern. Das Aggregat schien doch schon längere Zeit zu laufen. Er blickte auf die Uhr und sah, dass es halb sieben Uhr früh war. Also produzierte der Generator wahrscheinlich die ganze Nacht Strom. Das war sonderbar. Heinz begann, sich ernsthafte Sorgen zu machen, was passierte, wenn er die „Julietta" nicht flott bekommen würde. Das hatte wohl seine sofortige Streichung aus der Besetzungsliste zur Folge. Keine guten Aussichten!

Er rief sich einen seiner unverrückbaren Grundsätze ins Gedächtnis: Bei komplexen Problemen ist Schritt für Schritt vorzugehen! Wenn man immer das Ganze im Kopf hat, dann blockiert einen das bloß. Also suchte er, wieder im Schein der Taschenlampe, den Schaltschrank, aus dem er das verräterische Stück entwendet hatte. Dort angekommen, drehte er sich um und hielt dem „Riesen" auffordernd die Hand hin. Er wollte, dass dieser ihm die Platine übergab. Der wich aber sofort zwei Schritte zurück, legte das Ding auf den Boden, trat weitere zwei Schritte zurück und deutete Heinz, dass er es nun aufheben konnte.

„Verdammt, ist der vorsichtig!", schoss es Heinz durch den Kopf. Aber dann konzentrierte er sich auf seine Arbeit. Als alles wieder an Ort und Stelle war, überprüfte er noch die Anschlüsse der Batterien. Die saßen fest und waren jedenfalls kein Grund für den Energiemangel, der letztlich der Jacht jedes Leben geraubt hatte.

Nun gingen sie wieder nach oben und zum Fahrstand.

Heinz sah den „Riesen" an und fragte: „Wo ist …" und dann brach er sofort ab und biss sich auf die Lippen. „Wo ist das Bordbuch?", hatte er fragen wollen. Aber das lag auf der „Calima". Dort hatte er es nämlich vergessen. Das war ein harter Schlag. Wie sollte er ohne Betriebsanleitung ein solches Schiff zuerst wieder flott machen und dann noch zu irgendeinem Ziel fahren können? Heinz Lauberg brach der Schweiß aus. Fieberhaft überlegte er, was wohl im Moment das Klügste wäre. Er könnte dem „Riesen" sagen, dass er das Buch unbedingt braucht. Aber erstens war er sich der Reaktion dieses unangenehmen Zeitgenossen nicht sicher. Wenn die Angelegenheit aus seiner Sicht zu kompliziert wurde, dann käme er vielleicht auf die Idee, ohne Heinz Lauberg sei die Sache einfacher. Und zweitens wollte er Clara und Dieter nicht zusätzlich gefährden. Also entschloss er sich dazu, es ohne zu versuchen. Immerhin war er ja ein erfahrener Skipper. Und einige Dinge hatte er sich ja aus seinem Kurzstudium der Unterlagen gemerkt. So wusste er, wo man den zentralen Computer einschaltet. Es gab einen Druckknopf, der mit „MAIN ON" bezeichnet war. Den drückte er und tatsächlich erwachte einer der Bildschirme zum Leben. Doch nach einer ganzen Reihe von Systemmeldungen, die Heinz Lauberg noch nie etwas gesagt hatten, verlangte das Gerät die Eingabe eines Passwortes. Nun sah Heinz auf den ersten Blick weder ein Keyboard noch eine Maus und irgendein Passwort wusste er schon gar nicht.

Eine genaue Untersuchung des Steuerpultes wurde dadurch abgeschlossen, dass der „Riese" erstmals den Sicherheitsabstand unterschritt, neben Heinz trat und auf eine Stelle vor den Bildschirmen drückte. Eine Klappe öffnete sich und darunter befand sich die Tastatur und ein Trackball zur Steuerung des Cursors.

Heinz sah den „Riesen" an und sagte nur „Passwort?" Ein Schulterzucken war die Folge. Da blitzte Heinz eine Idee auf. Er glaubte im Bordbuch gelesen zu haben, dass die zweimalige Eingabe eines falschen Passwortes oder der Versuch, ohne Passworteingabe die Maschinen zu starten, einen Demobiliser in Tätigkeit setzt, der primär alle Systeme des Schiffes blockiert und zusätzlich über einen kräftigen Schutzwiderstand zur Strombegrenzung die Akkus über einige Stunden hinweg entleert. Außerdem hätte das Satellitenortungssystem, das über eine eigene, langlebige Batterie verfügte, Alarm geschlagen. „Läge nicht das Handy, auf dem der Alarm ausgelöst wird, irgendwo auf der Jacht", dachte Heinz resignierend. Er musste aber trotzdem zugeben: Das Schiff war gut gesichert. Nun ärgerte er sich, dass er beim Studium des Bordbuches diesen Systemen nicht so viel Aufmerksamkeit geschenkt hatte, wie jetzt nötig gewesen wäre. Andererseits musste er das Boot flott bekommen, sonst war er für die Kidnapper ohne Wert. Und was das bedeuten würde, wollte er sich gar nicht ausmalen.

Da bemerkte er ein in die Computertastatur eingebautes Schloss oder so etwas Ähnliches. Jedenfalls gab es eine Öffnung, die so aussah, als ob ein Schlüssel hinein passen würde. Die dazugehörige Beschriftung lautete. „Emergency". Da kam Heinz eine Idee: Bei seinem Auto gab es drei normale Zündschlüssel mit schwarzer Kappe und einen in zartem Lila. Dieser Schlüssel wurde vom Verkäufer bei der Übergabe des Autos als „Masterkey" bezeichnet. Die Sache hatte irgendetwas mit der elektronischen Wegfahrsperre zu tun. Was genau, daran konnte er sich nicht mehr erinnern. Es hatte nie die Notwendigkeit bestanden, sich damit auseinander zu setzen. Der tolle „Masterkey" lag in einer Schublade in Wien. Es konnte aber doch sein, dass hier ein ähnliches, wenn auch wesentlich komplexeres System eingebaut war.

„Wo sind die Schlüssel?", fragte er den „Riesen". Der griff wortlos in die rechte Hosentasche und brachte zwei Ringe mit jeweils drei Schlüsseln zum Vorschein. Die legte er zwischen sich und Heinz Lauberg auf den Boden. Diese Prozedur, die offensichtlich zum Standard dieses Typen gehörte, begann Heinz zusehends zu nerven, aber im Moment sah er keine andere Möglichkeit, als mitzuspielen. Die Schlüssel erwiesen sich bei näherer Betrachtung als identische Garnituren. Keiner, das sah Heinz sofort, würde zu dem winzigen Schloss passen.

„Haben Sie noch andere Schlüssel?", fragte er.

Der „Riese" schüttelte den Kopf. Heinz wunderte sich nicht, dass dieser wohl wichtigste Schlüssel des Schiffes nicht einfach an einem Ring mit jenem vom Vorhängeschloss einer Backskiste hing.

„Haben Sie im Schiff einen Tresor gefunden?"

„Nicht gefunden, nicht gesucht!", antwortete der „Riese".

Heinz Lauberg wunderte sich: Verbrecher, die nicht den Tresor suchen. Aber das war wohl nicht deren Klasse. Diese beiden waren unzweifelhaft zu Höherem berufen! Heinz überlegte. Dieses Schiff konnte man nicht einfach vom Bug bis zum Heck nach einem noch dazu sicher versteckten Tresor durchsuchen. Das hätte Tage gedauert und er fürchtete, vermutlich nicht zu Unrecht, dass er diese Zeit nicht bekommen würde. Aber es gab nach kurzer Überlegung wohl nur einen Raum, der für den Tresor in Frage kam: Die Eignerkajüte. Diese lag im Vorschiff.

Heinz machte seinem Bewacher klar, worum es ging. Der sagte nur: „Gehen!" und damit stiegen sie die kurze Treppe zur Eignerkajüte hinunter. Ein weiteres Mal tauchte Heinz Lauberg in den blanken Luxus ein. Kingsize-Bett, luxuriöse Möbel, wunderschön verarbeitetes Holz, kristallgläserne Beleuchtung. Aber zerwühlte Bettwäsche und Unordnung, verstreute Kleidung, Essensreste der einfachen Art und leere Wasserflaschen trübten das Bild. Offensichtlich hatte hier einer der Gangster sein Quartier aufgeschlagen. Heinz blickte sich um. In die seitlichen Wände der Eignerkajüte konnte kein Safe eingebaut sein. Dort gaben jeweils zwei große ovale Bullaugen den Blick auf das Wasser frei. Hinter dem Kopfende des Bettes, das zum Bug zeigte, war abgeschottet der Stauraum der Ankerkette. Da wäre das zwar gegangen, aber der Tresor schwer erreichbar gewesen. Man hätte auf das Bett klettern müssen und das war auf diesem Schiff sicher nicht der Standard.

Realistischerweise blieb nur die Trennwand zu den Sanitärräumen. Es hing sowohl an Steuerbord, als auch an Backbord je ein Bild. Das klassische Versteck! Natürlich kann man auf einem Schiff auch dieser Größe, Bilder nicht einfach an einen Nagel hängen. Wegen der Schiffsbewegungen müssen sie verschraubt sein. Heinz versuchte, die Bilder nach oben, aus einer vermeintlichen Arretierung zu schieben, vergeblich. Auch seitliche Kraftanwendung führte zum gleichen Ergebnis. Da kam Heinz Lauberg der Zufall zu Hilfe: Eine größere Welle erwischte den „Riesen" auf dem falschen Fuß und der taumelte heftig gegen den Rahmen des Bildes auf der Backbordseite. Es gab ein schnappendes Geräusch und das Bild hob sich samt Rahmen einige Zentimeter von der Wand ab und konnte, durch einen Federmechanismus unterstützt, leicht nach oben geschwenkt werden. Darunter lag das Objekt der Begierde.

Es war ein kleiner Tresor mit elektronischer Sicherung. Man musste einen Zifferncode eingeben und auf die Taste „Open" drücken, dann ging die Türe auf. Für den Fall, dass die Batterie leer ist, gab es noch ein Notöffnungssystem mit einem Schlüssel. Heinz nahm nicht an, dass einer der Gangster die Kombination für den Safe kannte, also zückte er die Schlüssel und wollte sein Glück versuchen.

Ein lautes und ziemlich gebieterisches „Stopp! Ich mache!" des „Riesen" ließ ihn sein Vorhaben unmittelbar abbrechen. Gut geschult, wie er mittlerweile in den auf diesem Schiff derzeit herrschenden Benimmregeln war, legte er die beiden Schlüsselbünde auf den Boden und trat zwei Schritte in Richtung auf das Bett zurück. Der „Riese" bückte sich und versuchte sein Glück. Heinz schickte ein kurzes Stoßgebet zum Himmel, dass einer der Schlüssel passen möge, aber wie Stoßgebete es oft an sich haben, es war vergeblich. Keiner passte. Zwei ratlose Männer sahen einander an.

„Semtex?", fragte Heinz. Semtex war der in Armeen des ehemaligen Ostblocks gängigste Sprengstoff und ist unter Terroristen weit verbreitet.

„Kein Semtex", kam die Antwort des „Riesen".

Nun war guter Rat teuer! Am Stahl dieses Wertbehälters würde auch ein Projektil aus einer 44er-Magnum scheitern. Heinz dachte fieberhaft nach. Da hatte er eine Idee. Er hoffte inständig, dass sie zum Ziel führen würde, denn langsam fühlte er seine Kreativität erschöpft.

„Geben Sie die Ziffern 9876 ein. Dann schauen Sie, ob Sie ein grünes Lämpchen leuchten sehen."

Der „Riese" tippte die Zahlen ein und sagte nach einer Sekunde: „Leuchtet!"

„Dann drücken Sie die Taste „Open":" gab Heinz die nächste Anweisung. Ein kurzes Surren teilte den beiden mit, dass der Tresor offen war.

Diesmal war es ein Dankgebet, das das Kabinendach durchdrang. Heinz hatte erst vor kurzer Zeit in ihrer Wohnung in Wien einen Tresor eingebaut. Die Werkseinstellung für das Zahlenschloss aller Modelle dieser Firma war 9876, sie stand in der Betriebsanleitung. Man konnte den Code dann individuell anpassen. Da das Schiff neu war, hatte Heinz einfach angenommen, dass das noch niemand gemacht hatte. Und er hatte gehofft, dass auch bei diesem Modell die Grundeinstellung 9876 war. Die Hoffnung hatte sich erfüllt.

Der „Riese" nahm den gesamten Inhalt des Tresors heraus und legte alles auf das Bett. Die meisten Unterlagen bezogen sich auf das Schiff. Ein Messbrief des Germanischen Lloyd, der offiziell die Maße des Schiffes festlegte, die zypriotische Registrierung, die Zulassung für die Teilnahme am Schiffsfunk mit der Zuweisung des Kennzeichens und noch einiges mehr. Darunter war auch das Alarmhandy, auf dessen SMS-Speicher vermutlich bereits eine Unzahl von Positionsangaben der „Julietta" auf ihren Abruf warteten. Aber es gab auch ein, mit einem fantasievollen Firmensiegel von Ferretti verschlossenes Kuvert, in dem sich leicht fühlbar die Konturen eines Schlüssels abzeichneten. Dieses Kuvert warf der „Riese" nun Heinz Lauberg zu und der riss es auf. Der Schlüssel sah tatsächlich so aus, als könnte er zu dem Schloss im Keyboard des Zentralcomputers passen.

Mit dem schon gewohnten Sicherheitsabstand zwischen den beiden, gingen sie wieder zum Fahrstand.

Heinz steckte den Schlüssel an, drehte ihn eine viertel Umdrehung und auf dem Bildschirm erschien die verheißungsvolle Meldung: „Enter new password!" Ohne zu Zögern, gab er „ARALC" ein, die Umkehrung des Namens seiner Frau. Sehen konnte man nicht, was er tippte, da auf dem Bildschirm lediglich Sternchen erschienen. Aber es schien den „Riesen" auch nicht zu interessieren. Er hatte sich umgedreht und blickte nach hinten in den Salon. Dann kam auf dem Schirm die Meldung: „Confirm new password!" Ein weiteres Mal gab Heinz „ARALC" ein und wie im Zaubermärchen erwachten die beiden anderen Bildschirme zum Leben und eine größere Anzahl von Kontrolllampen im Bereich des Fahrstandes leuchtete auf.

Die Siegesmeldung „Es funktioniert!" blieb ihm im Hals stecken.

Gerade als er sich umwandte, öffnete sich die Türe zur Pantry, heraus trat eine junge Frau mit einem Serviertablett. Als sie ihn sah, konnte sie gerade noch verhindern, dass ihr das Tablett aus den Händen fiel. Stockend brachte sie das Wort „Frühstück" heraus. Dann ging sie zum Speisetisch und stellte ihre Last dort ab. Wie ein folgsames Kind wandte sie sich anschließend zum „Riesen" und der legte ihr wortlos, als sei dies die normalste Sache der Welt, Handschellen an.

Neue Erkenntnisse

Die Rückfahrt war für Clara wesentlich weniger strapaziös gewesen, als der Weg zur Jacht. Sie legte die Strecke wie in Trance zurück. Ein gütiger Mechanismus einer überbeanspruchten Psyche hatte alle Gedanken an das aktuelle Geschehen blockiert. Sie achtete mit ihrer ganzen Aufmerksamkeit darauf, mit dem Boot einen entsprechenden Abstand zum Ufer einzuhalten, um nicht in den Bereich der brechenden Brandungswellen zu kommen, sie hielt die Drehzahl des Motors auf einem ökonomischen Niveau, ja sie fror nicht einmal mehr.

Die Ereignisse hatten ihre Emotionen irgendwie abgeschaltet. Ihre Bewegungen waren die eines gut programmierten Automaten. So erreichte sie kurz nach sieben Uhr früh wieder den Hafen von San Sebastian. Als sie wieder die vertraute Silhouette der „Calima" vor sich sah, fiel ihr Schutzpanzer allerdings plötzlich von ihr ab. Sie begann, heftig zu weinen. Sie wollte sich beherrschen, sie gestand sich keine Schwäche zu und der Ärger über ihr eigenes Verhalten führte schließlich tatsächlich dazu, dass sie ihre Tränen wieder unterdrücken konnte.

Wenige Meter von der Badeplattform der „Calima" entfernt, schaltete sie den auf Standgas tuckernden Außenborder ab und glitt geräuschlos an das Schiff heran. Sie machte fest und stieg auf den vergleichsweise stabilen Boden ihres Schiffes. Zwei Auftritte aus Holz brachten sie in die Plicht. Von Dieter Böhmer war nichts zu sehen. Clara vermutete, dass ihm das bloße Warten zu lang geworden war und er nun schlafend in seiner V-Koje lag. So gerne sie ihm die Ruhe gegönnt hätte, es mussten Handlungen gesetzt werden! In Mitteleuropa war es schon acht Uhr vorbei und außerdem merkte sie wieder die Kälte, die ihre nasse Kleidung verströmte. Wollte sie nicht krank werden, dann brauchte sie sofort eine heiße Dusche und trockene Kleider. Sie schob die unverschlossene Türe zum Salon auf. Sofort erwachte Dieter Böhmer, der dort auf einer für ihn viel zu kurzen Bank ein unbequemes Schläfchen gehalten hatte.

„Mein Gott, bin ich froh, dass du wieder gesund zurück bist!", drückte er die Sorge, die ihn bis zum Einschlafen beherrscht hatte, in Worten aus.

„Nun, ob ich gesund bin, werden wohl erst die nächsten Tage zeigen, aber zurück bin ich, so viel ist sicher!", versuchte Clara sich von einer lockeren Seite zu zeigen.

„Und wie geht es unserem Helden?", ging Dieter Böhmer auf den vorgetäuschten heiteren Grundton der Unterhaltung ein.

„Heul jetzt bloß nicht los!", befahl Clara sich innerlich und sagte: „Heinz lebt, so viel konnte ich sehen. Gesprochen habe ich ihn praktisch nicht, das haben die Verbrecher verhindert. Aber sein Aussehen war schlimm. Seine Kleidung ist zerrissen und mit Blut befleckt." Sie schluckte. „Bloß nicht heulen!", unterdrückte sie ein weiteres Mal ihre natürlichen Regungen. „Und ich habe Arbeit für dich mitgebracht."

Dieter Böhmer stand auf und streckte sich. „Ich schlage vor, dass du unter die heiße Dusche gehst und dich umziehst. In der Zeit mache ich uns ein zweites Frühstück und dann gehen wir die Sache an!", sagte er zu Clara.

„Das ist eine gute Idee", stimmte Clara zu und setzte nach: „Aber bitte diesmal keine Croissants. Falls du Eier in eine Pfanne schlagen kannst, dann wäre die Sache perfekt!"

„Ich kann auch einige Dinge, die ich nicht bei dir gelernt habe. Eier in die Pfanne schlagen gehört dazu!", antwortete Dieter Böhmer in einem gespielten leicht beleidigten Tonfall.

Als Clara, fest in das wärmende Frottee eines Bademantel gewickelt, zurück in den Salon kam, standen schon eine Kanne mit Kaffee, Tassen und zwei Teller mit Rührei auf dem Tisch. Dieter Böhmer war eben mit dem Streichen von zwei Butterbroten beschäftigt. Clara ergänzte die Vorbereitungen noch mit braunem Zucker für den Kaffee und Pfeffer und Salz für das Rührei. Dann konnte es losgehen.

Noch während des Essens holte Clara den Zettel, den der eine Entführer ihr gegeben hatte und übergab ihn an Dieter Böhmer. Der warf einen kurzen Blick darauf und sagte dann: „Nun, das bringt ein bisschen mehr Klarheit in den Fall. Der Name, der hier steht, ist der meines Klienten und Schiffseigners. Auch die Telefonnummer stimmt. Und welche Botschaft gehört zu diesem Zettel?"

Clara schluckte das Stück Butterbrot, das sie eben abgebissen hatte hinunter und sagte: „Ich muss in drei Tagen um zwölf Uhr mittags die andere Telefonnummer, die auf dem Zettel steht anrufen und dem Mann sagen, dass eine Million Euro-Lösegeld bereit für die Übergabe sind. Ich erfahre dann wo und wie die Übergabe stattfinden soll. Wenn alles klappt, hat der Mann gesagt, dass beide Geiseln nach einer Woche freigelassen werden. Wenn nicht, oder wenn wir die Polizei einschalten dann – und ich zitiere jetzt die Lieblingsformulierung des Mannes – ‚alle tot!'"

Mit einem unverständlichen Gebrummel kratzte sich Dieter Böhmer das unrasierte Kinn. Clara beobachtete ihn besorgt. „So, wie du mir deinen Klienten beschrieben hast, kann doch der Betrag kein Problem sein, wo ja sogar eine Versicherung dafür besteht!?"

Dieter Böhmer schüttelte den Kopf: „Es ist nicht die Höhe der Summe, es ist ihre Geringfügigkeit, die mich nachdenklich macht."

Nun war Clara ja gewöhnt, dass die Hochfinanzwelt, in der sich ihr ehemaliger Student Dieter Böhmer umtat, in anderen Dimensionen dachte. Aber eine Million Euro in das Schubfach „Geringfügigkeit" abzulegen, das war für sie doch immer noch befremdlich.

Sie machte darüber aber keine Bemerkung.

„Was sagt uns das?", schien Dieter Böhmer eher für sich zu sprechen, als für seine Zuhörerin. „Das sagt uns, dass die Entführung nicht geplant war. Sie ist quasi ein Zubrot", setzte er fort.

„Und warum sagt uns das das?", fragte Clara, die den halb ausgesprochenen Gedanken des Anwaltes nicht folgen konnte.

„Es ist doch ganz einfach", antwortete Dieter. „Eine Entführung ist in keiner Hinsicht eine Kleinigkeit. Das brauche ich ja einer prominenten Strafverteidigerin kaum zu sagen. Jeder Entführer, der auch nur einen Funken Grips im Kopf hat, würde daher versuchen, ein Maximum an Geld aus dem eingegangenen Risiko heraus zu schlagen. Die hätten ganz leicht ein Vielfaches der geforderten Summe erzielen können. Also hatten sie keine echten Informationen. Sie wussten nichts über die wirklichen finanziellen Möglichkeiten über die mein Klient verfügt. Es gab demnach keine echte Recherche vor der Tat. Dass Geld da sein musste, das haben sie wohl wegen der Jacht vermutet. Aber im Detail gewusst haben sie es nicht."

Das leuchtete Clara ein und sie meinte: „Da sie Heinz eine Woche behalten wollen, die Übergabe des Geldes aber kaum später als in drei Tagen stattfinden wird, können wir, glaube ich annehmen, dass sie ihren ursprünglichen Plan weiter verfolgen. Wie immer der auch ausgesehen haben mag. Es scheint mir so, als ob sie Heinz dafür brauchen würden."

„Wenn du Recht hast, dann gibt uns das eine Woche Zeit", stimmte Dieter Böhmer zu und setzte fort: „Es wäre natürlich gut zu wissen, was ihr eigentliches Vorhaben ist."

Nun war das Gespräch an einem Punkt angelangt, an dem es Clara wichtig erschien, eine Klarstellung zu treffen. „Ich möchte eines ganz unmissverständlich aussprechen: Ich tue alles dafür, dass ich Heinz lebend und möglichst gesund wieder bekomme. Ich bin mit keiner Maßnahme einverstanden, die dieses Ziel gefährden könnte. Möge die Million oder die Jacht zum Teufel gehen. Ich will Heinz wieder haben. Ich hoffe, du denkst ebenfalls so. Immerhin bist du ja auch sein Freund!"

Dieter Böhmer nickte bejahend und sagte: „Das sehe ich ganz genauso. Toll fände ich es allerdings, wenn wir Heinz gemeinsam mit der

Tochter meines Klienten aus irgendeiner abgelegenen Bucht abholen könnten."

Dem stimmte Clara zu. Sie sahen einander an und Clara sprach aus, was beide dachten: „Jetzt wäre es super, wäre ich jünger, würde ich „cool" sagen, wenn wir einen Plan hätten!"

Dieter Böhmer meinte nachdenklich: „Da gebe ich dir Recht, muss aber zugeben, dass mir in dieser Hinsicht noch nichts eingefallen ist. Aber ich leite jetzt einmal die notwendigen Schritte ein, damit wir das Lösegeld zum geforderten Zeitpunkt bereithaben. Und dann werde ich mich um die Möglichkeit kümmern, einen Hubschrauber zu chartern."

Clara stimmte den nächsten Vorhaben zu. Plötzlich fühlte sie sich hundemüde. Die Anstrengungen, der körperliche und psychische Stress und die lang andauernde Unterkühlung forderten ihren Tribut. Während Dieter Böhmer die notwendigen Telefonate führte und sich schließlich in der Stadt auf die Suche nach einem Internetcafé machte, kroch Clara in die Koje, deckte sich warm zu und war nach kurzer Zeit bereits eingeschlafen.

Als sie nach drei Stunden wieder erwachte, war es nicht nur Mittag, sondern es schien auch die Sonne von einem beinahe wolkenlosen Himmel. Solche raschen Wetteränderungen sind auf den Kanaren nicht selten. Lediglich die kräftige Dünung auf See erinnerte noch an die stürmischen Verhältnisse der vergangenen Nacht. Dieter Böhmer berichtete, dass er auf Gran Canaria ein privates Flugunternehmen ausfindig gemacht habe. Der Hubschrauber sei zwar heute noch gebucht, aber ab morgen verfügbar. Dieter Böhmer war es gelungen, eine Abmachung zu treffen, die ihnen im Bedarfsfall einen raschen Zugriff auf die Maschine ermöglichte. Rundflüge von bis zu zwei Stunden konnte das Unternehmen problemlos annehmen, bei längeren Vorhaben bestand die Vereinbarung, dass sich das Unternehmen vor einer Zusage telefonisch melden würde. Dafür bezahlte Dieter Böhmer ein „Bereitschaftshonorar", wie er es nannte.

Sie beschlossen, in der Nähe der Marina in ein Restaurant essen zu gehen. Dabei wollten sie über mögliche Aktionen zur Befreiung der Geiseln nachdenken.

Eine halbe Stunde später saßen sie unter einem Sonnenschirm und hatten bereits ihre Bestellung aufgegeben. Um klaren Geistes an ihre Überlegungen herangehen zu können, hatten beide auf ihr Bierchen verzichtet. Dieter Böhmer trank Cola, Clara *un agua mineral con gas*.

Sie hatten ihr Essen noch nicht bekommen, als das Telefon des Anwaltes klingelte. Er zog es aus der Gürteltasche, blickte auf das Display und sagte: „Es ist Waldhof, mein Klient und der Eigner der „Julietta"." Dann drückte er die Annahmetaste und meldete sich.

Clara achtete nicht sehr auf das Gespräch, insbesondere da Dieter Böhmer sich bei seinen Fragen und Antworten sehr kurz hielt. Das Telefonat zog sich dennoch ziemlich in die Länge, so dass das Essen inzwischen aufgetragen wurde. Clara hatte entschieden, dass sie Kraftnahrung benötigte und sich ein Filetsteak mit der ortsüblichen kleinen Salatgarnierung und kanarischen Kartoffeln bestellt. Dieter Böhmer bekam zwei gebratene Tunfischscheiben, ebenfalls mit Salat und Kartoffeln serviert. Er machte Clara ein Zeichen, sie solle mit dem Essen beginnen. Nach einer kurzen Höflichkeitspause und weil sich immer noch kein Ende des Gespräches abzeichnete, griff sie nach dem Besteck und begann die Mahlzeit. Das schlechte Gewissen, das sich in ihr breit zu machen begann, weil sie so ein tolles Essen vor sich stehen hatte und nicht wusste, ob ihr Heinz überhaupt etwas zwischen die Zähne bekam, versuchte sie rational zu bekämpfen. Sie sagte sich, dass es niemandem nützte, wenn sie ab sofort nur noch Butterbrote essen würde.

In diesem Moment beendete Dieter Böhmer das Gespräch, sah Clara an und sagte: „Also, das ist ja wirklich ein dicker Hund!"

Clara blickte fragend von ihrem Steak auf.

Dieter Böhmer fuhr fort: „Die Kaperung der Jacht war bestellt!" Clara fiel das Messer aus der Hand.

Eine Hinrichtung

Heinz Lauberg hatte bemerkt, dass die Frau, die das Tablett mit dem Frühstück gebracht hatte, wieder in der Pantry verschwunden war. Der „Riese" deutete ihm, mitzukommen und wies ihm einen Platz an einem Ende des Tisches an. Er setzte sich auf dieselbe Seite des Tisches, jedoch an das andere Ende. Die beiden Stühle dazwischen hatte der „Riese" vorher zur Seite gestellt. Heinz Lauberg war langsam echt beeindruckt von der Professionalität, mit der dieser Mann, wahrscheinlich aber beide der Entführer, zu Werke gingen. Durch diese Art der Platzierung konnte der Kidnapper Heinz jederzeit und unbehindert von der Tischplatte oder den anderen Stühlen beobachten und war auch weit genug entfernt, um nicht von einem plötzlichen Angriff überrascht werden zu können. Heinz dachte aber gar nicht daran, den „Riesen" anzugreifen. Zu deutlich zeichnete sich das Gegenargument mit Kaliber 44 im Hosenbund des Mannes ab.

Der Kidnapper machte eine Handbewegung und Heinz verstand, dass er sich von dem Kaffee einschenken sollte, der in einer Glaskanne vor ihm stand. Die Tasse, aus der er trinken sollte, trug den Schriftzug „Julietta". Der übertriebene Luxus begann Heinz langsam zu nerven. Es wäre ihm beinahe lohnend erschienen, die Tasse fallen zu lassen. Lediglich die unvorhersehbare Reaktion des „Riesen" hielt ihn davon ab. Obwohl er keine Aufforderung dazu erhalten hatte, griff er nach dem ungetoasteten Weißbrot, von dem mehrere Scheiben direkt auf der Serviertasse lagen. Offensichtlich war es so, dass man ihn bei Kräften halten wollte. Er sollte ja das Schiff fahren. Noch wusste er kein Ziel, aber das nahm er nicht so wichtig. Jetzt war Essenszeit und mit der ersten Brotscheibe kam auch der Hunger. Da der „Riese" keine Anstalten machte, auch zuzugreifen, trank Heinz eine zweite Schale Kaffee und wollte auch möglichst alle Brote essen, die auf der Tasse lagen. Da bemerkte er, wie der „Riese" mehrmals auf die Uhr schaute. Schließlich erhob er sich und sagte: „Genug! Du fahren!"

Wunschgemäß ging Heinz Lauberg zum Fahrstand und wartete auf weitere Anweisungen. Sein Bewacher ließ einen Zettel auf den Boden fallen, dem Heinz zunächst keine Beachtung schenkte. Er hatte diese Art der Kommunikation restlos satt. Angelegentlich blickte er durch die riesige Frontscheibe auf das offene Meer hinaus.

„Du Papier nehmen!", herrschte ihn sein Bewacher an.

„Ist dieses Spielchen wirklich notwendig, oder haben Sie solche Angst vor mir, dass wir Informationen immer über den Umweg des Fußbodens austauschen müssen?", sagte Heinz mit äußerlich ruhiger Stimme. Das Funkeln in seinen Augen sprach aber eine völlig andere Sprache. Heinz fühlte, dass er, wie Clara es nannte, seinen „Krokodilblick auf hatte" und hoffte, dass der Andere das nicht bemerkte. Etwas in ihm weigerte sich, so willenlos jedem Befehl dieses Verbrechers gehorchen zu müssen. Natürlich konnte Heinz Lauberg nicht wissen, wie viel der Andere von seinen Worten verstanden hatte. Die Reaktion ließ jedoch vermuten, dass zumindest die passiven Deutschkenntnisse des Russen nicht so schlecht waren. Er schubste mit der Schuhspitze das kleine Blatt Papier so nahe an Heinz heran, dass der es, ohne vom Steuerstuhl aufzustehen, erreichen konnte. „Ich habe einen kleinen Sieg errungen!", dachte Heinz, wissend dass er mit solchen Siegen sein Leben wohl nicht retten konnte.

Er las, was auf dem Blatt stand. Es war eine nautische Ortsangabe: „27° 54' N, 012° 58' W".

Fragend blickte er den „Riesen" an. Der schaute ebenso fragend zurück. „Du kannst Schiff dort hin fahren?"

Heinz legte die Stirne in Sorgenfalten und antwortete: „Ich kenne das Schiff nicht. Hier ist so viel Technik an Bord, dass ich das einfach versuchen muss. Ich kann es jetzt noch nicht versprechen."

„Gut, jetzt versuchen!", befahl der „Riese".

Heinz Lauberg widmete sich den Monitoren, Kontrolllampen und Schaltern. Zuerst überprüfte er die Ladung der Akkumulatoren. Die schienen inzwischen wieder randvoll zu sein. Dann gab er die gewünschte Position in den Computer ein und sah auf der elektronischen Seekarte, dass es sich dabei um eine Bucht, einige Kilometer südlich des marokkanischen Ortes Tarfaya handelte. Da die Bucht nicht direkt zu erreichen war, die Insel Gran Canaria lag im Weg, gab Heinz noch einen Wegpunkt ein, der das Schiff südlich um die Insel herum führen würde. Die daraus resultierende Entfernung betrug 232 nautische Meilen.

„Wann ist Schiff dort?", fragte sein Bewacher.

Wenn man von einer Reisegeschwindigkeit von etwa 30 Knoten ausging, dann würde die Fahrtdauer etwa siebeneinhalb Stunden betragen. Da es inzwischen zehn Uhr Vormittag war, konnte man davon ausgehen, dass die Ankunftszeit zwischen siebzehn und achtzehn Uhr liegen würde, was Heinz dem „Riesen" auch sagte. Der antwortete: „Erst ankommen acht Uhr Abend. Du machst großen Bogen um andere Inseln!"

Wunschgemäß gab Heinz noch einen Wegpunkt ein, der den Kurs weiter von der Südspitze Teneriffas seewärts verlagerte und er korrigierte auch den Wegpunkt bei Gran Canaria nach Süden. Damit war ein so großer Abstand gegeben, dass keine unmittelbare Gefahr bestand, auf die Guardia Civil oder die Küstenwache zu stoßen. Dann überprüfte er noch die Tankanzeigen und sah, dass der Treibstoffvorrat für die Fahrt leicht ausreichen würde.

„O. K.!", meinte Heinz und signalisierte damit, dass dem Beginn der Fahrt nichts mehr im Wege stand.

„Fahren!", stimmte der „Riese" zu.

Heinz startete die Motoren. Ein leichtes Vibrieren zeigte an, dass die beiden Zwölfzylinder zu laufen begonnen hatten. Ein Tastschalter setzte die hydraulische Ankerwinde in Tätigkeit. Es war eine ziemliche Länge an Kette gestreckt worden, aber schließlich rastete der Anker in seine Halterung ein. Heinz verließ in alter Gewohnheit den Steuerstuhl, um eine abschließende Runde um das Schiff zu machen und zu kontrollieren, ob auch außen alles fahrbereit war.

„Wohin?", unterbrach der Russe sofort den Versuch, den Steuerstuhl zu verlassen. „Ich will kontrollieren, ob die Kühlung funktioniert, ob alles so befestigt ist, dass sich auch in einer stark bewegten See nichts lösen kann und außerdem mache ich das immer so!" Heinz Lauberg klang zunehmend gereizt. Das Wort „kontrollieren" schien dem Mann sehr geläufig zu sein. Jedenfalls stand er auf, um Heinz zu folgen, peinlich genau darauf bedacht, immer zwei Meter Abstand einzuhalten. Heinz nahm die Gelegenheit wahr, das ganze Schiff zu besichtigen. Der überwältigendste Eindruck war die Höhe der Flying Bridge. Heinz hatte das Gefühl, auf der Terrasse eines mehrstöckigen Hauses zu stehen. Auch hier heroben gab es eine Bar, U-Sofa und einen, mit einer Abdeckung versehenen Steuerstand. Die Inspektion verlief zufrieden stellend. Des professionellen Anscheins wegen rüttelte Heinz einmal hier, einmal da, prüfte aufgeschossene Festmacherleinen und den Luftdruck in den Fendern, die in ihren Körben standen. Als ihm schließlich sein Verhalten selbst schon lächerlich erschien, nickte er bedächtig und kehrte zum Innensteuerstand zurück. Inzwischen waren die Motoren auf Betriebstemperatur und es konnte tatsächlich los gehen. Heinz Laubergs Hände zitterten ein wenig, als er zuerst den Vorwärtsgang einlegte und dann die beiden Fahrthebel zu etwa zwei Drittel nach vorne umlegte. Er hatte noch nie zuvor ein solches Schiff gefahren. Seine „Calima" brachte so etwa 120 PS auf die Propellerwelle. Hier war es die zwanzigfache Leistung. Die Vibrationen verschwanden und ein satter tiefer Ton zeigte an, dass die Motoren auf Touren kamen. Rasch nahm das Schiff Fahrt auf. Die automatischen Trimmklappen verhinderten, dass sich in der kurzen Übergangsphase von der Verdränger- zur

Gleitfahrt der Bug anhob. Die Voraussicht blieb ungetrübt. Dann war die Gleitgeschwindigkeit erreicht. Heinz Lauberg hätte schon den Autopiloten einschalten können, der dann die Jacht selbstständig über die beiden Wegpunkte zum endgültigen Ziel gesteuert hätte. Aber er wollte es noch eine Weile genießen, direkten Einfluss auf Geschwindigkeit und Kurs zu nehmen. Er hatte ja auch noch nie ein Schiff ohne Steuerrad gefahren. Die hydraulische Betätigung des Ruders wurde über den Joystick gesteuert. Heinz zog eine enge Kurve, um auf den richtigen Kurs zu kommen und der tiefe V-Rumpf durchschnitt die eigene, gewaltige Heckwelle mit einem leichten Nicken. Trotz der dauernden potenziellen Lebensgefahr, verspürte Heinz Lauberg fast eine Art von Glücksgefühl. Er hätte nicht gedacht, dass er jemals Skipper einer solchen Jacht sein würde. Doch gleich holte ihn die Realität wieder ein und er verspürte ein schlechtes Gewissen seiner „Calima" gegenüber.

Schließlich übergab er dem Autopiloten das Kommando und lehnte sich gemütlich im Steuerstuhl zurück. Nun hatte er Zeit, über seine Möglichkeiten nachzudenken, während die Küste von La Gomera immer undeutlicher wurde und sich das Schiff auf den Weg zur südlichen Umrundung von Teneriffa machte.

Er begann mit einer Bestandsaufnahme. Bis jetzt hatte er genau das gesehen, was er auch schon von seinem Ginsterbusch in der Bucht von Erese aus beobachtet hatte. Zwei Männer und eine Frau waren an Bord. Sie war ebenso eine Geisel wie er, wahrscheinlich die Tochter des Schiffseigners, die diese Überstellungsfahrt ohne das Wissen ihres Vaters mitgemacht hatte. Die Männer waren hochtrainierte ehemalige Angehörige einer gefürchteten Spezialeinheit der Roten Armee. Sich direkt mit denen anzulegen, kam einem Selbstmord gleich. Im Augenblick sah er nur zwei Möglichkeiten. Entweder wurde der raue Teil der Arbeit von Dritten erledigt, also etwa der marokkanischen Küstenwache, oder er musste versuchen, bei der nächsten sich bietenden Gelegenheit, abzuhauen. Das setzte aber zumindest Landnähe voraus. Im

Moment konnte man nichts anderes tun, als wachsam beobachten. „Vielleicht", so überlegte Heinz, „ergibt sich ja aus der einen oder anderen Verhaltensweise der Männer noch eine Chance."

Vom ursprünglichen Skipperehepaar fehlte aber jede Spur. In diesem Zusammenhang vermutete Heinz Lauberg Schlimmes.

Die Gedankenarbeit und der Schlafmangel der vergangenen Nacht, der durch die Ohnmacht offensichtlich nicht kompensiert werden konnte, führten dazu, dass Heinz Lauberg auf seinem bequemen Steuerstuhl einschlummerte. Erst ein elektronischer Signalton weckte ihn. Es war der Annäherungsalarm, den der Autopilot auslöste, als sich das Schiff dem ersten, von Heinz eingegebenen Wegpunkt näherte. Der bestätigte die Kursänderung, die das Schiff danach selbstständig durchführte. Ein Blick nach rechts zeigte Heinz, dass sein Bewacher inzwischen gewechselt hatte. „Sind ja letztlich auch nur Menschen, die genau so Schlaf brauchen wie ich", sagte er sich, bevor er wieder einschlummerte. Auf diese Fähigkeit, in nahezu jeder Situation schlafen zu können, war Heinz in seiner Zeit als Soldat recht stolz gewesen. Zwei Nächte und einen Tag, den er einmal im Dienst der Vereinten Nationen als Beobachteroffizier in Beirut unter Dauerbeschuss der israelischen Armee auf einer Kellertreppe verbracht hatte, waren der Beweis dafür, wie nützlich diese Fähigkeit sein konnte.

Angst vor einer Kollision hatte er keine. Er ging davon aus, dass sein neuer Bewacher, er beschloss, ihn wegen seiner Ähnlichkeit mit dem anderen Mann den „Bruder" zu nennen, wohl die Augen offen halten würde. Schon aus deren ureigenstem Interesse. Zusätzlich war das Schiff noch mit einem Kollisionswarngerät ausgestattet, das bei einem großen Schiff sicher Alarm gegeben hätte. Und ein Zusammenstoß mit einem Container oder sonstigem Treibgut würde vielleicht irgendeine Chance bringen, der Gefangenschaft zu entkommen. Jedenfalls schlief Heinz Lauberg tief und fest.

Zwischen Teneriffa und Gran Canaria wachte er auf, streckte sich und fühlte sich ausgeschlafen. Nun konnten die nächsten Anforderungen kommen. Doch es lief alles nach Plan. Das große Schiff zog unbeirrt seine Bahn und lag, trotz nicht geringem Seegang, sehr ruhig im Wasser. Er schaute beim Backbordfenster hinaus und versuchte, in der Ferne den Pico del Teide, seinen Lieblingsberg, zu erkennen, aber der hatte sich, wie um die Mittagszeit sehr oft, eine Wolkenmütze übergezogen. Im blauen Dunst ließen sich die ausgedehnten Föhrenwälder bei Vilaflor nur erahnen. Heinz Lauberg sah mehrere Flugzeuge im Anflug auf „Reina Sofia", den Südflughafen von Teneriffa, der in der Nähe eines der schönsten Sandstrände der Insel bei El Médano liegt und den internationalen Verbindungen vorbehalten ist.

Plötzlich merkte Heinz, dass sich die Aufmerksamkeit des „Bruders", wie er den zweiten Kidnapper bei sich nannte, nach hinten richtete. Gleichzeitig hörte er Schreie, die sehr gequält klangen und von ihm unverständlichen Worten in russischer Sprache unterbrochen wurden. Auch er wandte sich um und sah den „Riesen" den Niedergang von den Gästekajüten herauf kommen. Über die Schulter gelegt, ähnlich einem Mehlsack, trug er einen Mann. Dieser Mann war nackt bis auf einen ziemlich durchgebluteten Verband, der um die Körpermitte angelegt war. Die Art des Transportes schien dem Mann unerträgliche Schmerzen zu bereiten. Das berührte den „Riesen" offensichtlich überhaupt nicht. Als ihm seine menschliche Last von der Schulter zu gleiten drohte, brachte er den Körper durch eine rasche Bewegung wieder in die richtige Lage. Der verwundete Mann brüllte auf wie ein Tier. Heinz schaute den beiden nach, bis sie durch die Salontüre die Plicht erreicht hatten. Er sah, wie der „Riese" den Anderen einfach zu Boden fallen ließ.

Dann kam er zurück und sagte zu Heinz: „Mitkommen!" Anschließend öffnete er die Türe zur Pantry und wiederholte das Wort. Nach wenigen Sekunden kam die Frau zum Vorschein, die das Frühstück gebracht hatte. Sie sah sehr mitgenommen aus. Ihr kastanienbraunes Haar hing ihr in Strähnen herunter und im Gesicht glaubte Heinz auch die Zeichen von Misshandlungen erkennen zu können. Blutergüsse und eine sehr geschwollene, möglicherweise aufgeplatzte Oberlippe waren deutliche Zeichen für eine sehr raue Behandlung, die allerdings schon einige Tage zurück zu liegen schien.

Heinz Lauberg behagte diese Entwicklung überhaupt nicht. Irgendetwas Bedrohliches lag in der Luft. Er blickte sich um, ob er einen Gegenstand, der zum Gebrauch als Waffe geeignet schien, einstecken konnte, aber da war nichts. Nicht einmal eine Flasche stand irgendwo in Griffweite.

Die üblichen zwei Schritte vor ihrem Bewacher traten Heinz und die Frau nach draußen. Der Verletzte krümmte sich vor Schmerzen auf dem Boden. Der „Bruder" nahm ihn mit einer Hand auf und schleifte ihn zur Steuerbordreling. Dort hielt er ihn, wie einen Sack mit ausgestrecktem Arm von sich ab. Heinz merkte, dass von dem Verletzten ein Ekel erregender Verwesungsgeruch ausging. „Der Mann hat nicht mehr lange zu leben!", dachte er noch, nicht wissend, wie recht er mit diesem Gedanken hatte.

Plötzlich gab es zwischen ihm und der Frau, die neben ihm stand, eine Detonation, die sofort seine Ohren betäubte. Der „Riese" hatte hinter ihnen die 44er-Magnum abgefeuert. Heinz sah noch, wie der Schädel des Verletzten explodierte, dann riss es den schon toten Körper vom Schiff in die See. In der nächsten Sekunde erbrach sich die Frau neben ihm auf das Teakdeck der Plicht. In einem Reflex wollte er ihren konvulsivisch zuckenden Körper stützen, doch ein kräftiger Tritt, der ihn zu Boden schleuderte, hinderte ihn daran. Er sah, dass der „Bruder" zu der Frau trat, ihr eine kräftige Ohrfeige gab und sich dann das Blut und die Gehirnmasse, die ihm bei der Hinrichtung in das Gesicht gespritzt war, mit den Haaren der Frau abwischte.

Dann blickte er auf den „Riesen", der etwas zu ihm sagte. Heinz konnte aber nichts verstehen. Er hatte Angst, dass der Schuss sein Trommelfell hatte platzen lassen. Jedenfalls war das Einzige, das er hörte, ein metallisches Klingen. Er deutete auf seine Ohren und machte eine verneinende Geste. Darauf deutete ihm der „Riese" völlig gleichmütig, er solle wieder zum Steuerstand zurück kommen.

Heinz stand unter Schock. Er hatte bei seinen Auslandseinsätzen viele Tote gesehen. Erschossene, Menschen die von Granaten zerrissen worden waren. Auch das waren furchtbare Bilder. Aber er war noch nie Zeuge einer Hinrichtung gewesen.

Eine Weile saß er wie gelähmt vor den Bildschirmen und hatte doch nichts anderes vor Augen, als den in eine rote Aura gehüllten explodierenden Kopf des Verletzten.

„Solche Schweine!" Diese zwei Worte waren das Einzige, was er in hundert Wiederholungen dachte. Doch nach einigen Minuten kehrte sein Denkvermögen wieder zurück und er entschuldigte sich im Geist bei den tierischen Schweinen.

„Solche Menschen!", das wäre viel treffender gewesen.

Der zweite Annäherungsalarm brachte ihn ganz in die Wirklichkeit zurück. Sie hatten eben Gran Canaria weit südlich passiert und der Autopilot verlangte nach der Freigabe zur Kursänderung auf die Bucht in Marokko. Heinz drückte auf dem Computerschirm die Schaltfläche auf der der Schriftzug „Confirm" erschienen war und das Schiff richtete den Bug fast exakt nach Osten.

So schwer es ihm fiel, genauer darüber nachzudenken, beschäftigte sich Heinz dennoch mit diesem schlechten Theaterstück, zu dessen Betrachtung er vor etwas mehr als einer Stunde gezwungen worden war. Der Getötete war offensichtlich schwer verletzt gewesen. Er hatte russisch gesprochen und nach Heinz Laubergs Sprachverständnis hatte das flüssig und perfekt geklungen, auch wenn die Sprache immer wieder durch Schmerzensschreie unterbrochen worden war. Man konnte also davon ausgehen, dass dieser Mann ursprünglich zu den Verbrechern gehört hatte. Obwohl er wesentlich älter und auch nicht von jener bärenhaften Statur gewesen war, wie seine beiden Mörder. Was zu seiner Verletzung geführt hatte, das ließ sich auch durch schärfste Gedankenarbeit nicht herausfinden. Jedenfalls war sie schon einige Tage alt, sonst hätten die Sepsis bedingten Verwesungsprozesse nicht so weit fortgeschritten sein können. Der Verwesungsgeruch, der von dem Mann ausgegangen war, belegte das Vorhandensein von Wundbrand. Die Verletzung war demnach gravierend gewesen und hatte auch nicht richtig behandelt werden können.

Heinz Lauberg lief eine Gänsehaut über den Rücken. Es war unvorstellbar, was der Mann gelitten haben musste. So gesehen, war der schnelle Tod, den er gefunden hatte, eine Erlösung gewesen. Aber warum diese Inszenierung? Wollten die Leute Zeugen für den Mord haben? Das konnte ja wohl nicht das Ziel sein. Heinz Lauberg fand nur eine Erklärung: Es diente ihrer Einschüchterung. Die Frau und er sollten sehen, dass diese beiden Verbrecher zu allem ohne Zögern bereit waren. Sie begingen einen Mord vor Publikum! Und dann noch die Geschmacklosigkeit, sich das bespritzte Gesicht an den Haaren der Frau abzuwischen!

Wäre es noch nötig gewesen, so hätte Heinz Lauberg in diesem Geschehen die Bestätigung dafür gefunden, dass die Kidnapper niemals vorhatten, sie frei zu lassen. Irgendwann in den nächsten Tagen würde die Mündung der 44er auf sie zeigen. Natürlich hatte Heinz das innerlich ohnehin vermutet. Aber die kalte Gewissheit, die ihm das eben Erlebte in diesem Zusammenhang verschaffte, führte zu einer unerwarteten Reaktion: Er wurde vollkommen ruhig! Und er wusste, dass diese innere Distanz zum Überleben wichtig war. Nur höchste Konzentration und die Bereitschaft, jede Möglichkeit sofort und effektiv auszunützen, konnte ihm und vielleicht auch der mitgefangenen Frau noch helfen. Das schloss sogar die Tötung der beiden Kidnapper ein, wenn er nur die Gelegenheit und die Mittel dazu auf irgendeine Weise in die Hand bekam. Heinz Lauberg war zu allem bereit.

Gefährliche Geschäfte

Dieter Böhmer hatte darauf bestanden, erst an Bord der „Calima" über seine eben erhaltenen Informationen zu sprechen. Sobald sie im Schatten des Sonnendaches auf der Fly saßen, begann er zu erzählen:

„Zum Verständnis der ganzen komplizierten Sache, muss ich etwas weiter ausholen. Und natürlich ist alles, was ich dir jetzt erzähle, streng vertraulich. Anwaltsverschwiegenheitspflicht – du kennst das ja. Der Mehrheitseigner der Jacht, mein Klient, ist Wenzel Waldhof. Ich arbeite schon einige Jahre für ihn. Er hat mehrere Firmen im In- und Ausland. Besonders nach der Ostöffnung konnte er sich in den neuen Demokratien wirtschaftlich gut etablieren. Seine Großeltern stammten aus Nordböhmen. Sie hatten dort mehrere Höfe und auch eine Menge Land besessen. Der Kommunismus machte all dem ein Ende. Nun, nachdem dort wieder europäische Verhältnisse eingekehrt sind, war es Wenzel Waldhof möglich, einen Großteil des ehemaligen Besitzes seiner Familie wieder zurück zu erhalten beziehungsweise zu sehr günstigen Konditionen zu erwerben.

Dabei habe ich dann teilweise schon die Finger im Spiel gehabt.

Nun gibt es im Osten nicht nur Land, sondern auch alle möglichen Güter, für die in anderen Gegenden der Welt Interesse besteht. Es geht dabei um Kunstgegenstände wie Bilder oder auch altes Glas, Möbel und Ähnliches. Waldhof gründete deshalb eine Handelsfirma. In dieser Gegend gab es aber schon einen Mann, der bereits über gute Verbindungen verfügte. Sie reichten von der so genannten „guten Gesellschaft", die sich nach dem Ende des Kommunismus ja in überraschender Geschwindigkeit entwickelt hat, über zum großen Teil altösterreichische Adelsfamilien und die Wirtschaft bis in die Politik. Waldhof erkannte natürlich sofort, dass ihm dieser junge Mann nützlich sein konnte und schlug ihm vor, eine gemeinsame Gesellschaft zu gründen. Der eine, mein Klient, hatte die notwendigen Mittel und der andere war auch nicht gerade arm und konnte die notwendigen Beziehungen beisteuern. Beide kochten also nun an einem gemeinsamen Gericht, hatten aber nebenbei noch persönliche Süppchen am brodeln.

Die Handelsfirma entwickelte sich prächtig und ich darf sagen, dass ich daran ordentlichen Anteil hatte und noch immer habe. Die regelmäßigen persönlichen Kontakte führten dazu, dass Karsten Braun, so heißt dieser Mann, Waldhofs Tochter Julietta kennen lernte. Wie es im Detail lief weiß ich nicht, jedenfalls entwickelte sich daraus das, was man heute eine Lebenspartnerschaft nennt, auch wenn die meisten dieser Verhältnisse nur sehr kurz „leben". Über alle Details bin ich in diesem Zusammenhang selbst nicht informiert. Vermutlich tut das nichts zur Sache.

Als Wenzel Waldhof die Idee mit dem Schiff und später die mit dem Ferienresort auf den Kapverden hatte, wurde in Zypern eine Gesellschaft dafür gegründet. Achtzig Prozent dieser Gesellschaft gehört dem gemeinsamen böhmischen Unternehmen, zehn Prozent Wenzel Waldhof persönlich und jeweils fünf Prozent Karsten Braun und einem griechisch-zypriotischen Strohmann.

An einem der letzten Tage hat jedenfalls Waldhof den Braun darüber informiert, dass seine Tochter an Bord der gekaperten „Julietta" ist. Vermutlich erst nachdem das mit Sicherheit feststand. Nun hat Braun, offensichtlich mit einiger zeitlicher Verzögerung gebeichtet, dass er –

es ist unglaublich – die Kaperung der Jacht selbst gemanagt hat. Das Schiff hätte tatsächlich versenkt werden sollen."

Clara hörte mit höchster Konzentration zu und fragte: „Brauchte der Mann Bares aus der Versicherungssumme?"

Dieter Böhmer nickte: „Genau! Der Typ hat exakt jene Geschäfte gemacht, von denen man als Einzelner die Finger lassen sollte. Er versuchte, in den Handel mit spaltbarem Material einzusteigen. Natürlich kann man sich dabei derzeit eine goldene Nase verdienen. In Russland verschwindet dieses Zeug laufend in unsichtbaren Kanälen. Alte atombetriebene Schiffe und U-Boote werden ausgeschlachtet. Bei den Schrottkraftwerken fällt einiges an und so weiter. Immerhin findet dort ja gerade der Bankrott einer ehemaligen Supermacht statt. Das alte Sprichwort „Rette sich, wer kann!" wurde in den vergangenen Jahren zu „Rette, was du kannst!", und das wird auch noch eine ziemlich lange Weile so bleiben. Karsten Braun, für mich ein recht unsympathischer *„happy go lucky"* Typ, hat wohl geglaubt, da so einfach einsteigen zu können.

Jedenfalls scheint er gleich zu Beginn jemandem auf die Zehen getreten zu sein. Eine Lieferung, für die er das Geld schon in der Tasche hatte, wurde abgefangen und kam nie beim sehnsüchtig wartenden Empfänger an. Braun hatte aber das Geld schon wieder investiert und als er versuchte, für die verloren gegangene Ware Ersatz zu beschaffen, ließ ihn sein Lieferant auflaufen. Niemand war bereit zu verkaufen. Er musste aber zumindest das Geld zurück geben. Aus dieser Zwangslage heraus wurde die Idee mit der Versenkung der „Julietta" geboren."

Clara schüttelte den Kopf und meinte: „Wenn er aber nur Fünf-Prozent-Eigner ist, dann kann das, trotz des Wertes dieser Jacht, doch dafür nicht ausreichen."

Der Anwalt erwiderte: „Da er an der böhmischen Gesellschaft, die ja 80 Prozent am Schiff hält, mit knappen 30 Prozent beteiligt ist, wollte er seinen daraus resultierenden Anteil am Schiff meinem Klienten zum Kauf anbieten. Braun hätte sich damit aus der Sache mit dem Schiff zurück gezogen und dann hätte wohl auch das Geld gereicht, um nicht die schlechten Manieren seiner Plutoniumpartner kennen lernen zu müssen. Offensichtlich hat er denen seinen Plan im Detail erklärt. Jedenfalls zeigten die sich von der großzügigen Seite. Sie boten ihm an, die Sache selbst in die Hand zu nehmen. Wahrscheinlich trauten sie ihm auch nicht zu, in einer halbwegs absehbaren Zeit die entsprechenden Leute für so einen Job aufzutreiben, womit sie vermutlich Recht hatten."

Obwohl Clara nun schon beinahe überhaupt nichts mehr verwundern konnte, stellte sie fest: „Es scheint aber dann doch zu einigen Änderungen im Plan gekommen zu sein. Sonst läge ja die „Julietta" nicht in der Bucht von Erese, sondern auf dem Grund des Atlantiks!"

„Ja, jetzt beginnen die Informationen etwas auszufransen. Tatsächlich hätte das Schiff kurz nach der Straße von Gibraltar versenkt werden sollen. Angeblich war vorgesehen, ein Loch oder auch mehrere in den Schiffsboden zu sprengen. So genau weiß ich das auch nicht. Damit hätte das Skipperehepaar gute Überlebenschancen gehabt. Die Gegend ist stark befahren und es gibt ja eine Menge Rettungsmittel an Bord, wie mir versichert wurde. Wie man allerdings die Zeugenaussagen der beiden alten Leute passend hinbiegen hätte wollen, das ist mir nicht ganz klar. Ein Schiff explodiert nicht einfach. Diese Erfahrung hat ja auch Udo Proksch mit seiner „Lucona" machen müssen. Jedenfalls dürfte die ganze Sache dann irgendwie aus dem Ruder gelaufen sein."

„Eines kann ich dir versprechen", sagte Clara mit zusammengekniffenen Augen. „Falls Heinz da nicht lebend heraus kommt, dann wird mich dieser Karsten Braun in irgendeiner dunklen Nacht tätlich angreifen und ich werde anschließend einen Prozess wegen Notwehrüberschreitung am Hals haben!"

„Heinz kommt zurück!", versprach Dieter Böhmer und setzte fort: „Übrigens kommt morgen ein Agent der Versicherung mit dem Lösegeld in Teneriffa an. Ich werde das Geld übernehmen und dann fährt der Mann wieder zurück."

Clara wurde während der langen Ausführungen des Freundes immer unruhiger. Schließlich unterbrach sie: „Dieter, was meinst du, sollten wir nicht mit dem Wagen wieder zur Bucht fahren, vielleicht erkennen wir irgendetwas, das uns helfen kann! Außerdem weiß ich nicht, für wie lange Heinz den Wagen gemietet hat. Ich schlage also vor, dass wir zuerst zum Autoverleih gehen und uns dann auf den Weg machen."

Dieter Böhmer war einverstanden, erinnerte aber daran, dass es noch eine Vereinbarung mit Pablo Contreras gab. Sie beschlossen daher, sich zu trennen. Der Anwalt sollte auf der „Calima" den Mechaniker erwarten und Clara wollte sich inzwischen um den Wagen kümmern.

Schon eine halbe Stunde später war sie im Büro des Rent a Car. Der Mann machte eine riesige Szene, denn der Mietvertrag war schon vor einem Tag abgelaufen. Nun hatte Clara Lauberg aber keine Lust, sich die Vorwürfe lange anzuhören. Sie schnitt dem jungen Mann das Wort ab, mietete den Wagen für eine weitere Woche, zahlte für den überzogenen Tag eine horrende Gebühr und als der Typ sie dann noch mit einem „Aber sie müssen den Wagen pünktlich zurück geben!" verabschiedete, hätte sie ihm am liebsten eine geknallt!

Als sie zur „Calima" zurück kam, war Pablo Contreras bereits fürstlich entlohnt wieder abgezogen. Neues war ihm nicht zu entlocken gewesen. Dieter Böhmer hatte den Eindruck, dass der Mann das Geschehen so rasch wie möglich verdrängen wollte. Clara konnte das gut nachfühlen.

Gemeinsam stiegen sie also in das in der Sonne bratende Auto und fuhren los. Von San Sebastian aus verlief die Straße hinter dem Hügel, auf dem die Gomerer die brasilianische Christusstatue nachgebaut haben, weit in das Landesinnere. Tief eingeschnittene Barrancos behindern den Bau von Uferstraßen dermaßen, dass es auf der ganzen Insel keine einzige gibt.

Sie fuhren von der Küstenregion, die eher von den für die Kanaren üblichen Tabaiba Pflanzen besiedelt ist, bis in die Zone der Baumheide. Das sind mehrere Meter hohe Erika-Gewächse. Sie sind eine der sehenswerten Naturwunder der Inseln. Auf der Passhöhe Degollada de Peraza zweigten sie links ab und fuhren wieder zur Küste nach Playa Santiago. Da der Ort eine Umfahrungsstraße hat, mussten sie nicht bis ans Meer hinunter fahren, sondern wandten sich nach rechts in Richtung des kleinen Flughafens, dessen Zubringer von ihrer Straße links abzweigte. Nun war es nicht mehr weit bis zu dem Feldweg, dem sie zu Fuß bis zum Abhang mit dem Ginsterbusch folgten.

Dieter Böhmer ging voran. Als er die Geländekante erreichte, blieb er wie angewurzelt stehen. „Sie sind fort!", rief er erschrocken aus. Sofort griff er in die Tasche seiner Hose und holte das Mobiltelefon heraus, um den Helikopter zu rufen. Dann fiel ihm aber ein, dass die Maschine heute noch nicht verfügbar war. Noch bevor er eine Taste drücken konnte, legte Clara ihren Arm schwer auf den seinen und sagte: „Wo willst du sie suchen?"

Er sah sie an. Ihre Gesichtszüge wirkten versteinert. Ohne ein weiteres Wort drehte sie sich um und ging mit gesenktem Kopf den Weg zurück zum Wagen. Schweigend stapfte Dieter Böhmer hinter ihr her. Er wusste, dass sie Recht hatte. Das Schiff konnte überall sein. Außerdem hatte der Pilot des Hubschraubers gesagt, dass seine Maschine nicht voll nachtflugtauglich ausgerüstet war. Es handelte sich eben nur um einen kleinen *Island Hopper*, den reiche Touristen stundenweise charterten.

Beim Auto angekommen, fragte Dieter: „Was sollen wir jetzt machen?"
„Warten. Einfach warten! Aber falls dir oder den Herren Braun oder Waldhof Besseres einfällt, dann zögert nicht, mich zu informieren", antwortete Clara mit galliger Bitterkeit in der Stimme. Jetzt fühlte sie sich wirklich am Ende. Sie war leer. Ausgebrannt. Sie brauchte

jetzt ein paar Minuten für sich alleine, um sich etwas zu beruhigen, ging am Wagen vorbei, überquerte die Straße und setzte sich einige Meter weiter auf den Boden. Ihr war klar, dass mit der Abfahrt der Jacht zu rechnen gewesen war. Sie brauchten den Skipper Heinz Lauberg ja wohl nicht, um in der Bucht liegen zu bleiben.

Dieter Böhmer nahm ihr den Angriff nicht übel. Hätte er sie nicht darum ersucht, nach der „Julietta" zu suchen, dann wäre das alles nicht geschehen. Aber er wusste auch, dass Clara bald wieder so weit sein würde, die Dinge in ihrer richtigen Dimension zu sehen. Heinz Lauberg hatte ja selbst den Vorschlag gemacht, an Bord der „Julietta" zu gehen. Und Clara hatte dem zugestimmt. Es war ihm klar, dass er diesen Aspekt im Moment besser nicht vorbrachte. Also lehnte er sich an das Auto und sehnte sich nach einer Zigarette, obwohl er schon vor Jahren mit dem Rauchen aufgehört hatte.

Nach einigen Minuten kam Clara zurück zum Wagen. Ohne ein Wort stiegen beide ein und dann fuhren sie zurück nach San Sebastian, während sich die Sonne auf den Weg durch den letzten Teil ihres Tagbogens machte.

Als sie in San Sebastian ankamen, war es schon dämmrig. Wie überall im Süden ist diese Phase auch auf den Kanaren relativ kurz. Sie beschlossen, in einem der Uferlokale zu essen und dann in die Geborgenheit der „Calima" zurück zu kehren. Während sie auf ihr Essen warteten, fragte Dieter Böhmer: „Was meinst du, wohin können sie gefahren sein?"

Clara zuckte mit den Schultern und antwortete: „Das Einzige, was ich sicher sagen kann ist, sie fahren nicht nach Amerika! Dafür reicht der Sprit nicht. Aber sonst ... Sie können zu einer anderen Insel im kanarischen Archipel gefahren sein, immerhin gibt es sieben bewohnte und noch einige, die unbewohnt sind. Das Schiff kann aber genauso gut an der marokkanischen Küste sein oder auf der Fahrt zurück nach Europa oder weiter in den Süden." Sie beendete den Satz mit einer Geste der Hilflosigkeit.

Clara, eine Frau der Tat, konnte sich nur schwer damit abfinden, im Moment einfach nichts tun zu können. Erst das Telefonat mit den Kidnappern zu Mittag des dritten Tages würde die nächste Chance darstellen. Plötzlich stellte sich bei ihr die Erschöpfung ein, die nach den übermenschlichen Anstrengungen, die dieser Tag gebracht hatte, nur natürlich war. Sie verabschiedete sich von Dieter Böhmer und ging in die Achterkajüte. Beim Duschen merkte sie, dass die Trinkwassertanks der „Calima" fast leer waren. Darum wollte sie sich morgen kümmern. Als sie schließlich in ihrer Koje lag, brach ihr Schutzpanzer zusammen. Sie war todunglücklich und hatte in einem bisher unbekannten Ausmaß Angst vor der Zukunft. Clara Lauberg weinte sich in den Schlaf.

Am Rande der Sahara

Pünktlich zur vorgesehenen Zeit fuhr Heinz Lauberg das Schiff, nun von Hand aus gesteuert in die Bucht, die der Positionsangabe auf dem Zettel entsprach, ein. Die Sonne stand schon tief und leuchtete genau von achtern durch die Rauchglastüren in den Salon. Heinz beobachtete sorgfältig das Echolot. Er hatte vor, so nahe wie möglich beim Ufer zu ankern. Er glaubte zwar selbst nicht daran, dass sich die Chance auf einen Fluchtversuch eröffnen würde, aber falls doch, dann wollte er nicht endlose Strecken schwimmen müssen. „Wenn man in der Lotterie gewinnen will, dann muss man sich vorher ein Los kaufen", war einer seiner Sprüche.

Der „Riese" machte ihm aber einen Strich durch die Rechnung. Barsch wies er Heinz an, zu ankern. Der war enttäuscht. Bis an Land waren es noch mehrere hundert Meter. Es war eben eine flache Sandküste. Also stellte er beide Fahrthebel auf Leerlauf und nach einer Sekunde des Wartens kuppelte er den Retourgang ein, bis das Schiff zum Stillstand kam. Das Echolot zeigte eine Wassertiefe von 30 Metern an. Heinz streckte 100 Meter Ankerkette. Das musste bei dem hier vorliegenden Sandgrund für einen guten Halt des Ankers reichen. Bei langsamer Rückwärtsfahrt wartete er ab, bis ein leichtes Rucken durch das Schiff ging. Ein Zeichen dafür, dass sich der Anker eingegraben hatte. Er ließ die Motoren noch einige Minuten laufen, damit sich die Turbolader etwas abkühlen konnten, dann schaltete er ab. Das System schlug ihm vor, die Starterbatterien vom Versorgungsblock zu trennen, was Heinz bestätigte. Auf der „Calima" musste er selbst an diese regelmäßigen Routinen denken.

Um mehr wollte er sich nicht kümmern. Den Bildschirm, über den zum Beispiel die Klimaanlage gesteuert werden konnte, rief er kein einziges Mal auf. Als das Schiff in den Ruhezustand versetzt war, wobei jedoch der Zentralrechner weiter lief, sagte der „Riese": „Küche!" Es war ja nicht so, dass dieses Wort nicht einen gewissen Reiz auf Heinz Lauberg ausgeübt hätte. Mittagessen hatte es keines gegeben und so verspürte er einen ziemlichen Hunger. Aber er fürchtete, dass diese Anweisung nicht unbedingt mit Essen im Zusammenhang stand. Als er die Türe öffnete, sah er, dass dort die Frau auf dem Boden saß und eine Hand mit Handschellen an eine Griffstange gefesselt war. Innerhalb der nächsten Minute ereilte ihn das gleiche Schicksal. Allerdings wurden bei ihm nicht die vergleichsweise komfortablen Handschellen, sondern wieder ein schmaler, scharfkantiger Kabelbinder verwendet. Als der „Riese" die Pantry verlassen hatte, blickte er die Frau an und sagte: „Hallo, ich heiße Heinz Lauberg."

„Julietta Waldhof", stellte sich die Frau vor. In ihrem Gesicht hatte sich ein erwartungsvoller Ausdruck breit gemacht. Offensichtlich wollte sie wissen, wer Heinz war und was ihn veranlasst hatte, an Bord des Schiffes zu kommen. Er räusperte sich, viel hatte er an diesem Tag ja noch nicht gesprochen und sagte: „Da wir offensichtlich derzeit das gleiche Schicksal teilen, sollten wir uns besser kennen lernen. Ich habe im Auftrag des Anwaltes Dieter Böhmer, der, wie ich annehme, in einigen Bereichen die geschäftlichen Interessen ihres Vaters vertritt, diese Jacht gesucht. Sie sind doch die Tochter des Jachteigners?"

Julietta Waldhof nickte: „Ja, mein Vater, Wenzel Waldhof, ist Mehrheitseigentümer jenes Unternehmens, dem die Jacht gehört."

„Gut, dann will ich Ihnen meine Kenntnisse in diesem Fall mitteilen. Was ich weiß ist, dass die Jacht am 12. Juni Limassol verlassen hat, um auf die Kapverdischen Inseln überstellt zu werden. Dass sie etwa um den 24. Juni an der marokkanischen Westküste gekapert worden ist. Was ich noch weiß ist, dass sich eigentlich ein norddeutsches Skipperehepaar hier befinden müsste. Mir ist aber nicht klar, wer die beiden SPEZNAZ Typen sind, die uns hier gefangen halten, wer der arme Teufel ist, der heute Nachmittag so unsanft über Bord befördert wurde und was Sie hier tun!"

Julietta Waldhof sah Heinz überrascht an und fragte: „Darf ich wissen, welche Rolle Sie in dieser ganzen Sache spielen? Sind Sie von der Polizei oder Privatdetektiv?"

Heinz seufzte: „Nein, unglücklicherweise bin ich ein Freund des schon erwähnten Anwalts ihres Vaters. Wir, meine Frau und ich, lagen mit unserem Schiff in Santa Cruz auf Teneriffa, als mich Dieter Böhmer bat, nach dieser wunderschönen Jacht, die ja offensichtlich ihren Namen trägt, zu suchen. Leider bin ich dann in die Sache tiefer hineingeschlittert, als ich wollte. Böhmer und meine Frau befinden sich auf unserer Jacht „Calima" und die liegt jetzt, wenn alles mit rechten Dingen zugeht, im Hafen von San Sebastian auf La Gomera. Ich möchte aber die Zeit, die wir haben nützen, um von Ihnen den gesamten Hergang zu erfahren."

„Gut!", meinte Julietta Waldhof und setzte fort: „Ich habe Anfang Juni einige Wochen mit einer Freundin auf Kreta verbracht. Bei einem Telefonat erwähnte mein Vater, dass die „Julietta" Mitte Juni auf Überstellungsfahrt zu den Kapverdischen Inseln in See stechen wird. Da ich keine unmittelbaren Planungen hatte, kam mir der Gedanke, ich könnte die Fahrt mitmachen. Nun ist mein Vater immer sehr besorgt um mich und deshalb dachte ich, es ist besser, wenn er von diesem Vorhaben nichts weiß. Meinen Lebensgefährten, er ist ein Geschäftspartner meines Vaters, habe ich auch erst nach der Abfahrt informiert. Das hätte ich nicht tun sollen, denn der war richtig erschrocken, als ich ihm davon erzählt habe.

Aber nun zur Reise selbst. Wir sind, glaube ich, am 12. Juni, von Zypern nach Ägypten gefahren. Es ist seither so viel und so Schlimmes passiert, dass ich mit dem Datum nicht ganz sicher bin, aber ich glaube, es war der 12. Das ist bei herrlichem Wetter toll gelaufen und der alte Kapitän, Jens Klaas, war offensichtlich richtig glücklich, dieses Schiff fahren zu dürfen. In Alexandria blieben wir einen Tag. Dann fuhren wir nach Tobruk in Libyen. Dort wurden die Tanks nachgefüllt, was eine ganze Menge Zeit gekostet hat.

Ich weiß jetzt nicht so genau, wo wir überall angelegt haben. Vielleicht verwechsle ich auch etwas. Aber ich werde versuchen, mich so gut es geht zu erinnern. Ich weiß, dass wir am 17. in Hammamet waren. Auch dort haben wir getankt. Der Skipper wollte dann nicht nach Algerien einreisen, deshalb haben wir einen großen Sprung über Nacht gemacht und sind direkt nach Saidia in Marokko gefahren. An diese Nachtfahrt kann ich mich noch gut erinnern. Ich war alleine auf der Flying Bridge und hatte noch nie vorher einen derart beeindruckenden Sternenhimmel gesehen. Jedenfalls waren wir abends in Saidia. Ich bin ziemlich sicher, dass das der 19. Juni war.

Ich hatte mit Herrn Klaas vereinbart, dass ich von Marokko aus zurück fliegen würde. In der Zwischenzeit hatten wir einander aber so gut kennen gelernt, dass wir gemeinsam entschieden, dass ich die gesamte Reise mitmachen sollte. Als stolze Besitzerin des Sportbootführerscheins See war ich in der Lage, Jens Klaas auch am Steuer der Jacht zu vertreten, was die Sache für alle angenehmer werden ließ. So konnte er es sich mit der netten Marthe, seiner Frau, auch einmal gemütlich machen und die Fahrt genießen."

Julietta Waldhof unterbrach sich und wischte sich mit der freien Hand einige Tränen aus den Augen. Dann fuhr sie fort: „In Saidia haben wir wieder getankt und sind zwei Tage geblieben. Dann sind wir durch die Straße von Gibraltar nach Tanger und weiter nach Casablanca gefahren."

Heinz unterbrach: „Dann haben sie Gibraltar offensichtlich am 22. Juni passiert. Nach unseren Informationen war das erst am 24. geschehen. Da sollte auch das letzte Telefonat zwischen Jens Klaas und ihrem Vater stattgefunden haben."

„Daran, dass wir am 22. in den Atlantik eingefahren sind, kann ich mich genau erinnern. Danach ist dann auch das Satellitentelefon ausgefallen. Das letzte Gespräch hat demnach auch am 22. stattgefunden. Vielleicht hat da mein Vater etwas verwechselt."

Heinz rechnete nach: „Wir sind von Dieter Böhmer am 29. über die Angelegenheit informiert worden. Das bedeutet, dass es zu diesem Zeitpunkt schon eine Woche lang keinen Kontakt mit dem Schiff gegeben hat. Ich frage mich, warum hat ihr Vater so lange gewartet, um sich an seinen Anwalt zu wenden?"

Julietta Waldhof schien zu überlegen. Schließlich antwortete sie: „Das kann ich auch nicht sagen. Vielleicht hat mein Vater einige Tage überlegt, an wen er sich überhaupt wenden kann. Dieter Böhmer, das weiß ich aus zahlreichen Gesprächen, hat sich in den verzwicktesten Situationen immer als ein Mann herausgestellt, der eine Lösung weiß.

Jedenfalls war der nächste Anlaufpunkt Agadir. Dort wollte sich Jens Klaas über die aktuelle Situation in der Westsahara informieren und dann den weiteren Kurs absetzen. Außerdem versuchte er, das Satellitentelefon reparieren zu lassen. Aber das klappte nicht. Und die Tanks wurden auch wieder gefüllt. Am 23. Juni sind wir dann in der Früh von Agadir abgefahren. Da ab Agadir der Küstenstreifen Richtung Osten eingebuchtet ist, haben wir den geraden Weg genommen und den direkten Küstenbereich verlassen.

Dann begann das Unglück. Wir waren vielleicht etwa eine Stunde unterwegs, als vor uns ein großes Schlauchboot auftauchte. Es war mit vier Männern besetzt und hatte zwei riesige Honda-Außenborder montiert. Kennzeichen habe ich allerdings keines gesehen, was mich sofort gewundert hat. Als wir näher heran waren, gaben die vier Zeichen, dass sie Hilfe benötigten. Da sie uns nicht über Kanal 16 anfunkten, ging Jens Klaas davon aus, dass sie entweder kein Gerät an Bord hatten oder dass es eventuell defekt sei. Wir fuhren langsam an das Boot heran. Marthe versuchte, mit den Leuten Kontakt aufzunehmen, aber das gelang nicht. Sie deuteten uns, dass sie eine Leine zu uns herüber werfen wollten. Darauf stoppte Jens und einer unserer derzeitigen Peiniger warf die Leine."

In diesem Moment öffnete sich die Türe und „der Bruder" kam herein. Er machte einen Vorratsschrank auf, der außer der Reichweite der beiden Gefangenen lag, nahm zwei große Dosen Ravioli heraus, öffnete den Schnellverschluss der Deckel und stellte sie in Julietta Waldhofs Griffweite. Mit den Dosendeckeln, aber ohne ein Wort, ging er wieder.

„Die Gesprächigkeit der beiden beginnt langsam zu nerven!", beklagte Heinz die mangelhaften Umgangsformen.

„Das bin ich schon gewöhnt", sagte Julietta, stand auf und langte mit der freien Hand in einen Schrank. Sie entnahm ihm vier Teller und verteilte den Inhalt der Dosen darauf.

„Das ist die Pantry. Da sind doch sicher eine Unzahl von Messern, die einen Haubenkoch technisch befriedigen würden!", sagte Heinz Lauberg in fragendem Tonfall.

„Waren!", klärte Julietta Waldhof ihn auf. „Da das hier während des Tages mein Aufenthaltsort ist, haben sie alles entfernt, was auch nur im entferntesten als Waffe dienen könnte. Sogar vom Besteck sind nur noch Löffel da. Dafür habe ich das Privileg, mich in diesem Raum frei bewegen zu dürfen. Zumindest bis sie gekommen sind."

„Dafür bitte ich um Entschuldigung!", meinte Heinz Lauberg mit einem Lächeln, da er beschlossen hatte, die letzte Äußerung Juliettas nicht als Vorwurf aufzufassen. Es schien eine Gedankenübertragung zu sein, denn abermals öffnete sich die Türe und der „Bruder" kam und schloss die Handschelle auf, die Julietta an der Griffstange fixiert hatte. Dann allerdings blieb er im Raum. Da hatte niemand mehr Lust zu reden. Julietta stellte die Teller der Reihe nach in den Mikrowellenherd.

Drei Teller trug sie in den Salon. Dann schnitt der „Bruder" mit einem scharfen Messer den Kabelbinder von Heinz Laubergs Handgelenk, und zog ihn nach draußen zum Esstisch, während Julietta in der Pantry blieb und stehend zu essen begann. Heinz war sich nicht sicher, ob er es als Privileg auffassen sollte, dass er mit den beiden Kidnappern an einem Tisch speisen durfte. Er vermutete eher, dass es sich dabei um eine Sicherheitsmaßnahme handelte. Er hoffte ja nach wie vor, dass die beiden Gangster irgendwann eine Unvorsichtigkeit begehen würden. Diese Chance wollte er dann nützen. Aber bisher hätte er nicht einmal unbeobachtet einen Zahnstocher über Bord werfen können. Alles was er sich gestattete, war ein neidvoller Blick auf das Nahkampfmesser, mit dem der „Bruder" den Kabelbinder durchschnitten hatte.

Also machte er sich einmal über das Essen. Dosenravioli waren zwar nicht wirklich seine Lieblingsspeise, aber, das musste er sich eingestehen, Lebensgefahr schützt nicht vor Hunger. Er hätte auch gut und gerne einen zweiten Teller voll gegessen. Dass man bei der Verpflegung an ihn dachte, bestärkte ihn in der Auffassung, dass seine persönliche Reise hier nicht zu Ende sein würde. Sie brauchten ihn noch. Jemand, auf den unmittelbar eine Kugel wartet, füttert man nicht vorher mit Ravioli! Es tat ihm Leid, dass Julietta Waldhof in ihrer Erzählung unterbrochen worden war. Gerne hätte er erfahren, was mit dem Skipperehepaar geschehen war. Die Anzahl der gewärmten Portionen ließ ihn vermuten, dass sich keine weiteren Personen an Bord befanden.

Er beobachtete die beiden Kidnapper aus den Augenwinkeln. Es fiel ihm auf, dass beide ihre Ravioli langsam und gesittet aßen. Er schien erwartet zu haben, dass sie sich die glibberigen Teigtaschen mit den Händen in den Mund warfen. Fast hätte er wegen dieses Gedankens lächeln müssen. Was er während seiner militärischen Spezialausbildung über die Angehörigen der SPEZNAZ gelernt hatte, ließ diese als wilde Tiere erscheinen. Dass diese Männer auch anderes Tafelgerät als Feldmesser benützten, warf irgendwie ein neues Licht auf sie. Das änderte aber nichts an seinem Entschluss, jede sich bietende Gelegenheit aus dieser Lage heraus zu kommen, mit allen Mitteln und skrupellos zu nützen. Das Bild, wie sie ihren Kumpanen erschossen hatten, war unauslöschlich in sein Gehirn gebrannt.

Als sie gegessen hatten, stand der „Bruder" auf und öffnete die Türe der Pantry. Folgsam erschien Julietta Waldhof und holte die schmutzigen Teller. „Traditionelles Rollenverständnis bei Angehörigen einer Eliteeinheit der Roten Armee!", dachte Heinz.

Wie zur Bestätigung deutete ihm nun der „Riese", mit in die Plicht zu kommen. Die Sonne erreichte eben den Horizont und goss den schier endlosen Küstenstreifen aus Sand in rotgoldenes Licht. Landeinwärts gab es, außer diesem Sand, schlichtweg nichts zu sehen. Der Schatten der Jacht wurde immer länger. Heinz wunderte sich, was wohl hier geschehen sollte. Offensichtlich wollte man dafür zumindest die Dunkelheit abwarten.

Er nützte die Gelegenheit, dass im Augenblick der „Riese", der ja deutsch sprach, bei ihm Aufsichtsdienst hatte. Seit geraumer Zeit verspürte er den zunehmenden Drang, eine Toilette aufzusuchen. Auf diese Mitteilung reagierte der Kidnapper wieder mit der Heinz Lauberg schon so geläufigen Geste, die „Mitkommen" besagte. Sie gingen im Salon einen Niedergang hinunter, der zu den Gästekabinen führte. Da jede über einen eigenen Sanitärraum verfügte, öffnete Heinz eine Türe, die ihm vom „Riesen" bezeichnet wurde und trat ein. Die Kabine war mit zwei getrennten Betten ausgestattet, die parallel zur Längsachse des Schiffes ausgerichtet waren. Von der Kabine aus führte eine Türe in den Dusch- und WC Raum. Heinz Lauberg versuchte erst gar nicht, sie hinter sich zu schließen. Er zog die Hosen herunter, setzte sich und verrichtete sein Geschäft. Im Gegensatz zur Toilette auf seiner „Calima", bei der die Pumpe mit der Hand zu bedienen war, funktionierte hier natürlich die gesamte Technik elektrisch.

Nach dem alles erledigt war, schien dem „Riesen" eine neue Idee gekommen zu sein. Er sagte nur „Schlafen!" und deutete auf ein Bett. Heinz Lauberg legte sich hin und sein Bewacher fesselte ein Fußgelenk, wieder mit einem der quälenden Kabelbinder, an das Ende des Bettes. Er zog allerdings den Kunststoffriemen nicht streng an, so dass sich Heinz auch zur Seite drehen konnte. Dann verschwand der „Riese". Heinz war aber sicher, dass er nicht allzu weit entfernt war. Das hölzerne Fußende, an das er fixiert war, sah nicht so aus, als wäre es unzerstörbar. Einige feste Tritte mit dem ungefesselten Fuß hätten vielleicht genügt. Aber das ging nicht ohne größeren Lärm ab. Und der hätte die unfreundlichen Zeitgenossen sicher auf den Plan gerufen. Er war froh, dass inzwischen seine Kopfschmerzen, die von der unsanften Berührung dem 44er herrührten, weitgehend verschwunden waren. Heinz wollte keine Neuauflage riskieren. Das war jedenfalls nicht die Gelegenheit, auf die er wartete. Ohne eine Aussicht auf Erfolg, wäre das nur ein sinnloses Risiko gewesen. Also versuchte er tatsächlich der Anordnung „Schlafen!" Folge zu leisten. Es war zwar noch etwas früh, unter normalen Umständen stellte sich echte Bettschwere bei ihm so gegen Mitternacht ein, aber einmal mehr nützte er seine alten soldatischen Fähigkeiten. Und schlafen zu können, wenn es die Gelegenheit dazu gab, war eben eine davon.

Es wurde allerdings nichts aus diesem Vorhaben, zumindest nicht sofort. Der „Bruder" brachte Julietta nach unten. Offenbar hatte sie auch den Befehl zum Schlafen erhalten. Sie betrat die Kabine und begann sich unter den Augen des Kidnappers und Heinz Laubergs zu entkleiden. Heinz war die Sache peinlich und er versuchte, für die Frau wenigstens jenes Maß an Diskretion zu wahren, das er beitragen konnte. Also drehte er sich zur Wand. Er hoffte, dass der „Bruder" nicht die Gelegenheit nützen würde, um über Julietta herzufallen. Augenzeuge einer Vergewaltigung zu sein und nichts dagegen tun zu können, das war genau das, was an diesem Scheißtag noch gefehlt hätte. Aber nichts dergleichen geschah. Nach einer Minute hörte Heinz ebenfalls die Spülung des WC's und dreißig Sekunden später rauschte das Wasser in der Dusche. Da bedauerte er, so bescheiden gewesen zu sein. Auch er hätte die Wohltat einer warmen Dusche gut vertragen. Er plante, diese Vergünstigung nach dem Aufstehen einzumahnen.

Julietta duschte ausgiebig. Auf der „Calima" wäre damit der Vorrat an Warmwasser sicher bereits erschöpft. Hier war das natürlich anders. Außerdem lief der Stromgenerator ununterbrochen, also wurde der Boiler elektrisch aufgeheizt. Heinz kam die Idee, er hätte noch einige Bildschirminhalte auf dem Computer durchblättern sollen. Dann wäre es ihm sicher möglich gewesen, den Komfort auf der Jacht deutlich zu reduzieren. Aber so war es ja direkt gemütlich. „Ich habe genau das Gegenteil dessen erreicht, was ich wollte", musste er sich eingestehen. Statt das Schiff unfahrbar zu machen, war das Boot vollständig betriebsfähig und es war sogar wohnlich an Bord. Die Toiletten funktionierten, es gab warmes Duschwasser, der Generator sorgte für die benötigte Energie und die Motoren ließen diesen schwimmenden Traum mit 30 Knoten durch das Wasser des Atlantiks pflügen. Herz, was willst du mehr? Für die Kidnapper gab es keinen Grund mehr, das Schiff aufzugeben. Sie konnten offensichtlich ihre Pläne weiter verfolgen. Heinz überlegte, aber er musste sich zugutehalten, dass er keine andere Möglichkeit gehabt hatte. Wenn er das Schiff nicht wieder flott bekommen hätte, wäre seine persönliche Reise vermutlich schon in der Bucht von Erese zu Ende gewesen.

Julietta Waldhof erschien, in einen weichen Frottee-Bademantel gewickelt, in der Kabine und legte sich auf das andere Bett. Der „Bruder" fesselte sie genauso, wie Heinz gefesselt war, allerdings mit der kleinen Ausnahme, dass bei ihr wieder Handschellen Verwendung fanden. Dann ging der „Bruder" wortlos aus der Kabine. Die Tür blieb allerdings offen, aber Heinz hatte nicht den Eindruck, dass sie im Moment besonders überwacht wurden.

„Wollen Sie schlafen?", fragte er die Frau.

„Um diese Zeit kann ich das gar nicht. Wenn Sie möchten, dann berichte ich Ihnen den Rest dieser traurigen Geschichte."

Heinz stimmte zu und Julietta Waldhof begann: „Ich habe erzählt, dass Jens Klaas an das Boot heran fuhr, weil die signalisiert hatten, dass sie in Schwierigkeiten waren. Marthe und ich standen an der Reling und Jens machte die Leine des Schlauchbootes fest. So vom ersten Augenschein her, war keine Unregelmäßigkeit zu erkennen. Die beiden Tragschläuche waren prall mit Luft gefüllt und die zwei Motoren brummelten auf Standgas vor sich hin. Auch von den vier Männern schien niemand verletzt oder akut erkrankt zu sein. Ich bemerkte das zwar und wunderte mich, habe der Sache aber in meiner Naivität keine Bedeutung beigemessen. Jens Klaas, dem alten Fuchs, war das gleichzeitig mit mir aufgefallen. Er wandte sich zu uns um und sagte laut „Da ist was faul!", aber es war schon zu spät. Drei der vier Männer standen schon auf unserer Badeplattform und zielten mit ihren Pistolen auf uns."

„Revolvern!", korrigierte Heinz, „Es sind Revolver, keine Pistolen. Aber egal, was passierte dann?"

„Es ging alles sehr schnell. Drei von ihnen, die beiden großen und ein kleinerer, älterer Mann blieben auf der Jacht und trieben uns in den Salon. Einer der Männer spricht, wie sie wissen, Deutsch. Seine Ausdrucksweise ist zwar primitiv, aber ich glaube, er versteht sehr viel. Sofort wurden wir durchsucht. Ich bin ziemlich erschrocken, Jens hatte nämlich immer ein großes scharfes Messer dabei. Er hat mir erzählt, dass er einmal auf einem Frachter von einem Tau, das sich beim Anlegen in einem Hafen plötzlich spannte, derart gegen einen Lüfter gedrückt worden war, dass er Angst hatte, zu ersticken. Ein Decksmatrose, der ein Messer eingesteckt hatte, kappte im letzten Moment das Tau. Seitdem trug er auf Fahrt immer ein Messer bei sich. Aber, und das wunderte mich sehr, sie fanden nichts bei der Durchsuchung.

Der kleinere der Männer ging darauf mit Jens zum Fahrstand und besprach sich, nachdem er einen ausgiebigen Blick auf die elektronische Seekarte geworfen hatte, mit einem der beiden Anderen. Der mit den Deutschkenntnissen sagte, dass Jens den Kurs ändern müsse. Der Kleinere zeigte auf einen Punkt auf dem Schirm und nach der Kurskorrektur bemerkte ich, dass sich die Jacht vom Ufer entfernte. Da ich kurze

Zeit vorher selbst am Fahrstand gesessen hatte, wusste ich, dass wir auf die Kanarischen Inseln zusteuerten.

Gesprochen wurde nicht viel. Einer der beiden Großen hielt Marthe und mich in Schach, während der zweite und der Ältere sich um Jens Klaas kümmerten. Zu Mittag musste Marthe für alle Essen zubereiten, dann ersuchte mich Jens, der sich nicht ganz wohl fühlte, ob ich ihn eine Stunde am Fahrstand vertreten könnte. Mit der Zustimmung des deutsch Sprechenden setzte ich mich auf den Steuerstuhl, tun musste ich nichts, denn der Kurs war programmiert und der Autopilot eingeschaltet. Ich sah, dass wir in gerader Linie Lanzarote, und dann Teneriffa weit nördlich passieren würden. Dann sollte die Fahrt zwischen La Palma und Gomera nach Süden führen. So weit war die Strecke programmiert.

Gegen Abend lag dann die Nordspitze Lanzarotes hinter uns. Der kleinere der Verbrecher, offensichtlich war er für die nautischen Belange zuständig, verhinderte, dass Jens das Radar und die Positionslichter einschaltete, als es dunkel wurde. Es war daher notwendig, auf Sicht zu fahren. Der Skipper schlug vor, das Schiff von der Flying Bridge aus zu steuern, da die getönten Scheiben des Salons den Ausblick behinderten.

Die Verbrecher stimmten zu. Also gingen wir alle in die Plicht, um von dort aus auf die Fly zu klettern. Natürlich brannte nirgends auf dem Schiff ein Licht. Deshalb kamen uns die Piraten näher als sonst den ganzen Tag. Und dann lief der ganze Schrecken innerhalb von Sekunden ab. Von der Stelle, an der Jens und der Kleinere standen, hörte ich einen Schrei, wie ich ihn in meinem ganzen Leben noch nicht gehört hatte und sah jemanden zusammenbrechen. Dann erkannte ich Marthe, die sich einen Bootshaken gegriffen hatte und eben dabei war, diesen auf den Kopf eines der Großen niedersausen zu lassen. Das hatte aber offensichtlich der Dritte bemerkt. In der gleichen Sekunde blitzte ein Feuerball auf, der mich derart blendete, dass ich mehrere Sekunden nichts erkennen konnte. Der Knall des Schusses war so laut, wie von einer Kanone. Aber das kennen Sie ja von heute Nachmittag."

„Leider!", dachte Heinz.

Dann fuhr Julietta Waldhof fort: „Als ich wieder sehen konnte, war Marthe verschwunden und zwei Gestalten lagen auf dem Boden und krümmten sich vor Schmerzen. Die beiden Großen waren offensichtlich unverletzt. Einer hatte eine Taschenlampe dabei und richtete den Schein zuerst auf ihren Kumpanen. Der lag in einer Lache von Blut. Als er den Strahl auf die andere Gestalt richtete, sah ich, dass es sich um Jens Klaas handelte.

Auch er blutete stark. Einer der beiden riss ihm die Kleidung auf und drehte ihn um. Ich kann nicht sagen, welches grausame Bild sich bot. Von dem Anblick wurde mir schlecht und ich musste mich übergeben. Da wurde der ohne Taschenlampe auf mich aufmerksam und schlug mir blitzschnell seine Waffe an den Kopf. Mehr weiß ich nicht.

Als ich wieder zu mir kam, lag ich gefesselt im Salon und es waren nur noch die beiden Großen da. Von Marthe und Jens fehlte jede Spur und auch der dritte der Verbrecher war nicht zu sehen. Mittlerweile war es Tag und das Schiff lag in einer Bucht vor Anker. Kaum hatte ich die Augen aufgeschlagen, als mich einer der beiden an den Haaren hochriss und mich nach mehreren Schlägen in die Plicht schleifte. Ich verstand sofort. Sie wollten, dass ich das Blut und mein Erbrochenes wegwasche. Ich hatte Mühe, mich nicht noch einmal zu übergeben. Aber was sollte ich tun? Das Schiff hat natürlich eine Deckwaschanlage, aber ich kannte mich nicht damit aus. Also holte ich einen Eimer und machte mich an die grauenvolle Arbeit. Dabei fiel mir auf, dass von einer bis dahin unbeschädigten Belegklampe nun ein Stück abgesplittert war. Ich versuchte, trotz der nahezu unerträglichen Kopfschmerzen, die ich hatte, mir vorzustellen, wer gestern in der Plicht welche Position eingenommen hatte, als der Wahnsinn losging. Und es schien mir möglich, dass Marthe zwischen dem Gangster, der auf sie schoss und der Klampe gestanden war. Da ich nur einen Schuss wahrgenommen hatte, so denke ich auch noch heute, muss Jens Klaas von einem Querschläger getroffen worden sein."

„Der Querschläger!", entfuhr es Heinz Lauberg, der gebannt dem Bericht gelauscht hatte. Natürlich war ihm sofort das grausige Abenteuer der Familie Seidel eingefallen. War das die Lösung dieses Kriminalfalles?

Durch die Bemerkung irritiert, hatte Julietta Waldhof ihre Erzählung unterbrochen.

Nach einer kurzen Pause setzte sie ihren Bericht fort: „Als ich wieder zurück in den Salon kam sah ich, wie einer der beiden Großen gerade dabei war, den Verband des Dritten zu wechseln. Ich konnte einen Bauchstich erkennen. Irgendwie musste es Jens Klaas gelungen sein, das Messer, das er immer bei sich trug, vor den Typen zu verbergen. Jedenfalls ist es bei der Durchsuchung nicht gefunden worden. Die etwas wirre Situation in der Dunkelheit hat er offensichtlich genützt und dem einen Verbrecher die Klinge in den Bauch gejagt. Wie er sich dabei auch noch mit Marthe verständigt hat, damit sie im gleichen Moment den Angriff mit dem Bootshaken starten konnte, weiß ich nicht. Jedenfalls kam Marthe nicht mehr zum Zuschlagen. Keiner der beiden Großen hatte eine Verletzung. Ich vermute, dass der Schuss sie über Bord gerissen hat.

Was während meiner Ohnmacht mit Jens Klaas geschehen ist, das weiß ich nicht. Jedenfalls sah die Wunde im Bauch des Verbrechers nicht so aus, als ob sie mit den Mitteln, die an Bord des Schiffes sind, zu versorgen wäre. Sie legten einen straffen Verband an und schleppten den Verletzten zum Steuerstuhl. Der brüllte vor Schmerzen, aber das war ihnen egal. Ich saß in dieser Zeit, mit den Handschellen gefesselt im Salon. Von dort aus konnte ich sehen, dass einiges herum hantiert wurde, aber das Ziel, ich vermute, sie wollten die Motoren starten, erreichten sie nicht. Dann brachten sie ihren Kumpel nach unten in eine der Kabinen.

Anschließend kam einer der beiden Großen zu mir und stieß mich zum Steuerstuhl. Offensichtlich hatte jemand nach dem Einlaufen in die Bucht den Zentralrechner abgeschaltet. Da aber ohne den Computer praktisch keine Technik auf diesem Schiff funktioniert, wollten sie ihn wieder hochfahren. Jedenfalls sah ich, dass der Rechner die Eingabe eines Passwortes verlangte. Ich kenne es aber nicht. Jens Klaas hatte den Zentralrechner während der Fahrt nie abgeschaltet, so dass kein Passwort erforderlich war.

Ich versuchte es mit dem Vornamen meiner Mutter. Sie ist vor vielen Jahren gestorben und da mein Vater immer noch oft an sie denkt, erschien es mir logisch, es damit zu versuchen. Aber ich hatte keinen Erfolg. Die Maschine antwortete mit „TWO MORE ..." Da ich nicht wusste, was passieren würde, wenn ich noch einen Fehlversuch machte, wies ich den, der deutsch spricht, auf das Problem hin. Zuerst wollten sie mir nicht glauben, dass ich das Passwort nicht kenne. Also versuchte ich noch meinen Vornamen. Jetzt antwortete die Maschine mit „ONE MORE, ALL SYSTEMS BLOCKED!" Da sahen die Gangster ein, dass sie so nicht weiter kamen. Allerdings sank die Lebensqualität auf dem Schiff auf null. Der Generator lief nicht mehr. Ich konnte keine warmen Mahlzeiten zubereiten. Der Kühlschrank und die Tiefkühltruhe tauten auf. Das tollste Essen verdarb. Ich musste es dann über Bord werfen. Besonders unangenehm war die sanitäre Situation. Es gab kein fließendes Wasser und das Schlimmste war, auch die Toiletten funktionierten nicht mehr. In unwahrscheinlich kurzer Zeit erschöpften sich zusehends auch die Akkumulatoren und damit erlosch sogar die Notbeleuchtung. Die nächsten Tage waren wirklich schlimm. Es gab einen schweren Sturm, ärger, als der vorige Nacht, mit hohen Wellen. Ich wurde zum ersten Mal seekrank.

Mir war auch nicht klar, worauf die Leute warteten. Von selbst würde die Technik des Schiffes wohl kaum zu laufen beginnen. Möglich, dass sie anfangs hofften, dass sich der Zustand des älteren Mannes mit dem Bauchstich bessern würde. Aber das war nicht der Fall. Der wurde von Tag zu Tag schwächer und begann einen wirklich unerträglichen Gestank zu verbreiten. Dann kam das kleine Fischerboot und ich habe vom Salon aus gesehen, dass jemand in den Motorraum ging, während ein zweiter Mann im Boot sitzen blieb.

Es änderte sich aber nichts. Die Zeit verging endlos langsam. Ich überlegte, wie ich es anstellen konnte zu fliehen. Aber ich war entweder gefesselt oder stand unter der unmittelbaren Aufsicht eines der beiden großen Kerle. Ich hatte keine Chance. Ja, und dann standen Sie, Herr Lauberg, plötzlich im Decksalon. Den Rest kennen Sie ja!"

Heinz seufzte: „Ja, den kenne ich leider."

Er wunderte sich, dass man die Erzählung nicht unterbrochen hatte. Entweder es war den Verbrechern egal, dass sie ihr Wissen austauschten oder die waren sicher, dass sie es ohnehin nicht verwenden konnten. „Jedenfalls kein gutes Zeichen!", dachte Heinz. Er musste morgen total fit sein. Das war die einzige Möglichkeit. Deshalb beschloss er, nun tatsächlich zu schlafen. Julietta hätte noch gerne mehr über ihn erfahren, sah aber ein, dass sie beide die Erholung des Schlafes brauchten.

9. Juli
Ein verletzter Knöchel

Heinz Lauberg träumte, dass er in einem lichten Föhrenwald ging. Die Sonne schien und das Gefühl, das er hatte, würde er im Wachzustand als äußerst angenehm beschreiben. Plötzlich schien er über irgendetwas zu stolpern. Wahrscheinlich eine Wurzel oder ein abgeschnittener Baumstamm. Jedenfalls stürzte er und schlug mehrmals hart auf. Da erwachte er und merkte, dass er gestoßen und gerüttelt wurde. „Aufwachen!", vernahm er im Befehlston die schon gewohnte Stimme des „Riesen".

Heinz war noch nicht ganz bei Bewusstsein. Er war ziemlich sicher, die Augen offen zu haben, konnte aber trotzdem nichts sehen. Da wurde ihm mit zunehmender Wachheit klar, dass noch finstere Nacht war. Offensichtlich vermieden die Kerle jede Art von Beleuchtung, um nur ja nicht aufzufallen. Als er sich in seinem Bett aufsetzte, spürte er, wie seine Fußfessel durchgeschnitten wurde. Er stand auf und tappte in der Dunkelheit zur Toilette. Aber der „Riese" hatte es eilig. Heinz gelang es gerade noch, Hände und Gesicht zu waschen, dann wurde er vorwärts gestoßen, den Niedergang hinauf in den Salon und von dort in die Plicht.

Hier konnte er endlich etwas erkennen. Der Mond und die Sterne gaben genug Licht, um die Uferlinie sehen zu können. Er glaubte, weiter an Land eigenartig tanzende Lichter auszumachen. Auch Motorengeräusch lag in der Luft. Der „Riese" zeigte auf die Garage hinter der sich das Beiboot verbarg. „Boot in das Wasser!", bellte er. Heinz schaute sich um. Er suchte irgendeinen Schalter, der die Hydraulik zum Anheben der großen Kunststoffhaube in Betrieb setzen würde. Tatsächlich fand er einen kleinen Deckel hinter dem sich zwei entsprechende Druckknöpfe befanden. Er betätigte den mit der Aufschrift „UP" und nichts geschah. Heinz Lauberg war zwar sicher, dass die Aufschriften nicht vertauscht waren, aber er versuchte es auch noch einmal mit „DOWN". Das Resultat war das gleiche. Offensichtlich musste die Steuerung erst vom Zentralrechner aus freigegeben werden.

Heinz kehrte zum Fahrstand zurück und blätterte elektronisch einige Seiten der Komfortangebote, die das System offerierte. Eine besonders umfangreiche Schirmseite betraf die Klimatisierung, die sowohl zentral vom Rechner aus als auch individuell in jeder Kabine gesteuert werden konnte. Eine andere Seite betraf die Steuerung der einzelnen Luken, der Gangway und des Geräteträgers auf der Flying Bridge, der für niedrigere Brückendurchfahrten umgelegt werden konnte. Endlich tauchte auch der Vorschlag auf, die Klappe der Garage des Beibootes freizugeben. Heinz Lauberg drückte auf die entsprechende Schaltfläche und ging dann wieder in die Plicht nach draußen. Er hätte die Klappe natürlich auch von innen öffnen können, aber er fühlte sich freier, wenn er in der frischen Luft war. Also versuchte er neuerlich den Druckknopf „UP" und diesmal schwang die elegant gewölbte Haube nach oben.

Alles Weitere musste direkt von der Bootsgarage aus gemacht werden. Heinz Lauberg stieg also auf die Badeplattform und beugte sich dort unter den hoch aufragenden Deckel. Er fand wieder zwei Tasten. Der Druck auf die obere ließ eine Slipbahn mit kleinen Rollen zur Wasseroberfläche gleiten und schließlich rutschte das Festrumpfboot über diese Rollen ins Wasser. Man musste nur noch den Karabiner des Seiles ausklinken und das Beiboot war betriebsbereit. Der „Riese" warf Heinz eine kurze Festmacherleine zu und der vertäute den Flitzer. Heinz hatte gesehen, dass auf dem Außenborder die Zahl 90 aufgespritzt war. Für das kleine Fahrzeug eine wahrhaft ausreichende Motorisierung.

Als das alles geschehen war, schickte der „Riese" mit der Taschenlampe ein kurzes Blinksignal zum Ufer. Heinz konnte keine Antwort ausmachen. Auch der „Riese" schien einfach zu warten. Allerdings beobachtete er weiterhin scharf die Küste. Heinz machte es sich inzwischen auf der untersten Treppenstufe des Aufganges zur Plicht bequem. Es dauerte wohl etwa eine Viertelstunde. Heinz war inzwischen auf der harten Sitzfläche der linke Fuß eingeschlafen, als der „Riese" plötzlich aktiv wurde. „Einsteigen!", kam plötzlich der Befehl. Mit Mühe brachte Heinz sein gefühlloses Bein über die Bordwand. Das kleine Boot hatte einen Fahrstand in der Mitte des Bootes, vorne war eine ebene Liegefläche mit Pölstern belegt und achtern eine Sitzbank unter der sich, so vermutete Heinz, der Tank befand. Er setzte sich auf diese Bank und sah den „Riesen" erwartungsvoll an. „Du fahren das Boot!", wurde ihm seine nächste Aufgabe erklärt.

„Hast du den Startschlüssel?", fragte er den „Riesen" und beschloss, in Zukunft auch auf jede Höflichkeit in der Anrede zu verzichten.

„Nicht Schlüssel!", kam es von oben zurück. Heinz hievte sein Bein, das nunmehr von Millionen von Ameisen bevölkert zu sein schien, wieder auf die Badeplattform und ging leicht hinkend zum Fahrstand. Dort lag noch der Schlüsselbund, mit dem er vergeblich versucht hatte, die Wegfahrsperre des Zentralcomputers zu umgehen. Wieder im Boot, zeigte sich, dass einer der Schlüssel passte. Beim dritten Startversuch sprang der Motor an. „Es hat also doch noch eine Batterie an Bord gegeben, die Strom hatte!", dachte Heinz. Natürlich war ihm bewusst, dass das nicht die einzige gewesen sein konnte, da ja auch noch der Computer betriebsfähig gewesen war.

Der „Riese" hatte sich auf die hintere Bank gesetzt und wies Heinz durch eine Bewegung mit dem Lauf seines Revolvers an, in Richtung auf das Land zu fahren. Der legte den Fahrthebel bis zum Anschlag um. Der Motor heulte auf und das Boot schoss nach vorne. Irgendwie hatte er gehofft, dass vielleicht der „Riese" bei maximaler Beschleunigung über Bord gehen würde. Wie so viele Hoffnungen, blieb auch diese unerfüllt. Eine stabile Rückenlehne hatte das verhindert. Das Boot sprang förmlich von Welle zu Welle. Heinz hielt mit einer Hand das Steuerrad und umklammerte mit der anderen den Rahmen aus Stahlrohr, der die kleine Windschutzscheibe aus getöntem Plexiglas umgab. Der wilde Ritt dauerte nur kurz. Heinz war versucht, mit vollem Tempo an Land zu fahren. Das hätte wahrscheinlich der Antrieb des Außenborders nicht überlebt. Aber die unmittelbare Nähe des „Riesen" mit seinem 44er ließen ihn erkennen, dass das nicht wirklich eine Chance war. Also drosselte er knapp vor dem Ufer die Geschwindigkeit und hob den schweren Motor mit einem eingebauten Servo elektrisch etwas an, so dass die Wahrscheinlichkeit einer Grundberührung dadurch vermindert wurde. Wenige Meter vor dem Ufer schaltete er auf Leerlauf und unmittelbar darauf lief das Boot auf den weichen Sand auf. Sie waren in Afrika.

Kaum waren sie gelandet, als der „Riese" „Aussteigen!" kommandierte. Heinz sprang aus dem Boot, zog es höher auf den Strand und ging automatisch die kurze Uferböschung, die der ewige Wellenschlag des Atlantiks geschaffen hatte hinauf, um über die weiche Kante zu blicken. Was er sah, waren drei kleine Pick-ups. Offensichtlich handelte es sich um ehemalige Armeefahrzeuge, denn sie waren mit Tarnlicht ausgestattet. Das waren die leuchtenden Punkte gewesen, die Heinz in der Wüste tanzen gesehen hatte. Davor standen vier dunkle Gestalten. Alle waren mit Armeeparkas bekleidet. Aus der Wüste wehte nämlich, wie Heinz frierend erkennen musste, ein eiskalter Wind. Jeder der Männer trug eine Skimütze, die die Gesichter verbarg und eine Kalaschnikow um den Hals. Heinz erkannte die Waffen sofort an den gebogenen Magazinen, die weit aus den Gehäusen herausragten. Er hatte sie oft genug während seiner Zeit als Beobachteroffizier gesehen. Es war die Standardbewaffnung aller Armeen des ehemaligen Warschauer Paktes gewesen. Das meistgebaute Sturmgewehr der Welt. Er ging auf die Männer zu. Wohin hätte er sich sonst wenden sollen? Der

„Riese" jedoch wies ihn etwas abseits und befahl ihm, sich hinzusetzen. Dann stellte er sich so, dass er Heinz Lauberg während des Gespräches, das er mit den Männern führte, immer im Blickfeld hatte. Sie redeten nicht lange miteinander, aber es schienen einige Emotionen dabei frei zu werden. Heinz verstand zwar kein Wort, denn die Männer sprachen russisch, aber die begleitenden Gesten verrieten die Erregung. Offensichtlich gab es in der Vierergruppe, die sie erwartet hatte, einen einzelnen Sprecher, denn drei der vier standen unbeteiligt dabei.

Dann hörte Heinz ein an ihn gerichtetes „Mitkommen!". Er stand auf und ging in die Richtung, in die der Revolverlauf des „Riesen" gedeutet hatte auf die Lastwagen zu, die einige Meter weiter hinten standen. Heinz blickte auf die Uhr. Es war drei Uhr morgens. Mit ihnen, aber in sicherem Abstand gingen die vier Männer. Zwei klappten die Bordwand eines der Lkws herunter, stiegen auf die Ladefläche und schoben die erste der dort befindlichen Kisten an die Kante. „Nehmen und zu Boot tragen!", befahl der „Riese". Heinz hob die Kiste probeweise auf einer Seite an und stellte fest, dass sie leichter war, als er wegen ihrer Ausmaße vermutet hatte. Da sie mit bequemen Tragegriffen aus dickem Seil ausgestattet war, hatte er wenig Mühe damit. Ein Mann aus der Gruppe beteiligte sich an den Transportarbeiten. Die beiden auf der winzigen Ladefläche hingegen warteten einfach, bis sie wieder unbeladen vom Boot zurück kamen, um ihnen dann die nächsten Kisten in Griffweite zu rücken.

Der „Riese" stand an der Geländekante zum Strand. Dadurch hatte er beide Abschnitte des Weges unter Kontrolle. Der Sprecher der Vierergruppe rauchte nahezu ununterbrochen. Auch er schien eine militärische Vergangenheit zu haben, denn er deckte die Zigarettenglut mit der Hand so geschickt ab, dass sie in der Dunkelheit nicht zu sehen war. Er schaute auch alle paar Minuten auf die Uhr, was Heinz nicht entging. Der Typ schien jedenfalls ziemlich nervös zu sein. Es waren insgesamt zehn Kisten auf dem Klein-LKW gewesen. Die stapelten sich jetzt mit Masse auf der Liegefläche des Beibootes der „Julietta". Einige standen auch auf dem Boden und auf der Sitzbank. „Zum Schiff bringen!", kommandierte der Riese. Da der Revolverlauf zum beladenen Beiboot wies, verstand Heinz, dass diese Ladung zur „Julietta" gefahren werden sollte.

Die Dunkelheit verbarg sein schadenfrohes Lächeln. Schon während der Beladearbeiten war ihm aufgefallen, dass das Wasser stetig gefallen war. Das Beiboot lag beinahe vollständig auf dem Trockenen. Zum Schein stemmte er sich heftig gegen den Bug des Bootes. Er wandte zwar dabei keine wirkliche Kraft an, aber das Fahrzeug hätte sich in keinem Fall auch nur einen Zentimeter bewegt. Hilflos schaute er zum Riesen. Der dachte kurz nach und sagte dann: „Weggehen zehn Meter!" Heinz tat wie befohlen und setzte sich zum Zeichen seines guten Willens auch noch freiwillig nieder. Der „Riese" steckte den Revolver in den Hosenbund und schob nun mit all seiner sicher nicht geringen Kraft. Ohne Erfolg.

Jetzt zeigte auch dieser Mann erstmals Emotionen. Er stieß einige Wörter in einer Weise aus, dass Heinz den Fluch heraus hörte, auch wenn er die Sprache nicht verstand. Dadurch wurde der Anführer der Vierergruppe an die Geländekante gelockt. Nach einem kurzen Wortwechsel trabten die drei anderen der Gruppe an und stemmten sich gegen das Boot. Nun wog ja der Motor alleine schon über 100 Kilo. Dazu kann noch das Bootsgewicht selbst, der Treibstoff und die Ladung. Es bestand keine Chance. Aber durch die Schaukelbewegung, die das Boot durch die Bemühungen der Männer machte, fiel eine Kiste herunter und, wie Heinz Lauberg mit großer Befriedigung feststellte, direkt auf den Fuß des „Riesen". Der schrie auf und humpelte zur Seite. Dann sah Heinz, wie er seinen rechten Schuh auszog und offensichtlich seinen Knöchel betrachtete. Mehr war in der Dunkelheit nicht zu erkennen. Jedenfalls humpelte der „Riese", nachdem der Schuh wieder angezogen war, in einem Ausmaß, dass er Heinz unter anderen Umständen Leid getan hätte. So aber sah Heinz Lauberg die Sache lediglich, als eine Vergrößerung seiner Chance zu entfliehen oder sonst irgendwie zu überleben an. Nachlaufen konnte der Mann ihm zumindest im Moment kaum. Allerdings hatte der inzwischen wieder den 44er in der Hand. „Vielleicht laufe ich ein anderes Mal weg!", dachte Heinz und wunderte sich über seinen Galgenhumor. Aber man schien sich an manches gewöhnen zu können.

Währenddessen hatten die drei begonnen, das Boot wieder zu entladen. Der Sprecher stand dabei und gab, seiner Rolle gemäß, Anweisungen. Als beinahe die gesamte Ladung wieder auf dem Strand lag, schoben sie mit vereinten Kräften das Boot ins Wasser. „Einsteigen!", befahl der „Riese", der in den Augen von Heinz Lauberg plötzlich etwas kleiner wirkte. Er gehorchte und kümmerte sich nicht um die Verladearbeiten, die jetzt um einiges komplizierter waren, da die Kisten im Wasser in das Boot gehievt werden mussten. Einer der Männer stand auf wackeligen Beinen im Boot und die beiden Anderen brachten die Ladung. Heinz hatte inzwischen, als ob das jetzt schon wichtig gewesen wäre, den Motor gestartet. Jedenfalls tat er beschäftigt. Als alles wieder an Bord war, stieg auch der „Riese" in das Fahrzeug. Mit dem verletzten Fuß schien das nicht einfach zu sein. Es war jetzt durch die Ladung auch kein Platz zum Sitzen mehr frei. Also stellte sich der „Riese" zu Heinz an den Steuerstand. Der legte den Rückwärtsgang ein, gab Gas und prompt schwappte eine größere Welle über den Spiegel in das Boot. Einige der Kisten standen daraufhin im Wasser.

„Vorsichtig fahren!!", fauchte der „Riese" und stieß Heinz den Lauf der Waffe in die Rippen. Der dachte: „Ich kann fahren, wie ich will, du Arschloch! Noch brauchst du mich. Du kannst mich jetzt nicht erschießen!" Da er doch nicht ganz sicher war, ob der „Riese" die Verhältnisse auch so sah, nahm er den Fahrthebel etwas zurück. Der Erfolg war, dass das für schnelle Gleitfahrt gebaute Boot noch mehr schwankte und stampfte, so dass prompt eine der Kisten über Bord ging. „Einfangen!", brüllte der „Riese" und zeigte ein weiteres Mal, dass er auch Nerven hatte, nicht nur Muskeln, eine hervorragende Ausbildung und einen großkalibrigen Revolver. Heinz fuhr ein Manöver, das man benützt, um jemand, der über Bord gegangen ist, wieder aufzunehmen. Da sich der „Riese" nicht an der Bergung beteiligen wollte oder, wie Heinz hoffte, wegen des Fußes vielleicht nicht konnte, musste er die Kiste alleine aus dem Wasser in das Boot heben. Das war eine viehische Anstrengung und er spürte danach ziemliche Schmerzen im Rücken. „Verdammt! Jetzt bitte bloß keine Bandscheibenprobleme!", schickte Heinz eine Mischung aus Gebet und Fluch zum Himmel. Er versuchte, die Bewegungen des Bootes auf der kurzen Fahrt zur „Julietta" zur Lockerung seines Rückgrats zu nützen, da er vermutete, dass bald noch mehr Arbeit auf ihn zukommen würde. Da täuschte er sich nicht. Er hatte das Boot noch nicht an einer Belegklampe der Badeplattform der „Julietta" vertäut, als die Namensgeberin des Schiffes und hinter ihr der „Bruder" in der Plicht erschienen.

„Herkommen, helfen ausladen!" Dieser Befehl betraf Julietta Waldhof. Gemeinsam entluden sie das Beiboot. Der „Riese" und der „Bruder" beschränkten ihre Tätigkeit auf die Überwachung.

„Was ist da drin?", fragte sie.

Heinz zuckte die Schultern und sagte: „Keine Ahnung, aber ich bin sicher, dass man es weder im Quelle-Katalog, noch bei Neckermann findet."

„Nicht sprechen, schneller, schneller!", fuhr der „Riese" dazwischen. „Nun, der ist aber jetzt schon wirklich nervlich ziemlich strapaziert!", zuckte ein befriedigender Gedanke durch Heinz Laubergs Gehirn. Andererseits wollte er den Mann nicht über die Maßen reizen. Das konnte gefährlich werden. Vielleicht käme er ja auf die Idee, dass auch Julietta Waldhof das Schiff fahren könnte …

Kaum standen alle Kisten mehr oder weniger triefend auf der Badeplattform, als der Transport auch schon Richtung Unterdeck fortgesetzt wurde. Eine Gästekabine wurde zum Laderaum erklärt und die Fracht dort gestapelt. Sie waren kaum fertig und hatten noch keine Sekunde zum Verschnaufen gehabt, als Heinz vom „Riesen" bereits wieder zum Beiboot getrieben wurde. Offensichtlich warteten noch zwei Pick-up-Ladungen auf die Verschiffung.

Als sie wieder das marokkanische Ufer erreichten, zeichnete sich über der Wüste bereits deutlich sichtbar ein heller Streifen am Himmel ab. Der Morgen kam und mit ihm bessere Sicht. Während er das Boot wieder auf den Strand zog, hatte Heinz Gelegenheit, einen Blick auf den Fuß des „Riesen" zu werfen. Das Knöchelgelenk war bereits dick geschwollen. Heinz vermutete – und es war wohl ein kleines Stück Hoffnung damit verbunden – dass der Knochen gebrochen oder zumindest abgesplittert oder doch wenigstens ein bisschen eingerissen sein möge. Jedenfalls konnte der Mann das Bein fast nicht mehr benutzen. „Ich sehe doch Schweißperlen auf seiner Stirn. Und das, obwohl er nichts gearbeitet hat!", dachte Heinz mit Befriedigung.

Der nächste Tiefschlag für den „Riesen" folgte in wenigen Sekunden. Kaum hatten sie in der üblichen Reihenfolge die Uferböschung hinter sich gebracht, als der Anführer der Viererguppe den „Riesen" ziemlich laut anschrie. Es begann ein heftiger Wortwechsel, in dessen Verlauf sich die Gruppe anschickte, zu den Wagen zu gehen. Der „Riese" brüllte ihnen etwas hinterher und richtete die Waffe auf den Sprecher, doch sofort waren die Läufe von vier Kalaschnikows auf ihn gerichtet. Im selben Moment lag Heinz Lauberg auch schon mit der Nase im Sand. Die antrainierten Reflexe funktionierten noch. Das Feuer aus vier vollautomatischen Waffen wollte er nicht stehend erleben! Aber so weit kam es nicht. Der „Riese" senkte die Waffe, die vier stiegen in ihre Autos und fuhren ab. Lange blickte der Mann ihnen nach, während Heinz den Sand von seinem Arbeitsanzug klopfte. Er war sicher, dass da einiges nicht nach Plan gelaufen war. Offensichtlich hätte die ganze Aktion im Schutz der Dunkelheit der Nacht ausgeführt werden sollen. Die vielen Verzögerungen hatten dann den Zeitplan derart durcheinander gebracht, dass die Lieferanten die Transaktion abgebrochen hatten. Die Frage war nur: Was würde jetzt geschehen? Die Antwort kam prompt: „Zum Schiff fahren!", lautete die nächste Anweisung.

Durch die kurze Dauer des Aufenthaltes und die fehlende Beladung, gelang es Heinz Lauberg, alleine das Boot wieder in tieferes Wasser zu schieben. Die Geschwindigkeit der Rückfahrt musste auch nicht aus Rücksicht auf die Fracht gedrosselt werden, also waren sie in wenigen Augenblicken wieder an der Badeplattform der „Julietta". Das Beiboot blieb am Heck des großen Schiffes vertäut. Heinz stieg vor dem „Riesen" auf die Badeplattform und von dort auf die Plicht. Sein ständiger Begleiter humpelte hörbar hinterher. Dort übernahm ihn der „Bruder" und brachte ihn gemeinsam mit Julietta Waldhof wieder in die Kajüte, in der sie geschlafen hatten. Beiden wurde wieder ein Fußgelenk am Bett fixiert. Die unterbrochene Nachtruhe konnte in der Morgendämmerung weitergehen.

„Der „Riese" hat sich verletzt und es scheint auch bei der Abwicklung der Geschäfte etwas schief gegangen zu sein. Die Details erzähle ich Ihnen, wenn ich ausgeschlafen bin", berichtete Heinz kurz vom wichtigsten Geschehen der letzten Stunden.

„Sie nennen Ihn den „Riesen", für mich war er immer „Boris", immerhin ist er doch Russe", erwiderte Julietta.

„Wir dürfen ihnen keine echten Namen geben, sonst werden sie für uns mit der Zeit zu menschlich. Das ist ein altes Phänomen bei Entführungen. Die Opfer beginnen sich mit den Zielen, Beweggründen und Persönlichkeiten der Täter zu identifizieren, wenn die Sache nur lange genug dauert. Dieses Risiko dürfen wir nicht eingehen, wenn wir eine Chance zum Überleben haben wollen. Im geeigneten Moment kann es sein, dass wir mit aller Brutalität, vielleicht im wahrsten Sinn des Wortes, zuschlagen müssen. Wenn wir da auch nur den Bruchteil einer Sekunde zögern, dann sind wir verloren. Also es bleibt dabei: Der Verletzte ist der „Riese" und der Andere ist sein „Bruder"!"

„Aye, aye Kapitän!", ließ sich die Stimme von Julietta Waldhof aus dem Halbdunkel vernehmen. Heinz hielt die Augen geschlossen und bald kündeten seine regelmäßigen Atemzüge davon, dass er eingeschlafen war.

Die Bucht bleibt leer

Bei Clara Lauberg und Dieter Böhmer begann der Tag mit den normalen Routinen. Dann ging der Anwalt zum Fähranleger der Linie nach Teneriffa. Er wollte mit dem ersten Schiff nach Los Cristianos und von dort mit dem Taxi auf den Flughafen Reina Sofia fahren, wo ein Treffen mit dem Geldboten der Versicherung vereinbart war.

Clara nahm den Wasserschlauch aus einer der Backskisten auf der Flying Bridge, schloss ihn an den Wasserhahn, der sich an der Molenmauer befand und füllte beide Wassertanks der „Calima" randvoll. Dann holte sie den Schlauch wieder ein, entleerte ihn, damit nicht über Tage das Restwasser im Schlauch verblieb und sich dort Keime bilden konnten.

Dann dachte sie nach, was sie zur Befreiung ihres Mannes tun könnte. Es war ihr klar, dass sehr viel vom Telefonat übermorgen abhängen würde. Die Geldübergabe war sicher ein wesentlicher Zeitpunkt in diesem ganzen Drama. Es konnte ja auch sein, dass die Entführer Wort hielten und ihre Geiseln nach der Bezahlung des Lösegeldes freilassen würden. In ihrem Innersten glaubte Clara zwar nicht daran. Ausschließen durfte sie diese Möglichkeit aber trotzdem nicht. Also mussten alle Aktionen unterbleiben, die von den Entführern als Bedrohung angesehen werden konnten. Sicher war nur, dass sie Heinz für irgendetwas benötigten. Wahrscheinlich als Skipper. Das war seine Lebensversicherung. Eine Lösegeldforderung für sein Leben war ja nicht gestellt worden. Die Frage war nur, wie lange würden sie ihn brauchen und was geschieht dann?

Der Mann hatte gesagt, dass er freigelassen würde. Clara war jedoch sicher, dass sie nicht darauf warten wollte. Es musste etwas geschehen. So sehr sie aber nachdachte und diese und jene Möglichkeit erwog, ein echter, umsetzbarer Plan, der auch gute Chancen auf Erfolg hatte, fiel ihr nicht ein.

Schließlich dachte sie daran, doch die Polizei einzuschalten. Die könnten mit ihren Schnellbooten nicht nur die „Julietta" verfolgen, sondern durch gezieltes Feuer die Jacht fahrunfähig machen. Ein entschlossenes Vorgehen von Spezialkräften und die Sache wäre entschieden. Oder es könnten vielleicht doch Kampfschwimmer in der Nacht das Schiff erfolgreich angreifen.

Clara Lauberg schüttelte den Kopf. In ihrem drängenden Wunsch, ihren Mann wieder gesund zurück zu bekommen, war die Fantasie mit ihr durchgegangen. Erstens hatte sie keine Ahnung, wo sich das Schiff zur Zeit befand. Zweitens hatten die Verbrecher, wenn sie von der *Guardia Civil* oder dem Militär angegriffen wurden, nichts mehr zu verlieren. Sie konnten ihre Geiseln als Schutzschilder verwenden. Außerdem traute sie den spanischen Eliteeinheiten nicht zu, eine solch komplizierte Situation kontrollieren zu können. Wäre das der deutsche Bundesgrenzschutz oder die österreichische Cobra gewesen, dann vielleicht. Zu deutlich sah sie die Bilder der so genannten Geiselbefreiung aus dem Musicaltheater in Moskau vor sich. Da brauchte es mehr, als die Bereitschaft anzugreifen.

Nein, die Polizei war keine Option. Sie musste selbst eine Lösung finden. Dieter Böhmer würde ihr bestimmt helfen, sogar wenn er mit Sicherheit auch immer die lukrative Geschäftsverbindung mit Wenzel Waldhof im Hinterkopf hatte. In den vielen Jahren des gemeinsamen Lebens mit Heinz Lauberg hatten sie sich einen Slogan zurecht gelegt, der ihnen schon oft in schwierigen Situationen geholfen hatte: „Gemeinsam sind wir unschlagbar!" Nur, diesmal war es anders. Jeder von ihnen war auf sich gestellt. Wie sehr hätte sie sich gewünscht, die schwierige Situation, wie sie es sonst immer taten, gemeinsam durchzusprechen, Lösungsvarianten zu überdenken, eine Entscheidung zu treffen und dann aufeinander abgestimmt zu handeln. „Auch hier wird es notwendig sein, abgestimmt zu handeln, allerdings ohne, dass wir es vorher absprechen können", dachte Clara bitter. Bei einem war sie sicher: Sollte die Jacht wieder auftauchen, würde sie dafür Sorge tragen, dass das Schiff nicht neuerlich verschwinden konnte. Sie wusste zwar noch nicht wie sie das anstellen könnte, aber der Entschluss war gefasst. Es war ihr dabei auch klar, dass dann ihr Mann unmittelbar darauf befreit werden oder ihm die Flucht ermöglicht werden musste. Eine nicht mehr fahrbare Jacht brauchte auch keinen Skipper mehr. Das war also ein großes Risiko. Aber, ohne es rational erklären zu können, wusste sie tief in ihrem Inneren, würde die Jacht noch einmal verschwinden, dann käme auch ihr Mann nicht wieder zurück.

Die vordringlichste Frage war nun, wo war die Jacht? Würde sie wieder in der Bucht von Erese auftauchen? Unmöglich war das nicht. Der Platz war völlig abgeschieden und hatte sich aus der Sicht der Entführer schon einmal bewährt. Sie ging nicht davon aus, dass die Kidnapper besonders gute Ortskenntnisse hatten und über eine Anzahl von Ersatzverstecken für dieses große Boot verfügten. Es war also wichtig, die Bucht unter Beobachtung zu halten. Da mit der Rückkehr von Dieter Böhmer erst gegen Abend zu rechnen war, beschloss sie, sich ein einfaches Mittagessen zu kochen und dann mit dem Auto zur Bucht zu fahren. Wenn es auch vielleicht vergeblich war, so vermittelte es doch das Gefühl, etwas zur Lösung der Situation beizutragen.

Um nicht viel Zeit zu verlieren, öffnete sie ein Glas mit gekochten Linsen, schüttete es in einen Topf, gab aus dem 5 Liter Kanister, in denen sie ihr Trinkwasser kauften, eine Tasse voll dazu und stellte das ganze auf den Gasherd. Dann bröckelte sie noch einen Würfel vegetabiler Suppe, *Caldo Vegetal*, wie sie in Spanien heißt, hinein und brachte das Ganze zum Kochen. Nach einmaligem Aufwallen nahm sie den Topf vom Herd, stellte ihn auf einer hitzefesten Unterlage auf den Tisch und begann nach einer kurzen Wartezeit, in der die Suppe abkühlen konnte, zu essen. Es ging nicht um einen kulinarischen Genuss oder den guten Geschmack. Sie wollte sich den Magen füllen, um dann den ganzen langen Nachmittag, ohne Unterbrechung, die Bucht unter Beobachtung halten zu können.

Nach dem Ende der einfachen Mahlzeit und dem Spülen des wenigen Geschirrs machte sie sich auf den Weg zum Wagen. Auf der kurzen Strecke von der Marina zum Parkplatz kam ihr Pablo Contreras entgegen. Als er sie erblickte, wechselte er sofort auf die andere Straßenseite. „Als ob ich Aussatz hätte!", dachte Clara. Aber das war ihr im Laufe ihrer langjährigen Berufstätigkeit als Anwältin immer wieder begegnet. Sie hatte oft den Eindruck gehabt, dass die Gesellschaft zu dem Opfer eines Verbrechens mehr Distanz einnimmt als zum Täter. „So kommst du mir nicht davon, du alter Feigling!", dachte sie und schmetterte ein lautes *„Ola, Señor Contreras, qué tal?"* über die Straße. Der Angesprochene erschrak förmlich und ein vernuscheltes: *„Ola, muy bien, muy bien!"* kam zurück. Dann beschleunigte er den Schritt, um jeder direkten Kontaktaufnahme vorzubeugen. Clara musste lächeln. Sie wusste nicht warum, aber die Begegnung hatte sie aufgeheitert. Ein Gefühl, das sie dringend brauchen konnte. Nach wenigen weiteren Schritten war sie beim Wagen. Dann fuhr sie die schon gut bekannte Strecke zur Bahia de Erese. Ohne Hast ging sie zur Geländekante. Sie erwartete nicht, dass das Schiff so rasch wieder in der Bucht liegen würde. Und so war es auch. Trotzdem setzte sie sich auf den gewohnten Platz unter dem Ginster. Die See hatte immer noch einen höheren Wellengang als nach längerem Schönwetter, aber im Vergleich zu dem, was sie in der vergangenen Nacht erlebt hatte, wirkten die kleinen Schaumkrönchen direkt zierlich verspielt. Clara streckte sich lang aus. So konnte sie den ganzen Tag hier verbringen. Der für den beginnenden Hochsommer doch recht kühle Wind machte den Aufenthalt angenehm.

Sie dachte an ihren Mann Heinz und viele gemeinsame Erlebnisse. Plötzlich hörte sie das Geräusch eines Schiffsmotors. Es konnte kein Fischerboot sein, denn der knatternde, niedertourige Motorenlärm dieser kleinen Nussschalen unterschied sich deutlich von dem satten Brummen, das jetzt an ihr Ohr drang. Blitzartig richtete sie sich auf und blickte hinunter. In diesem Moment kam ein Patrouillenboot der *Guardia Civil* um die Punta del Becerro, das Kap, das die westliche Grenze der Bahia de Erese darstellt. Im ersten Moment ging Clara Lauberg noch tiefer in die Deckung ihres Ginsterbusches. Es war wie ein Reflex. Dann aber dachte sie bitter: „Wenn ihr Typen doch um einen Tag früher um diese Ecke gefahren wärt. Hättet ihr dann auch noch die Idee gehabt, etwas zu arbeiten und das hier liegende Schiff zu überprüfen, dann wäre Heinz jetzt nicht in den Fängen der Kidnapper!" Wie um ein Zeichen eines hilflosen Protests zu setzen, verließ Clara ihre grüne Deckung, stand auf und trat in voller Größe in das Sonnenlicht. Unbeirrt, langsam und gerade fuhr das Boot durch die Bucht. Die pfeilförmig auseinanderlaufende, große Heckwelle verlor sich bald in der unruhigen See. Das weiße Kielwasser aber war noch lange zu sehen, als das Fahrzeug schon hinter der Punta del Espino in Richtung Playa Santiago verschwunden war. Eine Weile hörte sie noch die Motoren, dann war es wieder der Wind, der für die stetige Geräuschkulisse sorgte.

Clara legte sich wieder in den kargen Schatten des Ginsters. Sie fühlte die Unebenheiten des Bodens. Sie merkte, wie sich die Trapezmuskeln ihrer Schultern verspannten. Es war richtig unbequem. Dennoch schlief sie wenige Minuten später ein.

Ein Bad im Atlantik

„Schwimmen gehen! Rasch, rasch!" Mit diesen Worten wurde Heinz Lauberg aus dem Schlaf gerissen. Gleichzeitig merkte er, wie seine Fessel durchschnitten wurde. Er war noch gar nicht richtig wach, da standen seine Füße schon auf dem Boden. Eben war der „Riese" dabei, die Fessel von Julietta Waldhofs Bein zu entfernen. „Rasch, rasch, schwimmen gehen!" Beinahe konnte man den Befehl des „Riesen" als Gebrüll bezeichnen. „Der Typ zeigt ja schon wieder Nerven!", dachte Heinz Lauberg befriedigt. Er sah seine Chancen auf ein gutes Ende der ganzen Geschichte wachsen. Ohne allzu große Hast stieg Heinz aus seinem Arbeitsanzug, der ja die Maskerade für sein Auftreten als Mechanikergehilfe gewesen war. In Unterhosen blickte er den Riesen an und signalisierte damit seine Bereitschaft für den Schwimmausflug. Anders verlief die Sache bei Julietta Waldhof. Auch sie hatte sich inzwischen ihrer Kleider entledigt und wartete, auch lediglich mit einem Slip bekleidet auf den Befehl, die Treppe nach oben in den Salon zu gehen. Doch der „Riese" herrschte sie an: „Badeanzug anziehen, rasch, sofort!" Nun ging Julietta zu einem Schrank, öffnete eine Lade, nahm einen einteiligen Badeanzug heraus, schlüpfte hinein und dann trieb sie der „Riese" in die Plicht.

Als Heinz ins Freie trat, war ihm die Situation blitzartig klar und verständlich. Er sah, wie in einiger Entfernung ein grau gestrichenes Schnellboot, das unter anderem mit einem Maschinengewehr verziert war, zwar nicht direkt auf die „Julietta" zuhielt, aber auch nicht wirklich weit entfernt vorbeifahren würde. Außerdem konnte ja der Kurs jederzeit geändert werden. Als sie zur Badeplattform kamen hielt der „Riese" Julietta Waldhof zurück. „Hinsetzen, Füße in Wasser!", befahl er ihr. Heinz Lauberg gab er einen Stoß, dass er recht unelegant in das Wasser platschte. „Schwimmen!", befahl er. Dann setzte er fort: „Wenn du rufen Polizei, Frau tot!" Heinz hatte verstanden. Sie sollten normalen Badebetrieb simulieren. Fröhlich sein, vielleicht auch noch laut lachen. Das Schiff mit der zypriotischen Flagge war ja weit von jeder Grenze Marokkos zu einem Nachbarland entfernt. Es musste längst einklariert haben. Warum sollte also die Besatzung eines Küstenwachbootes den netten Badetag, den sich die Reichen von ihrer Jacht aus gönnten, stören? „Gar nicht blöd!", dachte Heinz. Im Eiltempo analysierte er die Situation. War das die Chance, auf die er wartete? Sollte er dem Boot Zeichen geben? Wenn ja, welche? Das Notzeichen der Schifffahrt ist ein Auf- und Abschwenken der Arme. Das geht, wenn man an Deck steht, aber schwimmend im Wasser? Vielleicht winkten die ja bloß zurück und führen weiter. Sollte er rufen? Es befand sich kein Matrose im Außenbereich des Schnellbootes. Und drinnen konnten sie ihn unmöglich hören. Außerdem, wie würde der „Riese" reagieren, der unmittelbar hinter Julietta Waldhof stand und sicher den Revolver malerisch im Hosenbund stecken hatte? Außerdem gab es ja auch noch den „Bruder", den er heute noch gar nicht gesehen hatte. Nein, das war sie nicht, die Chance, deren wesentlichstes Element die höchstmöglichen Erfolgsaussichten sein musste. Er würde vielleicht nur eine gute Gelegenheit haben! Das Patrouillenboot war sie nicht. Heinz versuchte, aufkeimende Resignation und einen Anflug von depressiver Verstimmung sofort niederzukämpfen. Wäre nicht das Küstenwachschiff in der Nähe gewesen, dann hätte er das Schwimmen richtig genossen. Er konnte sich so auf die Schnelle nicht mehr erinnern, wann er das letzte Mal geduscht hatte. Also war dieses über ihn hereingebrochene Bad im Atlantik hoch willkommen. Er schwamm mit ausladenden Bewegungen ein Stück von der Jacht weg, kehrte in einem großen Bogen wieder zurück und gewann seine Fassung vollständig wieder. Es würden noch andere Möglichkeiten kommen. „Wollen Sie nicht auch schwimmen? Es ist recht warm", rief er Julietta Waldhof zu.

„Wenn mich der „Zyklop" lässt!", antwortete sie.

„Der „Riese", es ist der „Riese", aber ich wäre auch mit „Zyklop" einverstanden", meinte Heinz Lauberg.

Sie drehte sich zu ihrem Bewacher um und machte eine Kopfbewegung in Richtung auf die Badeplattform und das Wasser. Der Kidnapper schaute nach dem Patrouillenboot aus. Als er sah, dass es die Jacht bereits passiert hatte und unverändert seinen Kurs nach Norden beibehielt, nickte er und Julietta sprang kopfüber in den Atlantik. Als sie Heinz Lauberg erreicht hatte, sagte sie zu ihm: „Das war ein guter Trick von den Typen, ihre Harmlosigkeit durch unseren Schwimmausflug zu demonstrieren. Deshalb musste alles so rasch gehen. Was ich aber nicht verstehe ist, warum er darauf bestanden hat, dass ich einen Badeanzug nehme." Und mit einem Lächeln setzte sie fort: „Bisher habe ich immer geglaubt, dass sich mein Busen durchaus sehen lassen kann!" „Nun, ich würde deshalb keine Komplexe entwickeln", beruhigte Heinz Lauberg. „Vergessen Sie nicht, wir befinden uns in einem moslemischen Land. Da könnte eine solche Freizügigkeit durchaus das Auge der Scharia reizen und zum ordnenden Eingreifen bewegen. Genau das sollte aber durch unser Bad im Atlantik verhindert werden. Und es hat ja funktioniert, wie man sieht."

„Also, wenn die Gangster in der Aufregung und in dem Zeitdruck, in dem sie sich befunden haben, an ein solches Detail dachten, dann sind sie intelligenter, als ich angenommen habe", bekannte Julietta.

„Gut, dass Sie das erkannt haben!", sagte Heinz. „Das Gefährlichste ist, wenn man den Feind unterschätzt!", gab er eine militärische Binsenweisheit von sich.

„Und woher kommt diese Schlachtenerfahrung?", fragte Julietta mit leicht ironischem Unterton.

Darauf antwortete Heinz: „Ich bin zwar bloß Unternehmensberater, aber Sie dürfen auch Oberstleutnant Lauberg zu mir sagen, ohne dass das eine Schmeichelei wäre." Den überraschten Ausdruck auf Julietta Waldhofs Gesicht nahm er mit einer gewissen Befriedigung zur Kenntnis.

Ein leichter Koffer

Als Clara Lauberg unter ihrem Ginsterbusch erwachte, sah sie sofort, dass der Nachmittag bereits weit fortgeschritten war. Ein Blick in die Bucht bestätigte, dass sie nichts versäumt hatte. Stetig brachen sich die Wellen an den Lavafelsen. Von der Ferretti keine Spur. Trotz allem war sie mit dem Nachmittag zufrieden. Bloß zu warten, bis sie übermorgen zu Mittag den Anruf machen konnte, der die nächste und wie sie hoffte, letzte Runde des Geschehens einläuten würde, war eine Tortur. Da war sie mit ihrem ausgedehnten, verspäteten Mittagsschlaf durchaus einverstanden. Offensichtlich hatte sie die Erholung gebraucht. Wenn sie an den gestrigen Tag dachte, als sie mit dem gekenterten Boot auf die Brandung der Steilküste zugetrieben wurde, lief ihr heute noch die Gänsehaut.

Sie beschloss aufzubrechen. Außerdem war sie durstig, sie hatte vergessen, eine Flasche Wasser mitzunehmen, was ihr selten passierte. Beim Auto angekommen stellte sie fest, dass die Füllung des Tanks zur Neige ging. Sie entschied sich dafür, in Playa Santiago einen Tankstop einzulegen. Der Ort liegt an der Mündung von zwei Barrancos, die von einem schroffen Mittelstück getrennt werden. Auf der Ortsumfahrung, die Clara benützte, verbindet ein Tunnel die beiden Teile des Dorfes. Sonst gibt es noch an dieser Stelle ein kurzes Stück Uferstraße, auf der man von der einen in die andere Hälfte kommt.

Früher hatte Playa Santiago zwei Bürgermeister, da der westliche Teil zur Gemeinde Alajero, der östliche Teil aber zu San Sebastian gehörte. Clara war jedoch nicht ganz sicher, ob diese verwaltungsmäßige Teilung des Dorfes noch immer Bestand hatte. Es gab in letzter Zeit einige administrative Veränderungen auf den Inseln und dieses Kuriosum verlangte ja nach einer Reform. Als sie, während das Benzin in den Tank lief, einen Blick auf die recht aktuelle Straßenkarte der Insel warf, die im Handschuhfach des Wagens lag, stellte sie jedoch fest, dass die Bezirksgrenze immer noch durch den Ort verlief. Aber vielleicht hatte man sich ja doch auf einen *Alcalde*, wie der Amtstitel des Bürgermeisters in der Landessprache heißt, geeinigt.

Sie kaufte sich auch noch eine Flasche Wasser, die sie noch, bevor sie wieder in den Wagen stieg, öffnete und mit einem großen Schluck den ersten Durst stillte. Dann begann sie die Fahrt in das Landesinnere. Von der kleinen Pflanzersiedlung Tecina aus, verläuft die Straße in zahlreichen Serpentinen auf der Lomada de Tecina, einem Bergrücken, der den Barranco de Santiago vom Barranco Tapahuga trennt. Nach Las Toscas, einem versteckten kleinen Dorf, führt die Straße zur Degollada de Peraza.

Der Name dieses Sattels erinnert an Fernán Peraza, den spanischen Herren über La Gomera. Die dauernden Ungerechtigkeiten seines Regimes ließen die Eingeborenen den Entschluss fassen, ihn zu töten. Obwohl er mit Beatriz de Bobadilla verheiratet war, hatte er ein lüsternes Auge auf die Guanchenprinzessin Yballa geworfen. Als er sie einmal im Jahr 1488 in ihrer Höhle besuchen wollte, wurde er erschlagen. So brutal das Verbrechen anmutet, ist die Art der Ausführung verständlich: Schießen konnten zu der Zeit auf den Kanaren nur die Spanier. Die Guanchen lebten noch in der Steinzeit. Mit dieser Tat wurde Beatriz de Bobadilla in den Witwenstand befördert. Das wiederum ermöglichte, wie schon kurz erwähnt, Christoph Kolumbus ein paar Jahre später, vor seinen Atlantiküberquerungen entspannte Stunden mit der Dame zu verbringen. Als sie im weiteren Verlauf ihres durchaus bewegten Lebens dann Fernández de Lugo, den Eroberer von Teneriffa heiratete, schlug Kolumbus eine andere Route ein.

Mit diesem Pass, der in etwa 1000 Metern Höhe liegt, hatte Clara Lauberg auch den höchsten Punkt der Fahrt hinter sich. Jetzt ging es wieder der Küste zu. Obwohl die beiden Orte San Sebastian und Playa Santiago nur etwa 13 Kilometer Luftlinie auseinander liegen, benötigt man über die Straße wegen der schroffen Barrancos 40 Kilometer, um von einem in den anderen zu kommen. Zurück in der Inselhauptstadt parkte Clara den Corsa nahe bei der Marina und schlenderte zum Fähranleger, wo bald das Schiff aus Los Cristianos ankommen würde. Lange dauerte es auch nicht bis die Fred. Olsen-Fähre langsam in den Hafen lief.

Dieter Böhmer war einer der letzten Passagiere, die von Bord gingen. In der Hand trug er einen braunen Koffer. Clara war mit einem Schlag bewusst, dass sich darin vermutlich eine Million Euro in barem Geld befand.

Dieter Böhmer lächelte, als er auf sie zu trat: „Hallo Clara! Schau, was ich dir mitgebracht habe!", und dabei machte er eine Geste, als würde er den Koffer öffnen.

In einer Schreckreaktion zischte Clara: „Bist du verrückt, lass den bloß zu!"

„Du glaubst doch nicht wirklich, dass ich hier im Hafen die Scheinchen flattern lasse?", fragte ein offensichtlich gut gelaunter Anwalt.

„Geld in unauffälligen Koffern herumzutragen macht dir offensichtlich Spaß!", giftete Clara, der die Heiterkeit Dieter Böhmers auf die Nerven zu gehen begann. Doch der ließ sich die Laune nicht so schnell verderben: „Ich lasse dich dann auf der „Calima" schnuppern und du wirst merken, Geld stinkt nicht! Aber damit ich mir nicht den ganzen Abend dein ernst-trauriges Gesicht anschauen muss, schlage ich vor, wir essen in dem Restaurant mit der schönen Aussicht, in dem wir auch mit Heinz gewesen sind, zu Abend."

An dem Vorschlag hatte Clara nichts auszusetzen.

Beim Essen schilderte Clara ihren Tag, von dem es allerdings kaum Berichtenswertes gab.

Bei Dieter Böhmer war alles nach Plan verlaufen. Der Repräsentant der Versicherung hatte ihm das Geld gegen eine Empfangsbestätigung übergeben und war mit der gleichen Maschine vom Flughafen Reina Sofia aus wieder zurück geflogen. Dieter Böhmer hatte noch einmal die Bestätigung dafür verlangt, dass das Geld nicht in irgendeiner Weise präpariert war und die Scheine aus unterschiedlichen Serien stammte. Letzteres hatten die Entführer zwar nicht verlangt, aber der Wirtschaftsanwalt Dieter Böhmer fand es interessant, sich in der Terminologie und den üblichen Rahmenbedingungen von Gewaltverbrechern zu bewegen. Dann hatte er sich wieder ein Taxi genommen und war zurück nach Los Cristianos gefahren. Dort hatte er eine hervorragende Paella, das spanische Nationalgericht, gegessen. Paellas gibt es überall im Land, es ist eine Reisspeise, die regional sehr unterschiedlich gewürzt ist und sich auch in den Zutaten stark unterscheidet. Die Paella Valenciana zum Beispiel ist völlig frei von Fischen und anderen Meerestieren, während jene Paella Marisco, die Dieter Böhmer aß, mit mehreren Garnelen und Muschelfleisch zubereitet gewesen war.

Was er nicht bemerkt hatte, war jener weiße Seat Ibiza gewesen, der, mit zwei Männern besetzt, seinem Taxi vom Flughafen bis Los Cristianos gefolgt war. In San Sebastian war dieser Wagen von der Fähre gerollt und parkte jetzt unweit des Restaurants, in dem der Anwalt und Clara Lauberg ein gutes Nachtmahl verzehrt hatten. Und die eben dabei waren eine süße Nachspeise aus Gofio, geröstetem Mais- oder Weizenmehl, das auf den Kanaren in unterschiedlichsten Arten zubereitet oft den Grundstoff vieler Mahlzeiten bildet, zu essen.

Die Chancen stehen schlecht

Nach dem Ende des gemeinsamen Bades im Atlantik brach über Julietta Waldhof und Heinz Lauberg neuerlich die Realität von Entführungsopfern herein. Die bestand für Heinz in erster Linie darin, dass sein linkes Handgelenk wieder mit einem der schon sattsam bekannten Kabelbinder im Salon an die Rückenlehne des Stuhles gefesselt wurde, auf dem er sitzen musste. Die Entführer schienen einen unerschöpflichen Vorrat davon zu besitzen. „Eine Hunderterpackung aus dem Baumarkt. Wahrscheinlich ein Sonderangebot", dachte Heinz bitter.

Julietta hantierte unter der Aufsicht des „Bruders" in der Pantry, aber die Gerüche, die von dort kamen, ließen ein weiteres Mal keine erlesene Köstlichkeit erwarten. Schließlich war es das, wonach es roch: Spagetti mit Tomatensoße. Nun mochte Heinz eine bestimmte Sorte von spanischer Tomatensoße recht gerne, aber diese hier musste wohl noch aus Zypern stammen. Eine rötliche Flüssigkeit hatte sich von dem Mark getrennt und ließ die Teigwaren in einer unappetitlichen Suppe schwimmen. Gewürzt war das Zeug auch nicht, wobei das, wie Heinz vermutete, eher der geringen Kocherfahrung Julietta Waldhofs zuzuschreiben war. Aber er sagte sich: „Dieses Essen ist um Vieles besser als gar keines!", und die Portion Nudeln war so, wie er sie gerne hatte, nämlich riesig.

Allerdings kleckerte Heinz ziemlich, da es sich als recht schwierig herausstellte, die Spagetti nur mit dem Löffel zum Mund zu führen. Anderes Besteck gab es nicht. Eine der zahlreichen Sicherheitsmaßnahmen der Entführer.

Seine Bewachung hatte der „Riese" übernommen und da wieder beide an derselben Seite des Tisches saßen, konnte er den Knöchel sehen, der in der vergangenen Nacht Bekanntschaft mit der Kiste gemacht hatte. Und der sah, wie Heinz Lauberg mit großer Befriedigung feststellte, ganz erheblich geschwollen aus. Der „Riese" trug Sportschuhe und die Schwellung quoll förmlich über den gepolsterten Rand des Schuhs. Er hatte auch bemerkt, dass sich der große, schwere Mann nur mühsam bewegen konnte.

„Man muss warten können!", dachte Heinz Lauberg, der immer schon die Meinung vertreten hatte, dass Probleme die Chance verdienten, sich selbst zu lösen. Darin unterschied er sich von seiner Frau Clara. „Aber die ist ja auch nie Soldat gewesen", räumte er entschuldigend ein.

Als das Mittagessen beendet war und Julietta Waldhof das Geschirr abgeräumt hatte, wurden beide wieder in ihre Kabine gebracht und an das jeweilige Bett gefesselt. Dann ließ man sie allein.

„Was war denn heute Nacht eigentlich los?", fragte Julietta.

Heinz berichtete alle Vorfälle. Als er verstummt war, fragte Julietta weiter: „Was glauben Sie, dass hier eigentlich geschieht?"

„Ich bin sicher, dass wir Schmuggelgut an Bord haben. Was es ist, kann ich nicht sagen. Sie haben die Kisten ja gesehen. Sie sind unbeschriftet und aus Holz. Jedenfalls scheinen wir noch nicht die gesamte Menge an Waren an Bord zu haben. Hätten sich die Leute mit den Pick-ups endgültig aus dem Staub gemacht, dann wären wir heute sicher nicht den ganzen Tag praktisch untätig vor diesem schönen Sandstrand gelegen. Die warten noch auf etwas. Das kann der Rest der Ware von den beiden anderen Fahrzeugen sein, aber es kann natürlich sein, dass heute Nacht noch eine andere Karawane aus der Wüste auftaucht. Sonst wüsste ich nicht, warum wir noch hier sind." Heinz streckte sich lang aus, dann setzte er fort: „Was ich gut finde, ist die Knöchelverletzung des „Riesen". Die scheint ernster zu sein, als ich anfänglich den Eindruck hatte. Haben Sie die Schwellung gesehen?"

Julietta Waldhof schüttelte den Kopf: „Nein, bei mir in der Küche war ja meist der Andere der beiden. Aber ist Ihnen schon aufgefallen, dass die noch kein einziges Wort miteinander gesprochen haben, so lange einer von uns dabei ist?"

Heinz Lauberg musste sich eingestehen, dass er das noch nicht bemerkt hatte. „Du wirst langsam alt!", schalt er sich in Gedanken dafür. Zu Julietta sagte er: „Das ist mir bisher nicht aufgefallen, aber wenn ich mich an die einzelnen Situationen erinnere, dann bin ich fast sicher: Sie haben Recht. Nun, es sind eben SPEZNAZ-Leute. Die verstehen einander auch, ohne dass sie miteinander reden."

„Was bitte ist SPEZNAZ?", schallte es fragend aus der Nachbarkoje.

Mit leiser Stimme erzählte Heinz einiges von dem, was er in früheren Zeiten gelernt hatte. Julietta Waldhof schien das, was sie hörte, nicht sehr zu gefallen. Sie runzelte die Stirn und sagte: „Das klingt schlimm, wenn man unsere Lage bedenkt. Da sehe ich kaum mehr eine Chance, einigermaßen heil aus der Sache heraus zu kommen."

Heinz nickte zustimmend, meinte aber dann fast schon im Flüsterton: „Es ist sicher so, dass wir sie – sagen wir es einmal so – in offener Feldschlacht nicht besiegen können. Unsere Chance besteht darin, dass auch diese Elitesoldaten während ihrer Dienstzeit in ein enges Korsett aus Befehlshierarchien gezwängt waren. Sie haben gelernt, auf unmittelbare Störungen oder Bedrohungen sofort und kompromisslos zu reagieren. In komplexen, dynamischen Situationen selbstständig Ziele zu verlagern und befohlene Vorgangsweisen eigenverantwortlich abzuändern, das haben auch diese Leute nicht gelernt. Entscheidungen, die bei westlichen Armeen auf Kompanieebene fallen, wurden dort von Brigadegeneralen getroffen. Schon zwei Mal habe ich gesehen, wie der „Riese" die Nerven verloren hat. Das erste Mal war das gestern Nacht, als wir durch das überladene Boot und alle anderen Zwischenfälle so viel Zeit verloren haben, dass die Sache nur unvollständig über die

Bühne gehen konnte. Das zweite Mal heute, als das Patrouillenboot vorbeigefahren ist. Es gibt da sicher im Hintergrund andere, größere Kaliber, die die Fäden ziehen.

Es muss auch jemanden geben, der die Verhältnisse hier gut kennt. Wie Sie mir gesagt haben, war das Boot mehr oder weniger entlang der marokkanischen Küste unterwegs, als es gekapert wurde. Wenn die bloß weiter nach Süden wollten, um die Schmuggelware aufzunehmen, warum sind sie dann die Außenrunde um die Kanarischen Inseln gefahren? Für mich ist klar, dass sie wussten, dass sie zwischen Fuerteventura und Lanzarote nicht ohne von der Küstenwache oder der Guardia Civil überprüft zu werden, durchkommen würden. Dort spielt sich die gesamte illegale Immigration aus Schwarzafrika über die Kanaren in die Europäische Union ab. Fast täglich landen Menschen in winzigen Booten an den Küsten der Inseln. Hunderte ertrinken jedes Jahr und die angeschwemmten Leichen beeinträchtigen den kanarischen Tourismus auf den östlichen Inseln. Die Spanier haben ein eigenes elektronisches System geschaffen, das die Seegebiete überwacht und Boote orten kann. Dieses Risiko konnten die Leute nicht eingehen. Aber ich glaube kaum, dass sie selbst über dieses regionale Wissen verfügen. Sicher hat sie jemand gewarnt. Jemand, der mit den örtlichen Verhältnissen bestens vertraut ist.

Die handeln nicht auf eigene Rechnung, sondern im Auftrag. Jede Verzögerung bringt ihnen selbst Unannehmlichkeiten, vielleicht sogar Gefahr. Darum hat der „Riese" gestern am Strand so überhastet reagiert und die Waffe gezogen, als die vier Männer mit den Pick-ups wegfahren wollten. Da hat wohl nicht viel gefehlt, um den Begriff „Panik" verwenden zu können. Hätte er überlegt, dann wäre er nicht auf die Idee gekommen, mit einem sechsschüssigen Revolver gegen vier Kalaschnikows angehen zu wollen."

Heinz machte eine Pause. In die Stille hinein fragte Julietta nun ebenfalls mit stark gedämpfter Lautstärke: „Und was bedeutet das für uns?"

Heinz dachte kurz nach, dann sagte er: „Einen direkten Handlungsplan für konkrete Aktionen kann ich daraus leider nicht ableiten. Aber ich bin überzeugt davon, dass jede Störung ihrer Vorhaben, jede Verzögerung uns insofern hilft, als es unsere Gegner schwächt. Sie haben nicht nur Aufträge zu erfüllen, sie müssen uns auch noch bewachen. Ich bin zwar davon überzeugt, dass die „Julietta" kein Zufallsopfer der Kaperung ist. Das Schiff wurde gezielt überfallen. Die wussten, dass sich nur zwei Leute an Bord befinden sollten. Hätten sie irgendeine Luxusjacht angegriffen, dann hätten auch zehn oder fünfzehn Personen auf dem Schiff sein können. Eine solche Situation wäre von den drei Männern nicht zu bewältigen gewesen. Die erwarteten also, dass die „Julietta" mit kleinster Crew unterwegs war und dann war plötzlich noch ein zusätzlicher Gast an Bord. Es war sicher auch nicht geplant, den Skipper so rasch zu töten. Sie haben ihren eigenen Mann nur mitgebracht, um Jens Klaas nautisch überwachen zu können. Dass ihr Mann nicht in der Lage war, das Schiff zu fahren, hat sich ja erwiesen. Dadurch kam der lange Aufenthalt in der Bucht von Erese zu Stande, wo ich gemeinsam mit meiner Frau Clara dann das Schiff gefunden habe. All das hat ihren Zeitplan sicher gehörig durcheinander gewirbelt. Jetzt kommt noch die Knöchelverletzung hinzu. Die stehen gewaltig unter Druck. Aus alldem kann ich noch kein Rezept für unser Überleben entwickeln. Aber eines weiß ich: Je schwächer die werden, desto stärker werden wir. Wir müssen nur lange genug leben."

Heinz glaubte aus der Nachbarkoje ein schweres Schlucken zu vernehmen. Dann hörte er Julietta Waldhofs Stimme: „Warum hat man mich dann nicht schon getötet? Ravioli in den Mikrowellenherd stellen können die sicher auch."

Der Gedanke war ihm, so musste Heinz Lauberg sich erneut eingestehen, bisher noch nicht gekommen.

Nachdenklich meinte er: „So schwer es mir fällt, aber da habe ich im ersten Moment auch keine Antwort darauf. Eine Erklärung wäre, dass die Typen gesehen haben, dass Sie das Schiff fahren können. Andererseits, seit ich an Bord bin fällt dieser Grund eigentlich weg. Rein rational betrachtet, hätten Sie die Überfahrt nach Marokko eigentlich nicht überleben dürfen." Er warf einen Blick auf Julietta Waldhof, die auf dem Rücken lag und den Blick zum Kabinendach gerichtet hatte und sagte. „Sie verzeihen mir meine deutlichen Worte."

„Sie haben ja Recht!", antwortete Julietta. „Das ist es ja, was mir Sorgen macht. Ich bin hier an Bord für die Mission der beiden nicht erforderlich. Aber ich lebe noch. Was ich schön finde". Mit diesen Worten wandte sie sich jetzt Heinz Lauberg zu, der sie noch immer anblickte und dann direkt von Angesicht zu Angesicht fragte: „Haben die sie vergewaltigt?" Julietta hielt seinem Blick stand und erwiderte: „Nein, das ist es ja, was mich wundert. Als die uns vollständig in ihrer Gewalt hatten, habe ich das fast erwartet. Aber nichts dergleichen. Sie schauen mir zu, wenn ich mich ausziehe, sie sind dabei, wenn ich auf die Toilette gehe und dusche, sie haben mich geschlagen. Aber sexuell hat es bisher keinen einzigen Übergriff gegeben."

„Eigenartig!", bemerkte Heinz und meinte weiter: „Das wäre vielleicht auch noch eine Erklärung für ihr Hiersein gewesen."

Dann kehrte Stille in der Kabine ein. Beide lagen in ihren Kojen und hingen ihren Gedanken nach.

Nach einigen Minuten fragte Heinz Lauberg: „Wissen die, wer Sie sind? Ich meine, dass Sie die Tochter des Eigners der Jacht sind?"

Julietta dachte nach, dann sagte sie: „Meine Sachen haben sie natürlich alle durchsucht. Wenn sie auch die Schiffspapiere durchgesehen haben, dann ist das möglich, da neben der Firma als Eigner auch mein Vater und mein Freund aufscheinen."

„Dann glaube ich zu wissen, warum Sie noch am Leben sind. Die erpressen sicher ein Lösegeld!", war Heinz Lauberg plötzlich der Gedanke gekommen.

„Nun, dann ist ja alles in Butter!", rief Julietta freudig aus. „Das Lösegeld wird sicher bezahlt werden und dann sind wir frei! Nicht nur, dass mein Vater alles tun würde, um mein Leben zu retten, hat er für sich und mich auch eine Entführungsversicherung abgeschlossen."

„Eine was hat er abgeschlossen?", zeigte Heinz Lauberg sich perplex.

„Eine Entführungsversicherung!", betonte Julietta nochmals.

„Ich wusste gar nicht, dass man sich gegen Lösegeldforderungen versichern kann", bekannte Heinz.

„Es gibt kaum ein Risiko, das nicht versicherbar ist. Es ist alles nur eine Frage der Prämie", klärte Julietta auf.

Heinz überlegte. Er war sicher, dass die Bezahlung eines Lösegeldes nicht unbedingt zu ihrer Freilassung führen würde. Wenn er mit seinem Gedankengebäude richtig lag, dann hatten die Piraten primär andere Ziele. Außerdem schritten sie nicht dagegen ein, wenn ihre Geiseln gegenseitig ihr Wissen und ihre Gedanken austauschten. Die Männer waren nur auf zwei Dinge bedacht: Dass Julietta und er nicht entkommen konnten und auf ihre persönliche Sicherheit. Das nahm Heinz als Indiz dafür, dass die Kidnapper nicht daran dachten, ihnen jemals wieder die Freiheit zu geben. So banal es klingen mochte, aber sie wussten bereits zu viel! Sollte er diese Befürchtung Julietta mitteilen? Zuerst beschloss er für sich, dass das jetzt noch nicht nötig war. Schließlich aber dachte er, dass sie jede Chance, sich selbst zu befreien, nützen müssten. Würde Julietta zögern, weil sie dachte, die Zahlung des Lösegeldes genügte, ihre Freilassung herbei zu führen, so stellte das eine Gefahr dar. Das Risiko durfte er nicht eingehen. Heinz Lauberg klärte Julietta über seine Gedanken auf. Lange lag sie schweigend auf ihrer Koje. Er konnte förmlich sehen, wie Für und Wider in ihrem Kopf einen erbitterten Kampf ausfochten. Sie seufzte und sagte. „Ich glaube, Sie haben Recht. Es fällt mir nicht leicht, das zuzugeben, aber ich sehe die Sache jetzt ebenso wie Sie. Die werden uns auch dann nicht frei lassen. Aber was können wir sonst noch tun?"

„Es gibt immer eine Chance. Unsere Aufgabe ist es, sie zu erkennen und mit aller Kraft kompromisslos und ohne irgendwelche Rücksichten zu nützen!" Und Heinz Lauberg meinte, was er sagte.

Abend auf der „Calima"

Auf der „Calima" angekommen, stellte sich für Clara Lauberg und Dieter Böhmer ein Problem. Der Koffer mit der Million musste verstaut werden. Natürlich wusste niemand, außer den direkt Beteiligten von der Sache, aber der Zufall schläft nie und immerhin musste das Geld zumindest den ganzen morgigen Tag über auf dem Schiff bleiben. Vielleicht auch noch länger. Ein Bankschließfach wäre zwar ein sicherer Aufbewahrungsort gewesen, aber erstens hatten die Banken natürlich schon geschlossen, als Dieter Böhmer mit dem wertvollen Koffer angekommen war und zweitens wusste Clara Lauberg, wie schwierig und umständlich jede Banktransaktion ablief. Schon einfache Überweisungen beanspruchten oft eine ganze Stunde. Die Einrichtung eines Abbuchungsauftrages für eine Behördenzahlung, wie Steuern oder Müllabfuhr konnte sich zu einem mehrtägigen Projekt entwickeln. Die kurzfristige Anmietung eines Schließfaches würde da sicher keine Ausnahme machen.

Also suchten sie nach einem guten Versteck auf der „Calima". Es gab schon eine Menge nicht sofort sichtbarer Hohlräume, in denen der Koffer Platz gehabt hätte, aber nicht jeder gefiel ihnen. Im „Weinkeller" roch es naturgemäß nach Dieselöl. Und da ja nach Dieter Böhmer Geld nicht stinken sollte, entschieden sie sich dagegen. Schließlich schlug Clara vor, Dieters Schlafplatz von den Matratzen zu befreien. Im vordersten Teil der V-Koje war ein Deckel unter dem der Antrieb für das Bugstrahlruder untergebracht war. Dort passte der Koffer gut hinein. Dann bauten die beiden das Bett wieder und waren ziemlich sicher, dass das Geld dort kaum jemand suchen würde. Nur ein Fachmann hätte dieses Versteck finden können.

Nach getaner Arbeit setzten sie sich in den Salon, um dort noch ein wenig zu plaudern. Clara holte Rotwein aus einer Vorratskiste unter der L-Sitzbank und nachdem sie die Flasche geöffnet und zwei Gläser gefüllt hatte, begann sie, von ihrem Tag zu berichten, so wenig ereignisreich der auch gewesen war. Sie sagte ihm, dass sie um jeden Preis versuchen würde, die Jacht am Abfahren zu hindern, sollte sie wieder in der Bahia de Erese oder sonst in ihrer Gegend auftauchen. Dann sprachen sie über das Lösegeld und Clara fragte: „Der Bote hat dir einfach eine Million Euro in die Hand gedrückt? Was wäre, wenn wir die Entführung bloß behauptet hätten und das Geld mit Julietta Waldhof teilen würden?"

Dieter Böhmer lächelte und meinte: „Erstens habe ich im Auftrag meines Klienten mit der Versicherungsgesellschaft den ganzen Abschluss und die Formulierung der Police verhandelt. Zweitens kennen die Leute mich auch von anderen Geschäften her. Und drittens ist die geforderte Summe so gering, dass wir, du, ich und Julietta Waldhof geistig umnachtet sein müssten, um deswegen einen existenzgefährdenden Betrug zu begehen."

Clara wiegte den Kopf und erwiderte: „Also das mag ja für die Reichen dieser Welt, wie dich oder Julietta Waldhof gelten. Ich für meinen Teil könnte für 300 000 Euro schon schwach werden!"

Dieter Böhmer ließ sein selbstbewusstes, lautes Lachen hören: „Zum Glück kennen die dich ja nicht!"

Diesem Argument hatte Clara Lauberg nichts entgegenzusetzen. Deshalb zog sie eine finstere Miene und deutete einen Schlag auf Dieter Böhmers Nase an. Der zuckte zurück und verschüttete dabei etwas Rotwein auf den Tisch. Nun musste Clara lachen und sagte mit ironischem Unterton: „Entschuldige, aber ich hätte nicht gedacht, dass du mir zutrauen würdest, dir eine auf die Nase zu geben!"

Dieter nahm eine Serviette, legte sie auf die kleine Pfütze und sagte: „Hätte ein Kollege von der Wirtschaftsfront so einen Schlag angedeutet, dann hätte ich nicht einmal mit einer Wimper gezuckt. Aber bei einer Strafverteidigerin weiß man nie! Es gibt keine Zeugen. Daher wäre es für mich nahezu unmöglich gewesen, einem Richter deinen Angriff glaubhaft zu machen. Wenn ich der, dem Verbrechen folgenden Bestrafung des Täters nicht sicher sein kann, dann verschreibe ich mich eher der Verhütung. Nein, nein, da bin ich lieber auf der sicheren Seite."

Nun lachten beide und prosteten einander auf ein gutes Ende der ganzen Angelegenheit zu. Es tat Clara gut, mit dem befreienden Lachen einiges an Spannung abbauen zu können.

„Die Versicherung will lediglich unmittelbar nach dem Abschluss der Sache einen genauen Bericht mit möglichst allen Details. Und zwar nicht nur von der Geldübergabe, sondern auch vom gesamten Hergang. Weiter behalten sie sich vor, anschließend eigene Ermittlungen anzustellen. Das muss man den Leuten sicher zugestehen, dass sie nach der Befreiung der Geiseln versuchen, ihr Geld wieder zurück zu bekommen. Nur die Polizei dürfen sie auch dann nicht einschalten. Wir wollen ja – wie schon gesagt – geschäftlich nicht auffallen", schloss Dieter Böhmer seinen Bericht.

Eine ganze Weile saßen sie noch beisammen und plauderten von alten Zeiten. Es war schließlich Dieter Böhmer, der mit einem ausgedehnten Gähnen, das die vorgehaltene Hand nur unvollkommen verbergen konnte, andeutete, dass es wohl Zeit sei, die Kojen aufzusuchen.

Marokkanische Waren

Wieder einmal hatte Heinz Lauberg von seiner Fähigkeit Gebrauch gemacht, Gelegenheiten schlafen zu dürfen, auch zu nützen. Es war still zwischen ihm und Julietta Waldhof geworden, nachdem er ihr gesagt hatte, warum die Zahlung eines Lösegeldes wohl nicht zu ihrer Freilassung führen würde. Während er schlief, war die Dunkelheit hereingebrochen. Er erwachte, von einem seltsamen Geräusch vom Niedergang, der die Kabinen mit dem Salon verband. In der völligen Finsternis, die ihn umgab, konnte er die Ursache nicht erkennen. Dann spürte er einen unsanften Stoß in die Rippen und hörte die Stimme des „Riesen", die „Aufstehen!" anordnete. Gleichzeitig verspürte er, wie seine Fessel durchschnitten wurde.

„Irgendwann werden sie den letzten Kabelbinder verbraucht haben!", dachte Heinz und stand auf. Der „Riese" knipste seine starke Taschenlampe an und richtete den Strahl auf das Gesicht von Heinz Lauberg. Die Blendung nahm ihm jede Sicht. „Wieder eine ihrer verdammten Sicherheitsmaßnahmen!", dachte er. Da er jetzt sowohl die Hände als auch die Füße frei hatte, war in den Augen der Piraten seine Gefährlichkeit gestiegen. Also nahm man ihm die Sicht, so lange durch die Enge der Kajüte nicht der übliche Sicherheitsabstand eingehalten werden konnte. „Auch ich darf nicht anfangen, sie zu unterschätzen!", dachte Heinz. Dann wies ihm der Strahl den Weg nach oben. Da er ja schon wusste, was nun kommen würde, ging er gleich direkt zur Plicht und auf die Badeplattform, wo das Beiboot an der Festmacherleine darauf wartete, wieder zum Frachtschiff umfunktioniert zu werden.

Er schaute auf die Uhr. Es war erst zweiundzwanzig Uhr abends. Man hatte sich offenbar für heute darauf geeinigt, die Warenübergabe früher ablaufen zu lassen. Als der „Riese" in das Beiboot kletterte, sah Heinz, dass eine behelfsmäßige Schiene das verletzte Bein ruhig stellen sollte. Die beiden hatten offensichtlich einen der Stühle zerschlagen und aus den Stuhlbeinen die Schiene gefertigt. Eine Menge Verbandsmaterial sorgte für die notwendige Fixierung. Das war für Heinz Lauberg eine wichtige Information. „Du wirst dir doch hoffentlich nichts gebrochen haben!", dachte er, nicht ohne Schadenfreude.

Dann startete er den Motor, wobei er bemerkte, dass der Zündschlüssel anscheinend den ganzen Tag über im Zündschloss gesteckt hatte. Kurz zuckte die Flamme einer Hoffnung in ihm auf. Vielleicht könnte man einen weiteren Schwimmausflug dazu nützen, mit dem Beiboot abzuhauen? Doch die kalte Realität holte seine gedanklichen Höhenflüge rasch wieder auf den Boden zurück. Das ging so lange nicht, so lange sie unter der ständigen Bedrohung durch den schweren Revolver standen. Und dass die Männer ihre Werkzeuge zu gebrauchen wussten, davon hatte er sich ein Bild machen können. Also löste er die Leine, trat an den Fahrstand und gab Gas. Nachdem das Boot über den dritten Wellenkamm gehopst war, hörte er von hinten einen gebellten Befehl, langsamer zu fahren. „Hast du Schmerzen, du Armer?!", dachte er und war sich seines Zynismus völlig bewusst. Das Schicksal von Marthe und Jens Klaas und die Brutalität, mit der sie ihren eigenen Kumpel behandelt hatten, schien ihm dafür eine gute Rechtfertigung zu sein.

Der Küstenstreifen, der bereits wieder gut beleuchtet im Licht des Mondes und der Sterne vor ihnen lag, kam trotz der langsamen Fahrt rasch näher. Diesmal zog Heinz Lauberg das Boot nicht so weit auf den Sand. Es hatte wohl keinen Sinn, ein zweites Mal zu versuchen, den

Abtransport des Schmuggelgutes zu behindern. Als sie den Abhang vom Ufer auf das Sandplateau der Wüste hinauf gingen, merkte Heinz, dass der „Riese" sein Bein kaum belasten konnte. Die Schiene schützte zwar vor Drehungen im Gelenk, konnte jedoch den Druck beim Auftreten nicht abfangen. Er hatte aber keine Zeit, sich gedanklich länger damit zu befassen, denn sie wurden bereits erwartet. Zwei Kleinlaster bei denen insgesamt sechs Männer standen. Offensichtlich hatten auch die Geschäftspartner die Sicherheitsstufe erhöht. Die Begrüßung zwischen dem „Riesen" und dem Anführer der Gruppe war nicht übertrieben herzlich. Heinz trat an den Pick-up heran, auf dem zwei Männer darauf warteten, die Kisten an die Kante zu rücken. Als er die Griffe links und rechts sicher in der Hand hatte und die Last anheben wollte, verspürte er einen stechenden Schmerz im Rücken. Das Gewicht der Kisten war heute deutlich höher als gestern. Er machte keinen zweiten Versuch. „Ich darf mich auf keinen Fall verletzen!", dachte er, wissend dass das seine Überlebenschancen auf null reduzieren würde. Also machte er eine Geste, die dazu führte, dass ein Mann der Gruppe zu ihm trat und sie nun die Last zu zweit den Abhang hinunter trugen. Sie stellten die Kisten neben dem Boot in den trockenen Sand.

Heinz dachte angestrengt nach, was sich in dieser Verpackung befinden konnte, kam aber auf kein Ergebnis. Er einigte sich schließlich mit sich selbst darauf, dass es sich wohl um Waffen handelte. Erstens entsprach die Größe der Kisten jener, die man für den Transport von Kalaschnikows benötigte und zweitens waren sie in militärischem olivgrün lackiert. Allerdings waren keine Aufschriften zu sehen. „Ist ja auch egal!", relativierte er schließlich seine Vermutungen.

Obwohl Heinz zu dem „Riesen" kein Wort darüber sagte, unterbrach dieser plötzlich den Antransport und ordnete den Beginn der Verladung auf das Boot an. Diese schweren Kisten konnte man nicht so hoch stapeln, sonst würde sich die Kentergefahr erhöhen. Das schien der „Riese" erkannt zu haben. Heinz schob das Fahrzeug wieder in das

Wasser und ließ jetzt Andere für sich arbeiten. Als das Boot beladen und sein Aufpasser an Bord war, fuhr Heinz wieder zur „Julietta". Dort wurden die Kisten lediglich vom Boot auf die Badeplattform gehievt und schon fuhren sie wieder zum Ufer. Auf dem Strand stapelten sich inzwischen weitere Holzkisten und so mussten Heinz und der „Riese" das Beiboot nicht verlassen.

Es wurde unmittelbar mit der Verladung begonnen. Als sie zur „Julietta" zurück kamen, war die Badeplattform leer und der „Bruder" und Julietta Waldhof warteten bereits auf die neue Lieferung. „Die Logistik hat sich seit gestern bedeutend verbessert!", dachte Heinz, während er das Boot wieder an einer Klampe auf der Badeplattform festmachte.

Schon beim Entladen der ersten Kiste passierte es. Er hob eine Seite an und drehte sie so, dass der „Bruder" den Seilgriff erreichen konnte. Dann ergriff er die zweite Seite, um so das schwere Stück von Bord zu hieven. Durch die Schwere der Last wurde das leichte Boot mit dem Heck von der Badeplattform weg gedrückt und die Kiste schwebte einen Moment über dem Wasser. Der „Bruder" auf der einen und Heinz Lauberg auf der anderen Seite streckten sich immer mehr, doch jede Bemühung, das Stück auf das Schiff zu bringen, machte den Abstand größer, so dass die Kiste schließlich nicht mehr zu halten war. Der „Bruder" ließ als Erster den Griff los, um nicht in das Wasser zu stürzen, was dazu führte, dass Heinz Lauberg samt seiner Last aus dem Boot gehebelt wurde, dabei spürte er seinen Fuß gegen einen harten Gegenstand schlagen und hörte einen tierischen Aufschrei. Dann verschwand er mit einem lauten Platsch und hoch aufspritzendem Wasser im Atlantik. In der Dunkelheit hatte er sofort jede Orientierung verloren. Er wusste nicht mehr, wo oben und unten war, deshalb ließ auch er die Kiste los, behielt die eingeatmete Luft in den Lungen und ließ sich treiben. Als er schließlich spürte, dass er aufgetaucht war und seinen Blick nach oben richtete, sah er drei Gesichter. Die Helligkeit des Widerscheins des Mondlichts ließ ihm alle drei sorgenvoll erscheinen. „Zwei fürchten um ihre Kiste und eines vielleicht um mich", dachte er, bevor er über die Badeleiter auf das Schiff kletterte. Jetzt kam die nächste Überraschung: Zwischen dem „Riesen" und dem „Bruder", die, wie Julietta Waldhof beobachtet hatte, vorher noch nie im Beisein ihrer Geiseln ein Wort gewechselt hatten, brach ein heftiger Streit aus. Heinz Lauberg sah, dass der „Riese" mit beiden Händen sein verletztes Knöchelgelenk umfasst hielt und dass sein Gesicht wohl nicht nur wutverzerrt war, sondern er auch starke Schmerzen haben musste. Er erinnerte sich an den harten Schlag, den er an seinem eigenen Fuß verspürt hatte, als er über Bord gegangen war. Vielleicht war der harte Gegenstand das geschiente Knöchelgelenk seines Peinigers gewesen? Seine einzige Sorge in diesem Moment war, dass einer der beiden ausrasten könnte und seine Wut durch die Betätigung des Abzuges einer 44er-Magnum abreagieren würde. Zum Glück für Heinz Lauberg und Julietta Waldhof geschah nichts dergleichen. Nach dem der Wortwechsel zu normaler Lautstärke zurück gekehrt war, verschwand der „Bruder" kurz und kam mit zwei weiteren Seilen zurück.

„Boot hinten anbinden!", kommandierte der „Riese", was Heinz ohne Verzögerung tat. Mit dem Ergebnis war er als erfahrener Skipper zwar nicht zufrieden, es gab auf der Badeplattform nämlich nur eine Klampe, an der jetzt sowohl die Bug- als auch die Heckleine hing, so dass der Stabilitätsgewinn nicht wirklich berauschend war. Aber ihm konnte man deshalb keine Vorwürfe machen. Das zweite Tau, das der „Bruder" gebracht hatte, diente zur Sicherung der Kisten. Es wurde fest an einen der beiden Seilgriffe gebunden, so dass die Kiste, selbst wenn sie ins Wasser fiele, nicht verloren gehen konnte. In der Folge ging der Umschlag der Fracht problemlos vor sich. Lediglich die Diensteinteilung der Revolvermänner änderte sich. Jetzt fuhr der „Bruder" gemeinsam mit Heinz zum Ufer, während der schwer angeschlagene „Riese" mit Julietta an Bord der Jacht blieb.

Nach zwei weiteren Zubringerfahrten waren alle Kisten vom Strand weg und an Bord der „Julietta" gebracht worden. Heinz war körperlich ziemlich fertig. Das Hantieren mit den schweren Lasten hatte nicht nur seinem Rückgrat zugesetzt, sondern auch seine körperlichen Kräfte stark beansprucht. „Ich bin ja doch nicht mehr der Jüngste!", dachte er. Und es war auch schon eine Weile her, dass er schwere Lasten geschleppt hatte. Gerne ließ er sich von Clara dafür bewundern, dass er vom Supermarkt in jeder Hand zwei 8-Liter-Kanister Wasser tragen konnte. Aber diese Kisten waren ein anderes Kaliber. Dazu kam die anstrengende Haltung und das Hinüberheben. Jedenfalls war er froh, als die Arbeit zu Ende war. Allerdings erwartete er, dass jetzt die Reise sofort weiter gehen würde. Es begeisterte ihn überhaupt nicht, in der Nacht, womöglich ohne Radar, mit diesem schnellen Schiff ein noch unbekanntes Ziel ansteuern zu müssen. Aber es kam anders. Wider ihres Erwartens wurden Julietta und er in ihrer Kajüte „zu Bett gebracht", wie er es in seinen Gedanken formulierte.

Eine Weile lagen sie im Dunkeln. Dann war es Julietta, die die Stille unterbrach, indem sie fragte: „Was glauben Sie, wird jetzt geschehen?"
Heinz hatte sich das auch schon gefragt. Er hatte es bloß anders formuliert: „Wie lange haben wir noch Zeit …" und ein kleiner Gedankenteufel schob noch die zwei Wörter „zu leben?" hinterher. Es war klar: Je näher die beiden Verbrecher ihrem Ziel kamen, desto gefährlicher wurde die Lage für Julietta Waldhof und ihn selbst. Er dachte lange nach, bevor er eine Antwort gab, die, das wusste er, unbefriedigend ausfallen musste: „Ich weiß es nicht. Wir haben eine Gleichung mit drei Unbekannten. Die erste Unbekannte ist: Wohin kommt die offensichtlich heiße Ware, die wir geladen haben? Das hat wesentlichen Einfluss darauf, wie lange die Leute mich noch brauchen. Die Länge ihres Lebens, Julietta, wird davon vermutlich nicht beeinflusst. Die zweite Unbekannte ist: Was geschieht mit dem Schiff, wenn die Transportaufgabe erledigt ist? Die Piraten können es, sagen wir der Einfachheit halber dazu Punkt a.) einfach verlassen, was Pech für mich ist, denn dann brauchen sie mich nicht mehr. Sie können es, Punkt b.) versenken. Die Auswirkung für mich siehe Punkt a.). Oder sie können versuchen, Punkt c.) die Jacht in irgendeinem von Gott verlassenen Land zu Geld zu machen. Das kann für mich eine Gnadenfrist bringen, denn

dann brauchen sie mich noch. Jetzt fehlt noch die dritte Unbekannte und das ist das Lösegeld für Ihr Leben, falls eines gefordert wurde. Aber dessen bin ich mir ziemlich sicher. Wenn das bezahlt wird, dann sind Sie – Sie verzeihen meine direkte Sprache – überflüssig. Und aus dem Mix aller dieser Unbekannten und Möglichkeiten kann ein Mathematiker vielleicht errechnen, wann das geschehen wird, was uns persönlich in erster Linie interessiert und betrifft. Die Antwort auf Ihre Frage lautet also schlicht: Ich weiß es nicht!"

Julietta verdaute, was sie gehört hatte, wollte sich aber damit nicht zufrieden geben: „Und was glauben Sie?"

Heinz seufzte und meinte: „Also im Augenblick sind wir ziemlich sicher. Jetzt brauchen sie uns noch beide. Mich um das Schiff zu fahren und Sie, um Ihrem Vater einen Beweis dafür liefern zu können, dass Sie noch am Leben sind. Den wird er schon für die Versicherung von den Kidnappern fordern. Was aber geschieht, wenn die Ware von Bord und das Lösegeld bezahlt ist? Ich fürchte, dass dann der letzte Zeitpunkt für uns gekommen ist, unsere Befreiung zu bewerkstelligen."

Wieder hörte er Juliettas Stimme. „Warum kümmert sich eigentlich die Polizei so überhaupt nicht um die Sache? Wir sind so lange in der Bucht bei der Insel Gomera gelegen. Da wäre doch die Gelegenheit günstig gewesen!"

Nun sah Heinz Lauberg keine andere Möglichkeit, als Julietta reinen Wein einzuschenken: „Weil Ihr Vater die spanischen Behörden nicht einschalten kann. Das Schiff wurde gekauft, ohne die Mehrwertsteuer zu bezahlen. Deshalb ist ja auch die Verlegung von Zypern notwendig geworden, nachdem die Insel der Europäischen Union beigetreten ist. Es kommen aber noch zwei andere Komponenten dazu. Ich gehe davon aus, dass mit dem Kauf des Schiffes Schwarzgeld in Sachwerte umgewandelt wurde. Würde Ihr Vater nun die ganze Geschichte den Behörden publik machen, dann hätte das eine steuerliche Sonderprüfung aller Firmen, an denen Ihr Vater oder eines seiner Unternehmen beteiligt ist zur Folge. Wie ich aus gewöhnlich gut unterrichteter Quelle weiß, könnte das seinen Ruin bedeuten. Die zweite Komponente ist die, dass die Piraten meiner Frau sicher gesagt haben, dass das Auftauchen der *Guardia Civil* unseren unmittelbaren Tod zur Folge hätte. Dieses Risiko wird sie nicht eingehen. Und unser Freund und Anwalt Ihres Vaters, Dieter Böhmer, wird diese Forderung der Kidnapper sicher an Ihren Vater weitergegeben haben, der im Übrigen davon ausgehen wird, dass die Bezahlung des Lösegeldes automatisch zu Ihrer Freilassung führen wird. Wozu wäre man denn sonst versichert?"

„Aber es gibt doch Spezialeinheiten für so etwas. Sie als Soldat müssen das doch wissen!", klammerte sich Julietta an einen letzten Strohhalm.

Heinz schüttelte den Kopf und sagte mit voller Überzeugung in der Stimme: „Also ich möchte nicht von spanischen Spezialeinheiten gerettet werden. Würden Sie sich schon so lange wie ich in diesem Land aufhalten, dann wüssten Sie warum. Und Geiselnahme und Militär hatten zu meiner aktiven Zeit als Offizier nichts miteinander zu tun. Da erkannte man den Feind noch an seinen Uniformen oder den Hoheitsabzeichen. Aber ich gebe zu, dass sich das geändert hat, seit die Streitkräfte immer mehr in Terrorismusbekämpfung und andere sicherheitspolizeiliche Aufgaben hineingedrängt werden."

„Haben Sie irgendeine perverse Freude daran, einem jede Hoffnung zu nehmen?", klang es angriffig aus Juliettas Koje.

„Wenn Sie das so sehen, dann tut mir das ehrlich leid", sagte Heinz und fuhr fort: „Alles was ich will ist, dass wir dort unsere Chancen suchen, wo sie sind und uns keinen Illusionen hingeben. Ich möchte das nicht einmal als „worst case thinking" bezeichnen. Unsere Lage ist wirklich verzweifelt. Dieses Wissen darf uns aber nicht lähmen, sondern muss im Gegenteil dazu führen, dass wir mit allen psychischen, physischen und technischen Mitteln um unser Leben kämpfen. Auf diesem Weg haben wir schon einige, vielleicht entscheidende Fortschritte gemacht: Der „Riese" scheint ernsthaft verletzt zu sein. Der Zeitplan der beiden ist, da bin ich sicher, restlos in die Binsen gegangen, was ihre Spannung und ihren Stress unzweifelhaft drastisch erhöht. Eine der Kisten ist verloren, was ihre Auftraggeber vermutlich nicht freuen wird. Und das sind sicher auch keine Gesellen, denen man gerne alleine in der Dunkelheit begegnen möchte. Und zwischen dem „Riesen" und dem „Bruder" hat es heute substanziellen Streit gegeben. Das soll man nicht überbewerten, aber es zeigt immerhin, dass ihre Nerven nicht mehr die besten sind. Das kann gefährlich für uns sein, wird uns aber im Falle, dass es hart auf hart geht sicher nützen. Sie sehen also, wir selbst haben noch nichts für unsere Freiheit getan, sind ihr aber trotzdem schon ein gutes Stück näher gekommen."

„Sagen Sie das jetzt nur, um mich ein wenig zu beruhigen, oder meinen Sie das ehrlich?", klang es ziemlich leise aus Juliettas Richtung.

„Ich meine das nicht nur, ich bin davon überzeugt!", antwortete Heinz Lauberg mit fester Stimme. Unhörbar, weil nur in Gedanken sagte er noch: „Und ich werde daran arbeiten, mir das selbst auch zu glauben."

10. Juli

Afrika adios!

Es war etwa sieben Uhr dreißig morgens, als Heinz Lauberg und Julietta Waldhof von ihrer zwangsweisen Bettruhe befreit wurden, indem man ihre Fußfesseln löste. Diesmal war es der „Bruder", der diese Arbeit übernommen hatte. „Wieder ein gutes Zeichen!", dachte Heinz. „Bisher hat uns immer der „Riese" in den Tag geholt. Vielleicht kann er sich schon so schlecht bewegen, dass sie die Routinen geändert haben." Es war ihm klar, je mehr sich der „Riese" mit sich selbst beschäftigen musste, desto weniger Kapazität blieb, um bei ihnen beiden den Aufpasser zu spielen.

„Trotzdem darf ich nichts überstürzen", sagte er zu sich selbst. Es musste die richtige Chance sein, die er nutzte, sonst war es keine. Ein fehlgeschlagener Angriff oder ein missglückter Fluchtversuch würde wohl seine unmittelbare Hinrichtung zur Folge haben.

Als er am Frühstückstisch des „Riesen" ansichtig wurde, fand er seine Vermutung bestätigt. Der Mann sah schlimm aus. Unter seinen Augen hatten sich tiefe Ringe gebildet, die davon zeugten, dass er wahrscheinlich in dieser Nacht vor Schmerzen keine Ruhe gefunden hatte. Vom Mund zogen sich scharfe Falten zur Nase und das Knöchelgelenk des rechten Fußes schien noch ärger geschwollen als gestern. „Da ist sicher was gebrochen!", dachte er und stellte mit Befriedigung fest, dass es doch immer wieder einmal vorkam, dass Wünsche in Erfüllung gehen.

Es gab Frühstück, das er wie immer mit den Männern gemeinsam und unter ihrer ständigen Beobachtung am Tisch im Salon der Jacht einnehmen durfte, während Julietta in die Küche verbannt war. „Vermutlich mit einer Hand an die Griffstange gefesselt", dachte Heinz.

Er trank ausgiebig Kaffee, der sogar ganz gut schmeckte. Er fragte sich, wo das Wasser dafür herkam. Kanister hatte er bisher keine bemerkt. Entsalztes Meerwasser, er ging natürlich davon aus, dass auf einem Schiff wie der „Julietta" eine Entsalzungsanlage eingebaut war, konnte man zum Duschen verwenden, aber kaum Kaffee daraus kochen. Und derart riesige Frischwassertanks hatte das Schiff sicher nicht. Dann allerdings beschloss er, dass ihm das egal sein konnte, solange sich die Qualität des Kaffees nicht verschlechterte. Zu essen gab es Toastbrot mit Marmelade. Frischware war nicht vertreten, die war ja bereits vor Tagen, wie er aus den Schilderungen Julietta Waldhofs wusste, dem totalen Stromausfall zum Opfer gefallen. An Bord befand sich nur noch Nahrung, die nicht gekühlt werden musste. Alles Andere hatten mittlerweile die Fische gefressen.

Nach dem Frühstück blickte er fragend zum „Riesen". Der war jedoch noch mit dem Kaffee beschäftigt. Also streckte Heinz gemütlich die Beine von sich und versuchte, sich zu entspannen. Der Tag mochte ja noch genug Aufregung bringen.

Es dauerte nicht mehr lange, bis auch der „Riese" sein Frühstück beendet hatte. Mühevoll stand er auf, und sagte „Mitkommen!" zu Heinz, der wohl diese Botschaft schon erwartet hatte. Der „Riese" deutete zum Steuerstand und Heinz ging in der schon gewohnten Weise vor ihm. Dort erhielt er den Befehl „Einschalten!" Also setzte er auch den Navigationsschirm in Betrieb. Es erschien eine Übersichtskarte, die den Teil der marokkanischen Küste umfasste, an dem sie sich eben befanden. Die augenblickliche Position des Schiffes war durch ein rotes Kreuz markiert.

Der „Riese" schien damit unzufrieden zu sein. „Andere Karte mit Inseln!", orderte er. Heinz nahm an, dass damit wohl wieder die Kanaren gemeint waren. Jedenfalls hoffte er das. Also ging er in das Kartenverzeichnis und rief eine Übersichtskarte der Kanarischen Inseln auf. Hier zeigte der „Riese" auf eine Stelle an der Südküste von El Hierro. Nun brachte Heinz eine Detailkarte dieser kleinsten der bewohnten Inseln des Archipels auf den Bildschirm und fragte: „Und wohin genau?"

Der „Riese" schüttelte den Kopf und sagte: „Ich weiß nicht genau. Ich sage dir, wenn wir da."

„Auch gut!", dachte Heinz und machte sich an die Vorbereitungen zur Abfahrt.

El Hierro ist die westlichste und mit 278 Quadratkilometern kleinste der bewohnten Kanarischen Inseln. Da die Ströme des Massentourismus diesen Lavafelsen im Atlantik noch nicht erreicht haben, geht es dort nach wie vor sehr gemütlich zu. Dennoch war die Insel lange Zeit hindurch bei allen Seefahrern bekannt. Sie hielten das Eiland über Jahrhunderte für das Ende der Welt. Deshalb wurde der Nullmeridian durch das westlichste Kap, die Punta de Orchilla gelegt. Genau dort steht bis heute der Leuchtturm Faro de Orchilla. Erst im Jahr 1884 beim Geografenkongress in Washington bekam Greenwich den Zuschlag. Österreichische Karten bezogen sich noch viele Jahre länger mit dem Nullmeridian auf El Hierro. Vielleicht war die habsburgische Nähe zu Spanien der Grund dafür.

Während Heinz Lauberg diese Gedanken durch den Kopf gingen, programmierte er den Autopiloten. Er legte den Kurs so, dass sie Gran Canaria wieder südlich umfahren und dann ziemlich genau westlich auf El Hierro zusteuern würden. Vom südöstlichsten Punkt dieser dreieckigen Insel aus konnten sie dann die nahezu unbewohnte Südküste entlang fahren bis der „Riese" eben „Halt!" sagen würde. Es war Zeit genug, um El Hierro noch bei Tageslicht zu erreichen. Die Fahrt würde bei etwa 30 Knoten Geschwindigkeit ziemlich genau zehn Stunden dauern. Allerdings sah Heinz Lauberg auch, dass damit die Treibstoffreserven des Schiffes zu etwa zwei Drittel erschöpft sein würden. Ein weiteres Indiz dafür, dass sich die ganze Angelegenheit einem entscheidenden Punkt näherte. Von El Hierro aus, der westlichsten der Kanarischen Inseln, konnten sie mit hoher Wahrscheinlichkeit keinen afrikanischen Hafen mehr erreichen, um die Tanks zu füllen. Und eine Marina auf den Inseln würde die Piraten ja wohl nicht anlaufen. Natürlich sagte Heinz dem „Riesen" nichts über diese Erkenntnis. Er startete die Motoren, prüfte, ob alle Anzeigen die Betriebsbereitschaft der jeweiligen Systeme meldeten und betätigte schließlich die hydraulische Ankerwinde, die die lange Kette einzuholen begann. Heinz kuppelte kurz ein, um das Schiff Fahrt in die Richtung, in die sich die Kette spannte, aufnehmen zu lassen, damit die Winde nicht die ganze Last des Schiffes ziehen musste. Er verfolgte den Zähler, der rückwärts laufend die noch gestreckte Kettenlänge anzeigte. Knapp vor Null reduzierte er die Aufholgeschwindigkeit, bis der Anker hörbar in seine Halterung einrastete. Dann brachte er das Schiff auf Kurs und schaltete den Autopiloten ein.

Damit war sein Tagewerk eigentlich schon getan. Allerdings blieb er auf dem Steuerstuhl und tat schwer beschäftigt. Er prüfte für seine, einander abwechselnden Bewacher, einmal diese Anzeige, einmal jene, checkte seine beiden Wegpunkte, die er eingegeben hatte und versuchte jedenfalls, die Sache komplizierter aussehen zu lassen, als sie es war. Schon nach kurzer Zeit hatten sie das marokkanische Hoheitsgebiet hinter sich gelassen und fuhren in internationalem Gewässer. Heinz hätte das Schiff viel lieber von der Flying Bridge aus gefahren. Es war ja ein herrlicher Tag und das Meer hatte sich inzwischen völlig beruhigt. Nur noch die langen Atlantikwellen, hoben die „Julietta" sanft an und ließen sie wieder absinken. Kein Vergleich mit den kurzen, harten Wellen des Mittelmeeres, die ihm bei seinen Fahrten mit der „Calima" oft das Leben schwer gemacht hatten.

Ein alter Skipper hatte ihm einmal gesagt, dass eine See erst dann richtig schlimm sei, wenn die Schiffsglocke von alleine zu läuten beginnt.

Bei einer seiner Fahrten an der französischen Küste hatte die Glocke ununterbrochen angeschlagen, was ihn schließlich veranlasst hatte, sie noch während seines Kampfes mit Wind und Wellen abzunehmen. Sie lag immer noch in irgendeinem Schapp auf dem Schiff und war nie wieder montiert worden.

So hing er seinen Gedanken nach, achtete aber sorgsam darauf, nicht allzu viel an schöne Erlebnisse, die er gemeinsam mit seiner Frau Clara gehabt hatte, zu denken. Er sehnte sich ungemein nach einer langen Zeit zweisamer Beschaulichkeit. Sein Bedarf an Abenteuern war gedeckt, dabei war ihm zu jeder Sekunde klar, dass ihm die wirklichen noch bevorstanden. Das Gefühl sagte ihm, dass wohl die nächsten zwei Tage für sein Leben entscheidend sein würden. Wie es aussah, sollte vermutlich ihre Ladung heute Nacht an den Besteller geliefert werden. Er nahm an, dass El Hierro bloß eine Zwischenstation sein würde. Damit war das Schmuggelgut innerhalb der Grenzen der Europäischen Union und konnte wesentlich leichter weiter verschoben werden, als direkt von Afrika aus. Dass sie die Fahrt von Afrika zu den Kanaren bei Tag durchführten, war ein wesentlicher Teil des schlauen Planes. „Sie suchen nur nach jenen, die sich verstecken", dachte Heinz. Eine Luxusjacht, die bei Tag den Atlantik durchpflügt, ist in der Weite des Meeres einerseits unauffällig, bei einer Begegnung mit Sicherheitskräften aber wieder so auffällig, dass kaum jemand auf die Idee kommen würde, dass sich anderes, als illustre Gäste in den Kabinen befinden könnte.

So zog die „Julietta" unbehelligt ihre Bahn. Einmal machte sich der Kollisionsalarm bemerkbar. An ihrer Backbordseite war in der klaren Luft schon von Weitem ein Containerschiff zu sehen, das ihren Kurs so nahe kreuzen würde, dass das Gerät einen Warnton von sich gab. Heinz ließ das relativ unbeeindruckt. Erstens war der Frachter noch ziemlich weit weg, zweitens musste er ihnen grundsätzlich die Vorfahrt überlassen, die „Julietta" kam für den Frachter von Steuerbord, hatte also Wegerecht, wie die Nautiker die Vorfahrt nennen und drittens konnte er, falls die Fahrzeuge einander tatsächlich nahe kamen und der

Andere keine Anstalten machte, langsamer zu werden oder seinen Kurs leicht nach Steuerbord zu verlagern, um hinter ihnen zu kreuzen, immer noch Gas wegnehmen. Natürlich hätte er den Kapitän des Großschiffes auch anfunken können, aber er sah, dass der Handapparat mit dem Mikrofon am Funkgerät fehlte. Den hatten die Piraten vorsichtshalber abgestöpselt und irgendwo versteckt. Was die nicht wussten, war, dass das Funkgerät über GMDSS, das digitale Notrufsystem, verfügte. Heinz hätte also bloß zwei Mal auf die Taste „SOS" drücken müssen und das Gerät hätte automatisch die Seenotmeldung mit Angabe der augenblicklichen Position und der Kennung des Schiffes durchgegeben. Die dadurch ausgelöste Rettungsaktion hätte zwangsläufig auch zu einem Ende der augenblicklichen Situation führen müssen. Da Heinz aber die Reaktion der Piraten nicht abschätzen konnte und für die ja nicht viel zu verlieren war, hütete er sich davor, den Seenotalarm auszulösen. So verlockend rot gefärbt die „SOS"-Taste auch war. Vielleicht war das tatsächlich die letzte Möglichkeit, falls er keine andere Chance bekommen würde.

Verfolger auf den Fersen

Der Morgen auf der „Calima" verlief den inzwischen eingebürgerten Routinen entsprechend. Das Frühstück fiel allerdings bereits deshalb etwas karger aus, als es bei den Laubergs sonst üblich war, weil die Vorräte zur Neige gingen. Deshalb beschloss Clara, die Einkaufsmöglichkeiten, die die Inselhauptstadt Santiago de la Gomera bot, zu nützen, um die Vorratsschränke und den kleinen Kühlschrank wieder aufzufüllen. Dieter Böhmer wollte inzwischen etwas Vorarbeit für den Bericht an die Versicherung leisten und die bisherigen Ereignisse in seinen Laptop tippen. Da schönes Wetter war, setzte er sich in den Schatten des Bimini[36] auf die Flying Bridge. Die beiden Männer, die auf der Mole herumstanden und offensichtlich nicht gerade überbeschäftigt waren, nahm er kaum wahr.

Als Clara das Schiff verließ, verabschiedeten sich die zwei auf der Mole voneinander. Einer blieb weiter dort, der Andere schien zufällig den gleichen Weg, wie Clara Lauberg zu haben. Doch sie blickte sich nicht um. Ihre Gedanken waren bei ihrem Mann. Die Zeit, die er jetzt schon in der Gewalt der Kidnapper war, kam ihr endlos vor. Morgen würde es so weit sein. Dann konnte sie zu Mittag die ihr übergebene Telefonnummer anrufen und weitere Weisungen wegen der Übergabe des Lösegeldes empfangen. Sie hoffte inständig, dass sich dabei eine Möglichkeit bieten würde, Heinz zu befreien oder ihm zur Flucht zu verhelfen.

Noch einmal schwor sie sich, dass sie die Jacht daran hindern würde, wieder zu unbekannten Zielen zu verschwinden, wenn sie bloß einmal wieder in ihre Reichweite gekommen war. Deshalb nahm sie sich auch vor, am Nachmittag neuerlich in die Bucht zu fahren, um nachzusehen, ob die „Julietta" vielleicht zurück gekehrt wäre. Viel Hoffnung machte sie sich zwar nicht, da sie ja erst morgen anrufen sollte und die Jacht, wenn sie überhaupt wieder die Bucht aufsuchte, sicher nicht länger als unbedingt nötig hier vor Anker liegen würde. Aber sie wollte um keinen Preis eine sich bietende Gelegenheit versäumen.

Jetzt stand sie im Supermarkt vor den Kühlregalen und begann, den Korb, den sie beim Eintritt in das Geschäft von einem neben der elektronischen Zutrittskontrolle stehenden Stapel genommen hatte, mit Waren zu füllen. Abgepackter Schinken, eine Tasse mit vier Hamburgern, Käse, Yoghurt, von dem es in nahezu allen spanischen Läden eine ungeheure Auswahl gibt, klein geschnittenen Speck, den sie gerne für Gemüsepfannen mit Ei als Aufbesserung verwendete, Tomaten, eine Gurke, Zucchini, Haltbarmilch, Eier, Tomatensoße, die Heinz so sehr schmeckte, Spagetti und Penne. Schließlich war der Korb so voll, dass sie ihn beinahe nicht mehr tragen konnte. Dabei hätte sie auch noch gerne einige 5-Liter-Kanister mit Trinkwasser mitgenommen. Wenn dieser Vorrat auf dem Schiff zu schmelzen begann, wurde sie immer nervös. Das ging aber beim besten Willen nicht mehr. Sie nahm sich vor, diesen Teil des Einkaufes am Nachmittag zu erledigen, wenn sie mit dem Auto aus der Bucht zurück kam.

An der Kasse ging es sehr rasch. Wie üblich half die Kassiererin, die gekauften Waren in eine Unzahl von Plastiksäckchen zu verpacken, die es bei jedem Einkauf gratis gibt und von Clara immer für das Sammeln des Mülls weiter verwendet wurden. Dann verließ sie den Laden und ging zur „Calima" zurück.

Kaum war sie wieder an Bord, begrüßten sich die beiden Männer auf der Mole freudig, als würden sie einander schon lange nicht gesehen haben. Das blieb Dieter Böhmer nicht verborgen. Er schenkte der Szene jedoch nur einen Blick und wunderte sich ein wenig darüber, dass die Leute hier offensichtlich nichts zu tun hatten. Die beiden waren gut gekleidet und, wie es schien, auch keine Touristen. Diese Widersprüche sanken in Dieter Böhmers Unterbewusstsein, aber er arbeitete weiter an der Sachverhaltsdarstellung für die Versicherungsgesellschaft, die das Lösegeld bereitgestellt hatte.

Indessen verstaute Clara Lauberg die eben gekauften Waren je nach Lagerungsvorschrift in Vorratsschränken, Laden oder dem Kühlschrank. Dann machte sie sich daran, Tomaten- und Gurkensalat zuzubereiten, die Beilage zu den Hamburgern, die sie heute braten wollte. Sie hatte es gerne, wenn die Salate eine Weile in der Marinade lagen. Als sie fertig war, deckte sie beide Schüsseln mit je einem Teller ab, um allfällige Fliegen fern zu halten und ging zu Dieter Böhmer auf die Fly. Der hatte seine Arbeit eben beendet, speicherte die geschriebenen Seiten ab und fuhr den Laptop herunter. Dann klappte er den Schirm zu und steckte das Gerät in eine exakt passende Tasche, die er neben sich auf dem Boden liegen hatte. Er sah Clara an und fragte: „Wie soll der Tag heute weitergehen?"

Clara setzte sich und erwiderte: „Also ich würde mich wohler fühlen, wenn immer einer von uns beiden auf dem Schiff bliebe. Du weißt warum." Dabei zeichneten ihre Hände die Konturen des Koffers nach, der die Million Euro enthielt. Dann setzte sie mit sorgenvoll gerunzelter Stirne fort: „Hast du eigentlich heute schon einmal nachgesehen, ob er noch da ist?"

Dieter Böhmer setzte sein selbstsicheres Lächeln auf, das er auch schon zu jener Zeit gehabt hatte, als sie ihm an der Universität noch Prüfungsfragen bezüglich der strafrechtlichen Relevanz von Tatbeständen stellte. Er meinte: „Ich bin ganz sicher, dass mich, während ich auf dem Deckel geschlafen habe, niemand sanft weg gehoben hat. Und seit ich hier heroben auf dem Ausguck sitze, ist sonst kein Mensch an Bord gekommen, außer meiner lieben Freundin Clara Lauberg."

„Ich bin dir ja so dankbar, dass du nicht „alte Freundin" gesagt hast!", erwiderte sie mit einem Lächeln, das die Sorgenfalten auf ihrer Stirn entspannte. Dann teilte sie ihm mit, dass sie gerne, wenn aus seiner Sicht nichts dagegen spräche, wieder in der Bucht Stellung beziehen wollte, falls die „Julietta" doch früher zurück kommen sollte. Dieter Böhmer stimmte so rasch zu, dass in Clara der Verdacht aufkeimte, er könne sie gar nicht schnell genug wieder los werden. „Wahrscheinlich gehe ich ihm auf die Nerven. Dabei zeige ich äußerlich ohnehin kaum, wie es in mir aussieht", dachte sie. Eine Weile saß sie noch schweigend bei Dieter Böhmer auf der Flying Bridge, dann beschloss sie, sich um das Mittagessen zu kümmern. Im Salon war es inzwischen ziemlich heiß geworden. Sie hatte eigentlich keine Lust, nun auf dem Gasherd auch noch die Hamburger zu braten. Deshalb packte sie aus den Tiefen der Stauräume des Schiffes eine Grillplatte aus, die mit einem Spiritusbrenner beheizt wird und trug alles auf die Fly. Zu dem überraschten Dieter Böhmer sagte sie: „Wenn der Wellengang so ruhig ist, wie jetzt, dann kann man auch gut hier oben in der frischen Luft grillen. Im Salon ist es ziemlich heiß."

Dann füllte sie aus einer Vorratsflasche Spiritus in den Brenner, schob diesen unter die mit Teflon beschichtete Grillplatte und setzte ihn in Brand. „Pack du bitte die Hamburger aus und lege sie auf. Ich schneide inzwischen eine Zwiebel in Ringe. Die können wir mitbraten, das macht die ganze Sache würziger. Und die Salate, die Teller, Besteck, Senf und Ketschup bringe ich auch."

Das klang in Dieter Böhmers Ohren nach der impliziten Botschaft, dass er helfen sollte, die vielen Sachen vom Salon auf die Flying Bridge zu tragen. Er irrte sich, Clara lehnte ab. Also beschäftigte er sich damit, die faschierten Laibchen aus der Verpackung zu schälen. Da ja noch Zwiebel auf der Platte Platz finden sollte, legte er nur zwei Hamburger auf. Bei einem zufälligen Blick zur Mole bemerkte er, dass die beiden Männer nicht mehr anwesend waren. Sein Blick folgte dem einzigen Weg, den sie gegangen sein konnten und tatsächlich sah er sie, wie sie auf eines der Lokale zusteuerten, das unmittelbar am Hafen lag. „Auch Nichtstun macht hungrig!", dachte er sarkastisch und wandte sich wieder den Hamburgern zu, um die ihm zugewiesene Aufgabe so perfekt, wie möglich zu erledigen. Das war eben sein Stil.

Nach wenigen Minuten kam Clara wieder auf die Fly und balancierte ein Tablett, auf dem ein großer Teil jener Dinge stand, die sie zuvor aufgezählt hatte. Der kleine Tisch konnte gar nicht alles fassen, so mussten Senf und Ketschup auf dem Boden Platz finden. Nun fehlten nur noch die Getränke. Beide kamen überein, dass heute ja wohl kaum größere Herausforderungen zu erwarten waren. Deshalb entschieden sie sich für Bier. „Das hätte ich auch nach kaufen sollen!", dachte Clara und holte die letzte Literflasche, die sich noch an Bord befand. Allerdings war die im „Weinkeller" gelagert und hatte deshalb Raumtemperatur. Als Dieter Böhmer diesen Mangel ansprach, stand Clara wortlos auf und holte aus dem Kühlschrank einige Eiswürfel.

„Eiswürfel ins Bier!? Kann man das denn nachher noch trinken?", zeigte Dieter sich besorgt.

„Hast du noch nie etwas von Leichtbier gehört? Und außerdem kommt man dann mit der letzten Flasche länger aus", antwortete sie.

„Na derart sparen musst du ja nicht …", damit stockte er. Er hatte bemerkt, dass ein Hinweis darauf, wie gut der „Auftrag" doch bezahlt sei, sicher zu einem Streit darüber führen musste, dass kein Geld der Welt ausreichen würde, falls Heinz nicht lebend aus dem Abenteuer zurück käme.

„Willst du deinen Durst löschen, oder willst du dich betrinken?", fragte Clara leichthin, die bemerkt hatte, warum Dieter seinen letzten Satz nicht beendet hatte.

„Eigentlich möchte ich mich betrinken. Aber angesichts der herrschenden Umstände werde ich nur meinen Durst löschen", war Dieter Böhmer so ehrlich, wie sonst nicht immer, in seinem Leben.

Das Essen verlief harmonisch und sie plauderten zwischen den einzelnen Bissen nur belanglose Dinge. Beide waren der Ansicht, dass die Hamburger besser schmeckten, als ihr Name es vermuten ließ. Der Salat war erfrischend und die Literflasche Bier benötigte nach dem Abschluss der Mahlzeit ihren Schraubverschluss nicht mehr.

Als die Grillplatte ebenso wie die Salatschüsseln und Gläser geleert waren, streckte sich Dieter Böhmer und bekannte, dass er gegen eine Mittagsruhe nichts einzuwenden hätte. Beide räumten daher das Geschirr nach unten in den Salon, Clara stand am Spülbecken und Dieter trocknete ab. Dann klappten sie noch den Tisch und die Stühle auf der Fly zusammen und Clara zauberte einen gemütlichen Liegestuhl aus den unergründlichen Tiefen des Schiffes. Dort sollte es sich Dieter Böhmer bequem machen. Clara sperrte noch die Schiebetüre, die den Zutritt zum Schiff durch den Salon ermöglicht ab und brachte die Schlüssel zu Dieter Böhmer nach oben auf die Fly. Dann ging sie zum Auto, von dessen Dach wabernd heiße Luft aufstieg. Sie öffnete beide Fenster des Wagens, ließ die leichte Brise einige Minuten lang die Hitze und den Geruch nach abgestandenem Rauch, der den Polstern des Wagens entströmte, aus dem Innenraum blasen. Dann stieg sie ein und fuhr ab.

Den Weg in die Bucht würde sie wohl schon im Schlaf fahren können. Auch sie war müde. Deshalb genehmigte sie sich ein geruhsames Tempo. Der Wagen hinter ihr, ein weißer Seat Ibiza, schien es genauso wenig eilig zu haben. Jedenfalls hielt er sich immer in gleichem Abstand zu ihrem Corsa. Als sie das Auto bei dem Fußweg parkte, der zur Bucht führte, fuhr der Seat in langsamem Tempo an ihr vorbei. Sie hatte das Gefühl, dass der Fahrer sie interessiert betrachtete, als er sie passierte. Besonderen Eindruck hinterließ die Sache aber nicht. Sie war mit den Gedanken weit weg.

Langsam schlenderte sie den Weg entlang, der zum Beobachtungsposten, dem Stechginster führte. Die Bucht war so leer, wie sie sie erwartet hatte. Wieder drohte sie die Mittagsmüdigkeit zu übermannen. „Morgen wird das anders sein!", dachte sie noch, dann schlief sie, so wie am Vortag ein.

Nach einigen Minuten tauchte auf dem Weg ein Mann auf. Er war jung, groß, hatte eine gut durchtrainierte Muskulatur, trug einen Bürstenhaarschnitt und eine Sonnenbrille. Er näherte sich leise. Sorgsam achtete er bei jedem Schritt darauf, nicht auf einen Zweig zu treten, der durch sein verräterisches Knacken dazu geeignet gewesen wäre, Claras Schlaf blitzartig zu beenden. Immer wieder blieb der Mann stehen, schaute sich um und beobachtete immer auch eine längere Weile Clara Lauberg. Da sie sich nicht rührte, trat er schließlich so nahe heran, dass er über die Geländekante hinweg, in die Bahia de Erese blicken konnte. Er strengte seine Augen an, um etwas erkennen zu können. Dann nahm er seine Sonnenbrille ab, da die Reflexe in den Gläsern die Sicht behinderten. Jedoch auch ohne die Sonnenbrille konnte er nichts erkennen.

Schließlich zuckte er mit den Schultern und machte kehrt. Er bewegte sich fast so vorsichtig zurück, wie er hergekommen war. Aber eben nur fast, denn als er schon einige Meter von Clara entfernt war, übersah er einen kleinen Zweig, dem er vor wenigen Minuten noch sorgsam ausgewichen war. Niemand hätte sagen können, woher der Zweig stammte. Es gab weit und breit weder Baum noch Busch. Dennoch lag dieses kleine Stückchen Holz auf dem Weg. Als der junge Mann versehentlich darauf trat, knackte es und im selben Moment saß Clara auch schon aufrecht da und blickte sich um.

Sie sah, wie sich ein Mann auf dem Weg, den sie gekommen war, nun langsamen Schrittes entfernte. Sofort griff sie in die Tasche ihrer Hose. Die Autoschlüssel waren da, ebenso das spanische Mobiltelefon sowie das Etui mit dem Führerschein und etwas Geld. Es fehlte nichts. Dennoch schalt sie sich in Gedanken. „Du bist unvorsichtig, liebe Clara. Man schläft nicht alleine, weit von allen anderen Menschen entfernt auf einer Wiese. Und dein Schlafbedürfnis wird offensichtlich auch von Tag zu Tag größer!"

Doch Erkenntnisse und Vorsätze sind Eines, sie umzusetzen ein Anderes. Nach einigen Minuten unbequemen Sitzens legte sie sich wieder in den Schatten ihres Busches und versuchte, noch einige weitere Minuten die Augen offen zu halten. Sie blickte auf die Uhr. Es war knapp nach vierzehn Uhr. Dann schloss sie die Augen für ein paar Minuten, weil die hoch stehende Sonne sie blendete. Als sie wieder auf die Uhr sah, war es sechszehn Uhr zwanzig Nachmittag. Jetzt sprang sie aber förmlich auf die Beine. Sie hatte doch tatsächlich über zwei Stunden geschlafen! So ging das nicht weiter.

Trotz der herrschenden Hitze machte sie rasch einige Turnübungen, um den Kreislauf in Schwung zu bringen. Sie fühlte deutlich: Sie brauchte einen Kaffee. Also beschloss sie, die wenigen Kilometer nach Alajero zu fahren und sich dort einen *Cortado* zu kaufen. Sie hielt vor der ersten besten Bar, setzte sich an einen der im Freien aufgestellten Tische in den Schatten eines Sonnenschirmes und bestellte den Kaffee und eine Flasche Wasser ohne Gas. Als sie sich umblickte, fuhr eben wieder ein weißer Ibiza an ihr vorbei. Das hätte nicht weiter ihre Aufmerksamkeit erregt. Weiße Seat Ibiza gibt es in Spanien wie Sand am Meer. Es ist wohl das am häufigsten anzutreffende Auto. Doch wieder hatte sie den Eindruck, dass die Aufmerksamkeit des Fahrers nicht so sehr der Straße galt, wie das eigentlich sein sollte. Nun ist es ja nicht so, dass die Spanier nicht fremden Frauen nachblicken würden. Doch in Summe war das aber doch eigenartig. Das Gefühl, verfolgt zu werden, machte sich in ihrer Psyche breit. Und das war alles andere als angenehm. Mit einem Mal hatte sie den Eindruck zu frieren und das bei strahlendem Sonnenschein im Hochsommer auf den Kanaren.

Waren noch mehr Männer als die beiden Kidnapper an der Aktion beteiligt? Stand vielleicht sogar eine Organisation dahinter? Wie weit in den Westen erstreckte sich der Arm der östlichen Mafia-Organisationen? Bestand da überhaupt eine Chance, ihren Mann lebend wieder zu sehen? Plötzlich gewann die Depression Oberhand. Verzweiflung kroch in ihr Herz. Sie begann Dieter Böhmer zu hassen. Er hatte doch letztlich Schuld an der Lage, in der sie und ihr Mann Heinz sich befanden! Hätte dieses verdammte Telefongespräch doch nie stattgefunden! Tief in ihrem Inneren wusste sie aber, dass sie ungerecht war. Sie hätten von Anfang an nicht „Ja" sagen müssen. Sie hätten ihre fette Belohnung einstecken können, nachdem sie die „Julietta" in der Bucht von Erese gefunden hatten. Es war die Idee ihres Mannes gewesen, als Mechanikergehilfe gemeinsam mit Pablo Contreras auf das Schiff zu gehen. Und alles, was dann kam, war einfach Pech gewesen.

Trotzdem wollte sie noch nicht zurück zur „Calima" und dort mit Dieter Böhmer zusammen treffen. Sie bezahlte einen Euro und fünfzig Cent und stieg wieder in ihr Auto. Nun wollte sie wissen, ob sie tatsächlich einen „Schatten" hatte. Sie fuhr von Alajero nicht südlich zurück nach Playa Santiago, sondern nördlich in das Innere der Insel. Über viele Serpentinen erreichte sie das Gelände des Nationalparks Garajonayi. Auf etwa 1300 Metern Seehöhe kam sie zu der Straßenkreuzung *Pajarito*, was „Vögelchen" bedeutet und bog dort nach rechts ab. Der Seat war zwar nicht immer in ihrem Rückspiegel zu sehen, da sich der Fahrer oft auch eine oder zwei Kurven zurückfallen ließ, aber er tauchte in regelmäßigen Abständen wieder auf. Kein Zweifel, sie wurde verfolgt! Nun, da sie sich dessen sicher war, verwandelte sich ihre depressive Stimmung langsam, aber beständig in Wut. Sie fuhr entlang eines Bergrückens, der den Namen Cumbre de Tajaqué trägt. Gegen Ende dieser Strecke waren einige Kehren zu durchfahren. Clara gab ordentlich Gas und der Seat verschwand aus ihrem Rückspiegel. An der Kreuzung Cruce de la Zarzita bog sie scharf links ab, fuhr den Wagen von der Straße und wartete. Es dauerte nur wenige Sekunden, und der weiße Ibiza schoss, weiter auf der Hauptstraße bleibend, über die Kreuzung.

„Na warte, jetzt lernst du die Rolle des Verfolgten kennen!", sagte Clara zu sich selbst. Sie wendete, und war in wenigen Sekunden hinter ihrem bisherigen Verfolger her. Der glaubte sie immer noch vor sich und fuhr wie der Teufel über die Bergstraße in Richtung auf die Degollada de Peraza. Clara wollte einen Unfall um jeden Preis vermeiden. Wenn sie im Spital lag, dann war ihr Mann Heinz wohl verloren. Deshalb zügelte sie ihr Verlangen, ebenfalls den rechten Fuß schwer auf das Gaspedal zu legen. „O. k., dann haust du eben ab! Vielleicht fliegst du ja auch aus einer Kurve", dachte sie resignierend.

Doch auf der ganzen Strecke bis nach San Sebastian sah sie keine Bremsspur, die im Nichts geendet hätte und auch keine beschädigte Leitplanke. An der Stadtgrenze fiel ihr ein, dass sie noch Wasser und Bier kaufen wollte. Also hielt sie vor einem Supermarkt und holte noch vier Kanister zu je fünf Litern Wasser und ein Sechserpack *Dorada* heraus, die sie in den Kofferraum verlud. Dann fuhr sie zum Hafen und parkte das Auto. So sehr sie sich auch bemühte, sie konnte den verdächtigen Seat nicht ausmachen. „Vielleicht liegt er ja doch irgendwo im Graben!", dachte sie. Dann ging sie zur „Calima".

Dieter Böhmer saß noch immer im Schatten auf der Fly. Allerdings hatte er sich einen Karton mit Orangenjuice aus dem Kühlschrank geholt. Vom Kai aus rief Clara ihm zu, dass sie seine Hilfe benötigte, um das Wasser zum Schiff zu tragen. Er stand sofort auf, legte ein Journal weg, in dem er gelesen hatte und stieg vom Boot. Gemeinsam gingen sie die wenigen Schritte zum Wagen. Dann zeigte er sich von seiner besten Seite und nahm zwei Kanister in jede Hand, so dass Clara nur das Bier zu tragen hatte und so bequem neben ihm zurück zum Schiff gehen konnte. Die Zeit nützte sie und erzählte ihm von dem Abenteuer mit ihrem Verfolger. Als sie mit ihrer Geschichte eben zu Ende war, erreichten sie die „Calima".

Dieter Böhmer sagte zuerst nichts. Gemeinsam verstauten sie die Wasserkanister unter einer Sitzbank im Salon. Dann setzte sich der Anwalt, sah Clara an und sagte: „Es ist eigenartig, aber ich glaube jetzt, dass auch ich beobachtet worden bin. Ich habe der Sache zuerst keine so große Bedeutung beigemessen, jetzt hingegen erscheint das alles in einem anderen Licht. Heute Morgen sind zwei Männer am Kai gestanden und haben geplaudert. Als du weggegangen bist, um einzukaufen, ist einer der beiden verschwunden. Kurz nach dem du zurück gekommen bist, war er wieder da. Und als du nachmittags in der Bucht warst, habe ich einige Zeit lang noch einen der beiden gesehen. Der ist aber dann auch verschwunden. Wahrscheinlich hat er begriffen, dass ich nichts Besonderes unternehmen würde und ist auf ein Bier gegangen. Das ist doch auffällig!"

Clara legte einmal mehr die Stirn in nachdenkliche Falten und fragte: „Glaubst du, die gehören zu den Kidnappern?"

Dieter Böhmer nahm einen ähnlichen Gesichtsausdruck an, kaute kurz auf seinen Lippen und sagte dann: „Vorstellbar ist das schon. Ich habe zumindest im Moment keine Erklärung, die wahrscheinlicher wäre. Dass die beiden Typen auf der „Julietta" ganz für sich allein arbeiten, das haben wir ja ohnehin nicht wirklich geglaubt, auch wenn wir es noch nie so deutlich ausgesprochen haben. Überlegen wir, was das für uns bedeutet."

„Also jedenfalls wollen sie genau wissen, was wir tun", stellte Clara fest und setzte fort: „Die beiden hier bei uns könnten ein Sicherheitsnetz für die auf dem Boot sein. Sie überwachen unsere Bewegungen, sehen, ob wir Kontakt zur *Guardia Civil* aufnehmen. Sie würden es bemerken, wenn wir eigene Killer engagieren würden ..." Dieter Böhmer blickte überrascht auf und Clara lächelte.

„Keine Sorge! Ich glaube nicht, dass das ein gangbarer Weg wäre. Und hier wüsste ich auch nicht, wo ich die entsprechenden Profis her bekommen sollte." Ihr Lächeln verstärkte sich, als sie fortfuhr: „In Wien wäre das anders!"

„Na, bin ich froh, dass ich in die Wirtschaft gegangen bin. Was du für Leute kennst Frau Strafverteidigerin!", antwortete Dieter Böhmer in gespielter Entrüstung.

„Ich glaube, dass an den Geldkoffern und internationalen Transaktionen deiner Klientel mehr Blut klebt, als an den Händen der schwersten Jungs, die ich je verteidigt habe", versuchte Clara eine Ehrenrettung.

„Du weißt, dass ich wegen der anwaltlichen Schweigepflicht diese Anschuldigung unwidersprochen im Raum stehen lassen muss", antwortete Dieter und wieder war sein ganz besonderes Lachen zu hören.

„O. K., dann wollen wir jetzt wieder ernsthaft nachdenken, was das für uns bedeutet!", brachte Clara das Gespräch auf den Boden der harten Tatsachen.

Dieter Böhmer schlug vor: „Ich möchte wissen, ob die zwei Beobachter tatsächlich zu der Bande der Kidnapper gehören. Ich schlage vor, dass wir, so wie du es heute nachmittags schon gemacht hast, die Rollen tauschen. Den ersten halben Tag, vielleicht sogar etwas länger, haben die uns ausgespäht. Jetzt drehen wir den Spieß um. Das Problem ist nur, ich weiß nicht wie. Und jetzt bist du dran mit Vorschlägen!"

Dieter Böhmer lehnte sich erwartungsvoll zurück. Clara dachte nach und sagte dann: „Setzen wir uns einmal auf die Fly. Vielleicht sind die beiden Vögel ja wieder da." Sofort stand der Anwalt auf und folgte Clara auf das höchste Deck des Schiffes. Dort blickten sie sich um, konnten die beiden Schatten aber nicht ausmachen. „Was nun?", fragte er dann.

Clara hatte eine Idee: „So wie ich die Sache einschätze, wohnen die zwei nicht in der billigsten Privatpension. Sie sind sicher in unmittelbarer Nähe des Hafens abgestiegen. Vielleicht haben sie ja das Schiff von ihrem Zimmer aus im Blickfeld. Das würde auch erklären, warum sie nicht dauernd auf der Kaimauer herumlungern. Das brauchen sie nicht. Die sitzen gemütlich am offenen Fenster und holen sich von Zeit zu Zeit einen kühlen Drink aus der Minibar. Nun, wenn ich mich hier so umschaue, dann kommen wohl nicht allzu viele Hotels in Frage. Wir könnten doch mit einer guten Geschichte zu den Rezeptionen der wenigen Hotels pilgern."

„Du meinst, wir könnten sagen, dass wir auf der Fähre mit zwei netten Herren aus Russland geplaudert haben und dann hat das Schiff angelegt und in dem Trubel haben die beiden einen Koffer stehen lassen und den möchten wir gerne zurück geben. Kommt das so in etwa hin?"

Clara nickte: „Genau, das machen wir. Und wenn wir wissen, dass die beiden tatsächlich russisch miteinander sprechen, dann können wir auch sicher sein, dass sie ein Teil der Bande sind."

Dieter schüttelte leicht den Kopf und brachte einen Einwand: „Und was, wenn die mit falschen Papieren unterwegs sind? Vielleicht treten sie als Polen oder Tschechen oder Uiguren auf, weiß der Teufel! Wir dürfen nicht nach Russen fragen, sondern nur nach zwei Männern, die in einer osteuropäischen, wahrscheinlich russischen Sprache miteinander reden. Garantie, dass die Sache klappt, haben wir dann natürlich auch nicht, aber ich bin davon überzeugt, dass es einen Versuch wert ist."

„Gibt es einen Grund, es nicht sofort zu machen?", fragte Clara, die nicht länger warten wollte.

„Nein, gibt es nicht, außer, dass wir noch nicht überlegt haben, was wir dann tun, wenn wir es wissen", meinte der Anwalt.

„Was ich am liebsten tun würde, ist sie auch zu kidnappen und sie gegen Heinz und deine Waldhof-Tochter auszutauschen. Aber mir ist klar, dass das risikoreich ist. Erstens sind das sicher keine unbedarften Newcomer und würden das nicht so leicht mit sich machen lassen und zweitens wäre es ein Verbrechen und könnte dich deine Zulassung als Anwalt kosten", sagte Clara.

Dieter Böhmer war es wichtig, nicht den letzten, von Clara genannten Grund als ausschlaggebend im Raum stehen zu lassen. Deshalb ging er nicht auf ihre Worte ein, sondern entgegnete: „Ich wüsste auch nicht, wie wir die beiden kidnappen könnten. Mit Küchenmesser und Bratengabel wird das nicht gehen."

Clara ging wortlos hinunter in den Salon und dort zu einer Klappe, die einen flachen Kasten abdeckte, der sich nahe dem Steuerstand befand. Darin lag neben einigen Seekarten und Navigationsmaterial auch die Signalpistole, Kaliber 1 Zoll. Zurück auf der Fly, hielt sie diese

Dieter Böhmer unter die Nase. Der Anwalt erschrak sichtlich, als er dieses riesigen Dinges ansichtig wurde und stotterte: „Was zum Teufel ist denn das? Hast du hier eine Hyperschrotflinte auf Taschenformat zusammengeschnitten?"

Clara schüttelte den Kopf und beruhigte: „Nein, lieber Dieter, das ist eine Signalpistole und die kannst du in Österreich ohne irgendwelche Formalitäten kaufen. Kein Waffenpass, ja nicht einmal eine Besitzkarte. Da staunst du!"

Das tat der Anwalt tatsächlich. Er fragte: „Und trotzdem kannst du damit jemanden umbringen?"

Clara nickte und sagte zwei selbstbewusste Worte: „Kann ich!"

Sie ließ einen geschockten Dieter Böhmer auf der Fly zurück und ging in ihre Achterkajüte, um sich für die Befragung der Hotelportiers frisch zu machen und sich so anzuziehen, dass auch ein nicht mehr ganz so heißer Abend erträglich sein würde. Nach kurzer Zeit hörte sie, dass sich Dieter Böhmer in seiner Kabine auch zu schaffen machte. Als Clara wieder in den Salon kam, war auch der Anwalt schon fertig und sie verließen das Schiff.

Sie begannen ihre Befragung gleich unmittelbar am Hafen. Mit ihrem gewinnendsten Lächeln näherte Clara sich dem Mann hinter dem Tresen. „Sprechen Sie Deutsch, *do you speak English*?", stellte sie die übliche Touristenfrage. Er sprach etwas Englisch. Clara wunderte sich schon längst nicht mehr über die verschwindend geringen Fremdsprachenkenntnisse, die man in Spanien überall antraf. Auch in Tourismusbetrieben, wie Hotels oder auch bei Leihwagenfirmen sind Fremdsprachenkenntnisse der Angestellten eher die Ausnahme als die Regel.

Es reichte aber, um dem Mann die Geschichte verständlich zu machen. Der verneinte. Er habe derzeit nur Gäste von der *Peninsula*, der Halbinsel, wie Spanien gerne von den Canarios genannt wird, und aus Finnland, Deutschland und England.

Eben wollten Clara und Dieter Böhmer sich wieder zum Gehen wenden, um ihr Glück beim nächsten Hotel zu versuchen, als sich die Türe des Lifts öffnete. Clara blickte hin und erstarrte. In der Liftkabine standen zwei Männer und einer davon war ihr Verfolger. Sie erkannten einander sofort. Der Mann hielt den Zweiten am Handgelenk zurück, als dieser die Liftkabine verlassen wollte und drückte rasch einen Stockwerksknopf, was dazu führte, dass sich die Türe unmittelbar wieder schloss. Clara beobachtete, dass sich die Kabine in den sechsten Stock bewegte.

„*Sorry, but may I use your toilet?*", fragte sie den Hotelportier. Der bejahte und deutete in eine Richtung, die weiter nach hinten in die Halle führte. Genau darauf hatte Clara Lauberg gehofft. Dieter Böhmer, dem die Szene eben völlig entgangen war, meinte nur: „Ich warte draußen auf dich."

Während der Anwalt das Hotel verließ, ging Clara zu den Toiletten. Ihre Hoffnung, dass sich dort auch das Treppenhaus befände, ging in Erfüllung. Sie hastete in den sechsten Stock. Dort hielt sie an, um einige Sekunden zu verschnaufen. Dann schlich sie auf Zehenspitzen den Gang entlang. Vor jeder Türe zu einem der Zimmer hielt sie an und lauschte. Sie ging davon aus, dass der Mann, nachdem er sie erkannt hatte, in einer ersten Schreckreaktion auf den Knopf für das richtige Stockwerk gedrückt hatte. Er wollte wieder in die Sicherheit und Anonymität seines Hotelzimmers zurück. Sollte er so gefasst und intelligent gewesen sein und den Lift in ein anderes Stockwerk gefahren haben, dann war es nicht so leicht möglich, das Zimmer zu finden.

Sie hatte Glück. Schon hinter der dritten Türe, an der sie lauschte, hörte sie die erregten Stimmen zweier Männer. Sie wagte es, ihr rechtes Ohr an die Türe zu legen und hoffte, dass sich niemand auf dem Gang zeigen würde. Was sie hörte, passte so überhaupt nicht in das Bild, das sie in dieser Angelegenheit gemeinsam mit Dieter Böhmer entworfen hatte: Die beiden Männer sprachen Deutsch! Was sie hörte beseitigte jeden Zweifel, doch an der falschen Türe zu sein. Eine Stimme zischte: „Ich weiß, dass sie mir nicht gefolgt ist, du Idiot! Du bist den lieben langen Tag auf der beschissenen Mole herum gelungert. Das musste doch auffallen!" Sofort hörte sie die zweite Stimme, ebenfalls mit drastisch gedämpfter Lautstärke: „Noch ein Mal ein blödes Wort von dir und du hast meine Faust auf der Nase! Natürlich bin ich nicht den ganzen Tag herum gelungert. Ich bin nämlich ein Profi. Ob man das von dir auch sagen kann, da bin ich mir mittlerweile nicht mehr so sicher!"

Trotz der Undeutlichkeit der Stimmen, war Clara überzeugt, dass hier zwei Österreicher miteinander um das Ausmaß ihrer Professionalität stritten. Sie lauschte noch eine Weile, aber das Gespräch drehte sich ausschließlich um ihre und Dieter Böhmers Beschattung. Nach einer Minute, die ihr wie eine Ewigkeit vorkam, löste sie sich von der Türe und huschte zurück zum Stiegenhaus. Sie lief die Treppen nach unten und durch die Halle nach draußen, wo sie durch die Glastüre das Profil ihres Freundes erkennen konnte.

„Hast du die Hamburger schlecht vertragen?", fragte Dieter Böhmer missmutig, weil er dachte, wertvolle Zeit verloren zu haben.

„Im Gegenteil, Hamburger mag ich!", entgegnete Clara und setzte fort: „Aber Wiener mag ich nicht, wenn sie schlecht gelaunt sind wie du oder wenn sie uns seit gestern ausspionieren, wie die beiden, denen ich eben zugehört habe." Dann schilderte sie Dieter Böhmer ihre Erlebnisse der letzten Minuten.

„Das heißt, dass mir die beiden Typen wahrscheinlich schon von Teneriffa aus gefolgt sind", sagte er.

Clara bestätigte diese Meinung und fragte dann: „Und was glaubst du, hat das zu bedeuten?"

Dieter Böhmer wurde zornig. Das sah man deutlich an seinem Gesichtsausdruck. „Ich glaube, dass sich da jemand nicht an getroffene Abmachungen hält. Komm mit!" Mit diesen Worten nahm er sie bei der Hand, was er noch nie vorher getan hatte und zog sie förmlich zurück in das Hotel. Am überraschten Portier vorbei ging er, Clara im Schlepptau, zum Lift. „Welches Stockwerk?", fragte er.

Als Clara ihrer Antwort, dass es das sechste Stockwerk sei, noch die Frage nachschickte, was er denn zu tun gedenke, meinte er nur mit verkniffenem Mund: „Das kostet jetzt irgendjemandem seinen Job!"

Es war zwar nicht wirklich die Information, nach der Clara verlangt hatte, aber sie sah ein, dass mehr im Moment nicht zu erfahren war.

Im sechsten Stock brachte sie ihn zu der betreffenden Türe. Auch Dieter Böhmer legte sein Ohr daran. Er hörte eben die Frage: „Und was machen wir jetzt?"

Sofort hämmerte er an die Türe und sagte mit lauter Stimme: „Und jetzt öffnen Sie sofort!"

Da Clara nicht gehört hatte was gesprochen worden war, verstand sie für den Augenblick Dieter Böhmers Formulierung nicht, der bereits wieder mit seiner sportlich gestählten Faust gegen die Tür hämmerte. In einem Moment der Stille hörten sie dann von drinnen eine Stimme, die fragte: „Und wer will das?"

„Das will jemand, der Dieter Böhmer heißt und Anwalt ist, also machen Sie schon auf oder ich komme mit der Polizei wieder!", giftete er.

Die Türe wurde eine Hand breit geöffnet. Der Kopf mit dem Bürstenschnitt erschien in dem Spalt. Er schielte den Gang auf und ab, aber es zeigte sich niemand. Entweder war das Hotel schlecht gebucht oder, wie Clara vermutete, es lagen in diversen Zimmern eine Vielzahl von Ohren an Türen und versuchten möglichst viel von dem Geschehen mitzubekommen, ohne involviert zu werden.

Dieter Böhmer drängte den Mann einfach in das Zimmer zurück und ging, gefolgt von Clara, hinein.

Die beiden, ihr Alter lag etwa zwischen 25 und 30 Jahren, schienen eingeschüchtert zu sein. Der Zweite, jener, der den ganzen Tag über seine Aufmerksamkeit Dieter Böhmer geschenkt hatte, machte auf überlegen und fragte: „Was gibt Ihnen das Recht bei uns einzudringen? Was wollen Sie überhaupt?" Dieter schäumte: „Dieses Recht nehme ich mir bei euch Scheißkerlen. So viel zu der ersten Frage. Die Antwort auf die Zweite: Ich möchte mit euch reden." Clara war platt. So hatte sie den coolen Wirtschaftsanwalt noch nie erlebt. Auch diese Ausdrucksweise war ihr bei ihm fremd. Im Moment verstand sie die Welt nicht mehr. Aber das sollte sich rasch ändern.

Wieder war es Dieters Schatten, der das Wort ergriff: „Und warum sollten wir mit Ihnen reden?"

„Ganz einfach. Weil ich sonst dafür sorge, dass ihr entweder euren Job verliert, wenn ihr zum Beispiel zufällig für die Versicherungsgesellschaft „Life and Property" arbeiten solltet, oder eure Lizenzen, falls ihr selbstständig seid. Also seid vernünftig, setzt euch auf euer Bett und antwortet auf meine Fragen. Falls ihr glaubt, mir blöd kommen zu können, dann verspreche ich euch, dass ihr, wie man so schön sagt, kein Bein mehr auf den Boden bekommt. Und das weltweit. Und ich gebe euch die Garantie, dass ich das kann!"

Clara kam vorerst aus dem Staunen nicht heraus, versuchte aber eine Miene zur Schau zu stellen, die vor Wissen und Selbstsicherheit triefen sollte.

„Also!", begann Dieter Böhmer die Befragung. „Was tut ihr hier?"

Die beiden Jungs sahen einander an. Offensichtlich überlegten sie, ob sie die Drohungen des Anwaltes Ernst nehmen sollten. Schließlich begann der mit dem Bürstenschnitt zu reden.

„Wir sind selbstständige Privatdetektive. Wir arbeiten im Sinn der Versicherung an einer Entführung."

Dieter Böhmer unterbrach: „Ich bitte um eine exaktere Formulierung. Was heißt „im Sinn der Versicherung"? Habt ihr von der „Life and Property" einen offiziellen oder sonstigen Auftrag? „JA" oder „NEIN"!"

Der Gefragte schüttelte den Kopf.

„Also seid ihr Prämienhaie! Ihr habt einen bezahlten V-Mann in der Versicherung sitzen, der euch mit den Informationen über lukrative Fälle versorgt. Ihr ermittelt dann auf eigene Faust und versucht, einen Schritt vor der Polizei zu sein. Da die Angehörigen von Entführten meist nur zögernd mit den Behörden kooperieren, die Versicherung aber, die das Lösegeld zahlen muss, alles weiß, ist das nicht einmal so schwer."

Er trat zu dem Jungen, der mit gesenktem Kopf auf der Bettkante saß, umfasste seinen Unterkiefer und hob den Kopf ruckartig an. Dabei sagte er: „Liege ich mit meinen Vermutungen halbwegs richtig?"

Aus dem, durch Dieter Böhmers harten Griff deformierten Mund kam ein „Ja!"

Der Anwalt zeigte sich zufrieden und ließ den Unterkiefer des Befragten wieder los. „O. K., den Namen!"

„Das können Sie nicht verlangen!", mischte sich der zweite Mann ein.

Dieter Böhmer setzte ein Lächeln auf, das die Temperatur im Raum um fünf Grad sinken ließ und sagte: „Willst du wirklich, dass ich dir beweise, was ich alles kann? Wäre ich dein Anwalt, dann würde ich dir raten, es nicht darauf ankommen zu lassen."

Wieder warfen die beiden einander einen Blick zu. Dann sagte der, der auch bisher das Gros des Gespräches bestritten hatte, einen Namen.

Dieter Böhmer schien zwar überrascht zu sein, aber sein Gesicht nahm auch einen friedlicheren Ausdruck an. Er zog sein Handy aus der Tasche und wählte eine Nummer. Der Person, die sich am anderen Ende meldete, schilderte er nach einer kurzen, herzlichen Begrüßung in wenigen Worten den Sachverhalt. Dann trat eine kurze Pause ein. Dann sagte er noch: „Das ist genau das, was ich von Ihnen erwartet habe. Danke! Und wenn ich wieder in Wien bin, dann lade ich Sie zum Mittagessen ein. Ich finde, diese gute alte Tradition haben wir in der letzten Zeit ein wenig vernachlässigt." Dann verabschiedete er sich und unterbrach die Verbindung.

Nun wandte er sich wieder seinen beiden Gesprächspartnern zu und sagte: „Und jetzt zu euch. Ich weiß nicht, wann morgen die erste Fähre nach Teneriffa abfährt. Aber ich weiß, dass ihr auf diesem Schiff sein werdet. Ich weiß auch, dass ihr dann in das nächste Flugzeug steigen werdet und nachhause verschwindet. Falls ihr keinen Direktflug kriegt, über Madrid oder Barcelona gibt es täglich mehrere Möglichkeiten. Weiter weiß ich, dass jetzt keiner von euch eine blöde Bemerkung schieben wird. Und zum Schluss weiß ich noch, dass euer Maulwurf in der Versicherung schon keinen Job mehr hat, was er selbst übrigens noch nicht weiß. In eurem Interesse hoffe ich, dass ich euch nie wieder sehe. Da wir beide, diese Dame und ich, uns noch nicht entschieden haben, wo wir heute zu Abend essen werden, rate ich euch, besser im Hotel zu bleiben. Ich möchte nicht, dass unser gutes Essen durch euren Anblick verdorben wird."

Er richtete noch einen forschenden Blick auf die beiden, wie um festzustellen, ob sie ohnehin alles Wesentliche begriffen hätten. Dann wandte er sich um und verließ das Zimmer. Clara folgte ihm auf dem Fuß. Der Portier schien sich durch das eigenmächtige Eindringen, in seinen Rechten beschnitten zu fühlen. Als sie an seiner Rezeption vorbei gingen, versuchte er mit mehreren „*Señor, Señor!*" auf sich aufmerksam zu machen, das hatte aber bei Dieter Böhmer keine Wirkung. Auch vor dem Eingang wechselten sie noch kein Wort. Beide schienen anzunehmen, dass vier interessierte Ohren gut versteckt hinter einem Fenster im sechsten Stock auf jedes Geräusch lauerten, das von der Straße zu ihnen hinauf drang.

Dieter Böhmer steuerte auf ein Lokal zu, das zwar noch an der Hafenzeile, aber doch einige Straßen vom Hotel entfernt lag. Dort setzte er sich an einen Tisch vor dem Eingang. Als der Kellner ungewohnt schnell erschien, sagte er zu Clara: „Jetzt brauche ich ein großes Bier und ich denke, das wird bei dir nicht anders sein."

Clara fühlte tief in ihrem Inneren, dass sie dem nur zustimmen konnte.

Nach El Hierro

Die Silhouette von Gran Canaria zeichnete sich in hellem Blau am Horizont ab, als die „Julietta" in sicherer Entfernung an der Südküste der Insel vorbei zog. Das umtriebige Maspalomas war auf diese Distanz nicht zu erkennen. Heinz Lauberg lümmelte im Steuerstuhl des großen Schiffes und hing seinen Gedanken nach. Viel Strategisches, das zu seiner Befreiung hätte dienen können, kam dabei nicht heraus. Er war in einen psychischen Grenzbereich, einer Trance nicht unähnlich, gefallen. Die Gleichförmigkeit des Geräusches der Motoren, der Blick in die unendliche Weite des Ozeans, die Wärme der Sonne, die, je später es wurde, desto mehr die großen Frontscheiben des westwärts fahrenden Bootes durchdrang und ein Mittagessen, das, wie gewöhnlich, aus einer ziemlichen Menge Teigwaren bestanden hatte, waren verantwortlich für die somnambule Grundstimmung, in der sich Heinz Laubergs Intellekt befand. Es kam ihm einfach keine zwingende Idee und es war ihm im Moment auch egal, dass das so war. Er genoss die sanften Bewegungen des Schiffes, die embryonale Geborgenheit suggerierten, obwohl er latent dauernd in Lebensgefahr schwebte. Aus seiner lange zurück liegenden Erfahrung wusste er, dass man sich auch an einen solchen Zustand permanenter Bedrohung gewöhnen kann.

Seine Bewachung hatte für diesen Tag der „Bruder" übernommen. Der „Riese" war nicht zu sehen und Heinz ging davon aus, dass er in der schönen Eignerkabine liegen, und versuchen würde, im Schlaf seine

Schmerzen nicht zu spüren. Wahrscheinlich kam jetzt auf El Hierro auch für die Piraten eine schwierige Phase. Es hatte ja bisher einige Pannen gegeben. Eine Kiste war auf Nimmerwiedersehen in den Fluten des Atlantiks verschwunden, es hatte Verzögerungen gegeben. Die Geschichte war jedenfalls alles andere als glatt abgelaufen. Und Männer, die Geschäfte dieser Art abwickeln, sind besonders auf Pünktlichkeit und Vollständigkeit von Lieferungen bedacht. Die ungewohnte Nervosität der beiden SPEZNAZ-Typen sprach in diesem Zusammenhang eine beredte Sprache.

So in seine Gedanken versunken saß Heinz Lauberg vor seinen Bildschirmen, die ihm nichts anderes mitteilten, als dass technisch alles o.k. und das Schiff genau auf Kurs war. Von Julietta Waldhof war nichts zu sehen. Er vermutete, dass sie in der Pantry war und dort versuchte, die Zeit tot zu schlagen. Was hätte sie sonst tun sollen? Wenn man dauernd mit einer Hand an eine Griffstange gefesselt ist, leidet die Mobilität.

Plötzlich gab das Echolot einen durchdringenden Warnton von sich. Bevor Heinz Lauberg noch reagieren konnte, fuhr das Schiff gegen ein Hindernis. Er riss den Fahrthebel in Neutralstellung und sprang auf. Er musste nachsehen, was geschehen war. Ein Blick auf den Bildschirm des Echolotes zeigte ganz kurz einen deutlichen Reflex unmittelbar unter dem Schiff. Dann nichts mehr, weil die umgebende Tiefe des Meeres weit außerhalb des Messbereiches des Gerätes lag.

„Scheiße, ich bin mit einem Wal kollidiert!", entfuhr es Heinz Lauberg und sofort machte sich ein flaues Gefühl in seinem Magen breit. Er liebte diese Tiere, die er oft in den Gewässern südlich von Teneriffa beobachtet hatte.

Ohne auf seinen Bewacher zu achten, sprang er von seinem Stuhl auf und lief nach draußen. Er umkreiste das ganze Schiff, konnte aber nichts erkennen. Er sah weder das Tier noch eine Blutspur im Wasser.

„Hoffentlich habe ich rechtzeitig in den Leerlauf geschaltet, bevor die mit hoher Drehzahl laufenden Schrauben das Tier verletzen konnten!", dachte er. Dann sah er in einiger Entfernung einen grauen Rücken auftauchen und aus dem Blasloch kam eine hohe Fontäne, in der sich, so weit er erkennen konnte, kein Blut befand.

Langsam beruhigte Heinz Lauberg sich wieder. Er hatte zahlreiche Fotos von verendeten Delfinen und Walen gesehen, die Bekanntschaft mit Schiffsschrauben gemacht hatten. Die Verletzungen waren furchtbar. Diesmal schien aber alles nicht so schlimm für diesen Meeressäuger ausgegangen zu sein. Die Haut der Tiere hielt ja einiges aus und das Schiff hatte unter Wasser keine abstehenden Teile, wenn man eben von den Schrauben und den Blättern der beiden Ruder, die sich unmittelbar hinter den Antrieben befanden, absah.

Heinz Lauberg hasste es, wenn Schiffe dieser Größe, als Gleiter gebaut, solche Geschwindigkeiten fuhren. Er meinte, dass eine Reisegeschwindigkeit von zwanzig oder mehr Knoten nicht im Einklang mit der Natur waren. Seine „Calima" fuhr sechs, wenn er es einmal eilig hatte, was aber kaum vorkam, auch acht Knoten. Sie würde niemals mit einem Tier kollidieren. Auch der älteste, lahmste Walbulle konnte da noch bequem ausweichen. Er hatte auch immer die Schnellfähren, die die Inseln verbanden, mit großem Missfallen betrachtet. Als Schiffe waren sie, so wie auch die „Julietta", schön anzusehen, diese riesigen Katamarane. Wenn sie aber mit mehr als 60 km/h durch das Wasser pflügten, dann waren sie einfach eine zu große Gefahr für jene Wesen, deren Lebensraum sie benützten. Als es vor Jahren einmal zwischen Teneriffa und Gran Canaria zu einer Kollision gekommen war, hatte es nicht nur dem Wal das Leben gekostet, sondern auch einigen Passagieren. Aber das schrottreife Schiff war inzwischen ersetzt worden. Durch ein noch größeres, noch schöneres, noch schnelleres! Und die Universität von La Laguna hatte einen Forschungsauftrag erhalten, mit welchen Warntönen die Schiffe die Tiere rechtzeitig vertreiben könnten.

Für Heinz Laubergs Begriffe handelte man in solchen Dingen im Süden Europas noch viel zu oft gegen die Natur. In seiner Heimat Österreich hatte man blutig gelernt, dass es keine sichere Lawinenverbauung gibt, wenn der Schutzwald den Schipisten weichen musste. In Deutschland waren es die Flussregulierungen, geeignet, die Städte vor einem „Jahrhunderthochwasser" zu schützen, die kläglich versagten, als ein „Jahrtausendhochwasser" zu bewältigen war. Und das gleich mehrere Male in einem Jahr. Was musste wohl noch geschehen, bis man sich endgültig von dem Rausch „größer, schneller, höher, weiter" verabschiedete? Es graute ihm immer, wenn er las, dass wieder ein höchstes Gebäude der Welt eröffnet wurde. Das meist noch in einem Erdbebengebiet. Er konnte sich auch nicht vorstellen, mit einem Flugzeug zu fliegen, das tausend Passagiere befördern kann. Wenn er der Euphorie nicht folgen konnte, die solche technischen Höchstleistungen in den Medien auslösten, fühlte er sich immer ein wenig alt. Verstand er die Zeit und ihre Symbole nicht mehr? Er hatte keine Antwort und es war ihm auch egal. Er musste seine Abneigung gegen diese Dinge nicht rechtfertigen. Er fühlte so. Für ihn reichte das als Begründung.

In bedrückter Stimmung war er wieder in den Salon und auf den Steuerstand zurückgekehrt. Da bemerkte er erst, dass der „Bruder" gar nicht mit ihm nach draußen gekommen war. Aber was hätte er auch tun sollen? Mitten auf dem Meer gab es ohnehin keine Möglichkeit zu entkommen. Noch nie hatte ihn die Unendlichkeit des Meeres, aus der er sonst oft ein hohes Maß an Kraft schöpfte, psychisch so belastet, wie eben.

Er fühlte sich plötzlich einsam und durch die Situation restlos überfordert. Was, wenn er keine Chance bekäme? Wenn er sie nicht erkannte oder wenn er schlicht und einfach versagen würde? „Dann werde ich sterben", gab er sich selbst die Antwort. Wo lag der Unterschied zu den gefährlichen Situationen, die er als Beobachteroffizier der UNO durchlebt hatte? Er war doch als Soldat schon mehrmals in lebensbedrohlichen Situationen gewesen und hatte sich noch nie so deprimiert gefühlt. Er schob es auf das Warten. In seinem bisherigen Leben waren gefährliche

Situationen immer plötzlich aufgetreten, hatten mehr oder weniger lange gedauert und waren dann wieder vorüber. Er hatte gelernt, rasch und effizient auf Bedrohungen zu reagieren. Er hatte aber nicht gelernt, auf seine mögliche Hinrichtung zu warten. Es war wohl das Gefühl eines unschuldig Verurteilten, der in der Todeszelle saß und auf Vollstreckung wartete, während er auf Begnadigung hoffte. „Oder wie beim Zahnarzt. Findet er etwas zum Bohren oder nicht?" Dieser banale Vergleich heiterte ihn wieder auf. Wie oft hatte er nicht schon die latente Bedrohung des Zahnarztwartezimmers überlebt? Heinz Lauberg musste lächeln und stellte mit Befriedigung fest, dass es ihm allmählich besser ging.

Damit wandte er sich der Erledigung seiner Pflichten zu. Er kuppelte wieder ein und gab leicht Gas. Beide Maschinen kamen auf Touren. Es gab keine ungewöhnlichen Geräusche oder merkbare Vibrationen, die auf eine Beschädigung des Antriebs hingewiesen hätten. Dann legte er das Ruder einmal hart nach Steuerbord und dann nach Backbord. Das Schiff reagierte in der gewohnten Weise. Alles schien in Ordnung zu sein. Das freute ihn deshalb, weil damit auch die Chance stieg, dass das Tier nicht allzu schwer verletzt worden war. Vielleicht konnte es ja seine Erfahrung an seine Nachkommen weitergeben, damit die solchen Ungetümen wie der „Julietta" auswichen.

Gegen neunzehn Uhr kam dann El Hierro in Sicht. Heinz Lauberg ließ den Autopiloten das Schiff zu dem vorprogrammierten Punkt am östlichen Ende der Südküste bringen. Dann übernahm er die Steuerung und fuhr westwärts immer im gleichen Abstand zum Ufer. Da erschien der „Riese" erstmals wieder im Salon. Er hatte einen weiteren Stuhl zerlegt und verwendete die hohe Rückenlehne als eine Art Krücke. So humpelte er den Niedergang von den Kabinen herauf zum Steuerstuhl. Er blickte durch die Seitenscheibe an Steuerbord, um an irgendwelchen Hinweisen zu erkennen, wo das Schiff landen oder vor Anker gehen sollte, konnte aber nichts erkennen. So fuhr Heinz die große Jacht weiter am Ufer entlang. „Wenn dir nicht bald etwas einfällt, dann ist die Südküste zu Ende!", dachte er.

Das Ende der Beschattung

Clara Lauberg und der Anwalt Dieter Böhmer hatten sich für ein kleines Nachtmahl entschieden, nachdem die Sache mit ihrem Beschattern erledigt war. Clara hatte einen *Rancho Canario* bestellt, eine Art Gemüsesuppeneintopf mit Fleisch- und Wursteinlage. Dazu aß sie das warme Brötchen, das man auf den Kanaren in fast allen Lokalen zu jeder Mahlzeit serviert bekommt. Dieter Böhmer hatte sich *Chocos*, also Tintenfisch bestellt, dazu *Papas arrugadas*, die in Salzwasser gekochten kleinen Kartoffel in der Schale. Zwei *Jarras*, zwei große Gläser Bier standen ebenfalls auf dem Tisch.

Dieter Böhmer eröffnete das Gespräch mit der Frage: „Kann mir Miss Marple sagen, wie sie darauf gekommen ist, dass unsere beiden schrägen Vögel in diesem Hotel logieren?"

„Da ist sie ganz einfach drauf gekommen", erwiderte Clara. „Als wir eben von der Rezeption weggehen wollten, öffnete sich die Türe der Liftkabine und da sah ich meinen Jungen vom Nachmittag. Natürlich hat auch der mich sofort erkannt und augenblicklich die Flucht ergriffen, indem er mit dem Lift wieder abgehauen ist. Er war dumm genug, das richtige Stockwerk zu drücken. Dann habe ich die Verdauungsstörung vorgetäuscht, bin in den sechsten Stock gelaufen und habe begonnen, an den Türen zu lauschen. Ich brauchte nicht lange zu suchen. Nur, dass die beiden nicht russisch, sondern österreichisch miteinander sprachen, das hat mich etwas überrascht. Dir scheint aber dann schon ziemlich alles klar gewesen zu sein. Ich muss auch sagen, dass ich mich sehr über dich gewundert habe. Du bist ja fast handgreiflich geworden!"

Dieter Böhmer lächelte: „Na, jetzt übertreib's nicht! Ich musste denen ja ordentlich Angst einjagen, damit sie sicher abhauen. Stell dir vor, die handeln auf eigene Faust! Die beiden Grünschnäbel sind doch vielleicht gerade gut genug, um Bettszenen für einen Scheidungsfall zu fotografieren. Und außerdem war ich deshalb anfangs so sauer, weil ich dachte, dass sie von der Versicherung einen Auftrag für die Sache haben. Das wäre dann nämlich gegen alle getroffenen Abmachungen gewesen. Ich habe mit der Gesellschaft vereinbart, dass solche Aktionen unterbleiben. Dass dort ein korruptes Individuum sitzt und Informationen verkauft – dieses Risiko lässt sich, wie ich eben gelernt habe, mit keinem Vertrag ausschließen. Aber der wird sich wundern, wenn er das nächste Mal in sein vermeintliches Büro kommt. Er hat nämlich keins mehr!"

„Und mit wem hast du so freundschaftlich telefoniert?", fragte Clara.

„Das war der Finanzvorstand. Dr. Rüdiger Pecher, du musst dich doch noch an ihn erinnern. Er hat ein paar Semester vor mir begonnen, wir sind dann aber gleichzeitig fertig geworden. Er hat halt etwas gründlicher studiert als ich", fügte er noch leicht ironisch an.

Sie hatte aber kein Bild mehr zu dem Namen, der ihr jedoch bekannt vorkam. Etwas war ihr aber dennoch unklar, deshalb fragte sie: „Wie bist du gleich darauf gekommen, dass die beiden auf eigene Faust handeln und dass da ein Informant im Hintergrund sitzt?"

„Liebe Clara, wenn du so viel im ehemaligen Ostblock verhandelst, wie ich gezwungen bin, es zu tun, dann riechst du Korruption schon auf weite Distanzen. Daran hat sich auch nach dem Fall des Eisernen Vorhanges nichts geändert. Schuld sind offensichtlich nicht die Menschen, sondern die Schreibtische. Die alten, korrupten Leute haben nach dem Ende des Kommunismus meist gewechselt. Die Schreibtische aber sind geblieben. Jetzt sitzen neue Leute dort und die sind auch korrupt. Also muss es an den Schreibtischen liegen, die sind Schuld. Es haben einfach meine entsprechenden Antennen zu summen begonnen."

Clara lachte. Es war ein Lachen, das als Reaktion auf Dieter Böhmers witzige Darstellung der herrschenden Verhältnisse in verschiedenen Ländern kam, es war aber auch ein gutes Maß an Spannungsabfuhr damit verbunden. Sie hatte befürchtet, dass eine größere Organisation hinter der Entführung stehen könnte.

Nun hing alles von ihrem morgigen Telefonat mit den Entführern ab. Rund um die Übergabe des Lösegeldes musste die Chance liegen, ihren Mann Heinz und auch Julietta Waldhof zu befreien oder ihnen sonst irgendwie zur Flucht zu verhelfen. Einerseits hatte sie Angst vor dem kommenden Tag und den Ereignissen, die er bringen würde. Andererseits aber war sie froh, dass die Entscheidung näher kam. Warten hatte noch nie zu ihren hervorstechendsten Eigenschaften gehört. „Besser die zweitrichtigste Entscheidung umsetzen, als nichts zu tun." Das war eines der Mottos ihres Lebens, während Heinz eher dazu neigte, Dingen auch mal ihren Lauf zu lassen. Gemeinsam resultierte daraus meist das richtige Maß an Aktivität einerseits und Geduld andererseits.

„Glaubst du, dass die zwei Sherlock Holmes deine Anweisungen befolgen werden?", fragte Clara, als sie den Löffel in den leeren Teller zurück legte. Dann griff sie zu dem Glas und senkte den Flüssigkeitsspiegel um zwei Zentimeter ab.

„Da bin ich ziemlich sicher", meinte Dieter Böhmer. „Natürlich könnten wir auch zeitig aufstehen und sie beobachten. Wäre auch einmal eine neue Erfahrung für mich."

„Wieso? Stehst du nie zeitig auf?"

Dieter Böhmer streckte sich und sagte: „Dass die Strafverteidiger immer die falsche Auslegung erwischen! Das muss mit dem verdrehten Wertesystem eurer Zunft zu tun haben. Natürlich stehe ich zeitig auf, wenn es sich erstens nicht vermeiden lässt und zweitens lohnend ist. Was ich selbstverständlich gemeint habe ist, dass ich jemanden beschatte. Das ist neu!"

„Das ist wahr. Dein Wertesystem ist viel geradliniger. „JA" oder „NEIN" wird offensichtlich ausschließlich dadurch bestimmt, ob eine Sache sich lohnt oder nicht", stichelte Clara.

„Damit kann ich gut und davon noch besser leben!", nahm Dieter Böhmer den Fehdehandschuh nicht auf. „Und damit du siehst, dass mein Weg der bessere ist, werde ich jetzt die Rechnung bezahlen, ohne dass ein Richterspruch mich dazu verurteilt."

Gesagt, getan. Dann gingen sie beide zurück zur „Calima" und spürten förmlich die beobachtenden Blicke der zwei Detektive in ihrem Rücken.

Nächtliche Suche

In langsamer Verdrängerfahrt glitt die „Julietta" die unbewohnte Südküste von El Hierro entlang. Der „Riese" blieb trotz der augenscheinlich starken Schmerzen, die sein verletztes rechtes Knöchelgelenk ihm verursachten, neben Heinz Lauberg am Steuerstand und beobachtete angestrengt die Küste. Offensichtlich fiel es ihm schwer, eine bestimmte Stelle wieder zu erkennen, an der die „Julietta" vor Anker gehen sollte. Denn Anlegen konnte man da nirgends. Die Südküste El Hierros ist dafür viel zu schroff. Da sich die Sonne auf dem Horizont auszuruhen begann, war absehbar, dass die Sache in kurzer Zeit noch schwieriger werden würde. Hatte der „Riese" bei Tag schon die richtige Stelle nicht finden können, bei Nacht würde das wahrscheinlich unmöglich sein.

Heinz Lauberg versuchte, in Gedanken heraus zu finden, ob das für ihn günstig oder ungünstig wäre, kam aber zu keinem eindeutigen Schluss. Der psychische Druck auf die Piraten würde sich dadurch wohl erhöhen, andererseits konnte man deren Reaktionen schwer voraussehen. Intuitiv fühlte Heinz, dass es besser wäre, die richtige Stelle zu finden. Er fragte deshalb den „Riesen": „Hast du keine Breiten- und Längenangabe?" Doch der schwieg beharrlich. Heinz war nicht sicher, ob der „Riese" mit den Begriffen „Breitengrad" und „Längengrad" etwas anfangen konnte, deshalb versuchte er es noch einmal in weniger nautischer Ausdrucksweise: „Keine Grad und Minuten?" Da wieder keine

Reaktion kam, dachte er sich ein „Wenn nicht, dann eben nicht!" und nahm sich vor, weiterhin einfach das zu tun, was ihm befohlen wurde.

Als die Sonne eben hinter dem scharf gezeichneten Horizont versank und den Himmel, gleichsam wie zum Abschied, mit einem unvergleichlichen Farbenspiel übergoss, hatten sie die westliche Spitze von El Hierro erreicht. Heinz Lauberg steuerte die „Julietta" auf einen Kurs, der fast exakt nördlich verlief, weiterhin in nahezu konstantem Abstand zur Küste. Nach wenigen Minuten sagte der „Riese" nur: „Zurück!" Also wendete Heinz das Schiff über Steuerbord. Irgendwie ritt ihn der Teufel, denn, wie um das Wendemanöver zu beschleunigen, ging er mit der Backbordmaschine kurz auf Vollgas. Das hatte drei Auswirkungen. Die Erste: Der schnell drehende Propeller schoss einen starken Wasserstrahl auf das Ruder und das Schiff wendete tatsächlich rascher. Die zweite Auswirkung bestand darin, dass sich die Jacht stark nach Steuerbord legte und durch die enorme Kraft der Maschine den Bug steil in den nächtlich werdenden Himmel reckte. Das führte zur dritten Auswirkung, nämlich, dass der „Riese" das Gleichgewicht verlor, um sich irgendwo abstützen zu können, seine Behelfskrücke fallen ließ, aber keinen sicheren Halt fand. Er taumelte einige Schritte zurück. Dabei trat er natürlich heftig und ungeschützt auf seinen verletzten Fuß. Die Schmerzen waren so groß, dass der riesige Mann mehrmals aufschrie und schließlich rücklings knapp neben dem Esstisch zu Boden stürzte.

„Schade, dass du nicht mit dem Genick auf die Tischkante gefallen bist!", konnte Heinz Lauberg noch denken, bevor er einen Stoß in die Rippen verspürte, der geeignet gewesen wäre, zartere Knochen zu brechen. Der „Bruder" hatte ihm seinen 44er in die Seite gerammt. Er tat das ohne jede Emotion, so wie man Arbeit macht, die eben getan werden muss. Sein Gesicht zeigte weder Wut noch irgendeine andere Regung, die etwa auf besondere Lust am Quälen hingewiesen hätte. Heinz interpretierte den Stoß schlicht als „Lass solchen Blödsinn!" und wunderte sich, dass dem „Bruder" die Sache nicht näher ging.

Der „Riese" hingegen schien tatsächlich bald am Ende seiner Nervenkapazität zu sein. Er riss seine Waffe aus dem Hosenbund und hätte sie wohl auch gebraucht, wäre nicht der „Bruder" flink wie eine Katze dazwischen getreten. Dabei wechselten die beiden kein Wort. Nachdem die Szene für dreißig Sekunden zu einem Standbild geworden war, so als hätte man einen Film angehalten, warf der „Bruder" seinem Kumpan die Behelfskrücke zu und setzte sich dann auf die Bank, die analog zum Steuerstuhl an der Steuerbordseite des Schiffes montiert ist und von der man eine hervorragende Sicht über den Bug hinweg hat. Der „Riese" rappelte sich mühsam hoch und humpelte wieder zum Steuerstand. Ihm war die Mordlust noch deutlich ins Gesicht geschrieben. Heinz Lauberg wusste, dass er von diesem Menschen keine Gnade zu erwarten hatte. „Wahrscheinlich habe ich sie nicht verdient!", dachte er selbstironisch und wunderte sich, dass er dabei wieder so gefasst war.

Als sie neuerlich die halbe Südküste, nunmehr in östlicher Richtung fahrend, zurückgelegt hatten, kommandierte der „Riese" plötzlich: „Anker!"

Heinz schaute auf das Echolot und sah, dass das Meer an dieser Stelle viel zu tief war. Er sagte, dass er näher an das Ufer fahren muss, damit der Anker Halt finden kann. Der „Riese" nickte. Nun drehte Heinz das Schiff nordwärts, um an die Küste heran zu kommen. Mit den Motoren auf Standgas schlich er sich an die Felsen heran. Das Echolot zeigte immer noch eine viel zu große Wassertiefe an. Außerdem war in der Seekarte Felsgrund eingezeichnet. Da hält ein Anker natürlich besonders schlecht und man streckt mindestens die fünffache Tiefe. Heinz sah aber noch immer hundert Meter Wasser unter sich. So eine lange Kette führt kein Schiff mit sich. Er wusste nicht, wie die „Julietta" damit ausgestattet war, vermutete aber, dass nicht wesentlich mehr als 100 Meter Kette an Bord sein würden. Er konnte also erst auf 20 Metern Wassertiefe einigermaßen sicher ankern. Inzwischen türmten sich die Klippen und Felsen wie eine in der zunehmenden Dunkelheit immer schwärzer werdende Wand vor ihm auf. Hier wäre er freiwillig nie hingefahren! Er schaltete eine Maschine auf Leerlauf, um die

Geschwindigkeit noch weiter herab zu setzen. Jeden Moment erwartete er einen Schlag gegen den Rumpf, wenn die „Julietta" gegen einen steil aufragenden Unterwasserfelsen prallen würde. Das wäre dann wohl das Ende. „Ich habe dann nur die Chance, die erste Verwirrung auszunützen und über Bord zu springen. Hoffentlich bin ich dabei schneller, als die beiden Typen mit ihren Zimmerkanonen." Sich schwimmend einer Steilküste zu nähern, übte auch keinen besonderen Reiz aus. Das war ebenso gefährlich, wie die Waffen der Piraten. Und Julietta Waldhof war dann sicher auch verloren.

Er wandte sich an den „Riesen" und sagte: „Hier kann ich nicht ankern. Das Wasser ist zu tief. Wir kommen da zu nahe an die Felsen heran!"

Der sagte nur: „Zurück!"

Sofort legte Heinz bei beiden Antrieben den Rückwärtsgang ein. Als sich die Entfernung zum Ufer sichtbar vergrößert hatte, ging er mit der Backbordmaschine auf Vorwärtsfahrt und drehte so das Schiff mit gegenläufigen Schrauben auf der Stelle. Diesmal allerdings mit den Fahrthebeln auf Standgas. Als der Bug im rechten Winkel vom Ufer abstand, ging er auch mit der Steuerbordmaschine auf „Voraus" und die Jacht glitt langsam in die Dunkelheit. Doch schon nach nicht einmal einer ganzen Minute kommandierte der „Riese": „Halt!" Offensichtlich wollte er sich mit dem Schiff nicht zu weit vom Ufer entfernen. Heinz stoppte beide Maschinen und sah den „Riesen" erwartungsvoll an. Dass man hier nicht ankern konnte, musste wohl allen einleuchten, wenn es nur wenige Meter vom Ufer entfernt schon nicht klappte.

„Hier bleiben!", lautete die nächste Anweisung. Heinz Lauberg interpretierte den Befehl dahingehend, dass er beide Motoren abstellte. Eigentlich hätte er ja längst die nautischen Lichter setzen müssen. Aber ihm war klar, dass die beiden Russen das nicht wollten. Dann begann eine Zeit des Wartens, die nicht zu Ende gehen wollte. Der nördliche Wind ließ die „Julietta" immer weiter vom Ufer abdriften. Heinz sah diesen schleichenden Vorgang auf dem Kartenplotter, auf dem das rote Kreuz, das den Standort des Schiffes darstellte, immer weiter nach unten rutschte. Er hatte den Eindruck, dass das sonst niemand bemerkte, da man das Ufer in der Nacht nur noch schemenhaft erkennen konnte. Ohne Fahrt hatte das große Boot zu rollen begonnen. Die nervliche Anspannung der beiden Kidnapper hatte weiter zugenommen. Wieder einmal schien etwas nicht so zu klappen, wie es sollte. Heinz konnte sich gut in ihre Lage versetzen. Von ihrer Ausbildung her waren sie es gewohnt, sich in erster Linie auf sich selbst und die eigenen Kenntnisse und Fähigkeiten zu verlassen. SPEZNAZ operierte in kleinsten Gruppen. Oft nur in Zweimannteams, kaum jemals im Rahmen eines Zuges von etwa 30 Mann. Mehr Leute waren nie an einer Operation beteiligt. Die Situation, in der sie sich jetzt befanden, war so völlig anders geartet, als alles, was sie bisher erlebt hatten. Sie waren nicht dafür ausgebildet, ein Schiff zu steuern. Sie brauchten die Kenntnisse eines Gefangenen, um die eigenen Ziele zu erreichen. Dieser Gefangene stand unter permanenter Todesdrohung. Es war also nur natürlich, wenn er jede Gelegenheit nützen würde, um die Operation scheitern zu lassen. Daraus resultierte ein lückenloser Überwachungsbedarf. Auch das war eine ziemliche Belastung. Dazu kam noch im Falle des „Riesen" die Verletzung und die damit verbundenen Schmerzen. Vielleicht hatten die beiden ja auch Angst vor ihren Auftraggebern, falls sich die Ablieferung des Schmuggelgutes weiter verzögerte, weil der „Riese" den Ort der Übergabe nicht wieder finden konnte. Jedenfalls herrschte eine unwirkliche Stille, die nur durch das unvermeidliche Schlagen der Wellen an die Schiffswände und Heinz Laubergs knurrendem Magen unterbrochen wurde. Es hatte ja kein Abendessen gegeben. Da fiel ihm ein, dass er Julietta Waldhof schon seit dem Mittagessen nicht mehr gesehen hatte. War sie immer noch in der Pantry? Oder hatte er es einfach verschlafen und sie war am Nachmittag in ihre Kajüte gebracht worden? Der Gedanke, dass er nicht wusste, wo sich seine Mitgefangene befand, beunruhigte ihn. Es konnte ja sein, dass zu ihrer Befreiung einige sehr rasche Aktionen notwendig waren. Er blickte auf seine Uhr und sah, dass es schon auf dreiundzwanzig Uhr zu ging.

Plötzlich war das elektronische Läuten eines Mobiltelefones im Raum. Heinz erschrak derart, dass er fühlte, wie sich seine Nackenhaare sträubten. Das war ihm schon lange nicht mehr passiert. „Jetzt wirst du aber wirklich alt, wenn dich schon das Telefon erschrecken kann!", schalt er sich innerlich dafür.

Der „Bruder" zog ein Handy aus der Hosentasche. Heinz erkannte sofort, dass es sich dabei um sein eigenes handelte. Er hatte es völlig vergessen. Das Signal kam aber von einem anderen Mobiltelefon. Noch einmal griff der „Bruder" in eine Tasche seiner Hose und holte ein weiteres Telefon hervor, mit dem er das Gespräch annahm. Es wurde in russischer Sprache geführt und deshalb konnte Heinz nicht verstehen, worum es dabei ging. Er hatte allerdings die starke Vermutung, dass da jemand ungeduldig nachfragte, wo denn seine bestellte Ware bliebe. Der „Bruder" griff sich einen Zettel und schrieb etwas auf. Dann beendete er das Gespräch und reichte beides dem „Riesen", der das Handy einsteckte. Er warf einen Blick auf den Zettel und legte ihn vor Heinz auf das Pult. „Dorthin, rasch!", kam die passende Anweisung zu der Ortsangabe, die in einer geografischen Breite und Länge bestand.

Heinz suchte sich die Stelle auf seinem Navigationsschirm. Sie waren bei ihrem Versuch zu ankern, gar nicht so weit davon weg gewesen. Er startete wieder die Motoren und steuerte das Schiff händisch zu der Stelle. Das dauerte wegen der geringen Geschwindigkeit relativ lange, da sie während der Wartezeit eine ziemliche Strecke abgedriftet waren. Der Wind und der Kanarenstrom, der dort von Nord nach Süd oder Südwest verläuft, hatten das ihrige getan. Dem „Riesen" kam es sonderbar vor, dass das so lange dauerte. Er schaute mehrfach auf den Navigationsschirm und Heinz hatte den Eindruck, dass er den Zusammenhang mit dem von ihm in Ufernähe markierten Ort und dem roten Kreuz, das sich darauf zu bewegte, erkannte. Heinz Lauberg fuhr sehr vorsichtig. Mit dem vorausschauenden Echolot, das auf seiner „Calima" montiert war, hätte er sich sicherer gefühlt. Da hätte er nicht nur sehen können, wie tief das Wasser unter dem Schiff ist, sondern aufragende Hindernisse auch auf mehr als hundert Meter voraus. So ein Gerät gab es auf der „Julietta" nicht. Es wäre in fast allen Fällen auch sinnlos gewesen, weil die übliche Reisegeschwindigkeit der Jacht zu groß war. Die Reaktionszeit wäre zu kurz gewesen. Radar erlaubten die Piraten nicht, damit hätte er wenigstens den Abstand zur Felswand ablesen können. Also starrte er wie gebannt auf das Kartenbild und versuchte, das schwere Schiff so genau wie möglich ins Ziel zu steuern. Unmittelbar davor zeigte das Echolot ein steiles Ansteigen des Meeresboden an. Als er die Stelle erreichte, war das Wasser dort 38 Meter tief. Heinz streckte die gesamte Kette und das waren immerhin 120 Meter, wie er feststellte. Es schien ihm eine Ewigkeit zu dauern, bis die Kette vollständig ausgelaufen war. In ganz langsamer Rückwärtsfahrt, *dead slow* hatte da früher auf den Maschinentelegrafen der Dampfschifffahrt gestanden, versuchte er zu spüren, ob der Anker gefasst hatte. Auch das schien ewig zu dauern. Doch schließlich gab es ein paar kurz aufeinander folgende Rucke. Das war ein gutes Zeichen. Mehr Gas zu geben und den tatsächlichen Sitz des Ankers zu prüfen, wagte Heinz nicht, aus Sorge ihn wieder auszubrechen. Er hoffte, dass der Wind die „Julietta" vom Land frei halten würde. Der Drehkreis des Schiffes um den Anker, der Schwojradius, wie die Nautiker sagen, lag sicher bei 80 Metern. Er konnte in der Dunkelheit nicht erkennen, ob der Abstand zum Ufer und den vorgelagerten Klippen dafür ausreichen würde.

Kaum lag das Schiff auf Position, als der „Riese" befahl: „Boot in Wasser!"
Damit konnte ja wohl nur wieder das Beiboot gemeint sein. Heinz bekam eine Gänsehaut. Wollten die tatsächlich mitten in der Nacht mit der kleinen Nussschale die Kisten zwischen den Felsen und durch die Brandung zum Ufer bringen, von dem er keine Ahnung hatte, wie es aussah? Offensichtlich war das so, denn er hatte die Abdeckung der Bootsgarage im Heck eben angehoben, als der „Bruder" Julietta Waldhof nach oben brachte. Sie war also in ihrer Koje gewesen! Heinz ging nach achtern in die Plicht und auf die Badeplattform, um das Beiboot zu Wasser zu lassen. Das klappte mittlerweile schon problemlos. Mit einer Festmacherleine band er das kleine Fahrzeug

an eine Klampe auf der Badeplattform. Der „Bruder" stieg zu ihm in das Boot. Von der „Julietta" aus gab der „Riese" mit seiner Taschenlampe ein Signal zum Ufer. Dort flammte nach wenigen Sekunden ein Licht auf, das beständig weiter leuchtete. „Dorthin fahren!", kam der Befehl des „Riesen", der gemeinsam mit Julietta Waldhof an Bord der Jacht blieb.

11. Juli
Der Hafen für diskrete Güter

Es war schon nach Mitternacht, da machte Heinz Lauberg das Boot los, nahm Kurs auf das Licht, schickte ein Stoßgebet zum mit Sternen übersäten Himmel und schob den Fahrthebel nach vorne. Er hätte gerne wenigstens eine Schwimmweste gehabt, hatte aber vergessen, rechtzeitig danach zu fragen. Danach suchend, klappte er den Deckel der Sitzbank des Fahrstandes hoch und fand darunter tatsächlich eine Anzahl von Westen, die sich aufblasen, wenn man damit in das Wasser fällt. Heinz traute diesen Dingern zwar nicht, auf der „Calima" gab es ausschließlich Feststoffwesten, war aber dennoch froh, wenigstens diese Rettungsgeräte zu haben. Auch dem „Bruder" warf er eine Weste zu, der schaute sich das Gewirr aus Schlaufen, Bändern und Karabinern an und legte sie neben sich auf die hintere Sitzbank, während Heinz Lauberg seine anlegte und fest zurrte. „Wer nicht will, der hat schon!", dachte Heinz und konzentrierte sich wieder auf die Fahrt, die, je näher sie dem Ufer kamen, umso ungemütlicher wurde. Dauernd ging es wie im Fahrstuhl auf und ab. Die Wellen türmten sich immer höher, brachen aber nicht. Offensichtlich wurde die Wassertiefe kaum geringer. Die dunkle Felswand kam immer näher und Heinz konnte kein Ufer erkennen.

Es schien, als stürzten die Felsen senkrecht in das Meer ab. „Verdammt, was wollen die? Wenn ich mit diesem Spielzeug an der Felswand anlegen soll und die holen die Kisten mit dem Flaschenzug, dann bringt uns das um!", dachte er. Nun hatte er auch noch das Problem, dass der „Bruder" offensichtlich keine Sprache außer Russisch beherrschte. Heinz überlegte fieberhaft, wie er die Problematik in Zeichensprache übersetzen könnte, als er direkt vor sich, rund um das Licht, das ihn geleitet hatte, eine schwarze Fläche bemerkte. „Die Schlauberger locken mich in eine Höhle!", erkannte er. Damit war aber sein Problem nicht gelöst. Auch in der Höhle würde das Wasser irgendwo anbranden und das kleine Kunststoffboot zerschlagen. Trotzdem hielt er noch die letzten Meter auf das Licht zu und passierte die Einfahrt. Drinnen sah er sofort, dass es sich hier um eines der vielen Naturwunder der Kanaren handelte. Die Höhle, eine ehemalige Gasblase aus der Zeit der vulkanischen Entstehung der Insel, war nicht nur sehr groß, sondern mit einer zweiten Blase scharf links verbunden. Dort hatte man eine regelrechte Anlegestelle für kleine Boote geschaffen. Es gab einen betonierten Kai und davor tatsächlich einen schmalen Schwimmsteg, der ein sicheres Vertäuen von Booten, unabhängig von Ebbe und Flut, ermöglichte. Heinz war platt! Solchen Luxus hatte er nur in wenigen, gut ausgebauten echten Jachthäfen auf den Kanaren kennen gelernt. Ein völlig geschützter Privathafen, der das Vorhandensein von zwei natürlichen, verbundenen Höhlen genial nützte. Es erinnerte ihn an das ehemalige Haus des kanarischen Architekten und Künstlers Cesar Manrique auf Lanzarote. Der hatte gleich fünf oder sechs solcher Gasblasen vereinigt und sich daraus ein Domizil geschaffen, das nach der Fertigstellung so viele Besucher anlockte, so dass er selbst schließlich auszog und für die Besichtigung Eintrittsgeld kassierte. Cesar Manrique kam vor einigen Jahren bei einem Autounfall ums Leben.

Heinz steuerte das Beiboot der „Julietta" an den Steg und machte es fest. Sie wurden von einem ziemlich großen Empfangskomitee erwartet. Auf dem Kai stand ein mittelgroßer, etwas korpulenter Mann, der einen Satz auf Spanisch zu einem zweiten, größeren Mann sagte. Dieser wandte sich an den „Bruder", der eben aus dem Boot kletterte. Das Gespräch wurde in russischer Sprache geführt. Das Auffälligste an dem großen Mann war eine abgesägte Schrotflinte, die er lässig im Arm hielt. Dann standen noch drei Schwarzafrikaner dabei, die aber unbeteiligt wirkten. Als Ergebnis alles dessen, stiegen zwei der drei Schwarzafrikaner in das Boot. Der „Bruder" folgte und machte eine Handbewegung, die Heinz so verstand, dass er zurück zum Schiff fahren sollte.

Er löste also das Boot und fuhr im Rückwärtsgang in die Haupthöhle. Dort bekamen sie sofort den Wellengang zu spüren, der durch die schmale Einfahrt herein stand. Langsam fuhr Heinz das kleine Boot aus dem Berg. Als er den Sternenhimmel wieder über sich sah, gab er etwas mehr Gas, aber da die „Julietta" nahe an der Küste lag, war der Weg nur sehr kurz. Dort stiegen die beiden Afrikaner aus. Der „Riese" wartete bereits. „Aussteigen, bei Kisten helfen!", kam die Anweisung. Der „Bruder" ging mit Julietta, die ebenfalls in der Plicht gewartet hatte, Heinz Lauberg und den beiden Afrikanern in das Unterdeck des Schiffes, wo in zwei Kabinen die Kisten lagerten. Es war eine ziemlich harte Arbeit, alle wieder an Deck zu schaffen. Schließlich stapelte sich das gesamte Schmuggelgut rund um den Abgang zur Badeplattform. Von dort wurden nur so viele Kisten auf das Boot geladen, dass auch der „Bruder" und die beiden Afrikaner noch Platz fanden. Dann ging es wieder zur Höhle. Dort wurde ausgeladen, die Kisten auf dem Kai gestapelt und es ging wieder retour. Heinz hatte aufgehört, die Fahrten zu zählen. Irgendwann am frühen Morgen war dann die gesamte Ware an Land gebracht. Nach der letzten Fahrt blieb das Boot an dem Schwimmsteg in der Höhle und der kleine, korpulente Mann wandte sich an Heinz und sagte in so fehlerfreiem Deutsch, dass sofort klar war, dass er diese Sprache nicht in der Volkshochschule gelernt hatte: „Wie ich höre, kommen Sie aus Deutschland?"

Heinz schnaufte noch von den Entladearbeiten, als er erwiderte: „Da sind Sie falsch informiert, ich komme aus Österreich."

Der Mann lächelte: „Nun, das ist ja nicht so weit entfernt!"

Heinz erwiderte das Lächeln und sagte in einem ziemlich sarkastischen Tonfall: „Von Norden nach Süden gesehen, mag das stimmen. Von Süden nach Norden ist die Entfernung um einiges größer!" Er war aber nicht ganz sicher, ob der Mann diese Botschaft verstanden hatte.

Heinz stützte mit den Händen den Rücken, als er mit dem Mann sprach. Das Tragen der unhandlichen Kisten hatte seinem Kreuz zugesetzt. Das schien dem Mann am Kai nicht verborgen geblieben zu sein, denn er sagte: „Die weitere Arbeit können meine Jungs alleine machen. Ich lade Sie zu einem ordentlichen Frühstück ein. Ich finde, dafür muss unter kultivierten Menschen einfach Zeit sein."

Heinz Lauberg traute den Schalmeienklängen in seinen Ohren nicht. Er hatte schon vergessen, dass es einmal Zeiten gab, in denen er keinen Hunger verspürt hatte. Vermutlich würde es auch anderes als Dosenravioli geben. Er kletterte deshalb auf den Schwimmsteg und von dort auf den Kai. Der Mann reichte Heinz die Hand, einerseits als Hilfestellung über das schwankende Brett, das den Schwimmsteg mit dem Kai verband, andererseits stellte er sich als „Señor Ramon" vor. Auch Heinz nannte seinen Vornamen. Es war klar, dass „Señor Ramon" ein gewisses Maß an persönlicher Diskretion wahren wollte. „Bei den Geschäften, die du machst, mein lieber „Señor Ramon", würde wohl sogar ein Dieter Böhmer blass werden", dachte er und hatte Verständnis dafür, dass keine Familiennamen genannt wurden.

„Kommen Sie, ich habe den Wagen vor der Türe stehen", sagte Señor Ramon.

„Vorher müssen wir noch ein kleines Problem lösen", wandte Heinz ein. „Ich bin im Moment nicht so völlig frei in meinen Entscheidungen."

Señor Ramon lachte und sagte: „Das regelt mein Freund Ilja. Ihr russischer Bär wird hier auf Sie warten. Sie können ihm ja ein paar Kleinigkeiten vom Frühstück mitbringen, wenn Sie so fürsorglich sind."

Wieder traute Heinz Lauberg seinen Ohren nicht. Welches Spiel lief hier? Seit Tagen wurde er erstmals wieder als Mensch behandelt. Ja, der

Spanier verhielt sich geradezu mehr als höflich. Heinz konnte sich keinen Reim darauf machen. Eines aber war sicher. Freude würde der „Bruder" sicher keine haben, auf seinen Gefangenen in der kalten Höhle warten zu dürfen, während der zu einem, wie er hoffte, opulenten Frühstück geladen war.

Jedenfalls wechselte der Typ mit der Schrotflinte, der „Freund Ilja", einige zunehmend heftigere Worte mit dem „Bruder", der offensichtlich Einwände gegen das Arrangement erhob, schließlich aber mit einer wegwerfenden Handbewegung sein Schicksal akzeptierte. Señor Ramon ging voraus, dann folgte Heinz und schließlich „Freund Ilja" mit der Flinte. Noch bevor sie die Höhle verließen, sagte Heinz: „So eine tolle Sache, wie Ihren kleinen Privathafen habe ich noch nie gesehen."

Señor Ramon wandte sich um. Der gesamte Stolz über den jeder Spanier in überreichem Maß verfügt, drückte sich in seinem Gesicht aus. „Dabei haben Sie nur einen Teil des gesamten Systems gesehen. Die Höhle, durch deren Öffnung Sie herein gefahren sind, geht noch tief in das Innere der Insel weiter. Es ist lediglich so, dass sich die Decke so weit absenkt, dass keine bequeme Nutzung mehr möglich ist. Das führt aber dazu, dass die Brandung der Wellen tief im Berg erfolgt und die Seitenhöhle über fast unbewegtes Wasser verfügt. Deshalb habe ich dort den Kai gebaut."

„Eine geniale Anlage für die Abwicklung von Geschäften der besonderen Art!", meinte Heinz ironisch.

Der Spanier strahlte über das ganze Gesicht. Er hatte den Unterton nicht wahrgenommen und genoss offensichtlich die Bewunderung, die er aus Heinz Laubergs Worten heraus gehört hatte. Er wandte sich wieder dem Weg zu, der an den relativ glatten Wänden der Höhle entlang führte. Für ausreichende Beleuchtung dieses unterirdischen Hafens sorgte eine komplette Elektroinstallation, die von der Ausführung her auch in jedem nordeuropäischen Land Gnade vor den Augen der kommissionierenden Behörde gefunden hätte. Diese Qualität traf man sonst in Spanien selten an. Man verließ sich, besonders bei Installationen unter freiem Himmel, lieber auf das vorherrschende gute Wetter, als auf Feuchtraum-Abdichtungen, Erdungsleitungen und Schutzkontakte.

Der Eingang der Höhle war mit einem zweiflügeligen Tor aus Stahl gesichert. Obwohl die Flügel jetzt offen standen, sah Heinz, dass der Verschluss dem eines Safes nicht unähnlich war. Von innen konnte man die beiden Hälften auch noch durch eine solide Stahltraverse verbinden, so dass ein Öffnen von außen unmöglich wurde. „Das ist also auch ein Bunker, ein allerletzter Fluchtweg!", dachte Heinz.

Als sie nach draußen traten sah er, dass der Eingang von dichter Vegetation verborgen war. Unter dem grünen Dach mehrerer riesiger Bäume, die Blätter wie der bei uns beliebte Ficus Benjamin hatten, stand ein Geländewagen und ein mittelgroßer LKW, der wahrscheinlich die eben angekommene Ware in irgendein Versteck bringen würde. Sie gingen zu dem 4-WD. Señor Ramon stieg auf den Fahrersitz und deutete Heinz, dass er neben ihm Platz nehmen sollte. „Freund Ilja" kletterte auf die hintere Sitzbank. Während der kurzen Fahrt, zeigte der Lauf der Schrotflinte wie zufällig auf Heinz Laubergs Kopf. Viel konnte Heinz in der immer noch herrschenden Dunkelheit nicht erkennen. Die Scheinwerfer des großen Mitsubishi Montero, wie das Modell Pajero in allen spanisch sprechenden Ländern genannt wird, da „Pajero" ein unanständiges Wort ist und niemand ein Auto kaufen würde, das so heißt, ließen zahllose große Folientunnel erkennen. Vermutlich durchquerten sie eben eine riesige Gemüsefinca.

Nach wenigen Fahrtminuten hielt Señor Ramon vor einem alten Herrenhaus, das von den Dimensionen her diesen Titel verdiente.

„So, wir sind da!", verkündete er und schob sich aus dem Wagen. Heinz verließ ebenfalls das Auto. Er brauchte sich nicht umzusehen, um zu wissen, dass „Freund Ilja" samt Flinte hinter ihm war.

Sie betraten das Haus, das, wie Heinz es erwartet hatte, um einen Innenhof herum gebaut war. Drinnen verlief noch ein Arkadengang, von dem aus die einzelnen Räume betreten wurden und eine Treppe in das obere Stockwerk führte. Dort lag auch das Esszimmer, wohin Señor Ramon seinen Gast brachte. Die Einrichtung des Raumes war so, wie Heinz es befürchtet hatte. Schwere, geschnitzte Möbel, Tische und Stühle mit gedrechselten Beinen, alles so dunkel, dass man es schon als schwarz bezeichnen konnte. Die Stühle machten sich gar nicht die Mühe, ihre Unbequemlichkeit zu verbergen. Hartes Holz und rechte Winkel waren die beherrschenden Elemente. Dazu kam eine Beleuchtung, die diese Bezeichnung streng genommen nicht verdiente. „Da war ja der Höhlenhafen besser ausgeleuchtet!", dachte Heinz, der sich schon beim Betreten des Hauses bedrückt gefühlt hatte. Er konnte förmlich am Kopf der Tafel die Unheil bringende Gestalt des Bernardo Gui, des Obersten Inquisitors sitzen sehen. Gerade in seiner Situation, wo mit an Sicherheit grenzender Wahrscheinlichkeit, sein Todesurteil schon gesprochen war, versuchte er, leider aber vergeblich, diese Assoziation sofort zu verdrängen. Eine Gänsehaut lief ihm den Rücken hinunter.

„Bitte nehmen Sie Platz!", sagte Señor Ramon und wies auf einen Stuhl in der Mitte der Tafel. Er selbst umrundete den Tisch und setzte sich genau vis-a-vis. „Freund Ilja" blieb an der Türe stehen.
„Was darf ich Ihnen anbieten?", fragte er und setzte fort: „Ich selbst bevorzuge ein kräftiges Frühstück mit viel gebratenem Speck, Rührei, Bohnen, einigen ordentlichen Scheiben Tomate, übrigens aus eigenem Anbau, starken Kaffee und frisch gepressten Orangensaft."
„Ich schließe mich da Ihren Vorlieben gerne an!", bekannte Heinz, dem schon bei der Schilderung der Köstlichkeiten das Wasser im Mund zusammengelaufen war.
Der Mann schien ein unsichtbares Signal gegeben zu haben, denn kaum fünf Sekunden später erschien ein weiterer Schwarzafrikaner, allerdings gekleidet wie ein englischer Butler, um die kurze und bündige Weisung „*Dos!*" also „Zwei" entgegen zu nehmen.
„Heinz aus Österreich!", eröffnete Señor Ramon das Gespräch. „Darf ich fragen, was Sie beruflich machen?", setzte er fort und schien sich über seinen Gast ehrlich zu freuen.

„Ich bin Unternehmensberater", antwortete Heinz wahrheitsgemäß. Das schien den Hausherrn sehr zu interessieren und so drehte sich das Gespräch eine ganze Weile um dieses Thema. Die willkommene Unterbrechung kam, als der Butler an die Türe klopfte, die von „Freund Ilja" geöffnet wurde. Als Erstes erschien ein Servierwagen, der nicht besser hätte bestückt sein können. Dahinter kam der Butler, der dieses kulinarische Überangebot vor sich herschob. Kaffee stand in einer großen Kanne bereit, die auf einem geschliffenen, heißen Lavastein stand, der für längere Zeit die richtige Temperatur des Getränkes sichern würde. Ein Krug aus Kristallglas enthielt den frisch gepressten Orangensaft. Dieser Krug wieder ruhte in einer Schale, in der sich gestoßenes Eis befand. Brot gab es in verschiedenen Varianten, getoastet und frisch. Rührei, Speck und Bohnen wurde in flachen Schalen bereitgestellt, die, nach dem der Butler den ersten Serviervorgang beendet hatte, mit silbernen Deckeln verschlossen wurden. Der Wert des Bestecks, mit dem sie aßen, richtete sich wohl nach dem täglichen Silberpreis an der Londoner Börse. Alles strahlte gediegenen Luxus der spanischen Art aus. Für Heinz Lauberg war es ein wenig überladen. Er liebte schlanke, klare und einfache Formen und unterschied sich darin deutlich vom iberischen Geschmack.

Während des Essens kam das Gespräch weitgehend zum Erliegen. Señor Ramon sah ohnehin so aus, als wäre dieses Frühstück sein allmorgendlicher Standard und Heinz Lauberg hatte einfach schon lange nichts gegessen. Und noch länger nichts, das nicht aus einer Dose kam. Er langte daher herzhaft zu, was die Artikulationsfähigkeit bekanntlich stark behindert. Beide ließen sich vom Butler mehrmals die Teller nachfüllen, bis unter den Silberhauben nur noch jener geringe Rest zurück blieb, den die Höflichkeit als Signal dafür vorschreibt, dass die Menge ausreichend war.

Dann kredenzte der Butler noch jedem ein großes Glas Orangensaft, das sofort außen beschlug.

„Sie sprechen ein so fehlerfreies Deutsch, dass ich vermute, Sie haben in Deutschland gelebt", eröffnete Heinz das Gespräch.

„Ich bin in Deutschland geboren, habe dort das Abitur gemacht und Betriebswirtschaft studiert", antwortete Señor Ramon und wieder kehrte der Stolz in seinen Gesichtsausdruck zurück. Dann setzte er fort: „Meine Eltern stammten aus Asturien und waren nach Deutschland gegangen. Dort hatten sie am Anfang ein paar schlimme Jahre. Doch dann schaffte es mein Vater, ein kleines Lokal in Frankfurt zu pachten. Ab dann ging es aufwärts. Schließlich hatte meine Familie vier Lokale. Mein älterer Bruder kümmerte sich gemeinsam mit meinem Vater um das Geschäft, so dass ich studieren konnte. Es war eine schöne Zeit!"

Heinz Lauberg war nicht sicher, ob sich tatsächlich eine Träne im Winkel von Señor Ramons rechtem Auge gebildet hatte, so ergriffen schien er von der eigenen und der Tüchtigkeit seiner Familie. Der räusperte sich einen Frosch aus der Kehle und setzte fort: „Als wir es uns leisten konnten, verbrachten wir immer einige Wochen im Winter auf den Kanaren. Die kalte Jahreszeit ist in Frankfurt ja nur schwer zu ertragen. Nicht umsonst kommen jedes Jahr Millionen Nordeuropäer hierher. Meine Mutter und ich blieben immer die ganzen Semesterferien, während sich mein Bruder und mein Vater abwechselten, damit immer jemand von der Familie sich um das Geschäft kümmern konnte. Während eines dieser Aufenthalte, habe ich in einer kanarischen Zeitung eine Anzeige gelesen, dass an El Hierros Südküste eine *Finca* mit einigen hunderttausend Quadratmetern Land zu verkaufen sei. Der Preis schien mir so gering, dass ich von Teneriffa aus hierher kam, um sie mir anzusehen. Um es kurz zu machen, schon eine erste Besichtigung zeigte den Grund für diesen niedrigen Kaufpreis. Es war einfach alles verfallen. Die Terrassen der Felder waren teilweise eingestürzt und völlig von Unkraut überwuchert. Tabaiba und anderes nutzloses Zeug wuchs überall. Das Haus war eine Ruine, die Zisternen hatten Risse, die Wege waren ausgeschwemmt von den Winterregen. Trotz des schlimmen Zustandes reizte mich jedoch das Angebot. Es war eben ein riesiger Besitz." Señor Ramon nahm einen großen Schluck Orangensaft. Dann griff er nach einer Holzkassette, die auf dem Tisch stand, öffnete sie und bot Heinz Lauberg eine der darin liegenden Zigarren an. Der lehnte dankend ab.

„Stört es Sie, wenn ich rauche?", fragte der Spanier.

Nun, in Wahrheit störte Heinz Lauberg kaum etwas mehr, als Zigarrenrauch, dem man auf den Kanaren wegen der preisgünstigen „Puros", wie die Glimmstängel hier genannt werden, nur schwer entkommt. Es sei denn auf dem eigenen Schiff. Heinz hätte sich aber eher die Zunge abgebissen, als Señor Ramon irgendeine Unbequemlichkeit zu verursachen, deshalb verneinte er, wie er hoffte halbwegs glaubhaft.

Mit einem tief befriedigten Gesichtsausdruck fingerte der vollendete Gastgeber einen unglaublichen Prügel von Zigarre aus dem Kasten, nahm mit vielfach geübter Grandezza einen Cutter und schnitt die Spitze ab. Dann genoss er sichtlich die Zeremonie des In-Brand-Setzens. Als die Qualmwolken inhaltlich und umfänglich Gnade gefunden hatten, lehnte er sich mit einem entspannten Seufzen zurück, so weit die Konstruktion des Sessels das zuließ und setzte fort: „Ich wartete, bis mein Vater nach Teneriffa kam, um alles mit ihm zu besprechen. Ich selbst hatte ja kein Geld, also musste die Familie entscheiden. Es ging dabei nicht nur um die Finanzierung des Ankaufes, sondern auch um die ersten Instandsetzungsarbeiten, bis die Landwirtschaft selbst Gewinne abwarf. Außerdem würde es natürlich zur Trennung der Familie führen. Alles wollte wohl bedacht sein. Der Prozess dauerte mehrere Wochen. Schließlich fiel die Entscheidung. Mein Vater nahm hohe Hypotheken auf die Lokale und stattete mich so mit den notwendigen Mitteln aus. Ich konnte die *Finca* kaufen." Da unterbrach sich Señor Ramon und fragte mit Sorgenfalten auf der Stirne: „Aber ich langweile Sie doch hoffentlich nicht, mit meiner kleinen Familiengeschichte?"

„Nein, nein! Keineswegs! Ich bin sehr neugierig auf Ihren großen Erfolg!" Der Mann hätte aus dem Märchenbuch der Gebrüder Grimm vorlesen können und Heinz Lauberg hätte den Vortrag interessant gefunden.

Der Spanier strahlte: „Gut! Mir war von Anfang an klar, dass mein Geld nicht ausreichen würde, um alles sofort in Angriff zu nehmen. Ich musste so rasch wie möglich mit einem Teil der Ackerflächen Gewinne erwirtschaften. Damit sollte dann sowohl der weitere Ausbau finanziert werden als auch die Hypotheken in Deutschland zurück gezahlt werden. Ich wollte ja nicht, dass meine Familie durch dieses Experiment Einbußen erleidet oder gar im Ruin endet. Da das Haus unbewohnbar war, errichtete ich an einer der Außenwände einen Bretterverschlag. Darin habe ich gelebt."

Neuerlich schien Señor Ramon eine tiefe innere Rührung zu überkommen. Heinz Lauberg richtete seinen Blick diskret zur Seite, was sein Gegenüber dazu nützte, um sich mit der Stoffserviette die Augen zu wischen. Dann setzte er fort: „Anfangs musste ich ziemlich schlimme Erfahrungen machen. Es begann schon mit der Abwicklung des Kaufes der *Finca*, dann die Wasserrechte. Die Zufahrt führte damals über fremden Grund und der Eigentümer wollte mir das Nutzungsrecht verweigern." Über sein Gesicht, das bisher all die Probleme widergespiegelt hatte, huschte ein Lächeln. „Aber das hatte ich bald gelöst. Der Mann ist leider plötzlich verstorben. Da sich die Erben über die Verteilung nicht einigen konnten und die Dummheit besaßen, mit der Angelegenheit vor Gericht zu gehen, gehörte das Land sozusagen bald den Anwälten. Ich habe den Parteien dann das Angebot gemacht, die Anwaltskosten zu übernehmen. Das war gleichzeitig der Kaufpreis. Mit den Anwälten habe ich dann verhandelt, was es ihnen wert sei, ihr Geld gleich zu bekommen, statt selbst erst vor Gericht ziehen zu müssen. Ich kann also mit einigem Stolz sagen, dass das mein erstes gutes Geschäft hier auf El Hierro war. Jedenfalls gehörte der Grund mir und damit war dieses Problem gelöst. Dann musste ich mich erst auf die Mentalität der hiesigen Handwerker einstellen. Keiner hat eine Ahnung von seinem Job. Ich war natürlich deutsche Verhältnisse gewöhnt.

Ich kannte damals ja nichts anderes. Es war schlimm. Alle wollten nur Geld, aber nichts dafür tun. Und das, was sie gemacht haben, war von derart schlechter Qualität, dass ich schließlich einen alternativen Weg ging. Bei anderen *Hacienderos* sah ich immer eine Menge anstelliger Schwarzer, die offensichtlich gute Arbeit leisteten. Aber immer, wenn ich auf diese Sache zu sprechen kam, stieß ich auf eine Mauer des Schweigens. Da kam mir der Zufall zu Hilfe. Es gibt in Valverde beim Hafen eine Adresse, die Männer gerne aufsuchen, wenn ihre Frauen gerade schwanger sind, oder sie sonst ausgefallenere Wünsche haben. Auch ich bin von Zeit zu Zeit dort Gast." Bei diesen Worten hatte Señor Ramon ein typisches „von Mann zu Mann" Lächeln aufgesetzt, das Heinz Lauberg gekonnt zu imitieren versuchte.

Als Señor Ramon sah, dass seine Worte und wohl auch die damit ausgedrückten Inhalte offensichtlich auf zustimmendes Verständnis bei seinem morgendlichen Gesprächspartner stießen, setzte er seine Erzählung fort.
„Es war also, wie ich sagte, der Zufall oder auch die Hilfe der Heiligen Mutter von Candelaria. Wobei ich allerdings nicht glaube, dass die in solchen Häusern verkehrt", bekannte er augenzwinkernd. „Als ich einmal dort im Salon saß, um mich vor dem eigentlichen Vergnügen noch ein wenig in Stimmung zu bringen, sah ich einen, mir gut bekannten Haciendero, wie er mit zwei schwarzen Mädchen nach oben in ein Zimmer verschwand. Die Mädchen waren sicher keine zwölf Jahre alt. Dabei war der Mann verheiratet, dieses Schwein! Nun, ich erkannte sofort meine Chance. Ich verzichtete für diesen Tag auf mein eigenes Vergnügen und wartete, bis der geile Bock nach mehreren Stunden wieder die Treppe herunter kam. Zufällig begegnete ich ihm dort. Die Gesichter der Mädchen sprachen eine deutliche Sprache. Die Augen waren verquollen vom Weinen und vermutlich hatte es während der vergangenen Stunden auch die eine oder andere handgreifliche Einladung, bestimmte Spiele mitzuspielen, gegeben. Ich brauchte ihn nur ersuchen, seiner Frau meine besten Grüße zu bestellen. Das genügte, um bei unserem nächsten, ebenso zufälligen Zusammentreffen

alles zu erfahren, was ich wollte. Es gibt hier, mehr aber noch auf den anderen Inseln, Kontaktpersonen, bei denen man diese willigen schwarzafrikanischen Hilfskräfte bestellen kann. Die Lieferung erfolgt dann kurze Zeit später."

Jetzt wurde es Heinz Lauberg aber dann doch zu bunt. Er unterbrach seinen selbstgefälligen Gastgeber und sagte: „Wir sprechen hier, wenn ich das mal etwas profaner ausdrücken darf, von Menschenhandel!"
„Mir fallen da eine ganze Menge weniger anrüchiger Bezeichnungen ein", antwortete Señor Ramon. „Die Probleme gäbe es alle nicht, wenn man solche Arbeitskräfte offiziell einführen dürfte. Aber das ist nicht möglich. Dadurch wird man, will man gute Leute haben, automatisch an den Rand des Legalen gedrückt. Schuld sind die kanarischen Behörden! Und Sie glauben doch wohl nicht, dass Sie für Arbeiten, wie sie nun einmal auf einer Finca anfallen, ich spreche zum Beispiel von der Schädlingsbekämpfung, einheimische Arbeitskräfte bekommen? Die Ansprüche, die die stellen! Atemmasken, Schutzbekleidung, medizinische Betreuung! So kann man eine Finca nicht Gewinn bringend führen. Wir brauchen die Schwarzen."

Heinz Lauberg hielt sich mit beiden Händen an der Sitzfläche seines Stuhles fest. Am liebsten wäre er aufgesprungen und hätte seinem Gegenüber den Puro verkehrt herum in den Hals gerammt. Aber er musste sich beherrschen. Hinter ihm stand immer noch „Freund Ilja" mit der Schrotflinte. Natürlich hatte er schon mehrfach von dieser modernen Sklaverei gehört und auch vereinzelt in den Zeitungen gelesen. Er war aber noch nie jemandem begegnet, der selbst an dieser unfassbaren menschlichen Tragödie beteiligt war und ganz offen zugab, daraus Gewinn zu ziehen. Heinz beherrschte sich mühsam und gab seinem Gegenüber damit Gelegenheit, seine Erfolgsstory fortzusetzen.

„Ab dem Zeitpunkt, an dem ich meine eigenen schwarzen Arbeitskräfte hatte, ging es wirtschaftlich steil bergauf. Ich konnte immer größere Flächen für den Anbau nutzen. Als Betriebswirt war mir klar, dass das Herrenhaus als Letztes zur Renovierung anstand. Vorher mussten alle produktionsrelevanten Strukturen in Stand gesetzt werden. Lange Zeit hindurch habe ich um keinen Deut besser gelebt als meine schwarzen Arbeiter."

„Mir kommen vor Mitgefühl die Tränen!", dachte Heinz Lauberg. Laut sagte er dann: „Der Höhlenhafen hat aber doch wohl nichts mit dem Export von Tomaten, Bananen oder Zitrusfrüchten zu tun!?", und es gelang ihm, seinen Satz mit einem, wie er hoffte, gewinnenden Lächeln abzuschließen.

Dieses Lächeln steckte auch Señor Ramon an. Er machte eine weit ausladende Bewegung mit beiden Händen, was dazu führte, dass der Qualm der Zigarre direkt in Heinz Laubergs Gesicht geschaufelt wurde. Der beherrschte sich weiter mühsam und setzte ein erwartungsvolles Lächeln auf.

„Man muss mit seinen Talenten wuchern!", gab der Mann einen seiner Leitsprüche zum Besten. „Die Veränderungen im alten Europa ermöglichen es einem, seine Geschäftsfelder neu zu definieren. Da muss man mitmachen. Noch besser ist es, wenn man regional als Erster diese Chancen nützt. Das ist mir hier gelungen. Und mit „hier" meine ich nicht nur das winzige El Hierro. Dank des deutschen Teiles meiner Familie habe ich gute Beziehungen in die ehemalige DDR und auch weiter in den Osten. Dort gibt es ein unerschöpfliches Reservoir an Menschen, gut ausgebildete Spezialisten, die keine finanzielle Zukunft sehen. Mein Ilja ist dafür ein gutes Beispiel. Besonders mit der einst so stolzen Roten Armee geht man in einer Weise um, dass es eine Schande ist. Die Leute bekommen oft monatelange keinen Sold. Um überleben zu können, verkaufen die alles, was nicht niet- und nagelfest ist. Da an Kochtöpfen kein Interesse besteht, sind es vor allem Waffen, Munition und Sprengmittel, die in alle Welt exportiert werden. Und daran habe ich meinen bescheidenen Anteil."

Señor Ramon blickte Heinz Lauberg in einer Weise an, die dieser nur mit dem Begriff „Beifall heischend" charakterisieren konnte. Er beschloss, sich heute über nichts mehr zu wundern. Wieder war es so, dass er diese Dinge aus den Medien gewusst hatte. Es war aber etwas völlig anderes, so direkt damit konfrontiert zu sein. Hier saß einer jener Männer, von denen man wusste, dass es sie gab, ohne dass man sie kannte. Nun kannte er einen. Einen kleinen dicklichen Mann mittleren Alters an dem man, würde man ihm auf dem Paseo Maritimo in Santa Cruz begegnen, achtlos vorbei ginge.

Heinz Lauberg versuchte ein Lächeln und sagte: „Das heißt, ich habe für Sie Waffen von Afrika hierher geschmuggelt!"
Der Spanier schüttelte den Kopf. „Nicht für mich! Ich bin in erster Linie Bauer, ich handle nicht mit Waffen, Rauschgift oder schwarzen Arbeitskräften. Ich stelle mit meinem kleinen Hafen nur einen, wenn auch nicht unbedeutenden Teil der Logistik dar. Niemand kann mir beweisen, dass ich über den Inhalt der Kisten, die Sie heute in meine Höhle gebracht haben, informiert bin. Ich verlange bloß – na, sagen wir, Hafengebühren. In manchen Fällen geht meine Unterstützung noch etwas weiter, wie im Fall Ihrer schönen Jacht. Das ganze Unternehmen hätte so nicht laufen können, ohne meine Ortskenntnisse und Verbindungen."

Sein Gesicht legte sich wieder in Sorgenfalten, als er fortsetzte: „Leider ist dabei aber einiges schief gelaufen. Ich hoffe sehr, dass das meinen Ruf als verlässlichem Geschäftsmann nicht schädigt. Logistik ist letztlich für die pünktliche, vollständige und unbeschädigte Lieferung bestellter Waren verantwortlich", erhielt Heinz eine kurze wirtschaftswissenschaftliche Nachhilfe. „Und die beiden russischen Affen haben da alles versaut!", ärgerte sich der Spanier. „Die sind jedenfalls raus aus dem Geschäft! Wie raus sie sind, das wird noch Gegenstand von Gesprächen mit einigen Bekannten sein."

Diese unverhohlene Drohung war Wohlklang in Heinz Laubergs Ohren. „Hoffentlich erlebe ich das Ergebnis dieser Gespräche noch!", dachte er bei sich. Zu Señor Ramon sagte er: „Ich verstehe die ganze Geschichte eigentlich immer noch nicht. Die Kaperung der Jacht und das alles. Können Sie mir mehr darüber sagen?"

„Die Sache ist eigentlich ganz einfach", zeigte sich sein Gesprächspartner mitteilungsfreudig. „Die Jacht sollte zum Versicherungsfall werden. So viel mir bekannt ist wollte der Eigentümer, dass sie gesprengt wird."

Heinz Lauberg traute seinen Ohren nicht! Aber er hütete sich, auch nur irgendein Zeichen von Befremdung zu zeigen.

„Die Leute, die bei der Umsetzung der Sache die Fäden zogen, fanden aber einen afrikanischen Interessenten für das Boot. Sie gingen davon aus, dass es versicherungstechnisch egal sei, ob die Jacht gesunken oder gestohlen war. Über ein internationales Netzwerk wurde die Crew für die Kaperung zusammengestellt. Die zwei russischen „Affen", mit denen Sie, Herr Heinz, unterwegs sind, einen ehemaligen Kapitän eines Wolga-Schiffes und den Mann, der die Gruppe zur Jacht brachte.
Ich erfuhr von der Sache bei einem der regelmäßigen Abendessen, die ich hier für meine Geschäftspartner gebe. Zu dem Zeitpunkt war ich gerade vom Pech verfolgt. Ich chartere für größere Transportaufgaben zwei alte russische Frachter. Die Kapitäne beziehen, oder besser müsste ich sagen bezogen, von mir ihr Gehalt. Nun gibt es wegen der dauernden Unfälle mit Tankern innerhalb der Europäischen Union einen zunehmenden Druck auf die Hafenbehörden, die Seetüchtigkeit von Schiffen zu überprüfen und wenn die nicht entspricht, sie am Auslaufen zu hindern. Eine Art TÜV. Und meine beiden Idioten sind in diese Falle getappt. Jetzt liegen die zwei Kähne friedlich vereint im Außenhafen von Santa Cruz auf Teneriffa und werden sich von dort so schnell nicht wieder weg bewegen. Aber ich arbeite an dieser Sache."

Heinz Lauberg fielen die beiden Rostlauben ein, über die er mit Clara gesprochen hatte, als er mit seiner „Calima" in Santa Cruz eingelaufen war.

Señor Ramon setzte fort: „Ich konnte für einige dringende Lieferungen Ersatz aus Afrika organisieren, aber gerade für die Ware, die sie gestern angeliefert haben, war einfach nichts aufzutreiben. Nun sind jene Leute, die hier die Fäden ziehen, nicht nur geschäftlich für mich sehr wichtig, sondern auch äußerst ungemütlich, wenn Termine nicht eingehalten werden. Als ich hörte, dass eine Jacht dieser Größe gekapert werden sollte, habe ich sie mir quasi für diese Fahrt ausgeborgt. Was ich nicht absehen konnte, waren die Schwierigkeiten, die daraus resultierten, dass die Jacht plötzlich ihren Geist aufgegeben hat und die Tochter eines der Eigner an Bord war." Er unterbrach sich, schüttelte den Kopf und meinte dann: „Wer kann auch voraussehen, das einer seine Tochter auf ein Schiff setzt, das gesprengt werden soll? Also ich kann solche Leute nicht verstehen! Die eigene Familie!"

„Meine Damen und Herren, was Sie eben hörten sind die Moralvorstellungen des ehrenwerten Señor Ramon, Untertan des allerchristlichsten Königreiches von Spanien!", dachte Heinz. Unbeschadet dessen konnte er nicht glauben, was er gehört hatte. Nach allem was er wusste war er sicher, dass nicht Wenzel Waldhof hinter dem Verbrechen stehen konnte. Julietta war sich der Liebe ihres Vaters absolut sicher gewesen. Er ging davon aus, dass die Informationen des Spaniers nicht in allen Punkten der Wahrheit entsprachen.

„Dann begann nahezu alles schief zu laufen!", beklagte dieser sein Schicksal und fuhr fort: „Viel zu spät habe ich erfahren, dass die beiden Affen mit einer Erpressung ihr eigenes Süppchen nebenher kochen. Sie geben mir sicher Recht, dass solche Eigenmächtigkeiten nicht hingenommen werden können!" Heinz nickte nur, um den Redefluss seines Gegenübers nicht zu unterbrechen.

„Außerdem verstehe ich nicht, wie es passieren konnte, dass der wichtigste Mann an Bord, der Skipper, versehentlich erschossen wird. Das sind alles Dinge, die man sich in dieser sensiblen Branche nicht erlauben darf. Dass Sie dann an Bord gekommen sind, war für mich ein echter Glücksfall. Dafür bin ich Ihnen sehr zu Dank verpflichtet!"

„Da sieht man, wie relativ der Begriff „Glücksfall" ist!", dachte Heinz Lauberg und hoffte, dass sich die angesprochene Dankbarkeit in einer Verlängerung seines Lebens bis zu seinem natürlichen Ende niederschlagen würde. In der gleichen Sekunde wurde ihm aber bewusst, dass dieser Wunsch Illusion bleiben musste. Señor Ramon war viel zu mitteilsam gewesen, um ihn am Leben lassen zu können. Fragte sich nur, wer diese unvermeidliche Aufgabe erhalten würde. „Freund Ilja" oder doch die beiden „Affen", wie sein Gastgeber die SPEZNAZ-Typen ausschließlich nannte. Fieberhaft suchte er nach einem Anknüpfungspunkt. So lange er in diesem Raum saß, lebte er.

„Warum stoppen Sie dann die Entführung nicht und entledigen sich der beiden Versager?", gab sich Heinz Lauberg ganz als Mann von Welt.

„Nun, die Sache ist am Laufen. Es gibt auch Männer hinter diesen beiden. Das sind eigene Gesellschaften. Wenn man entsprechenden Bedarf hat, dann bedient man sich der angebotenen Dienstleistungen, aber sonst hält ein kluger Geschäftsmann Abstand. Leider muss ich in letzter Zeit zu oft mit diesen Männern Kontakt halten."

Heinz Lauberg hörte echtes Bedauern aus diesen Worten.

„Sie betreiben also, neben Ihrer Landwirtschaft, quasi ein Transportunternehmen mit einem Hafen für diskrete Güter", stellte Heinz fest.

Señor Ramon strahlte: „Sie haben meine Tätigkeit so treffend charakterisiert, dass ich es selbst nicht besser hätte ausdrücken können. Es freut mich, dass ich nach langer Zeit wieder einmal so erfrischend mit einem intelligenten Menschen sprechen kann. Einen Mitarbeiter wie Sie könnte ich gut gebrauchen. Schade, dass dem einige nicht zu beseitigende Hindernisse entgegen stehen."

„Das bedaure ich auch. Für Sie tätig sein zu dürfen, wäre sicher eine interessante und lohnende Aufgabe gewesen", antwortete Heinz Lauberg, in der Hoffnung, dass sich zwei der Hindernisse vielleicht doch noch zeitgerecht beseitigen ließen. Da Señor Ramon aber keine Anstalten machte, diesen Köder zu schlucken und das Gespräch zu erliegen drohte, setzte Heinz im normalsten Plauderton, dessen er fähig war fort: „Ich habe also Waffen für Sie, oder richtiger für Ihre Kunden transportiert. Warum laufen diese Kanäle über die Kanaren?"

Der Geschäftsmann räusperte sich und sagte: „Genau genommen waren es Waffen, Sprengstoff und höchstwertiges Kokain, das Sie – ich möchte es so ausdrücken – in meinem Auftrag transportiert haben. Und zu den Kanälen: Es gibt natürlich viele Wege. Der über die Kanarischen Inseln ist nur einer. Der Vorteil ist, dass das ein Außenposten der Europäischen Union ist, dessen Küsten kaum observiert werden. Es gibt nur wenige, gut von den Behörden überwachte Gebiete. Das sind insbesondere die Gewässer zwischen den östlichen Inseln Lanzarote und Fuerteventura. Dort will man die illegale Immigration der Schwarzafrikaner und Marokkaner in den Griff bekommen. Leider mit mäßigem Erfolg. Früher war die Versorgung der Landwirtschaft mit afrikanischen Arbeitskräften ein gutes Geschäft. Das ist heute nur noch von geringer Bedeutung. Wer ist bereit, für eine Ware zu bezahlen, die sich praktisch selbst frei Haus liefert?" Señor Ramon seufzte ob dieser finanziellen Einbuße und fuhr fort: „Aber der Bedarf an Waffen und Rauschgift steigt ständig. Da reichen die direkten Verbindungen über das Mittelmeer nicht mehr aus. Außerdem läuft dort die Kontrolle wesentlich besser, als bei uns. El Hierro ist die unbedeutendste und westlichste Insel der Kanaren und daher besonders gut für den Transport und die Verteilung von – wie würden Sie es wohl ausdrücken – „Güter der besonderen Art" – geeignet."

„Wer sind die Kunden für die Waffen und den Sprengstoff?", fragte Heinz mit dem Interesse des Geschäftsmannes.

„Nun, wie ich schon erwähnt habe, bin ich lediglich der Spediteur. Was ich aber so höre ist, dass einiges an Eisenwaren und chemischen Produkten auf die Halbinsel gelangt. Zum Teil übernehmen dort wieder marokkanische, algerische und arabische Geschäftsleute die Verteilung bis zum Einzelhandel. Auf der *Peninsula* selbst gibt es, wie Sie sicher wissen, ja auch eine Menge Leute, die sich der Umarmung durch Spanien entledigen wollen, wie auch hier eine wachsende Bewegung entsteht, die Spanien nicht als Heimat, sondern als Besatzungsmacht ansieht."

Jetzt war Heinz wirklich perplex. Er lehnte sich interessiert vor und fragte: „Wollen Sie damit sagen, dass es hier auf den Inseln eine militante, gewaltbereite Unabhängigkeitsbewegung gibt?"

Señor Ramon lächelte unschuldig und sagte: „Ach, Sie wissen doch, wie das ist. In jeder politischen Bewegung gibt es ein paar Hitzköpfe. Die zahllosen aufgesprayten Botschaften wie „Canarias Libre" oder „Puta España", „Hure Spanien", werden Ihnen doch nicht entgangen sein!"

Das stimmte natürlich und Heinz Lauberg hatte sich oft gefragt, welche Gefühle diese Schmieren bei Touristen aus Festlandspanien auslösen mussten. „Wiener sind ja in manchen österreichischen Bundesländern auch nicht gerade beliebt, aber das schreibt wenigstens niemand auf Wände!", dachte er. Er wandte sich wieder dem Gastgeber zu: „Ich nehme an, Sie sprechen von der ETA und einigen Extremisten hier. Ich frage mich nur, wovon diese Regionen leben sollten, wenn sie tatsächlich die Unabhängigkeit erhielten. Das Baskenland ist ja nun nicht gerade eine reiche Region und wenn die Kanaren die Mitgliedschaft in der Europäischen Union einbüßen, wofür Spanien sicher sorgen würde, dann käme ein Zusammenbruch des Tourismus und damit das wirtschaftliche Aus!"

„Haben Sie schon eine einzige Unabhängigkeitsbewegung erlebt, die sich hauptsächlich auf rationale Gründe stützt? Evolution erfolgt rational auf der Basis von Nützlichkeit. Revolution erfolgt emotional und wird zum Wert an sich", gab sich Señor Ramon als sozialwissenschaftlicher Philosoph.

„Wie groß schätzen Sie die Gefahr von Anschlägen auf den Kanaren ein?", fragte Heinz besorgt.

„Vergessen Sie das!", kam die Antwort. „Das sind ein paar wenige Hitzköpfe, die von den viel größeren politischen Organisationen, die offiziell auftreten und in Regierungen vertreten sind, gut kontrolliert werden. Waffen sind nun einmal das Lieblingsspielzeug von Männern, die das nötig haben."

„Einige schießen selbst, andere lassen schießen!", entfuhr es Heinz, der sich wegen dieser unbedachten Äußerung sofort auf die Lippen biss.

Den Spanier schien das nicht zu tangieren. Er lächelte, als er sagte. „Ihre Unterscheidungskriterien sind falsch. Für die, die selbst schießen, ist dieses Mittel maximaler Gewalt selbst ein Weg zum Ziel. Für die, die schießen lassen, ist es manchmal eine unangenehme Begleiterscheinung geschäftlicher Transaktionen. Wobei ich zugebe, dass das meine durchaus subjektive Sicht als Geschäftsmann ist, der sich das eine oder andere Mal in kommerziellen Grenzgebieten aufhält." Señor Ramon betrachtete selbstgefällig seine Fingernägel. Er war stolz auf seinen scharfen Geist und die geschliffenen Formulierungen, die er hervorbrachte. Er saugte mächtig an seiner Zigarre. Der entstehende Qualm raubte Heinz fast den Atem. Dann stand der Mann zu Heinz Laubergs Erschrecken auf und sagte: „Nun darf ich Ihre wertvolle Zeit aber nicht länger in Anspruch nehmen. Wie ich weiß, haben Sie heute noch – nun sagen wir – eine interessante Begegnung vor sich. Ich danke Ihnen jedenfalls für dieses gepflegte Gespräch. Ich wünschte mir, ich könnte jeden Tag so beginnen!"

Auch Heinz Lauberg erhob sich und hatte das Gefühl etwas weich in den Knien zu sein. „Auch ich bedanke mich für alles, was ich heute Morgen von Ihnen lernen durfte. Und das wirklich hervorragende Frühstück war etwas, das ich schon seit mehreren Tagen sehr vermisst habe. Abschließend darf ich noch sagen, dass ich viel lieber den ganzen Tag mit Ihnen verbringen und die – wie sie sagten – interessante Begegnung, auf unbestimmte Zeit verschieben möchte. Ich fürchte aber, dass es gute Gründe gibt, die das verhindern."

Bedauernd zuckte Señor Ramon mit den Schultern und sagte: „Leider sind wir alle nur sehr beschränkt Herr über uns und unsere Zeit."

„Und meine Zeit ist heute wohl gekommen!", dachte Heinz.

Der Spanier schritt auf ihn zu. Die beiden Männer schüttelten einander die Hände und ein uneingeweihter Beobachter hätte meinen können, es sei der Abschied von Freunden.

„Ilja wird Sie zu Ihrem Boot bringen. Sie verzeihen, aber auch mir steht ein harter Tag bevor und ich möchte noch eine oder zwei Stunden schlafen bevor die Pflichten über mich bestimmen."

„Wenn du willst, können wir tauschen!", dachte Heinz und wandte sich zum Gehen.

„Freund Ilja" war immer einige Schritte hinter ihm. Im Innenhof des Herrenhauses wuchsen mehrere Palmen, deren Stämme schon so hoch reichten, dass Heinz den Eindruck hatte, die Kronen müssten das Gebäude bereits überragen. Außerdem war es inzwischen hell geworden. Er blickte auf die Uhr und stellte verwundert fest, dass die Zeiger acht Uhr anzeigten. Gewohnheitsmäßig schritt er zum Auto, doch Ilja sagte nur „No coche!" – kein Auto.

„Ich darf zu Fuß zur Hinrichtung gehen", dachte Heinz Lauberg und machte sich auf den Weg, der zwischen den Folientunneln leicht abwärts zur Küste führte. In den Glashäusern, die auf Terrassen errichtet waren, wuchsen übermannshohe Tomatensträucher. Nach einiger Zeit endete die landwirtschaftliche Nutzung und natürliche Vegetation begann sich auszubreiten. Vereinzelt sah man Opuntien, bei uns oft als Ohrenkakteen bezeichnet, auf denen sich in vergangenen Zeiten wahrscheinlich Cochenille-Läuse breit gemacht hatten. Lange Zeit gewann man daraus den roten Farbstoff für vielerlei Anwendungen in der Kosmetik und in der Nahrungsmittelindustrie. Heute verwendet man dafür synthetische Farben, was dazu führte, dass auf den Kanaren viele Kakteenplantagen aufgegeben wurden und heute verfallen.

Einige riesige Euphorbien überragten die dominierenden Tabaiba-Büsche. Vor ihnen tauchten mehrere schroffe Felsen auf, vor denen sich ein kleines Wäldchen von kanarischen Kiefern erstreckte. So weit sich Heinz Lauberg von der Nacht her erinnern konnte, war dort der Eingang in das Höhlensystem. Sie traten zwischen die Felsen und tatsächlich standen die beiden Türflügel noch weit offen. Die Außenseite war mit einem Tarnanstrich versehen, so dass die verräterischen

Konturen schon aus einiger Entfernung nicht zu erkennen sein würden.

Heinz Lauberg betrat den Gang, der zu dem kleinen Hafen für den Umschlag von „diskreten Gütern" führte. „Freund Ilja" schien allerdings keine Lust zu haben, den ganzen Weg in den Berg mitzugehen. Nach wenigen Schritten verspürte er einen scharfen Luftzug. Instinktiv wandte er sich um und sah, wie sich die beiden Flügel des Tores schlossen und sofort verriegelten.

„Es wird also nicht „Freund Ilja" sein, der mir zu der interessanten Begegnung des heutigen Tages verhilft", dachte Heinz Lauberg bitter. Als er sich wieder dem Weg zum Höhlenhafen zuwandte, erlosch plötzlich das Licht. Offensichtlich war es für Ilja und seinen Herren Señor Ramon unwichtig, ob er sich den Hals brach oder ob die „Affen" sich um ihn kümmerten. Er überlegte kurz, ob ihm diese Dunkelheit eine Chance bieten würde, sich irgendwo zu verstecken und einfach den ganzen Tag abzuwarten, um dann in der Nacht zu versuchen, schwimmend durch den Höhlenausgang zu entkommen. Aber er erinnerte sich nicht, irgendwo auch nur eine kleine Nische gesehen zu haben, die ihm leidlich Schutz geboten hätte, falls sich der „Bruder" auf die Suche nach ihm machen sollte. Die ließen ihn sicher nicht so einfach davon kommen. Vermutlich würde irgendwann das Licht wieder aufflammen und von der einen Seite „Freund Ilja" mit der Schrotflinte und von der anderen Seite der „Bruder" mit dem 44er auf ihn zu kommen. Außerdem fand er es auch wenig verlockend, gegen die Wellen anschwimmen zu müssen. Überall rund um den Höhleneingang, durch den er mit dem Boot gefahren war, hatte er in der Nacht schwere Brandung erkennen können. Das würde niemand überleben. Also ging er nach wenigen Augenblicken des Zweifels wieder weiter.

Mit den Fingern seiner rechten Hand strich er von Zeit zu Zeit über die Höhlenwand. Er hätte sich zwar ohnehin nicht verlaufen können, aber das vermittelte ihm ein Gefühl der Sicherheit. Nach kurzer Zeit nahm er voraus einen leichten hellen Schimmer wahr. Das war das Licht, das durch den Höhleneingang von draußen herein fiel. Schließlich langte er auf dem kleinen Kai an. Dort erkannte er den an der Felswand kauernden „Bruder". Offensichtlich hatte der tatsächlich die ganze Zeit in der kalten Höhle auf ihn gewartet. Während Heinz Lauberg die letzten Schritte auf ihn zuging, griff er mit der Linken in die Tasche seiner Hose und merkte, dass er den Zündschlüssel für den Außenborder eingesteckt hatte. Der Typ hatte also gar keine andere Wahl gehabt, als zu warten. „Der wird aber schön sauer sein!", dachte Heinz noch. Als er etwa noch einen Meter von dem „Bruder" entfernt war, sprang der plötzlich auf. Heinz blickte in ein wutverzerrtes Gesicht und sah, wie der Andere mit der Faust ausholte. „Jetzt bringt er mich um!", schoss es Heinz noch durch den Kopf, dann traf ihn der Hieb. Doch es war nicht die volle Wucht. Die riesige Faust hätte mitten in seinem Gesicht landen sollen, was zweifellos seine Nase zu Brei verarbeitet hätte. In einem Reflex duckte sich Heinz Lauberg einige Zentimeter, so dass der Schlag nur seine Stirn und Schläfe streifte. Die Kraft genügte aber, um ihn zu Boden zu werfen. Als er auf dem glatten Beton des Kais aufschlug, spürte er einen stechenden Schmerz in der Rippengegend. Instinktiv tastete er nach der Ursache und fühlte, dass er auf einen mehr als faustgroßen, ovalen Stein gefallen war, wie es unzählige an den Ufern der Kanarischen Inseln gibt.

„Du bist meine Chance!", dachte er und nahm den Kiesel in seine rechte Hand. Seine Finger umfassten den rauen Stein mit einer Kraft, als wollten sie Saft aus ihm pressen. Dann lag er einige Sekunden reglos da, als ob er ohnmächtig wäre. Tatsächlich beugte sich der „Bruder" über ihn, um zu sehen, welche Wirkung sein Schlag gehabt hatte. Das war der Moment. Heinz Lauberg legte alle Kraft, die er hatte, in seinen rechten Arm und drosch den schwarzen Lavakiesel mit voller Wucht seitlich an den Schädel des „Bruders". Der hielt kurz inne, Heinz sah, wie sich seine Pupillen weiteten und dachte schon „Scheiße, das habe ich vermasselt!", da stürzte der „Bruder", ohne einen Laut von sich gegeben zu haben nieder, genau auf den liegenden Heinz Lauberg. Der glaubte, von dem Gewicht des Mannes erdrückt zu werden. Außerdem war ihm bewusst, dass die momentane Kampfunfähigkeit des ehemaligen Elitesoldaten nicht allzu lange anhalten mochte. Er wand sich deshalb so rasch er konnte unter dem schlaffen Körper hervor. „Ich brauche eine Fessel!", dachte er und griff rasch in die Taschen des „Bruders". Tatsächlich fanden sich dort ordentlich aufgerollt drei Kabelbinder, die er aus eigener Erfahrung so gut kannte. Blitzschnell fesselte er die Hände des „Bruders" auf den Rücken. Dabei zog er den Plastikriemen so fest, dass ein Entkommen aus der Fixierung unmöglich war. Dann schleifte er den schlaffen Körper zur Kante des Kais. Dort war ein Ring fest einbetoniert, an dem auch das Beiboot der „Julietta" fest gemacht lag. Heinz zog einen zweiten Kabelbinder durch den Ring und um die Fessel. Damit konnte sich der „Bruder" nicht mehr vom Fleck rühren.

„Jetzt hat die Sache begonnen!", schoss es Heinz Lauberg durch den Kopf. Er fühlte, wie eine positive Spannung in seinen Körper, mehr aber noch in seine Psyche Einzug hielt. Die Zeit des Wartens war endgültig vorbei. Er hatte den ersten Schritt zur Befreiung getan. Jetzt musste er den Weg konsequent weiter gehen. Es war ihm klar, dass er zur Jacht zurück fahren musste. Natürlich hätte er mit dem Beiboot einfach abhauen können. Aber dann war das Schicksal von Julietta Waldhof wahrscheinlich besiegelt. Kurz überlegte er, ob es möglich wäre, von irgendwo Hilfe zu organisieren, aber er verwarf den Gedanken sofort wieder. Er kannte auf El Hierro keinen Menschen. Wieder spukte der verlockende Gedanke durch seinen Kopf, doch einfach zur *Guardia Civil* zu gehen, denen alles zu erzählen und sich auf seine gemütliche „Calima" zurück zu ziehen, und sich von Clara verwöhnen zu lassen. Der Gedanke an seine Frau ließ ihn tatsächlich schwankend werden. Sie hatte schon ewig nichts von ihm gehört und war sicher halb verrückt vor Angst, dass er vielleicht gar nicht mehr am Leben sei. Konnte er es ihr gegenüber verantworten, sozusagen freiwillig in die lebensbedrohliche Gefangenschaft auf der „Julietta" zurück zu kehren? Andererseits wusste er, dass er und wahrscheinlich auch seine Frau Clara kaum über die Selbstvorwürfe hinwegkommen würden, wenn durch seine Flucht Julietta Waldhof den Tod fände. Nein – er musste zurück!

Nun, da sein Entschluss endgültig feststand, überlegte er noch, wie er verhindern konnte, dass der „Bruder" zu rasch gefunden und befreit wurde. Da fiel ihm die Eisentraverse ein, die die beiden Torflügel, die den Höhleneingang verschlossen, von innen arretierte. Man würde wohl eine Panzerabwehrgranate brauchen, um diese Sperre zu beseitigen. Schnellen Schrittes ging er wieder zurück in das Dunkel der Höhle. Nun schleiften die Fingerspitzen seiner linken Hand von Zeit zu Zeit über die Höhlenwand und die Rechte hielt er vor sich, um nicht gegen die geschlossene Türe zu laufen. Tatsächlich merkte er erst, als seine Hand den Stahl berührte, dass er am Ausgang angelangt war. Die beiden Flügel waren so genau in den Rahmen eingepasst, dass von außen kein Licht herein drang.

„Vermutlich ist die Türe sogar abgedichtet!", wunderte er sich, da der Verschluss offensichtlich Schutzraumqualität aufwies. Er hatte aber keine Zeit sich weiter darüber Gedanken zu machen. Trotz der Dunkelheit war der riesige Eisenbalken leicht zu finden, nur bewegen ließ er sich nicht. Heinz Lauberg brach trotz der Kälte, die in dieser unterirdischen Welt herrschte, der Schweiß aus. Wenn er den Eingang nicht verschließen konnte, dann war die Gefahr zu groß, dass der „Bruder" frühzeitig gefunden wurde. Dann konnte alles schief gehen. Señor Ramon konnte den „Riesen" über dessen Handy informieren und dann war wohl innerhalb von Minuten alles vorbei. Dieses Risiko konnte er nicht eingehen. Seine Hand tastete den schweren Balken entlang und fand rasch das Gesuchte. Eine angeschweißte Arbe verhinderte, gemeinsam mit einem soliden Vorhängeschloss, dass die Traverse von Unbefugten benutzt wurde.

Ein „Scheiße!" entschlüpfte ihm und drückte hundertprozentig seine augenblicklichen Gefühle aus. Er rüttelte an dem Schloss, aber ohne jeden Erfolg. So ging es also offensichtlich nicht. Da fiel ihm die Waffe des „Bruders" ein. Der musste ja wohl noch den 44er im Hosenbund haben. Also machte Heinz wieder kehrt. Jetzt brauchte er den Wandkontakt nicht mehr, um sich seines Weges sicher zu sein. In der fahlen Helle, die durch den Höhleneingang fiel, konnte er erkennen, dass sich der „Bruder" bereits wieder zu bewegen begann. Heinz griff rasch in den Hosenbund des Piraten und hatte die schwere Waffe in der Hand. Ohne sich um das Stöhnen des starken Mannes zu kümmern, lief er förmlich wieder in die Dunkelheit zur Türe. Dort angekommen, musste er sich eingestehen, dass er keine Ahnung hatte, wie man ein Schloss aufschießt. Das war auch in seiner militärischen Spezialausbildung nicht vorgekommen.

„Also jetzt reiß dich am Riemen!", kommandierte er sich. „In jedem blöden Film siehst du, dass einer mit der Knarre die Türe öffnet. So schwer kann das also nicht sein!"

Heinz Lauberg sah sich aber einem weiteren Problem gegenüber, nämlich der Dunkelheit.

„Ich kann nicht mit einer Hand das Schloss an die Waffe halten und mit der anderen abdrücken!" Dass das zu schweren Verletzungen geführt hätte, war ihm klar. Er überlegte kurz, dann sah er eine Möglichkeit. Er drehte das verflixte Ding seitlich und drückte die Waffe von oben auf den Körper des Schlosses. Dann zog er die Hand zurück und sprach ein kurzes Stoßgebet. Er schloss die Augen, um sie vor der Blendung durch das Feuer des Schusses zu schützen und drückte ab. Der Knall, durch die nahen Felswände noch vervielfacht, drohte sein Trommelfell zu sprengen. Er spürte augenblicklich eine Betäubung. In beiden Ohren hallte ein endloses metallisches Klingen. Der Rückstoß der Waffe war so brutal, dass er kurzzeitig glaubte, sein Handgelenk sei verletzt. Er hatte noch nie vorher mit einer solchen Waffe geschossen.

Doch nach einigen Schrecksekunden tastete er nach dem Vorhängeschloss und tatsächlich, der Bügel hing lose in der Bohrung der Arbe. Der Rest war irgendwo in der Dunkelheit verschwunden. Rasch zog er die Traverse nach unten, bis sie in der stabilen u-förmigen Raste der anderen Türe lag. Nun konnte von dieser Seite keine unerwünschte Störung mehr kommen. Selbst wenn der Knall gehört worden war. Aber Heinz Lauberg ging davon aus, dass „Freund Ilja" nicht vor der Höhle sitzen geblieben war. Auch er würde wohl noch eine oder zwei Stunden Schlaf brauchen. „Wenn Herrchen pfeift, musst du ja wieder voll auf dem Posten sein", dachte er. Dann ging er zurück zum „Hafen für diskrete Güter". Der „Bruder" war inzwischen wieder Herr seiner Sinne. Als er Heinz Laubergs ansichtig wurde, begann er wie ein Tier zu brüllen und sich herum zu werfen.

„Da werden die Kabelbinder aber ganz schön ins Fleisch schneiden!", sagte er zu seinem Gefangenen, wissend, dass der ihn wahrscheinlich nicht verstehen konnte. Da der Typ nicht zu brüllen aufhörte und Heinz feststellte, dass nicht nur sein Hörvermögen langsam wieder zurück kehrte, sondern ihn das Geschrei höllisch zu nerven begann, zückte er den 44er, zielte auf den Kopf des Russen und legte den senkrecht ausgestreckten Zeigefinger der linken Hand auf seine Lippen. Die beiden Signale verstand auch der Mann richtig. Sowohl die Bedeutung der Mündung der Waffe als auch die des Zeigefingers.

„Jetzt könnten wir herrlich russisches Roulette spielen!", sagte Heinz zu dem am Boden liegenden Mann und wurde sich erst während des Sprechens dessen bewusst, dass bei dem Typen sogar die Nationalität stimmen würde!

Stattdessen begann er aber das Beiboot los zu machen. Dabei musste er nahe an den „Bruder" heran gehen, da der ja an den Ring gefesselt war, an dem auch das Boot hing. Plötzlich schleuderte der Mann sein rechtes Bein nach hinten, um Heinz in einer Art Schere zu Fall bringen zu können. Der war aber schneller, trat einen Schritt zurück und der Angriff ging ins Leere. Jetzt hatte Heinz Lauberg aber genug! Es lag ja noch der ovale Kiesel auf dem Kai, mit dem er seinen Gegner schon einmal in das Reich der Träume befördert hatte. Er griff sich also den Stein, was dem SPEZNAZ-Mann nicht verborgen blieb. An seinen Augen konnte Heinz erkennen, dass der Mann wusste, was jetzt kam.

Und Heinz Lauberg sah Angst in diesen Augen. Vielleicht löste das eine Art Mitgefühl aus, jedenfalls zögerte er. Es war eines, jemanden im Kampf nieder zu schlagen, aber es war etwas anderes, einen gefesselten Menschen mit einem Stein gezielt und vorsätzlich auf den Kopf zu hauen. Er wollte den Mann ja nicht töten.

„Scheiße!", entschlüpfte ihm dieses Wort heute bereits zum zweiten Mal. Er warf den Stein ins Wasser, stieg in das Boot, holte den Zündschlüssel aus der Tasche und startete den Motor. Da merkte er, dass er jetzt den Revolver im Hosenbund stecken hatte. Heinz überlegte. Sollte er sozusagen offen in den Kampf ziehen? Sicher würde ihn der „Riese" in der Plicht erwarten. Aber was dann? Er müsste sofort schießen und das in der Absicht zu töten. Man kann von einem schwankenden Boot aus nicht auf ein Knie zielen. Man muss auf den Körper zielen und hoffen, dass die Kugel trifft. Heinz Lauberg hatte zu oft mit der Pistole geschossen, um nicht zu wissen, wie unsicher ein Treffer auf ein bewegtes Ziel ist. In diesem Fall würden sich Schütze und Ziel bewegen. Da kann es auch auf wenige Meter Distanz zu einem Fehlschuss kommen. Und Heinz Lauberg wusste, dass sich sein Gegner nicht so ohne Weiteres abknallen lassen würde. Was er sich selbstkritisch auch eingestehen musste war, dass der Andere im Umgang mit seiner Waffe sicher geübter war als er. Und er hatte nur noch fünf Schuss in der Trommel. Wie sehr wünschte er sich jetzt eine „Glock"-Pistole mit einem wohl gefüllten 18-Schuss-Magazin. Diese österreichische Waffe hatte längst einen Siegeszug in viele Armeen und Polizeikräfte auf der ganzen Welt angetreten.

Die „Glock" war aber eben wieder einer jener Wünsche, die nicht in Erfüllung gehen. Er hielt unschlüssig diese amerikanische Zimmerkanone in der Hand. Er könnte natürlich auch versuchen, sie irgendwo in der Kleidung zu verstecken, um sie bei besserer Gelegenheit benützen zu können. Doch da fiel ihm sein Missgeschick mit der Platine ein, die er im Motorraum der „Julietta" entwendet hatte. Sollte ihm, beispielsweise wenn er vom Beiboot auf die Badeplattform kletterte, der Revolver heraus fallen, dann wäre es vermutlich sofort um ihn geschehen.

Der „Riese" hätte sicher wesentlich weniger Skrupel als er. Außerdem bestand die Gefahr, dass er durchsucht wurde. Heinz holte schon aus, um die Waffe zu dem Kiesel auf den Grund der Höhle zu schicken, besann sich aber und klappte die Sitzbank des Steuerstuhles des Beibootes auf. Dort lagen nicht nur die Schwimmwesten, sondern auch einige Festmacherleinen und ein kleiner Klappanker. Er schob die große, schwere Waffe unter die Westen und hoffte, dass dort niemand Nachschau halten würde. Jetzt hatte er nur noch die Sorge, dass der „Riese" den Knall des Schusses gehört haben könnte. Aber dagegen konnte er ohnehin nichts tun. Er würde den Unwissenden spielen. Genauso wie bei der zu erwartenden Frage nach dem fehlenden Kumpanen.

Mit äußerst gemischten Gefühlen kuppelte Heinz Lauberg den Rückwärtsgang ein und das Boot glitt langsam in die Haupthöhle. Dort drehte er das kleine Fahrzeug mit dem Bug zum Höhlenausgang, gab Gas und schon war er im Licht der Vormittagssonne. Als er die geblendeten Augen auf die Jacht richtete, sah er, dass der „Riese" und Julietta Waldhof bereits auf ihn warteten. Darüber kam bei ihm keine Freude auf.

Clara muss warten

Der Vormittag verging für Clara Lauberg und Dieter Böhmer auf der „Calima" äußerst schleppend. Weil sie ohnehin schlecht geschlafen hatte, war Clara wirklich vor dem Ablegen der ersten Fähre nach Teneriffa zum Anleger gegangen, um die Abfahrt der glücklosen Detektive zu überprüfen. Tatsächlich kamen die beiden, jeder einen kleinen Caddie hinter sich her ziehend, angelaufen. Sie übersahen Clara geflissentlich und beeilten sich, an Bord des Schiffes zu kommen. Sie wartete, bis die Leinen los geworfen wurden, um sicher sein zu können, dass die Typen nicht auf originelle Ideen kamen. Dann schlenderte sie zurück zu ihrer „Calima". Dort hörte sie am regelmäßigen Anspringen der Wasserpumpe, dass auch Dieter Böhmer bereits aufgestanden und mit der Morgentoilette beschäftigt war. Sie bereitete ein kräftiges Frühstück vor, da sie ja nicht wissen konnte, was der heutige Tag bringen würde. Abweichend von ihren sonstigen Gewohnheiten, trug sie alles nach oben auf die Flying Bridge. Das Sonnenlicht und die Wärme taten ihr gut. Innerlich war sie zu einem Eisblock erstarrt. Alle Emotionalität war aus ihr verschwunden. In einem Moment der Reflexion führte sie das auf ihre Anspannung zurück.

Es dauerte nicht lange, bis Dieter Böhmer, bekleidet mit Jeans und T-Shirt zu ihr nach oben kam. Während des Frühstücks blieb die Herausforderung des heutigen Tages aus ihrem Gespräch ausgeklammert. Clara erzählte, dass sie die Abfahrt der beiden Prämienhaie beobachtet hatte, was den Anwalt amüsierte. Doch dann war das letzte Brötchen gegessen und die Kaffeekanne leer. Jetzt war es wohl an der Zeit, über die aktuellen Notwendigkeiten zu sprechen.

„Du wirst also die Typen heute um zwölf Uhr anrufen", begann Dieter Böhmer das Gespräch.

Clara nickte. „Die werden mich dann vermutlich mit dem Geld zu irgendeiner Stelle der Übergabe beordern. Vielleicht wollen sie aber auch, dass du ihnen den Koffer bringst." Sie versuchte zu erkennen, welche Wirkung ihre Worte hatten, konnte aber keine Regung im Gesicht des Anwaltes ausmachen.

Nach einer kurzen Pause meinte er: „Das glaube ich nicht. Die können eigentlich nicht wissen, dass ich da bin."

„Du vergisst Pablo Contreras!", erinnerte ihn Clara an den Mechanikermeister, der so auffällig jeden Kontakt zu ihnen vermied.

Jetzt legte sich die Stirn des Anwaltes doch in Falten. „Ich glaube zwar nicht, dass der in solchem Umfang geplaudert hat, aber wissen kann man es natürlich nicht."

Clara versuchte Ruhe auszustrahlen und sagte: „Ich glaube auch nicht, dass Contreras das erzählt hat. Du bist zwar ihm gegenüber besonders positiv in Erscheinung getreten, immerhin hat er eine Menge Geld von dir bekommen, aber das wäre ja eher ein Grund, dich nicht zu erwähnen. Bleiben wir also dabei, ich bringe ihnen das Geld. Üblich ist, dass man vor der Übergabe einen Beweis für das Leben und, wenn es möglich ist, auch die Unversehrtheit des Opfers verlangt. Soll ich das tun?"

Dieter Böhmer dachte nach und sagte dann: „Ja, auf diesem Gebiet bist eher du der Fachmann – oder die Fachfrau!", korrigierte er sich schnell. „Ich denke aber, dass sich das in meinem Bericht an die Versicherung gut ausnehmen würde. Also wenn das möglich ist, dann bitte ich dich, das zu tun."

„Gut, ich werde es versuchen", stimmte Clara zu. „Jetzt wollen wir einmal die optimale Variante durchdenken und die minimale. Die optimale Variante ist, das sie mich wieder direkt zur Jacht bestellen, dass ich dort das Geld übergebe und die beiden Geiseln mitnehmen kann.

Die Kidnapper warten, bis wir um die nächste Ecke sind und hauen dann mit dem Beiboot der Jacht und dem Koffer mit dem Geld ab."

Dieter Böhmer sah sehr sorgenvoll drein und meinte: „So verlockend deine optimale Variante erscheint, so wenig wahrscheinlich dürfte sie sein. Die haben dir doch gesagt, dass sie Heinz für eine Woche brauchen. Jetzt sind aber erst drei Tage vergangen. Die haben also noch etwas vor. Außerdem birgt dein *„Best Case"* eine riesige Gefahr: Sage mir bitte einen Grund, warum die nicht auch dich behalten sollten. Dann haben sie die Jacht, das Geld und fast alle Leute, die von der Sache wissen."

Clara nickte: „Ich glaube auch nicht, dass das so laufen wird. Wahrscheinlich und jetzt sind wir auch schon bei der minimalen Variante, sollen wir das Geld an irgendeinem Ort deponieren. Dafür erhalten wir das ungeheuer glaubwürdige Versprechen, dass wir die beiden Geiseln zu einer bestimmten Zeit an einem Ort, den man uns noch nennen wird, abholen können. Natürlich nur unter der Bedingung, dass weiterhin die Polizei aus allem heraus gehalten wird. Dann haben wir natürlich sehr schlechte Karten."

Dieter Böhmer stimmte zu: „Alles was wir dann haben, ist das Wort der Verbrecher. Und eigentlich ist mir das zu wenig. Mir ist klar, dass du in dieser ganzen Angelegenheit das letzte Wort hast. Immerhin ist dein Mann unmittelbar in die Sache verwickelt. Dennoch schlage ich vor, dass du dir überlegst, ob du für uns so schlechte Bedingungen akzeptieren solltest."

Clara Lauberg dachte nach und sagte dann: „Ich glaube, du hast Recht. Ich werde einfach auf eine Abwicklung Zug um Zug bestehen. Wie ich das sehe, können wir dabei eigentlich nur gewinnen. Wenn die Typen das Geld, das Schiff und die Geiseln haben, warum sollen sie das Risiko eingehen, gut informierte Zeugen laufen zu lassen? Nein, ich bin davon überzeugt, dass Heinz und Julietta Waldhof nur eine Chance zum Überleben haben, wenn die Übergabe von Geld und Geiseln gleichzeitig erfolgt."

„Der Haken ist, und ich erinnere dich ungern noch einmal daran, dass die Kidnapper unseren Heinz noch länger behalten wollen. Was tust du, wenn sie dir nur die Übergabe von Julietta anbieten?"

Clara blickte dem Anwalt scharf in die Augen und sagte mit einer Stimme, die jeden allenfalls aufkommenden Widerspruch im Ansatz erstickt hätte: „Dann lehne ich ab!"

War es der unbeugsame Blick der Frau oder der Ton ihrer Stimme, jedenfalls beugte sich der Anwalt Dieter Böhmer weit in seinem Deckstuhl zurück, so als ob er mehr räumliche Distanz zwischen sich und Clara Lauberg bringen wollte. Dann sagte er: „O. K., das verstehe ich. Heinz hätte dann vermutlich tatsächlich keine Chance mehr. Allerdings gibt es unter diesen Umständen noch eine Variante, die wir bedenken müssen. Eine Million Euro Lösegeld ist nicht allzu viel. Es ist natürlich so, dass der Wert des Schiffes diese Million deutlich übersteigt. Es könnte auch sein, dass das, was sie noch mit dem Schiff vorhaben, lukrativer ist, als das Lösegeld. Das heißt, wir müssen auch damit rechnen, dass sie, bei für sie allzu harten Bedingungen, auf den Deal mit dem Lösegeld verzichten und einfach abhauen. Dann ist es sehr wahrscheinlich, dass wir von Heinz und Julietta nie wieder etwas hören."

Clara Lauberg machte es sich nicht leicht mit einer Antwort. Sie dachte lange nach, bis sie sagte: „Ich glaube, dass sich dieses Risiko nicht vermeiden lässt. Auch unter den von dir geschilderten Umständen werde ich darauf bestehen, dass Julietta und Heinz gleichzeitig frei kommen. Ich sehe einfach keine andere Möglichkeit." Mit einem gewinnenden Lächeln setzte sie fort: „Ich rechne es dir übrigens hoch an, dass du auf den Hinweis verzichtet hast, dass das Geld, mit dem ich unsere beiden frei bekommen möchte, ausschließlich von Julietta Waldhofs Versicherung stammt und sie damit Vorrang genießen müsste."

„Das ist doch selbstverständlich! Heinz hat sich auch ihretwegen in diese Gefahr begeben", entgegnete Dieter Böhmer und Clara Lauberg hatte den Eindruck, dass er wirklich meinte, was er sagte.

Auf der „Julietta"

Heinz Lauberg fuhr langsam mit dem Beiboot an die Badeplattform der „Julietta" heran. Er hatte noch nicht fest gemacht, als er schon die sattsam bekannte Stimme des „Riesen" über sich hörte: „Wo ist anderer Mann?"

Das Gesicht von Heinz nahm den Ausdruck einer Mischung zwischen neugeborenem Kind und Erzengel an, als er aufblickte und sagte: „Der ist bei dem Spanier an Land geblieben!"

„Du lügst!", brüllte der „Riese" von oben herunter und riss den 44er aus dem Hosenbund. „Ich habe Schuss gehört! Du ihn umgebracht!"

„Jetzt wird es eng!", dachte Heinz Lauberg und lockerte die Vertäuung des Beibootes wieder ein wenig, so dass es in einer Sekunde los gemacht werden konnte. Währenddessen erwiderte er: „Ich habe nicht geschossen und ich habe auch keinen Schuss gehört! Und wenn ich ihn erschossen hätte, warum sollte ich dann nicht mit dem Boot abgehauen sein, sondern hierher zurück kommen, um mich von dir umbringen zu lassen? Hältst du mich für so blöd?"

Das schien den „Riesen" vorerst zu überzeugen. Doch dann griff er in seine Hosentasche und zog das Mobiltelefon heraus, über das die Koordinaten des Höhlenhafens übermittelt worden waren. Offensichtlich diente es dazu, mit Señor Ramon in krisenhaften Situationen Kontakt halten zu können.

„Verdammt, dieses Scheißding habe ich vergessen!", dachte Heinz und näherte sich der Sitzbank des Fahrstandes des Beibootes. Dort drinnen lag ja die Waffe des „Bruders" und wie sich die Lage zu entwickeln schien, würde es in wenigen Sekunden zu einem *Show-down* kommen. Während er den Deckel der Sitzbank langsam öffnete, beobachtete Heinz den „Riesen", wie er in steigender Ungeduld die Tasten des Mobiltelefons bearbeitete. Dazwischen hielt er das Gerät immer wieder an sein Ohr. Da ein Arm durch die Sessellehne blockiert war, die ihm immer noch als Behelfskrücke diente, hatte er die Waffe wieder in den Hosenbund gesteckt.

„Das verbessert meine Chancen ungemein!", dachte Heinz. Doch eben, als er den Deckel ganz geöffnet hatte und sich über die Kiste beugte, um an die Waffe zu kommen, stellte der „Riese" seine offensichtlich vergeblichen Bemühungen ein, riss wieder die Waffe hoch und kommandierte: „Auf Schiff kommen!"

Resigniert schloss Heinz den Deckel. Natürlich hätte er noch versuchen können, sich rasch zu bücken und den Revolver unter all dem Zeug hervor zu holen. Aber ihm war klar, dass das dem „Riesen" nicht verborgen geblieben wäre. Außerdem reichte Heinz Laubergs Selbstkritik aus, um zu wissen, dass der Gegner mit dieser Waffe sicher besser umgehen konnte als er.

Als er vom Boot auf die Badeplattform geklettert war, herrschte ihn der „Riese" an: „Kleider ausziehen und zu mir werfen!"

„Der Kerl spürt, dass da etwas faul ist!", dachte Heinz. Da der „Riese" durch seinen verletzten Fuß behindert war, konnte er das Risiko einer direkten Durchsuchung nicht eingehen. So hatte er Zeit, die Kleider mit seiner freien Hand abzutasten und Heinz, der völlig nackt auf der Badeplattform stand, hatte keine Möglichkeit, auch nur ein Taschenmesser mit an Bord zu schmuggeln.

Heinz bemerkte die interessierten Blicke, die Julietta Waldhof auf seinen zwar nicht mehr ganz jungen, aber durchaus noch gut trainierten Körper warf. Instinktiv versuchte er sein Bäuchlein, das das Bier in den letzten Jahren hatte entstehen lassen, einzuziehen, was ein kurzes Lächeln über Julietta Waldhofs Gesicht gleiten ließ. „Verdammt, jetzt werde ich auch noch rot!", dachte er, als er die aufsteigende Wärme in seinem Gesicht fühlte. Die ganze Situation hatte etwas Groteskes. „Da zeigt dauernd ein 44er auf deinen Bauch und du versuchst ihn einzuziehen, nur weil du nackt bist und ein junges Mädchen dich anschaut!", dachte er. Aber auch über sein Gesicht husche ein kurzes Lächeln. Dann ließ er seine Rundung wieder gemütlich an ihrem Platz zur Ruhe kommen.

Schließlich war der „Riese" mit seiner Durchsuchung fertig. Heinz durfte an Bord des Schiffes kommen und sich wieder anziehen.

Julietta lächelte ihn an und sagte: „Ich bin froh, dass Sie zurück gekommen sind. Und übrigens – Arbeitskleidung steht Ihnen besonders gut!"

Noch ehe Heinz diesen offensichtlichen Sarkasmus entsprechend beantworten konnte, fuhr der „Riese" dazwischen und keifte: „Nicht sprechen!"

Dann trieb er die beiden vor sich in den Salon der Jacht. Julietta wurde wieder in die Pantry verfrachtet und die Türe geschlossen. Dann kam der „Riese" zum Steuerstand der Ferretti gehumpelt und sagte: „Mit Schiff zu große Insel!"

Heinz zuckte die Schultern und fragte: „Welche? Gran Canaria oder Teneriffa?"

„Egal, wo Schiff versteckt ankern", antwortete der Pirat.

Heinz witterte wieder einmal Morgenluft. Erstens war der „Riese" jetzt allein. Das behagte dem sicher nicht, insbesondere, weil er jetzt ununterbrochen trotz seiner schweren Verletzung Aufsicht halten musste. Dazu kam auch noch die Unsicherheit, was wohl mit seinem Kumpanen geschehen war. Der war vielleicht zu einem lukrativeren Job abgesprungen, die Auftraggeber konnten ihn wegen der verspäteten und unvollständigen Lieferung zur Verantwortung gezogen haben oder vielleicht hatte ja doch Heinz Lauberg mit der Sache zu tun? Wieder einmal war der Zeitplan nicht eingehalten worden. Es war sicher nicht vorgesehen gewesen, dass das Beiboot erst am Morgen aus dem Höhlenhafen zurück kehrt. Und dann funktionierte auch das Handy nicht, so dass keine Klarheit über die Vorkommnisse der vergangenen Nacht gewonnen werden konnten.

„Du hast heute wirklich einen schlechten Tag!", dachte Heinz und grinste in sich hinein. Dann wandte er sich an den „Riesen" und sagte: „Verstecken kann man dieses Schiff nirgends. Dazu ist es zu groß. Warum fahren wir nicht wieder nach La Gomera in die Bucht, in der das Schiff gelegen hat als …?"

„Nicht kleine Insel! Große Insel!", kam es zurück.

„Na gut, dann schlage ich Teneriffa vor. Ich kenne dort eine Bucht, in der nur eine kleine Siedlung liegt und wo praktisch keine Touristen sind, auch wenn dort einer der schönsten Badestrände der Insel ist."

„Nicht Strand! Steile Küste, nicht baden!", widersprach der „Riese".

Nun hatte Heinz genug. Er drehte sich frontal seinem Gegenüber zu. Der schien durch diese plötzliche Bewegung erschreckt worden zu sein. Jedenfalls wich er einen Schritt zurück, ohne besonders auf seinen verletzten Fuß zu achten, was ihn aufstöhnen ließ.

Heinz bemerkte das mit Genugtuung und sagte: „Die Steilküste von Teneriffa, also die Nordküste, kannst du vergessen. Dort kann kein Schiff auch nur irgendwo ankern. Es gibt nicht einmal einen einzigen Hafen, von einer Bucht gar nicht zu reden, in den ein Schiff dieser Größe einlaufen könnte. Es muss die andere Seite sein."

„Dann andere große Insel!", kommandierte der Russe.

„Dort kenne ich mich nicht so gut aus. Da weiß ich keine geeignete Bucht und nur nach der Karte kann man das nicht beurteilen!", kämpfte Heinz darum, mit der Jacht nach Teneriffa fahren zu können. Es löste in ihm ein starkes Gefühl der Zuversicht aus. In Teneriffa war er zuhause. Und er wusste, dass das der entscheidende Vorteil war, den er brauchte, um die Sache letztlich zu einem guten Ende führen zu können.

„Fahre in die Bucht!", gab sich der „Riese" geschlagen.

„Na also, warum nicht gleich!", entschlüpfte es Heinz und er wollte sofort daran gehen, die Abfahrtbereitschaft herzustellen, als ein „Warten!" des „Riesen" seine Emsigkeit stoppte.

„Wo ist Schiff um zwölf Uhr?"

Heinz brauchte eine kurze Weile, bis er die Frage verstand. Dann warf er einen kurzen Blick auf den Kartenplotter und sagte: „Da sind wir mitten auf dem Wasser zwischen hier und La Gomera."

„Dann hier warten bis zwölf Uhr, dann fahren nach Teneriffa!", kam die Anweisung des „Riesen".

Das war nun überhaupt nicht nach Heinz Laubergs Geschmack. Er fürchtete, dass Señor Ramon oder einer seiner Leute den gefesselten „Bruder" finden könnte. Wenn es auch offensichtlich nicht möglich war, von dem Telefon des „Riesen" aus aktiv ein Gespräch zu führen, immerhin hatten sie auch gestern Nacht erst auf den Anruf warten müssen, in dem die Koordinaten des Höhlenhafens durchgegeben wurden, angerufen konnte man jedenfalls werden.

„Wann willst du in Teneriffa sein?", fragte Heinz, in der Hoffnung, dass es dort einen knappen Termin geben würde.

„Wie lange fahren?", kam die Gegenfrage.

Die Fahrzeit würde vier Stunden betragen, aber da Heinz Lauberg unbedingt von hier weg sein wollte, bevor der „Bruder" gefunden wurde, übertrieb er ein wenig und nannte dem „Riesen" fünf Stunden. Der schien davon nicht weiter beeindruckt zu sein. Heinz Laubergs Hände wurden feucht. Es war nicht so sehr die Gefahr, dass der „Riese" die Information über den Verbleib seines Kumpanen erhielt. Durch die Verletzung und den dauernden Stress war der starke Mann bereits in einem so schlechten Zustand, dass Heinz Lauberg gute Chancen sah, wenn es hart auf hart ging, ihn überwältigen zu können, wenn nur der Revolver aus dem Spiel blieb. Es war aber sehr wahrscheinlich, dass Señor Ramon „Freund Ilja" zum Schiff schicken würde. Und in diesem Boot konnte auch der „Bruder" sitzen. Das, was dann kommen würde, das wollte sich Heinz Lauberg lieber nicht vorstellen. Aber er sah im Moment keinen Ausweg. Worauf wartete der Typ bloß? Warum wollte er zu Mittag nicht auf See sein? Gab es vielleicht militärische Manöver in diesem Gebiet? Oft werden für Übungen, bei denen scharf geschossen wird oder U-Boote beteiligt sind, zeitlich befristete Sperrgebiete verfügt. Aber da hätte jemand den Funk abhören müssen und das war während der gesamten Zeit, die Heinz Lauberg auf dem Schiff war, noch nie geschehen. Was gab es hier, das es auf See nicht gab, wenn man von einem weiteren persönlichen Kontakt mit Señor Ramon absah? Der „Riese" machte auch keine Anstalten, in das Beiboot zu klettern und selbst an Land zu fahren.

„Wenn er will, dass ich ihn in den Höhlenhafen fahre, dann bringe ich das Boot in der Brandung zum Kentern!", nahm Heinz Lauberg sich vor. Da hatte er alle Trümpfe in der Hand. Er wusste, wo sich Schwimmwesten befanden, er hatte dort eine Waffe versteckt, von der der „Riese" keine Ahnung hatte und er war unverletzt.

„Verdammt, warum habe ich da nicht früher dran gedacht!", ärgerte er sich. Er hätte ja sagen können, Señor Ramon möchte auch den zweiten Mann sehen. Darauf wäre der „Riese" vielleicht eingestiegen. Aber jetzt war es dafür zu spät. „Da fällt mir ein, der Boss hätte sie vor einer Stunde sehen wollen, ich hab' es nur vergessen zu bestellen!" – das ging jetzt wohl nicht mehr.

„Hoffentlich war das nicht meine Chance und ich habe sie nicht erkannt!", dachte Heinz Lauberg.

Als alter Skipper hatte er den innerlichen Drang, das Schiff nach all den Fahrten, die es seit La Gomera hinter sich gebracht hatte, einer technischen Inspektion zu unterziehen. Er sah aber ein, dass er dafür keine Erlaubnis erhalten würde. Außerdem gab es derart umfangreiche elektronische Überwachungssysteme, so dass er die geringste Störung sofort auf dem Computerschirm gemeldet erhalten hätte. Also lümmelte er sich in den Steuerstuhl und tat so unbeteiligt, wie möglich.

Plötzlich riss ihn der Klingelton des Telefons aus seinen Träumen. Er war tatsächlich eingeschlafen gewesen. „Heinz Lauberg, dein Schlafbedürfnis wird mir langsam unheimlich!", sagte er zu sich.

Wenn in der Zeit „Freund Ilja" mit dem „Bruder" zur Jacht gekommen wäre …!

Sofort war Heinz Lauberg auf den Beinen und die eiserne Faust eines Panikanfalls versuchte sein Herz zu packen. „Hoffentlich haben sie den „Bruder" nicht gefunden!", konnte er noch denken.

Das Telefonat

Clara Lauberg war gemeinsam mit Dieter Böhmer in die Bucht von Erese gefahren. Sie hatte nicht erwartet, dass sie die Ferretti dort gemütlich vor Anker liegend vorfinden würde. Dennoch übte dieser Ort so etwas wie eine magische Anziehung auf sie aus. Es war doch jene Stelle gewesen, an der sie zum bisher letzten Mal ihren Mann Heinz gesehen hatte. Wenn auch in einem ziemlich traurigen Zustand. Sehr schweigsam saßen sie auf dem gewohnten Platz vor dem Ginster. Langsam kroch die Sonne von links kommend ihren Tagesweg nach oben. Clara beherrschte sich nur mühsam, alle fünf Minuten auf ihre Uhr zu schauen. Sie hasste nichts mehr, als untätig warten zu müssen. Immer wieder hatte sie in Gedanken verschiedene Szenarien der Geldübergabe und von vielen unmöglichen und nur wenigen möglichen Befreiungsaktionen durchgespielt. Die Erfahrung war, dass kaum etwas in diesem Zusammenhang planbar war. Es würde der Augenblick entscheiden müssen. Eine Augenblicksentscheidung über Leben und Tod! Über das Leben und den Tod von mindestens zwei Menschen.

Ohne sich umzudrehen, griff sie hinter sich. Dort lag die Wasserflasche, denn es war in der Sonne mittlerweile recht heiß geworden. Lediglich der kühle Wind, der von See her auf das sich erwärmende Land strömte, sorgte für erträgliche Temperaturen. Sie schraubte die Flasche auf und nahm einige Schlucke. Dann bot sie Dieter Böhmer die Erfrischung an. Auch er trank.

„Glaubst du, sie werden herkommen?", fragte er, nachdem er sich den Mund trocken gewischt und die Flasche wieder verschraubt hatte.

„Ich weiß es nicht. Aber diese Bucht kennen alle Beteiligten. Ich halte es also für gut möglich", antwortete sie.

Dann hingen beide wieder ihren Gedanken nach. Es gab nichts zu besprechen. Das Kommende war zu ungewiss und alles Vergangene wirkte in ihrer augenblicklichen Situation banal.

Clara hatte sich vorgenommen, nicht eine Minute vor zwölf Uhr die Nummer anzurufen, die auf dem Zettel stand, dessen Vorhandensein in ihrer Hosentasche sie an diesem Vormittag wohl bereits hundert Mal kontrolliert hatte. Besonders schlimm war die letzte Viertelstunde. Beide blickten alle paar Minuten heimlich auf die Uhr, bemüht, dem jeweils Anderen die eigene Nervosität nicht zu zeigen. Dann war es so weit.

Clara nahm das Handy und tippte die Nummer ein. Bevor sie auf die grüne Taste drückte, um die Verbindung herzustellen, warf sie noch einen Blick auf Dieter Böhmer. Sein Gesicht zeigte eine Spannung, die sie nicht einmal bei seinen Rigorosen an ihm bemerkt hatte. Diese Erkenntnis ließ ein leichtes Schmunzeln über ihr Gesicht huschen. Er hielt außerdem einen kleinen Block und einen Bleistift bereit, um Notizen machen zu können. Dann nahm sie alle Kräfte zusammen und drückte die Verbindungstaste. Nach kurzer Zeit konnte sie das Freizeichen hören. Dann eine Stimme, die einen Laut von sich gab, der als „Ja!" gelten konnte. Da schoss Clara der Gedanke durch den Kopf, dass die Kidnapper ja Russen waren. Es hatte also wohl „*Da!*" geheißen.

„Clara Lauberg!", meldete sie sich und setzte fort: „Ich soll sie heute um zwölf Uhr anrufen."

„Haben Sie Geld?", kam die zu erwartende Frage.

„Ja, ich habe das Geld", antwortete Clara.

„Sind Sie Teneriffa?", kam die nächste Frage.

„Nein, ich bin auf La Gomera."

„Müssen nach Teneriffa heute fünf Uhr Nachmittag!"

Clara überlegte kurz, dann sagte sie: „Ich werde das versuchen, kann es aber nicht garantieren. Ich möchte aber, bevor ich irgendetwas unternehme, mit meinem Mann sprechen. Ich möchte wissen, ob er und die Frau noch am Leben sind und wie es ihnen geht. Sonst fahre ich nirgends hin!" Sie hatte einen Ton in der Stimme, der keinen Zweifel zuließ, dass sie das auch ernst meinte. Es blieb fünf Sekunden still, dann hörte sie die Stimme ihres Mannes: „Clara?"

„Heinz!", schrie sie auf. „Wie geht es dir, bist du verletzt?"

„Nein, mir geht es gut, wenn man davon absieht, dass es nur selten etwas zu essen gibt und dann auch meist Ravioli aus der Dose."

„Du Ärmster! Wenn du mir versprichst, dass du gesund zu mir zurück kommst, dann lade ich dich auf das größte Steak ein, das du je gegessen hast." Dann besann sich Clara wieder auf die wesentlichen Dinge: „Was ist mit Julietta Waldhof? Ist sie auch o.k.?"

„Ja, sie ist o.k." Darauf war es eine Sekunde still, dann hörte sie wieder die Stimme ihres Mannes, die mit besonderer Betonung „Grüße Poris de Abona von mir", in das Telefon sprach. Nach wenigen Sekunden meldete sich dann der Kidnapper wieder.

„Sie wissen, alle gesund und leben. Sie heute Teneriffa. Wieder Nummer anrufen um fünf Uhr Nachmittag." Damit war die Verbindung unterbrochen.

Clara nahm das Handy vom Ohr und blieb einige Sekunden nachdenklich, mit geradeaus auf die See gerichtetem Blick sitzen. Das dauerte Dieter Böhmer zu lange, der vor Spannung schon die ganze Zeit unruhig herum rutschte.

„Na, habt ihr außer über Essen auch noch über wichtige Dinge gesprochen?"

Damit riss er Clara aus ihren Gedanken. Sie wandte sich ihm zu und sagte: „Das mit dem Essen war wieder typisch Heinz! Wenn ich einen Beweis gebraucht hätte, dass wirklich er am Telefon ist, das wäre er gewesen. Also! Wir müssen praktisch sofort nach Teneriffa. Offensichtlich kommen sie nicht wieder hierher. Um fünf Uhr Nachmittag muss ich neuerlich anrufen. Aber Heinz hat mir gesagt, wo sie genau sein werden. Nämlich in Poris de Abona. Er hat das so gemacht, als wäre das der Name eines Bekannten und ich solle Grüße bestellen. Poris de Abona ist eine schöne Bucht mit flachem Sandstrand zwischen Santa Cruz und dem Südflughafen. Der Ort ist ziemlich abgelegen und wird immer wieder von Booten als Ankerplatz benützt. Viele gute Buchten findet man ja nicht auf unserer Vulkaninsel. Ich hoffe, wir schaffen das, dass wir mit der Fähre um fünf drüben sein können."

Mit diesen Worten sprang sie auf, um zum Auto zu laufen, Dieter Böhmer aber hielt sie zurück. „Warte, gib mir eine Minute, vielleicht ist die ganze Eile nicht notwendig. Es wartet ja ein Hubschrauber auf uns!"
Das hatte Clara völlig vergessen. Dieter Böhmer nahm nun sein Telefon aus der Tasche und rief den Piloten auf Gran Canaria an. Der sagte zu, sie um vierzehn Uhr dreißig auf dem kleinen Flughafen von La Gomera abzuholen. Sie hatten den Airport gewählt, weil Gomera nicht wirklich viele Plätze aufweist, auf denen ein Helikopter bequem und sicher landen kann.
Nachdem das vereinbart war, gingen beide zum Wagen. Clara fühlte eine ungeheure Dynamik in sich. Endlich konnte man etwas tun. Das Warten war vorbei. In San Sebastian de La Gomera brachte sie den Wagen zurück. Der Mann hinter dem Tresen kannte sich nun überhaupt nicht mehr aus. Das letzte Mal war der Wagen verspätet gebracht worden, was schon mal vorkam. Dieses Mal war es viel zu früh und das kam praktisch nie vor. Er resignierte. Clara versuchte erst gar nicht, von dem zu viel bezahlten Mietpreis etwas zurück zu bekommen, sondern lief zur „Calima", um die notwendigsten Sachen einzupacken. Auch Dieter Böhmer machte sich reisefertig. Er hatte gleich vollständig gepackt. Neben seiner Tasche stand der Koffer mit einer Million Euro.

Bevor sie das Schiff verließen, rollte Clara noch das Stromkabel ein, das das Schiff mit Energie versorgt hatte. Dann öffnete sie die Deckel im Salon, die den Weg in den „Weinkeller" frei gaben und schloss alle Seeventile. Schließlich drehte sie den Hauptschalter auf „OFF" und kontrollierte noch die Verschlüsse aller Fenster und Luken. Die bewundernden Blicke von Dieter Böhmer hatten sie während dieser Tätigkeiten verfolgt. „Woher weißt du, was da alles zu machen ist?", fragte er.

„Es gibt auch Frauen, die einen Bootsführerschein besitzen!", sagte Clara, ohne eine besondere Bedeutung in ihre Stimme zu legen. Diese Dinge waren für sie selbstverständlich. Zu oft war sie schon an und von Bord der „Calima" gegangen, als dass das noch eine Herausforderung dargestellt hätte.

Dann nahmen sie sich ein Taxi zum Flughafen und verließen die Hauptstadt von La Gomera.

Zurück nach Teneriffa

Es dauerte wohl einige Minuten nach dem Ende des Telefonates, bis sich der Blutdruck Heinz Laubergs wieder auf ein, der Gesundheit zuträgliches Maß verringerte. Den wesentlichsten Beitrag zu dieser Entspannung trug die rasch gewonnene Erkenntnis bei, dass nicht Señor Ramon oder „Freund Ilja" am Telefon waren. Dass er dann die Gelegenheit hatte, kurz mit seiner Frau zu sprechen, war ein unverhofftes Glück gewesen. Die Ruhe in ihrer Stimme war für ihn ein gutes Zeichen: Clara war auf dem Posten! Er war auch froh darüber, dass er ihr den Hinweis geben konnte, wo sich die Jacht in Teneriffa aufhalten würde. Und er war sicher, dass Clara den Tipp verstanden hatte. Er hätte ihr auch noch gerne zu verstehen gegeben, dass sich nur noch ein Kidnapper an Bord befand, aber da war ihm in der Kürze nichts Passendes eingefallen. Außerdem hatte der „Riese" wieder nach dem Telefon gegriffen.

Nun stand dem Beginn der Reise offensichtlich nichts mehr im Wege. Das Beiboot wurde wieder an Bord geholt. Dabei versuchte Heinz, irgendwie der Sitzbank des Steuerstandes näher zu kommen. Er hätte sich wohler gefühlt, wenn er in diesen entscheidenden Stunden den kalten Stahl des 44er auf der nackten Haut seines Bauches gespürt hätte. Eine neuerliche Durchsuchung war ja jetzt wohl kaum zu befürchten. Aber irgendwie klappte das nicht. Es gab keinen plausiblen Grund, während des Einholens des Bootes an Bord zu klettern. Und von außen, konnte er nicht bis zum Boden der Kiste vordringen. Außerdem ließ der „Riese" während des ganzen Manövers kein Auge von ihm. Vielleicht befürchtete er, Heinz würde sich doch noch anders besinnen und mit dem schnellen Beiboot einen Fluchtversuch wagen. Als die Bootsgarage im Heck der „Julietta" geschlossen war, startete Heinz die Motoren der Jacht. Die Messinstrumente, die auf dem Motorkontrollschirm den Inhalt der Tanks anzeigten, ließen leicht errechnen, dass der Dieselvorrat wie erwartet, drastisch zusammengeschmolzen war. Ein weiteres Indiz dafür, dass der Tag der Entscheidung gekommen war. „Außer, sie haben auch noch in irgendeiner Gasblase, vielleicht in der Nähe von Los Gigantes, ein ‚Lager für diskreten Treibstoff!'", dachte er. Dann holte die Hydraulikwinde die Ankerkette ein. Heinz war froh, El Hierro den Rücken zu kehren. Mit jeder Meile, die die Jacht in östlicher Richtung zurücklegte, wuchs seine Zuversicht, die ganze Sache zu einem guten Abschluss bringen zu können. In Gedanken entschuldigte er sich bei dieser urtümlichen und vom Tourismus noch nicht in die Uniformität internationaler Freizeitresorts gedrängten Insel für dieses Gefühl der Erleichterung, das er empfand, als die Küstenlinie nur noch als undeutlicher Strich in der unendlichen Bläue von Himmel, Meer und Horizont zu erkennen war.

Einen Teil dieser Erleichterung führte Heinz allerdings auch darauf zurück, dass auf See kein Handyempfang möglich ist. Selbst wenn Señor Ramon oder „Freund Ilja" den „Bruder" inzwischen gefunden hatten, sie konnten es dem „Riesen" nicht mitteilen. In einem Moment, an dem die Aufmerksamkeit seines Bewachers etwas nachgelassen zu haben schien, korrigierte Heinz den Wegpunkt, der sie unterhalb von Gomera an den so bekannten Orten Bahia de Erese, Playa Santiago und San Sebastian vorbei führen würde, weiter nach Süden. Dadurch hoffte er, außerhalb des Empfangsbereiches dieser Insel zu bleiben und damit noch weitere Stunden zu gewinnen. Er hoffte zwar, dass der „Hafen für diskrete Güter" nicht täglich verwendet wurde, aber wissen konnte er das natürlich nicht.

So zog die große Jacht wieder ihre schnurgerade Bahn durch die weiten Wellen des Atlantiks. Heinz versuchte, diese Fahrt zu genießen. Es war vermutlich, so oder so, seine letzte als Skipper dieses Schiffes. Kurz nach dem sie La Gomera südlich umrundet hatten, flog ein Hubschrauber in geringer Höhe über das Schiff. Heinz erkannte den Typ Jet Ranger, der auch bei vielen Armeen der Welt Verwendung findet. Diese Maschine trug den Namen eines Bedarfsflugunternehmens aus Gran Canaria gut lesbar auf der Kabinenwand. Der „Riese" beobachtete den Helikopter misstrauisch. Als das Flugzeug eine enge Kurve zog und sich ein zweites Mal dem Schiff näherte, humpelte der Mann schwerfällig auf seine Sessellehne gestützt sogar in die Plicht, um eine bessere Sicht zu haben. Aber nach diesem zweiten Anflug setzte der Hubschrauber seinen Kurs auf Teneriffa fort.

Von der „Julietta" aus war die signifikante Silhouette der Insel bereits gut zu erkennen. Mächtig ragte der Pico del Teide in den Himmel. Eine kleine Wolke nahe des Gipfels erweckte den Eindruck, als würde der Vulkan rauchen.

Heinz hielt einen großen Abstand zur Küste. Damit entsprach er nicht nur einem Wunsch des „Riesen", sondern konnte noch auf eine Weile den Empfang von Mobilfunk hinaus schieben. Doch endlos ließ sich diese Fahrt nicht ausdehnen. Immerhin lag das Touristenmekka Los Cristianos an der Backbordseite bereits querab. Beim Leuchtturm Faro de Rasca, dem südlichsten Punkt Teneriffas, richtete der Autopilot den Kurs etwas weiter nördlich aus. Vor ihnen tauchte die Halbinsel bei El Médano auf. Die zahllosen, niedrig fliegenden Flugzeuge waren ein Indiz für die Nähe zum Südflughafen Reina Sofia. Dort erfolgt der überwiegende Teil des Touristenumschlages aus ganz Nordeuropa, während der Nordflughafen Los Rodeos mit wenigen Ausnahmen dem innerspanischen Verkehr vorbehalten ist.

Der Kurs der Jacht verlief jetzt ziemlich genau nordöstlich. Der Blick auf die elektronische Seekarte und die darin enthaltenen Informationen zeigte, dass die restliche Fahrzeit auf weniger als eine halbe Stunde geschrumpft war. „Jetzt wird sich zeigen, ob der „Bruder" inzwischen gefunden worden ist", dachte Heinz Lauberg und nahm sich vor, bei jedem Läuten des Mobiltelefons innerlich für alles gerüstet zu sein.

Eine kleine Halbinsel, die Punta de Los Abrigos, trennte die Jacht jetzt noch von der Bucht von Poris de Abona. Auf dieser Landspitze befinden sich einige wenige Häuser und der Leuchtturm von Punta de los Roquetes. Und plötzlich lag der weite Strand vor ihnen. Heinz wunderte sich, dass nicht ein einziges anderes Boot hier vor Anker lag. Das war selten, da es wenige so schön gelegene Ankerbuchten, ohne unterseeische Lavafelsen, mit einem guten Halt bietenden Sandgrund auf Teneriffa gibt. Langsam steuerte er die Jacht in die Nähe des Ufers. Die Weite des Strandes und der Bewuchs auf den Felsen unterhalb des Leuchtturms waren für ihn ein Signal, dass das Wasser gerade niedrig stand. Deshalb wagte sich Heinz bis auf zwei Meter Wassertiefe an den Strand. Dann stoppte er das Schiff und spulte zwölf Meter Ankerkette ab. Das musste in allen Fällen reichen. Schließlich schaltete Heinz die Motoren ab. Der Zentralcomputer blieb wieder an, da darüber auch die Stromversorgung für die gesamte Infrastruktur des Schiffes über die Batterien und den Generator gesteuert wurden. Aber darum musste sich niemand kümmern, das lief automatisch ab.

„Boot in Wasser!", befahl der „Riese" und Heinz erledigte die Sache in wenigen Minuten. „So rasch werden Dinge zur Routine", dachte er. Dann lümmelte er sich in die Ledergarnitur im Salon. Er hätte gar nicht übel Lust gehabt, einen Blick in den Barschrank zu werfen, der sich fast in seiner Griffweite befand. Auch ein Bierchen hätte ihm gut getan. Er wusste aber nicht, ob das der „Riese" gestatten würde und er wollte auch auf keinen Fall seine Reaktionsfähigkeit herabsetzen. Trotz des üppigen Frühstücks, das er gemeinsam mit Señor Ramon in dessen *Casona*, dem Herrenhaus, eingenommen hatte, knurrte ihm der Magen.

„Gibt es nichts zu essen?", fragte er den „Riesen".

Der blickte auf die Uhr. Das inspirierte Heinz, ebenfalls auf die Uhr zu schauen. Es war drei Viertel vor fünf. In einer Viertelstunde würde sich Clara telefonisch melden, um die nächsten Anweisungen zu erhalten. Das hatte er aus dem Telefonat zu Mittag mitbekommen.

„Nicht essen!", entschied der „Riese".

„Na gut, dann eben nicht! Kann ich wenigstens nach draußen in die Sonne gehen?", raunzte Heinz.

„Hier bleiben!"

Heinz Lauberg war sauer und grummelte unverständliches Zeug. Er wäre gerne nach draußen gegangen. Es war zwar praktisch unmöglich, dass Clara schon in der Nähe sein konnte, sie verließ wohl eben in Los Cristianos das Fährschiff, aber trotzdem hätte er sich gerne umgesehen. Er kannte diese Bucht, war er doch schon oft gemeinsam mit seiner Frau Clara mit der „Calima" hier vor Anker gelegen. Der bisher einzige Zweck seines Hierseins waren aber immer bloß einige Stunden Badevergnügen gewesen. Jetzt ging es um bedeutend andere Dinge. Jetzt war es wichtig, die Landschaft mit den Augen einer Geisel zu betrachten, die hier einen Fluchtweg erkennen musste.

„Verdammt! Wie betrachtet man die Landschaft mit den Augen einer fluchtwilligen Geisel?", fragte sich Heinz und konstatierte in diesem Zusammenhang wieder einmal bei sich eine Bildungslücke.

Clara Laubergs Plan

Clara war noch nie in ihrem Leben mit einem Hubschrauber geflogen, während sich Dieter Böhmer den Anschein gab, als sei das sein tägliches Verkehrsmittel ins Büro. In allen Filmen, die sie bisher gesehen hatte, waren die Leute gebückt zu der Maschine mit dem drehenden Hauptrotor gelaufen. Also ahmte sie diese Haltung nach, was bei Dieter Böhmer große Heiterkeit auslöste. „Bist du in den letzten Minuten gewachsen, oder warum hast du sonst solche Angst vor dem Quirl?", brüllte er ihr fragend ins Ohr, als er neben ihr, völlig aufrecht stehend, an der Maschine lehnte und die hintere Türe öffnete. Sie hatte das Fluggerät aus der Entfernung, in der sie auf den Helikopter gewartet hatten, viel kleiner empfunden. Als sie jetzt nach oben blickte sah sie, dass der Rotor hoch über ihrem Kopf kreiste. Sie kletterte über einen Auftritt, der sich an der Kufe des Hubschraubers befand auf die hintere Sitzbank. Dieter Böhmer schloss die Türe und setzte sich neben den Piloten. Wie selbstverständlich nahm der das *Headset* von einem Haken, setzte sich die Kopfhörer auf und drehte das Mikrofon vor seinen Mund. Clara beobachtete das alles mit steigender Bewunderung. Sie war ein wenig stolz auf ihren ehemaligen Studenten, der es doch so weit gebracht hatte.

Doch diesen Gedanken konnte sie sich nur wenige Sekunden lang hingeben. Dann zog etwas ihren leeren Magen heftig nach unten und der so sicher aussehende Boden, auf dem die Maschine gestanden hatte, kippte unter ihr weg. Der Pilot zog das Flugzeug hoch und in eine enge Kurve, als könne er nicht schnell genug das Gelände des Flugplatzes verlassen. Interessiert blickte Clara nach unten. Sie kannte La Gomera ja nur vom Boden her. Deutlich sah man die tief eingeschnittenen Barrancos, die fast alle vom zentralen Gebirge, dem Garajonay radial nach außen verlaufen. Doch es dauerte nur sehr kurz, bis sie den Luftraum der Insel verlassen hatten. Ein Fährschiff der Reederei Fred. Olsen zog eben seine Bahn von Los Cristianos kommend nach San Sebastian. „Grüß mir die „Calima"!", dachte sie.

Dann schaute sie auf der rechten Seite aus dem Plexiglasfenster und bemerkte etwas weiter südlich und schon fast querab eine große Jacht, die offensichtlich Teneriffa ansteuerte. Da der Lärm in der Maschine jede Verständigung, außer über die Kopfhörer, unmöglich machte und Clara kein *Headset* angelegt hatte, rüttelte sie Dieter Böhmer an seiner linken Schulter. Als er sich umblickte, deutete sie in die Richtung des Schiffes. Der Anwalt blickte aus dem Fenster, sagte etwas in sein Mikrofon und der Pilot zog sofort eine enge Kurve nach rechts. Damit brachte er den Helikopter, der auch mittlerweile stark an Höhe verloren hatte hinter die Jacht. Außerdem reduzierte er die Geschwindigkeit. So zogen sie über der Jacht vorbei. Sowohl Dieter Böhmer als auch Clara blickten angestrengt aus dem Fenster, konnten aber keine Menschenseele irgendwo an Deck erkennen. Wieder sagte Dieter Böhmer etwas in das Mikrofon. Daraufhin reichte ihm der Pilot ein Fernglas, zog noch eine Runde und flog ein zweites Mal über das Schiff. Der Anwalt spähte angelegentlich durch das Glas. Dann drehte er sich zu Clara um und streckte den Daumen nach oben. Es war die „Julietta"! Nun nahm der Hubschrauber wieder Kurs auf den Flughafen Reina Sofia auf Teneriffa. Es dauerte auch nicht lange, und unter ihnen lagen die Foliengewächshäuser, die westlich des Airports das Gelände beherrschen. Dann setzte die Maschine seidenweich vor einem abgelegenen Hangar auf. Clara wartete, bis Dieter Böhmer die Türe von außen öffnete und ihr aus der Maschine half. Dann ging er noch einmal zum Piloten und sprach etwa eine Minute mit ihm. Inzwischen war ein

Kleinbus der Flughafengesellschaft AENA heran gekommen, der sie zum Ankunftsgebäude brachte.

„Ich habe dem Piloten gesagt, dass er sich bereithalten soll. Er füllt nur die Tanks und macht einen kleinen Check, dann ist er *stand by*", sagte Dieter Böhmer.

„O. K., vielleicht findet die ganze Sache ja auch noch heute statt. Ich würde es aber vorziehen, wenn die Übergabe erst morgen läuft. Ich will auf keinen Fall, dass die Gefahr besteht, damit in die Dunkelheit hinein zu kommen", antwortete Clara und setzte fort: „Wenn es erst morgen weitergeht, dann soll sich dein Pilot in El Médano ein Zimmer nehmen. Da kann er im Bedarfsfall in wenigen Minuten am Flughafen sein. Jetzt schlage ich vor, dass wir uns ein Auto mieten und damit nach Poris de Abona fahren. Dann sind wir noch vor der „Julietta" an Ort und Stelle."

Allerdings gestaltete sich die Sache mit dem Leihwagen schwieriger, als die beiden erwartet hatten. Ohne Reservierung war es unmöglich, sofort ein Auto zu bekommen. Nach dem dritten fehlgeschlagenen Versuch stellte Dieter Böhmer diese fruchtlosen Bemühungen ein und sie stiegen in ein Taxi. Die 25 Kilometer vom Flughafen zu dem kleinen Ort waren rasch zurückgelegt. Clara wollte sofort an den Strand der Playa Grande, wie dieser Abschnitt nicht zu Unrecht heißt. Dieter Böhmer weigerte sich allerdings mit der Million im Koffer „baden zu gehen", wie er es ausdrückte und bot an, inzwischen Zimmer in einem Hotel zu besorgen, das Bare im Safe unterzubringen und dann nachzukommen. Also schlenderte Clara alleine den Abhang zum Strand hinunter und setzte sich dort in den Sand. Sie nahm an, dass Heinz die Jacht am anderen Ende der weiten Bucht vor Anker legen würde. Das war die abgelegenere Seite. Hart unter dem Leuchtturm war zwar der Ankerplatz nicht so gut geschützt, aber dafür gab es nur wenige vereinzelte Häuser. Für Diskretion war also gesorgt. Ihre Uhr zeigte, dass sie in einer halben Stunde wieder mit den Kidnappern telefonieren musste. Als sie aufblickte, sah sie direkt gegen das Licht der Sonne, wie das große Boot an der Punta de Los Abrigos auftauchte und die Landspitze in langsamer Fahrt umrundete. Clara fühlte eine starke Emotion in ihr aufwallen, als sie das Schiff, an dessen Steuer jetzt ihr Mann Heinz stand, langsam dem Strand zustreben sah. Wie mochte es ihm gehen? War er wirklich unverletzt? Wie würde es möglich sein, ihn, gemeinsam mit Julietta Waldhof, aus dieser Lage zu befreien?

„Ich lasse die Jacht nicht mehr abfahren!" Diesen Entschluss hatte Clara ja schon seit geraumer Zeit gefasst, ohne noch einen Weg gefunden zu haben, dieses Vorhaben auch in die Tat umsetzen zu können. Nun hatte sie plötzlich die Idee einer gangbaren Möglichkeit! Mit großer Befriedigung beobachtete sie, wie die Jacht immer näher an das Ufer heran fuhr. Als sie schließlich hörte, wie die Ankerkette über die Bugrolle rasselte, hätte sie beinahe aufgejubelt. „Als ob mein guter Heinz wissen würde, was ich vorhabe!", sagte sie zu sich. Und dann durchzuckte sie ein freudiger Schreck. Sie bemerkte, wie sich im Heck der Jacht eine große Abdeckung automatisch anhob. Dann erschien ein Mann in der Plicht. Sie kniff die Augen zusammen, um besser sehen zu können. Dann war sie sicher: „Das ist Heinz!", rief sie vor freudiger Überraschung laut aus und sah sich um, ob Dieter Böhmer noch nicht in der Nähe war, um ihm die freudige Botschaft zurufen zu können. Sie musste alle ihre Disziplin und Beherrschung zusammennehmen, um nicht aufzuspringen, mit den Armen zu winken und ein lautes „Heinz!" über die Bucht zu schreien. Hinter ihrem Mann erschien einer der Kidnapper. „Wenn ich es könnte, ich würde dieses Schwein jetzt erschießen", dachte sie und war sicher, dass sie, um das Leben ihres Mannes zu retten, auch töten könnte. Zur Spannungsabfuhr machte sie eine Geste, als würde sie ein Gewehr anlegen. Dann krümmte sie den Zeigefinger ihrer rechten Hand, ahmte leise das Geräusch eines Schusses nach und wusste, dass davon der große Mann nicht umfallen würde. Also beobachtete sie weiter, wie ihr Mann ein Beiboot zu Wasser ließ und es anschließend an der Badeplattform vertäute. Dann gingen wieder alle beide in den Salon und die Türe wurde geschlossen. Jetzt konnte sie in wenigen Minuten das Telefonat führen. Von Dieter Böhmer war immer noch keine Spur zu entdecken. Sie nahm ihr Telefon aus der Hosentasche und drückte zwei Mal die Verbindungstaste. Da das letzte Gespräch jenes, mit den Entführern gewesen war, genügte das, um die Verbindung wieder herzustellen. Diesmal dauerte es nur Sekunden, bis sie die Stimme des Mannes hörte: „Sind auf Teneriffa?"

Clara holte tief Luft. Sie brauchte diese Nacht, um ihr Vorhaben durchführen zu können. Deshalb sagte sie: „Nein, ich kann erst mit der Abendfähre die Überfahrt machen."

Es entstand eine Pause.

„Du lügen! Wenn Polizei, dann alle tot!", brüllte der Entführer. Clara biss sich auf die Lippen. Es war ein gewagtes Spiel, aber sie war davon überzeugt, würde die Jacht diese Bucht wieder verlassen, dann war weder das Leben von Heinz noch von Julietta Waldhof zu retten. Sie musste die Sache durchziehen.

„Ich lüge nicht! Und ich möchte wieder mit meinem Mann sprechen!", keifte sie zurück, in der Hoffnung, glaubwürdig zu wirken.

„Mann jetzt nicht sprechen. Morgen fünf Uhr früh du wieder anrufen. Dann müssen Geld bereit sein, sonst …!"

„Ja, ich weiß!", unterbrach Clara ihn wütend. „Sonst alle tot!" Sie horchte, aber die Verbindung war bereits unterbrochen.

„Tut mir leid, mein Schatz, aber diese Nacht wirst du noch auf dieser Luxusjacht verbringen müssen!", sagte sie in Gedanken zu ihrem Mann Heinz. Als sie sich um sah, kam eben Dieter Böhmer den Hang zum Strand herunter gestolpert.

„Bin ich zu spät gekommen?", rief er von Weitem.

„Wozu willst du zu spät gekommen sein? Leider ist es mir nicht möglich gewesen, die Geiseln in der letzten Viertelstunde zu befreien. Bist du jetzt sehr enttäuscht?", ätzte Clara.

„Sehr witzig! Zum Telefonat natürlich!", gab Dieter Böhmer sich verschnupft.

„Ich habe eben die Lösung unserer Probleme auf morgen fünf Uhr früh verschoben", sagte Clara nun wieder ernst.

Dieter Böhmer wunderte sich: „Warum hast du verhindert, dass die Sache heute noch läuft?"

„Ganz einfach. Ich kann den Typen nicht sagen, dass ich schon in der Bucht auf sie warte. Das wäre ohne deinen Hubschrauber unmöglich gewesen und hätte Verdacht erregen müssen. Wenn man nicht so reich ist, einfach so eine Maschine zu chartern, wer verfügt dann noch über Helikopter?"

Dieter Böhmers Gesicht hellte sich merkbar auf: „Die Polizei und das Militär! Genial, das muss ich sagen. Diesen Fallstrick hätte ich sicher übersehen. Ohne Charter-Heli hätte uns wohl nur die *Guardia Civil* so schnell hierher befördern können. Toll!!!"

„Und wenn ich erst auf ein Treffen in einer oder noch realistischer in zwei Stunden eingewilligt hätte, dann könnte es auch zu rasch dunkel werden. Das wollte ich auf jeden Fall vermeiden. Außerdem habe ich einen Plan, wie wir sicher verhindern können, dass uns die Jacht wieder abhaut. Dafür muss ich aber so rasch es geht nach Santa Cruz. Dort sind dann noch einige Dinge einzukaufen. Hast du ein Hotel für uns gefunden?"

Dieter Böhmer verneinte.

„In diesem malerischen Örtchen gibt es kein Hotel. Wir müssen auch nach Médano ausweichen. Ich hoffe, wir können irgendwo ein Taxi auftreiben, das uns in die Hauptstadt bringt."

Das Problem ließ sich über eine auf Claras Handy abgespeicherte Nummer lösen und bald saß sie mit Dieter Böhmer vereint auf der Rückbank eines alten Mercedes, der heftig rauchend auf der Autobahn in Richtung Nordost dahin nagelte. Clara wies den Fahrer an, sie auf der Plaza España aussteigen zu lassen. In der Nähe dieses großen Platzes wusste sie die Adresse eines Bootszubehörgeschäftes. Den staunenden Dieter Böhmer hinter sich herziehend, betrat sie den Laden und kaufte eine Patrone mit Sikaflex, einen Spezialklebstoff, der auch unter Wasser abbindet. Dazu wanderte noch die erforderliche Presse, in die diese Patrone eingespannt wird, eine kleine wasserdichte Taschenlampe, Schwimmflossen und eine Taucherbrille über den Ladentisch. Dieter Böhmer blieb staunend der Mund offen stehen. Clara zückte die Kreditkarte und eine Minute später waren sie wieder auf der Straße.

„So, jetzt in den Jachthafen. Dort steht unser Auto", gab Clara die Richtung vor.

In der Marina stand der Van auf seinem gewohnten Platz, die Windschutzscheibe mit einer dicken Schicht aus Staub und Salz überzogen. Clara holte rasch ein Tuch aus einer Kiste, die hinter der letzten Sitzreihe stand. Nachdem sie es an einem Wasserhahn auf dem Anlegesteg triefend nass gemacht hatte, reinigte sie alle Scheiben. Dann setzte sie sich auf den Fahrersitz und fuhr mit Dieter Böhmer auf die Autobahn nach Norden in Richtung Puerto de la Cruz.

„Darf ich wissen, welche Unterwasserexpedition du planst?", versuchte Dieter Böhmer seinen Informationsmangel zu beheben.

„Ich werde die Ansaugöffnungen für die Motorkühlung verkleben!", sagte Clara gut gelaunt. Für ihren Entschluss, die Jacht am Abfahren zu hindern, war ihr am Strand von Poris de Abona eine Lösung eingefallen. Dieter Böhmer allerdings schien nicht wirklich klüger geworden zu sein. Deshalb versuchte Clara, ihr Vorhaben zu erklären: „Jachten, die vorwiegend im Salzwasser betrieben werden, haben eine Zweikreiskühlung. Das Motorkühlwasser, normales Süßwasser mit Frostschutz, hat einen geschlossenen Kreislauf. Die Funktion, die beim Auto ein Kühler hat, erfüllt hier ein Wärmetauscher, der seinerseits mit Seewasser gekühlt wird. Dieses Seewasser wird natürlich von unten angesaugt. Es durchfließt den Wärmetauscher und wird dann gleich hinter dem Krümmer in den Auspuff eingespritzt. Dadurch kühlen die Auspuffgase so weit ab, dass ein Gummischlauch genügt, um sie nach draußen zu leiten."

„Und wenn du nun die Ansaugöffnungen verklebst, dann läuft der Motor heiß?", versuchte Dieter Böhmer sein eben erworbenes Wissen zu überprüfen.

„Das auch, aber das dauert zu lange. Außerdem will ich doch deine Superjacht nicht durch einen Motorschaden stoppen. Nein, viel schneller brennen die Auspuffschläuche durch, wenn kein Wasser eingespritzt wird. Was glaubst du, wie heiß das Gas aus den Turboladern kommt? Das sind mindestens 800 Grad. Und wie lange, schätzt du, hält ein Gummischlauch das aus?" Clara grinste von einem Ohr bis zum anderen.

„Genial! Das dauert sicher nur ein paar Minuten! Sag', woher weißt du alle diese Dinge?", wunderte sich der Anwalt.

„Zum wiederholten Male: Dreißig Jahre Heinz Lauberg!", gab sie die alles erklärende Antwort.

Inzwischen waren sie bei La Laguna von der Autobahn abgefahren und zu jenem Centro Commercial gekommen, in dem sie sich vor Beginn ihrer Suchfahrt nach der „Julietta" versorgt hatten. Gleich hinter dem Supermarkt ALCAMPO ist der Parkplatz des Baumarktes Leroy Merlin. Dorthin wollte Clara. Sie kaufte bei einem verdutzten Angestellten einen halben Meter Teichfolie. Der arme Mann konnte nicht verstehen, was man mit so einer Folie mit nur einem halben Meter Länge anfangen konnte. Clara erklärte es ihm nicht.

Nachdem alles im Auto verstaut war, schlug Clara Lauberg wieder den Weg nach Süden ein. In Mèdano fuhren sie zum Hotel gleichen Namens und erhielten zwei, nicht weit voneinander entfernte Zimmer. Die Sachen, die Clara gekauft hatte, ließ sie aber im Wagen, mit dem sie nach wenigen Minuten schon wieder in Richtung Poris de Abona unterwegs waren.

Als sie ankamen, war es Nacht geworden. Clara warf einen Blick in die Richtung der Jacht, konnte das große Schiff aber gegen die dunkle Küste nur schwer erkennen. Jedenfalls war kein Ankerlicht gesetzt. Die „Julietta" wollte nicht gesehen werden.

„Jetzt brauche ich ein kräftiges Nachtmahl!", bekannte Clara.

Sie beschlossen in ein Grillrestaurant zu gehen. Dort wählte sie *Solomillo*, das ist Steak, dazu Bratkartoffeln und eine kleine Portion Salat. Dieter Böhmer konnte den Spareribs etwas abgewinnen und so saßen sie einander bald einträchtig gegenüber und taten sich an den großen Fleischportionen gütlich. Als der größte Teil gegessen war, legte Dieter Böhmer das Besteck weg, wischte sich den Mund mit der Serviette, trank einen Schluck und fragte: „Darf ich jetzt wissen, wie du die Sache angehen möchtest?"

Auch Clara griff nach ihrem Glas und sagte: „Wir werden die Folie in handliche Stücke schneiden. Und zwar eine ganze Menge, es kann ja sein, dass ich ein Stück verliere. Dann werden wir auf zwei Stücken der Folie eine ordentliche Menge Sikaflex etwas innerhalb der Ränder aufbringen. Dann werde ich zur Jacht schwimmen. Dabei möchte ich versuchen, nicht zu viel Wasser auf den Kleber kommen zu lassen. Dann werde ich die Folien nur mit einer Ecke provisorisch an die Bordwand kleben und mich unter Wasser auf die Suche nach den Ansaugöffnungen machen. Das dürfte nicht allzu schwierig sein. Sie sind jedenfalls im Bereich des Motorraumes und deshalb leicht zu erkennen, weil es die einzigen Einlassöffnungen sind, an denen ein Sieb montiert ist. Dann hole ich Stück für Stück die Folien und klebe sie über die Siebe. Anschließend komme ich zurück und stelle meinen Wecker auf fünf Uhr früh."

Dieter Böhmer schien die Sache nicht zu gefallen. Er wiegte den Kopf und meinte: „Da müssen aber doch einige Glücksfälle zusammenkommen. Das Wesentlichste dabei ist wohl, dass du unbemerkt an das Schiff heran kommst. Du musst lange Tauchgänge machen, ohne Geräusch wieder auftauchen und die Taschenlampe so einsetzen, dass kein Lichtschein unter dem Boot sichtbar wird. Abgesehen davon, dass der Kleber das halten muss, was du dir von ihm versprichst. Glaubst du, dass das alles zu schaffen ist?"

„Wird es, weil es muss!", sagte sie in einem Ton, der Zuversicht ausstrahlen sollte. Sie hatte auch nicht groß Angst davor. Die Zeit des untätigen Wartens war für sie viel schwieriger zu ertragen gewesen. Sie beendeten das Abendessen und fuhren in ihr Hotel zurück. Sie wollten noch ein paar Stunden Schlaf finden, bevor sie ans Werk gingen.

12. Juli
Unter Wasser

Clara Lauberg wurde um Mitternacht durch den unangenehmen Ton ihres elektronischen Weckers aus einem tiefen, aber nicht sehr erholsamen Schlaf gerissen. Ihre Träume waren belastend gewesen. Sie verzichtete auf die morgendliche Dusche. In einigen Minuten würde ihr Bad im Atlantik für die nötige Erfrischung sorgen.

Es dauerte nur kurz und sie verließ mit einer Reisetasche, in der sich ein Badetuch, Unterwäsche und eine Flasche Trinkwasser befanden, das Zimmer. Sie trug Jeans, T-Shirt und darunter einen Bikini. Beim Ausgang wartete bereits Dieter Böhmer. Sie stiegen in das Auto und fuhren eine kurze Strecke auf der Autobahn und dann die kleine, gewundene Straße entlang, die zu der weiten Bucht führt. Zu jenem Ende, wo dicht unter Land die „Julietta" in der Dunkelheit vor Anker lag. Sie näherten sich langsam und ohne Licht, da das von der Jacht aus jederzeit zu sehen gewesen wäre. Von früheren Aufenthalten wusste Clara genau, wo von dem Hochplateau der Landzunge der schmale Fußweg in die Bucht abzweigt. Der winzige Ort ist kaum bewohnt. Die Mehrzahl der Häuser sind Zweitwohnsitze.

Sie hielt auf dem Parkplatz vor der Kirche, holte aus dem Autowerkzeug ein Stanley-Messer und schnitt mit der Hilfe Dieter Böhmers die Teichfolie in handliche Stücke. Sechs Lappen bereitete sie vor. Dann kappte sie die Spitze der Kleberpatrone und setzte diese in die Presse ein. Schließlich drückte sie Dieter Böhmer das Plastiksäckchen mit den Schwimmflossen, der Taschenlampe und der Taucherbrille in die Hand. Dann schloss sie den Wagen ab und sie begannen mit dem Abstieg. Der Weg war nicht so leicht zu finden, da einige Wolken das Mondlicht deutlich reduzierten. Schließlich erreichten sie den Strand und Clara begann ihre Kleidung abzulegen. Als sie bemerkte, dass auch Dieter Böhmer sich auszuziehen begann, hielt sie ihn zurück und sagte: „Dieter, das ist mein Job. Das ist mir zu riskant. Was ist, wenn ich entdeckt werde und mich die Kidnapper aus dem Wasser fischen? Du bist unser letztes Sicherheitsnetz. Wenn sie auch dich erwischen, haben wir keine Chance mehr. Dann ist es aus. Du bleibst hier. Und falls mir, sagen wir, ein Unglück zustößt, in der linken Tasche meiner Jeans findest du mein Mobiltelefon. Die Nummer der Entführer ist die zweite im Letztnummernspeicher. Dann musst du um fünf Uhr früh den Anruf tätigen."

So weit Clara erkennen konnte, blickte Dieter Böhmer ihr tief in die Augen und sagte: „Tu mir das bitte nicht an. Ich bin kein Strafverteidiger. Ich kenne mich nicht aus mit Entführern und Lösegeld und solchen Sachen. Wenn du eine Million Euro brauchst, dann sage es mir und ich besorge sie. Aber der Rest liegt bei dir. Also wenn du mich auch nur ein bisschen magst, dann kommst du von deinem Schwimmausflug gut und rechtzeitig zurück!"

„Ich verspreche es dir", sagte Clara lächelnd, hatte aber nicht den Eindruck, dass sich Dieter Böhmer durch diese Botschaft sehr entspannte.

Nun wandte sie sich wieder ihrer Arbeit zu und presste auf zwei der Plastikklappen rundum eine dicke Bahn des Klebers. Dann steckte sie die kleine Taschenlampe in den Gummizug ihres Höschens, setzte die Taucherbrille auf, die sie zuvor auf der Innenseite mit Speichel eingerieben hatte, um das Beschlagen zu verhindern, zog die Schwimmflossen an, nahm die beiden vorbereiteten Lappen und ging zum Wasser.

„Hals und Beinbruch – oder was man sonst bei solchen Gelegenheiten an bescheuerten Meldungen schiebt!", hörte sie Dieter Böhmer hinter sich mit gedämpfter Stimme rufen. Dann umspülte das kühle Wasser des Atlantiks ihre Beine.

„Verdammt, dass es hier im Sommer auch immer so kalt sein muss!", dachte sie. Dann kam tieferes Wasser und sie begann zu schwimmen. Dabei hielt sie in jeder Hand einen der Plastiklappen so, dass er möglichst wenig mit dem Wasser in Berührung kam. Obwohl Heinz das Schiff so nahe wie es ging an das Ufer gefahren hatte, war doch eine ganz ordentliche Strecke zu schwimmen, bis sie endlich an der Bordwand ankam, die aus ihrer Perspektive turmhoch über ihr aufragte. Clara hoffte, dass sich niemand in der Plicht oder auf einem Gangbord aufhalten würde. Sie versuchte zu lauschen, aber das einzige Geräusch, das sie hörte, war das Anschlagen der kleinen Wellen an die Bordwand. Ohne ein Plätschern zu verursachen, schwamm sie zum hinteren Drittel des Schiffes. Hier musste sich der Motorraum befinden. Dort klebte sie die Lappen mit nur einer Ecke an die Bordwand, holte tief Luft und tauchte ab. Mit der rechten Hand holte sie die Taschenlampe hervor und knipste sie an. Sie richtete den Lichtkegel sorgfältig gegen den Boden des Schiffes, so dass kaum Helligkeit nach außen drang. Tatsächlich sah sie die Einlassöffnungen für das Kühlwasser sofort. Es waren aber nicht die erwarteten zwei Siebe, sondern vier. Für jeden Motor waren zwei Einlässe vorgesehen. Clara fühlte, dass sie nach oben musste. Sie orientierte sich, schaltete die Taschenlampe wieder aus und schwamm eine so weite Strecke, dass sie sicher sein konnte, freies Wasser über sich zu haben und nicht beim Auftauchen mit dem Kopf gegen den Schiffsboden zu prallen. Mit weit geöffnetem Mund holte sie Luft, bis sich ihre Atemfrequenz wieder normalisiert hatte. Dann schwamm sie zu ihren an der Bordwand klebenden Lappen, löste den ersten ab und tauchte. Wieder schaltete sie die Lampe ein, schwamm zum entferntesten Einlass, nahm die Lampe in den Mund, um beide Hände frei zu haben und klebte die Folie dicht über das Sieb. Der Vorgang wiederholte sich noch ein weiteres Mal. Sie war erleichtert. Es schien, als würde der Kleber halten. Die erste Folie, die sie angeklebt hatte, befand sich noch immer dicht anliegend an der Stelle, an der sie sie befestigt hatte. Und es hatte sie auch niemand bemerkt. Dann schwamm sie zum Ufer. Da jeglicher Anhaltspunkt fehlte, stieg sie etwa fünfzig Meter von Dieter Böhmer entfernt aus dem Wasser und lief dann zu ihm. Dabei fühlte sie den leichten Wind eiskalt auf ihrem nassen Körper.

„Hast du schon alles erledigt?", fragte Dieter Böhmer ungläubig.

„Nein, es gibt vier Einlässe. Ich brauche also noch zwei Folien", sagte sie mit klappernden Zähnen.

Dieter Böhmer übernahm die Vorbereitung der Lappen, während Clara sich in das Badetuch hüllte, um etwas Wärme zu tanken. Dann startete sie ihren zweiten Tauchgang. Das Verkleben des dritten Einlasssiebes gelang ebenso problemlos, wie das der ersten zwei. Beim letzten Lappen verlor sie aber ihre Taschenlampe, bevor die Folie an der richtigen Stelle klebte. Sie hatte die Lampe eben eingeschaltet, aber irgendwie hatte es mit dem zwischen die Zähne nehmen nicht geklappt. Jedenfalls war ihr dieses wichtige Teil entglitten und langsam nach unten gesunken. Dort lag sie jetzt und zeichnete einen hellen Kegel auf den Grund des Meeres. Clara fürchtete, dass es nicht möglich sein würde, so tief zu tauchen. Sie musste ohne die Lampe auskommen. Aus ihrer Erinnerung rief sie das Bild ab, wo sich das Einlasssieb befand. Mit der Hand strich sie über den Boden des Schiffes, aber vergeblich. Sie musste nach oben. Ihr war klar, sie brauchte die Lampe. Ohne diese war es reiner Zufall, ob sie die richtige Stelle finden würde oder nicht. Sie klebte den letzten Lappen also wieder an die Bordwand, hoffend, dass das Sikaflex diese Salzwassertortur überstehen würde und hielt sich mit einer Hand fest. Dann machte sie einige rasche Atemzüge mit weit geöffnetem Mund. Dadurch kam mehr Sauerstoff in ihr Blut und sie konnte länger unter Wasser bleiben. Nun ließ sie die Bordwand los und tauchte ab. Dabei kamen ihre Flossen kurz aus dem Wasser. Sie spürte das an dem geringeren Widerstand. „Vermutlich hat es dabei ein kaum zu überhörendes Plätschern gegeben", dachte sie. Das ließ sich aber nicht mehr ändern. Mit starken Flossenschlägen und kräftigen Armtempi versuchte sie, die Taschenlampe, die unverändert ihren Lichtkegel in den Sand zeichnete, zu erreichen. Der Druck in ihren Ohren stieg. Sie versuchte, durch Zusammenpressen der Nasenflügel und Aufblasen der Nase einen Ausgleich zu schaffen, was aber nur unvollkommen gelang. Vielleicht lag das an der einfachen Tauchermaske. Jedenfalls schaffte sie es nicht, an die Lampe heran zu kommen. Ihr Brustkorb begann, in extremer Atemnot krampfhaft zu zucken. Sie machte kehrt. Dabei unterschätzte sie die Breite des Schiffes und stieß hart gegen den Boden der Jacht. Durch ihren Kopf zuckten Blitze, aber das nahm sie nicht ernst. Das Problem war, dass sie den Atemreflex kaum noch unterdrücken konnte und unter dem Schiff die Orientierung verloren hatte. Sie blickte angestrengt nach oben und ihre Hände tasteten den Schiffsboden ab, nach einem Hinweis, in welche Richtung sie schwimmen musste, um in freies Wasser zu kommen. Schließlich schaffte sie es mit knapper Not.

Heftig keuchend, hielt sie ihren Kopf knapp neben der Bordwand aus dem Wasser. Was ihr auch noch Sorgen bereitete, war der Rums, den es gegeben hatte, als sie gegen die Jacht stieß. Sie hoffte, dass niemand das Geräusch gehört hatte. Ängstlich blickte sie nach oben, bereit sofort wieder abzutauchen, falls sich eine Gestalt über die Reling beugen sollte. Doch nichts dergleichen geschah. Nach einer Minute hatten sich ihre Atmung und ihr Pulsschlag wieder normalisiert. Neuerlich pumpte sie ihr Blut voll Sauerstoff und diesmal klappte es. Sie bekam die Lampe zu fassen und konnte in deren Lichtkegel auch den Schiffsrumpf gut erkennen, so dass sie ohne weitere Schwierigkeiten auftauchen konnte.

Wieder legte sie eine Pause ein, bevor sie mit dem letzten Lappen unter das Schiff tauchte. Sie fror bereits entsetzlich. Als die vierte Einlassöffnung verklebt war, richtete sie noch einmal den Strahl der Taschenlampe auf die anderen und konnte zu ihrer Zufriedenheit feststellen, dass alle Folien fest an ihrem Platz waren. Dann tauchte sie auf und schwamm zum Ufer. Diesmal landete sie genau dort, wo Dieter Böhmer auf sie wartete. Zitternd stieg sie aus dem Wasser und hüllte sich sofort in das Badetuch.

„Hast du es geschafft?", fragte Dieter Böhmer sorgenvoll.

Clara nickte bloß. Sie war zu erschöpft und zu unterkühlt, um jetzt zu sprechen. So schnell es ihre steifen Beine zuließen, lief sie den Weg hinauf zu der Stelle, wo das Auto stand. Dort trocknete sie sich heftig reibend ab und stieg in ihre Kleider. Mit Dieter Böhmer auf dem Beifahrersitz startete sie den Wagen und fuhr, wieder ohne Licht, zurück nach Médano. Sie verabschiedete sich von ihrem Freund und keine Minute, nachdem sie ihr Zimmer betreten hatte, stand sie schon unter der heißen Dusche. Langsam kehrte wieder das Leben in ihre durchgefrorenen Glieder zurück. Dann kuschelte sie sich in das Bett, stellte den Wecker auf vier Uhr dreißig und versuchte zu schlafen, was ihr allerdings nicht gelang. Sie war zu aufgeregt. Das Erlebnis, wie sie schon völlig ohne Luft gegen den Boden der Jacht geprallt war und dann nicht sicher wusste, in welche Richtung sie schwimmen sollte, hatte ihr mehr zugesetzt, als sie im Moment des Geschehens gefühlt hatte. Sie versuchte, ihre Gedanken auf den Erfolg zu lenken, den sie letztlich verbuchen konnte. Sie war sicher: Die „Julietta" lag hier fest! Es gab zwar unzweifelhaft Hitzesensoren in den Abgasschläuchen, die sofort Alarm auslösen würden, aber das änderte nichts an der Tatsache, dass kein Kühlwasser durch den Wärmetauscher und für die Einspritzung in den Auspuffkrümmer zufließen würde. Ein Lächeln huschte in der Dunkelheit über ihr Gesicht. Dann verselbstständigten sich ihre Gedanken, Bilder zogen durch ihr Gehirn und schließlich schlief sie doch noch ein.

Der Morgen auf der Jacht

Heinz Lauberg erwachte, als in irgendeiner Kabine des Schiffes ein Mobiltelefon läutete. Draußen war es noch ziemlich dunkel, obwohl sich das wegen der Sonnenschutzverglasung der Kabinenfenster nur schwer richtig beurteilen ließ. Schlagartig war er hellwach. Rief Señor Ramon oder „Freund Ilja" an, um den „Riesen" über das Schicksal des „Bruders" aufzuklären? Dann war seine augenblickliche Lage mehr als verzweifelt. Eines seiner Beine war wieder am Bett fixiert. Er war praktisch wehrlos.

In der Nachbarkoje regte sich Julietta Waldhof.

„Können Sie erkennen, wie spät es ist?", fragte Heinz.

„Es ist fünf Uhr früh", antwortete sie.

Das beruhigte ihn wieder ein wenig, denn er hatte ja gestern mitgehört, dass Clara um diese Zeit die Anweisungen für die Übergabe von Geld und Geiseln erhalten sollte. Die Chancen standen also gut, dass der „Riese" immer noch nichts über den Verbleib seines Kumpanen wusste. Im selben Moment hörte er, wie der Mann die Stufen des Niederganges herunter humpelte. Dann spürte er, wie seine Fußfessel gekappt wurde. „Mitkommen!", lautete der lapidare Befehl. Heinz schwang seine Beine auf den Boden der Kabine und stand auf. Inzwischen war der Andere bereits die wenigen Stufen hinauf geklettert und erwartete ihn, gestützt auf die Sessellehne und den Revolver in der Hand im Salon. Das Telefon lag auf dem Steuerstand, der durch den einen laufenden Monitor, über den die Technik der Infrastruktur des Schiffes überwacht und gesteuert werden konnte, etwas erhellt wurde.

„Sage Frau wo Schiff!", kam die nächste Anweisung.

Heinz griff nach dem Telefon und sagte: „Hallo, mein Schatz, wie geht es dir?" Es war ihm völlig egal, ob das seinem Bewacher passte oder nicht.

„Guten Morgen Heinz! Es tut gut, deine Stimme zu hören. Mir geht es gut, wie ist das mir dir?"

„Ich bin auch wohlauf und gut für den heutigen Tag gerüstet." Da spürte er den Revolverlauf in den Rippen.

„Nur sagen wo Schiff!", bellte der Russe.

„Okay, mein Schatz, der Typ wird ungeduldig. Also, wir liegen in Poris", sagte Heinz und hörte ein kurzes Lachen, dann kam wieder Claras Stimme: „Wie du weißt, weiß ich das ja schon. Ich war schon vor euch da."

„Da hättest du aber fliegen müssen." Bevor Heinz Lauberg noch die Antwort hören konnte, riss ihm der „Riese" das Telefon vom Ohr.

„In zwei Stunden mit Geld auf Strand. Du alleine! Keine Polizei. Sieben Uhr du anrufen, dann Boot mit Frau und Mann."

Damit endete das Gespräch.

„Ich habe Hunger und ich möchte jetzt etwas essen!", sagte Heinz in scharfem Ton. Zu seiner großen Überraschung schien der „Riese" auf diesen Vorschlag einzugehen. Er legte wortlos einen kleinen Schlüssel auf das Steuerpult. Heinz vermutete, dass er zu den Handschellen passen würde, die Julietta an das Bett fixierten. Er griff danach, ging langsam den Niedergang hinunter und schloss die Fessel auf.

„Guten Morgen Julietta", sagte er halblaut, da er nicht wusste, ob sie wieder eingeschlafen war.

„Guten Morgen!", kam es vom Kopfende der Koje. „Heute ist ja wohl unser entscheidender Tag?"

„So ist es. Und damit wir auch alle genug Kraftreserven für die Gefahren des Tages haben, meine ich, dass wir uns einen starken Kaffee gönnen sollten", schlug Heinz vor.

„Weniger scharmant ausgedrückt heißt das, ich soll für die beiden Herren ein Frühstück bereiten", schmollte Julietta.

Heinz lächelte, was allerdings in der noch immer herrschenden Dunkelheit nicht gesehen werden konnte. „Ihr Scharfsinn ist einfach entwaffnend!"

Julietta stand auf und ging in den Sanitärraum der Kabine. Heinz kehrte in den Salon zurück und setzte sich zum Tisch. Nach kurzer Zeit kam auch Julietta nach oben und ging in die Pantry, wo sie fast lückenlos die letzten Tage verbracht hatte. Bald zog der Duft nach frischem Kaffee durch das Schiff und kurz darauf erschien sie mit dem schon bekannten Tablett. Als sie wieder zurück in die Pantry gehen wollte, sagte der „Riese": „Hier setzen!"

Ohne sich umzudrehen, sagte sie einfach: „Da scheiß ich drauf!", und ging weiter in die Pantry.

Heinz wunderte sich über das Vokabular einer „höheren Tochter". Offensichtlich war Julietta Waldhof an einem Punkt angelangt, an dem ihr schon ziemlich alles egal war. Er hoffte bloß, dass ihre Wachsamkeit dann voll da sein würde, wenn es darum ging, die Flucht in die Tat umzusetzen. Jedenfalls nahm er sich vor, sie so wenig wie möglich in seine Pläne einzubinden. Wenn es ging, dann würde er die Sache alleine durchziehen. Leider, das musste er sich eingestehen, wusste er immer noch nicht, wie das laufen sollte. Er würde vermutlich, ähnlich wie er den „Bruder" außer Gefecht gesetzt hatte, einen günstigen Moment nützen müssen.

Doch der „Riese" schien, aus welchem Grund auch immer, auf Juliettas Gesellschaft Wert zu legen. „Frau holen!", befahl er.

Heinz stand auf und ging in die Pantry. „Er möchte, dass Sie mit uns frühstücken. Und ich finde, wir sollten ihn nicht wegen gekränkten Eitelkeiten in Rage bringen. Also kommen Sie." Sein Ton war so gewählt, dass nach menschlichem Ermessen kein Widerspruch zu erwarten war. Julietta Waldhof griff nach dem Mug, in dem ihr Kaffee vor sich hin dampfte und kam mit in den Salon.

Der „Riese" wies ihr mit dem Lauf des Revolvers einen Platz an und Julietta setzte sich, als sei es die natürlichste Sache der Welt, auf den Stuhl daneben.

„Wie ist das Wetter heute?", fragte sie zu Heinz gewandt.

Dem ging die Sache zunehmend auf die Nerven. Es war ihm egal, ob das der Kidnapper verstand, als er sagte: „Noch gut, aber wenn Sie ihn weiter provozieren, dann kann es sein, dass Wolken aufziehen und zwar ziemlich gewittrige. Also seien Sie, wenn es Ihnen nicht allzu schwer fällt, noch ein paar Stunden vernünftig. Dann sollte die Sache zu Ende sein." Leise ergänzte er: „Und zwar so oder so!"

Der letzte Satz schien seine Wirkung zu tun. Julietta Waldhof verlor wieder ihre blasierte Mimik und senkte den Blick auf die Oberfläche ihres Frühstückskaffees. Jetzt reute Heinz sein harter Ton. Er wollte noch etwas sagen, um die Schärfe des Gesagten abzumildern, aber es fiel ihm im Moment nichts ein. Also wandte er sich ebenfalls dem heißen Getränk zu und stopfte mit der freien Hand fast einen ganzen Toast in einem Stück in den Mund. Er hatte wirklich Heißhunger. Nach dem Essen stand er einfach auf und ging nach unten auf die Toilette und anschließend unter die Dusche. Das warme Wasser belebte seinen Körper und er wusste, dass das heute nötig sein würde. Was ihm jetzt noch empfindlich fehlte, war frische Unterwäsche und Kleidung. „Diesen Tag hältst du noch durch!", sagte er zu sich. Dann ging er wieder nach oben.

Da kam ihm ein Gedanke. „Brauchen wir das Beiboot?", fragte er den „Riesen".

Der nickte als Antwort.

„Soll ich mal den Motor nachsehen, dass dann alles funktioniert?" Scheinheiliger als Heinz Lauberg hatte wohl nie jemand in der jüngeren Geschichte dreingeblickt!

Jetzt schüttelte der „Riese" aber den Kopf: „Nein, du hier bleiben. Motor o.k.!"

„Na gut, war ja nur ein Versuch", dachte Heinz und zuckte zum Zeichen, dass ihm alles egal sei, mit den Schultern. Er hätte gerne den 44er an sich gebracht. Dann bliebe ihm vielleicht das Warten bis sieben Uhr erspart und er konnte die Lage klären bevor seine Frau Clara involviert würde. So, wie der „Riese" jetzt beisammen war, traute Heinz sich zu, ihm in einem günstigen Moment den Revolver aus der Hand schlagen zu können. Aber ohne eigene Bewaffnung war ihm das Risiko dann doch noch zu hoch. Würde der Angriff fehlschlagen, dann könnte das in einer Katastrophe münden.

Also lümmelte er sich auf das Sofa des Salons und blickte zur hellen Decke hinauf. Die Eintönigkeit des Bildes und das gleichmäßige Schwanken des Schiffes lullten ihn tatsächlich dermaßen ein, dass er in wenigen Minuten eingeschlafen war. Als Julietta Waldhof das bemerkte, wunderte sie sich sehr.

Der Anfang vom Ende

Punkt sechs Uhr wählte Clara Lauberg die Handynummer des Anwaltes Dieter Böhmer. Nach längerem Läuten wurde das Gespräch angenommen. „Müssen wir schon?", meldete er sich.

„Wenn du gleich aufstehst, dann kannst du noch mit mir einen Schluck Mineralwasser zum Frühstück trinken."

Ein Gähnen war zu hören. „Was, nur Mineralwasser?"

„Kaffee gibt es um diese Zeit auf ganz Teneriffa keinen. Also mein Freund, raus aus den Federn. In einer Viertelstunde treffen wir einander beim Auto."

Damit unterbrach sie das Gespräch und wankte selbst ins Badezimmer. Im Spiegel erschrak sie bei ihrem Anblick. Die nervliche Anspannung der vergangenen Tage und die körperliche Strapaze der vergangenen Nacht hatten ihre Spuren hinterlassen.

„Mädchen, du bist eben keine dreißig mehr!", versuchte sie sich selbst zu trösten. „Ausgerechnet heute, wo Heinz zurück kommt, sehe ich so aus", stellte sie resignierend fest und wunderte sich über die Formulierung, die so klang, als käme ihr Mann von einer Geschäftsreise und nicht aus der Geiselhaft.

Mit einem „Was soll's!" stieg sie in die Dusche. Das Prasseln des Wassers auf der Haut fühlte sich an, als wären es tausende kleine Nadelstiche. Sie war nicht sicher, ob ihr das gut tat oder schmerzte. Jedenfalls belebte es.

Sie frottierte so lange ihre Haut, bis diese eine deutliche Rötung zeigte. Dann putzte sie noch die Zähne und kleidete sich an.

Pünktlich um sechs Uhr fünfzehn traf sie Dieter Böhmer beim Ausgang des Hotels. Der Mann in der Rezeption, bei dem der Anwalt eben die Rechnung bezahlt hatte, sah sie mit einem verwunderten Blick an. Zu welchen Zeiten diese Gäste das Hotel verließen, das war tatsächlich ungewöhnlich.

Diesmal war es hell genug, um legal ohne Licht zu fahren.
„Glaubst du, wir brauchen noch einmal den Hubschrauber?", fragte Dieter Böhmer.

Clara dachte kurz nach und meinte dann: „Es kann nicht schaden, wenn Pilot und Maschine startklar sind. Nur zur Sicherheit. Die Sache hat bis jetzt schon so viel Geld gekostet, da spielt das wohl auch keine Rolle mehr."

Dieter Böhmer führte ein kurzes Telefonat, dann sagte er, dass der Helikopter in einer halben Stunde bereit sein würde.

Inzwischen hatten sie die Autobahn schon verlassen und bald die wenigen Häuser, die an diesem Ende der Bucht hinter den Leuchtturm gebaut sind, erreicht. Clara hielt diesmal nicht auf dem Parkplatz, sondern fuhr so weit es ging an den Abstieg zum Strand und stellte den Motor ab.

„Jetzt ist es so weit!", sagte sie zu Dieter Böhmer, dem die eigene Anspannung deutlich in das Gesicht geschrieben war.

Der blickte sie an und sagte: „Eines möchte ich dir sagen. Ich bewundere dich grenzenlos!" Als Clara eine wegwerfende Handbewegung machte, ergänzte er: „Nein, nein! Ich meine das völlig ernst. Wie du mit dem Schlauchboot in Gomera in der Nacht bei Sturm die weite Strecke zur Jacht gefahren bist, oder wie du gestern deine Idee mit den Plastiklappen in die Tat umgesetzt hast, das war wirklich einsame Klasse. Und das bei all der psychischen Belastung wegen Heinz. Das hätte dir kaum jemand nachmachen können. Ich bin stolz auf unsere Freundschaft."

„Jetzt hör' aber auf, mir Honig ums Maul zu schmieren. Man wächst einfach an den Aufgaben. Alles was man mir vorwerfen kann, ist eine gewisse Hartnäckigkeit, wenn es darum geht, meine Pläne gegen widrige Umstände doch zu verwirklichen. Ich kann ja die Hände nicht in den Schoß legen. Ich liebe meinen Heinz auch noch nach dreißig Jahren – oder vielleicht gerade deshalb. So und jetzt wollen wir uns auf unsere Aufgaben konzentrieren."

Sie warf einen Blick auf ihre Uhr. Es fehlten noch einige Minuten. Trotzdem verließen sie das Auto und gingen den schmalen Weg hinunter, der zum Strand führt. Dieter Böhmer trug den Koffer mit dem Lösegeld in der rechten Hand. Beide hatten ihren Blick auf den Boden gerichtet, um bei den Unregelmäßigkeiten des Pfades nicht zu stürzen. Dann waren sie endlich auf dem flachen Sandstrand angekommen. Groß und ruhig lag die schöne Jacht in kurzer Entfernung vom Ufer vor Anker. Es musste die Ebbe eingesetzt haben, da der hohe Bug des Schiffes zum Ufer zeigte. Inzwischen war es sieben Uhr geworden. Sie griff in die Tasche ihrer Jeans, holte das Telefon heraus und wählte aus dem Letztnummernspeicher die Verbindung zu den Kidnappern. Dann hielt sie vor Spannung den Atem an.

Die Übergabe

Wieder erwachte Heinz Lauberg durch das Signal des Handys. Er rieb sich die Augen. Auf einem Stuhl an der anderen Seite des Tisches sah er Julietta Waldhof sitzen. Sie lächelte mit leicht herab gezogenen Mundwinkeln und sagte „Guten Morgen!"

„Da bin ich ja vermutlich etwas eingeschlafen", meinte Heinz und ergänzte ebenfalls mit einem „Guten Morgen!"

„Ich habe sagen, du alleine kommen!", bellte der „Riese" in das Telefon. Damit konnte Heinz sicher sein, dass ein weiteres Mal nicht Señor Ramon am Telefon war. Es war Clara, die mit Dieter Böhmer am Strand stand. Heinz blickte aus dem großen Fenster, das zwar mittlerweile dick mit Salz verkrustet war, aber dennoch den Blick zum Ufer freigab. Da sah auch er die beiden Gestalten, die sich im Licht der aufgehenden Sonne deutlich gegen den Hintergrund abhoben. Und er nahm auch den Koffer wahr, den Dieter Böhmer in der Hand hielt. „Was da wohl drin ist? Tatsächlich eine Million Euro oder Papierschnipsel?", fragte er sich.

„Mann ganz nach hinten gehen!", befahl der „Riese" eben am Telefon.

Er konnte Claras Antwort zwar nicht verstehen, aber die Lautstärke schien beträchtlich zu sein. Jedenfalls bewegte sich die Gestalt des Anwalts keinen Zentimeter von der Strandlinie weg.

Der „Riese" gab einige heftige Worte auf Russisch von sich, die Heinz nicht zu verstehen brauchte, um zu wissen, dass es sich um Fluchen handelte.

„Telefon eingeschaltet lassen. Ganze Zeit!", keifte er in das Handy. Dann wandte er sich zu Heinz und sagte: „Hinaus gehen!", und zu Julietta gewandt setzte er fort: „Du auch!"

Beide standen auf und verließen den Salon in Richtung Plicht. Draußen befahl er Heinz in das Beiboot zu steigen, während er Julietta den Lauf der Waffe in die Rippen drückte. Dann humpelte er zur Badeplattform hinunter, legte dort seine Behelfskrücke ab und kletterte mühsam und mit von Schmerz verzerrtem Gesicht auf die hintere Sitzbank. Dann befahl er Julietta ebenfalls einzusteigen. Dabei zeigte der Lauf der schweren Waffe immer abwechselnd auf eine der Geiseln.

„Zu Ufer fahren. Anhalten, wenn ich sage. Langsam fahren", kamen seine Anweisungen.

Heinz startete den Motor, dann machte er das Boot los, legte ab und richtete den Bug zum Strand. Der „Riese" beobachtete laufend, wie sich die Wassertiefe verringerte. Dann befahl er anzuhalten. Heinz stoppte das Boot. Als er den Motor abstellen wollte, befahl der „Riese" ihn weiter laufen zu lassen. Dann sagte er in das Telefon: „Dein Mann kommen an Ufer. Du stellen Koffer auf Sand, dann gehen zehn Schritte zurück. Mann nehmen Koffer und bringen zu Boot. Dann kann Frau gehen!"

Er hielt das Handy weiter an sein Ohr. Heinz vermutete, dass Clara Einwände hatte. Wahrscheinlich wollte sie beide Geiseln gleichzeitig frei bekommen. „Mädel überspann den Bogen bloß nicht!", dachte er.

Schließlich brüllte der „Riese": „So machen wie ich gesagt, oder fahren zurück und alle tot!" Dann unterbrach er wütend die Verbindung. Für Heinz ein Zeichen dafür, dass keine weiteren Verhandlungen möglich waren.

„Du an Strand gehen. Bringen Koffer, dann Frau gehen!", befahl er Heinz.

Der sprang über Bord. Das Wasser reichte ihm bis zur Körpermitte. Seine Nerven waren gespannt wie eine Bogensehne. Er fühlte nicht die Temperatur des Wassers. Er fühlte, dass die Mündung eines 44er-Magnum auf seinen Rücken zeigte. So ging er langsam zum Strand. Dort standen noch immer Clara und Dieter Böhmer nebeneinander und Dieter hielt den Koffer in der Hand.

„Dieter, stell' bitte den Koffer hin und dann tretet beide zurück. Der Mann ist mit den Nerven ziemlich runter und wir sollten ihn nicht provozieren!", rief er. Als seine Anweisung erfüllt war, ging er an den Strand und griff sich den Koffer. Er wusste nicht, ob er aus dem Gewicht ableiten konnte, was sich darin befand. Eine Million oder alte Zeitungen. Dann machte er kehrt und ging zum Boot zurück. In einiger Entfernung blieb er stehen und sagte mit lauter Stimme: „Ich werfe jetzt den Koffer auf das Boot. Julietta, bitte fangen Sie ihn auf, damit er nicht in das Wasser fällt."

Ohne einen möglichen Protest des Kidnappers abzuwarten, holte er aus und warf den Koffer in einem Bogen auf das Beiboot. Julietta Waldhof war aufgestanden, aber sie musste nicht zugreifen. Die Million landete sicher auf den Sonnenpolstern des Vorschiffes.

„Jetzt musst du die Frau frei lassen!", rief Heinz.

Der „Riese" hielt die Waffe unverändert auf Julietta gerichtet und sagte etwas zu ihr. Daraufhin reichte sie ihm den Koffer.

„Wenn da jetzt Zeitungspapier drin ist, dann ist die Sache gelaufen!", dachte Heinz. Der Koffer war verschlossen. Der „Riese" warf einen wütenden Blick zum Ufer. In einer Sekunde hatte er sein Nahkampfmesser in der Hand und nach einer weiteren Sekunde waren die Schlösser aufgesprengt. Heinz beobachtete die Szene mit zusammengekniffenen Augen. Er war sich dessen bewusst, dass er in einer denkbar schlechten Position war, falls der „Riese" plötzlich ausrasten würde. Er hatte keine Waffe und stand bis zum Bauch im Wasser. Auch für Julietta Waldhof konnte er nichts tun. Während der Kidnapper noch in den Koffer blickte, begann Heinz Lauberg langsam rückwärts gehend, sich auf das Ufer zuzubewegen. In diesem Moment legte der Russe den Koffer auf den Boden des Bootes und gab Julietta Waldhof einen lauten Befehl, dessen Inhalt Heinz aber nicht verstehen konnte. Die schien damit nicht einverstanden zu sein. Da zielte der „Riese" mit ausgestrecktem Arm auf den Kopf der Frau. Schließlich trat Julietta Waldhof an den Steuerstand, wendete das Boot und fuhr zurück zur Jacht.

„Du elendes Schwein!", rief Heinz Lauberg und machte instinktiv einige rasche Schritte auf das sich entfernende Boot zu. Da drehte sich der Kidnapper um und schoss. Da lag Heinz Lauberg aber schon im Wasser. Diesen Reflex hatte er zu oft gedrillt, als dass er auch nur eine Sekunde gezögert hätte. Nicht weit von der Stelle entfernt, an der Heinz gestanden war, spritzte eine Wasserfontäne auf. Gleich lief Heinz zum Ufer.

„Verdammt – er lässt sie nicht gehen und wir können nichts tun, um zu verhindern, dass er wieder mit der Jacht abhaut!", rief Heinz.
Da trat Clara zu ihm, gab ihm einen Kuss und sagte: „Die hauen nicht ab. Das können sie nämlich gar nicht. Übrigens bin ich glücklich, dass du wieder da bist!"
Jetzt erst wandte Heinz sich seiner Frau zu und umarmte sie. Fest pressten sich ihre Körper aneinander. Heinz spürte, wie Clara zitterte.

„Armes Mädchen, hast du dir Sorgen um deinen alten Mann gemacht?", fragte er und hoffte, Clara würde die Tränen in seinen Augen nicht bemerken.
„Ja!", sagte sie einfach und wunderte sich, dass ihr im Moment keine pointiertere Antwort einfiel. „Ja, ich habe mir Sorgen um dich gemacht. Und ich kann dir nicht sagen, wie glücklich ich bin, dass du offensichtlich gesund aus der Sache herausgekommen bist."

Dieter Böhmer räusperte sich. „Ich störe ja nur ungern zwei frisch verliebte Turteltauben, aber findet ihr nicht, dass unser Problem erst zur Hälfte gelöst ist?"

„Zur größeren Hälfte, wenn ich mir eine durchaus subjektive Sicht der Dinge erlauben darf", konterte Clara.

Heinz Lauberg löste sich aus der Umarmung seiner Frau: „Dieter hat Recht. Wir müssen uns um Julietta Waldhof kümmern. Immerhin scheint ja das Lösegeld für sie bezahlt worden zu sein." Leiser fügte er hinzu: „Und nicht für mich!"

„Deshalb brauchst du kein schlechtes Gewissen zu haben, mein Schatz. Übrigens, die Jacht kann nicht abfahren, oder wenn, dann kommt sie nicht weit, ich habe alle Kühlwasserzuläufe blockiert", sagte Clara nicht ohne einen gewissen Stolz in ihrer Stimme.

Heinz blickte seine Frau ungläubig an. „Was hast du? Die Einlassöffnungen hast du blockiert? Das heißt, dass du in der letzten Nacht zur Jacht geschwommen bist?"

„Nicht nur das", ergänzte der Anwalt. „Sie hat auch getaucht und dann mit irgendeinem Kleber Folien über diesen Dingern befestigt. Ich muss sagen, ich habe deine Frau gestern von vielen völlig neuen Seiten kennen gelernt!"

Heinz Lauberg schüttelte nur den Kopf. Dann beobachteten alle drei die Jacht, die nun breitseits zum Strand lag. Julietta Waldhof war, dem „Riesen" dicht auf den Fersen, vom Beiboot, das mit einer Festmacherleine an der Badeplattform hing, auf das Schiff gestiegen und im Salon verschwunden.

„Es ist nur noch einer der Kidnapper an Bord", klärte Heinz die beiden Anderen auf.

„Einen von ihnen bin ich auf El Hierro los geworden. Aber das erzähle ich euch alles später. Und der Zweite hat einen ziemlich schwer verletzten Knöchel und kann sich kaum bewegen. Unsere Chancen sind also nicht schlecht. Besonders, weil du die Jacht außer Gefecht gesetzt hast." Bei diesen Worten blickte er seine Frau Clara an und lächelte stolz. „Was ich mir aber nicht erklären kann, ist, woher der Mann weiß, dass Julietta die Jacht fahren kann. Das hat sie nur mir erzählt und in Gegenwart der Entführer hat sie bloß einmal, während ich eine Pause eingelegt habe, den Autopiloten überwacht."

Tatsächlich hörten sie, wie die Motoren angelassen wurden. Doch schon nach wenigen Sekunden erstarb das tiefe Brummen.

„Jetzt haben die Abgassensoren Alarm gegeben", sagte Clara.

Heinz Lauberg nickte nur und beobachtete weiter das Schiff. Dann hörten sie wieder das Starten der Motoren. Gleich darauf, begann die Ankerkette über die Bugrolle zu rasseln.

„Und wenn dem Typ der Alarm und was auch damit verbunden sein mag egal ist?", fragte ein sichtlich besorgter Dieter Böhmer.

„Kann es nicht! Man kann nicht mit durchgeschmorten Auspuffschläuchen fahren. Außerdem beginnen dann relativ rasch die Motoren zu überhitzen. Blöd ist nur, dass wir das Beiboot nicht haben. Dann hätten wir ihnen folgen können. Weit kann das ja nicht sein", meinte Heinz.

Clara wandte sich Dieter Böhmer zu und schlug vor, den Hubschrauberpiloten zu alarmieren. Der Anwalt griff sofort zu seinem Telefon.

„Was habt ihr denn noch alles in der Hinterhand?", fragte Heinz bewundernd.

„Die Kanzlei Dr. Böhmer scheut keine Spesen, wenn sie sie in Rechnung stellen kann!", scherzte Clara, was ihr einen bösen Blick des Anwalts eintrug.

Inzwischen war der Anker aufgeholt. Die Jacht wendete auf der Stelle und begann dann Fahrt aufzunehmen. Nach wenigen Sekunden ging die „Julietta" in Gleitfahrt über. Beide Motoren liefen auf vollen Touren. „Das kann nicht lange gut gehen", sagte Heinz zu sich selbst. Tatsächlich legte das Schiff keine ganze Meile zurück. Dann verschwand plötzlich die hoch aufschäumende Bugwelle und die „Julietta" trieb im Atlantik.

„Halte um Himmels willen deinen Hubschrauber zurück!", sagte Heinz zu Dieter Böhmer. „Wenn der Typ jetzt mit dem Beiboot an Land kommt und den Hubschrauber klauen kann, dann haben wir wirklich schlechte Karten."

Ein weiteres Telefonat war die Folge. Der Pilot würde die Maschine startklar machen, dann aber warten. So lautete die Vereinbarung.

Das Geräusch, das die wieder auslaufende Ankerkette der „Julietta" verursachte, zauberte ein Lächeln auf Heinz Laubergs Gesicht. „Ohne die verklebten Wassereinlässe hätten wir jetzt bloß hinterher schauen können. So aber sind wir wieder im Spiel!"

Wie auf dieses Stichwort hin, erschienen Julietta Waldhof und der „Riese" abermals in der Plicht. Beide stiegen in das Beiboot und Julietta Waldhof trat an den Steuerstand. Dann nahm das Fahrzeug Kurs auf die Küste.

Heinz Lauberg wandte sich an Clara und Dieter Böhmer und sagte: „Ich halte es für besser, wenn ihr bis zum Abhang zurück geht. Falls unser Freund noch auf besonders blöde Gedanken kommen sollte, dann seid ihr wenigstens außerhalb seiner Reichweite. Und auf hundert Meter trifft auch ein SPEZNAZ-Mann nicht mehr, bloß mit einem Revolver."

„Wer oder was ist ein SPEZNAZ?", fragte Dieter Böhmer.

Als er den veränderten Ausdruck auf Heinz Laubergs Gesicht sah, machte er sich gemeinsam mit Clara, ohne eine Antwort abzuwarten, auf den Weg.

Bei der Landung lief das Boot auf den Strand auf. Der Außenborder gab noch einige stotternde Geräusche von sich und stand still. Der „Riese" hatte Julietta Waldhof den Lauf der Waffe auf den Brustkorb gesetzt. Sie hielt die Sessellehne in einer Hand und stützte den großen Mann mit der anderen, als er mühsam aus dem Boot kletterte. Dann gab sie ihm seine Behelfskrücke und griff nach dem Koffer mit dem Lösegeld. Als beide den Strand erreicht hatten, keifte der „Riese": „Schlüssel von Auto. Legen auf den Stein und zurück gehen!" Dabei wies er auf einen großen Kiesel.

„Ich habe kein Auto!", versuchte Heinz die Lage für den Kidnapper zu verkomplizieren. Doch der stieß die Waffe so brutal in Julietta

Waldhofs Seite, dass diese gequält aufschrie. Dann brüllte er: „Lüge! Du hast Auto! Sofort Schlüssel auf Stein oder ich töte Frau!"

„O. K., ich hole ihn", resignierte Heinz, wandte sich um und ging zu Clara. Die hatte inzwischen die Wagenschlüssel aus ihrer Hosentasche geholt. „Ich borge unser Auto nur sehr ungern her!", übte sie sich in Galgenhumor.

Heinz nahm den Faden auf. „Prinzipiell fühle ich wie du, ich fürchte aber, wir werden diesmal großzügig sein müssen!" Damit griff er sich die Schlüssel, kam zurück und legte sie auf den einzigen Stein, der auf diesem Abschnitt des Strandes lag. Dann trat er einige Schritte zurück. Der „Riese" humpelte mit Julietta vor dem Lauf seiner Waffe zu dem Stein, griff zu und fragte: „Wo ist Weg zum Auto und welches Auto?"

Heinz deutete die Richtung, in der der Aufstieg vom Strand zum Plateau der Landzunge lag und sagte: „Ein grüner Hyundai-Van."

„Alle bleiben hier, bis Auto weg!", kam das Kommando des „Riesen". Heinz nickte.

Langsam bewegte sich der Kidnapper mit seinem Opfer den Abhang hinauf. Als die beiden in halber Höhe angelangt waren, ging Heinz zum Beiboot und holte aus der Sitzkiste des Steuerstandes den Revolver des „Bruders" heraus. Dann eilte er zu Clara und Dieter Böhmer. „Ihr beide bleibt hier. Du, Dieter, rufst deinen Piloten an. Er soll seine Mühle hierher auf den Strand bewegen und das möglichst rasch." Dann lief er ebenfalls zum Weg nach oben und stürmte den engen Steig hinauf. An der Kante ging er in Deckung. Der Wagen stand ganz nah und mit der linken Seite nur zwei Meter vom Abhang entfernt. „Das kann eine Chance sein!", dachte Heinz. Er sah, dass der Kidnapper den Wagen aufschloss. Dann öffnete er die linke Türe und Julietta Waldhof stieg ein. Anschließend humpelte der „Riese" auf die andere Seite des Wagens, um ebenfalls einzusteigen. Dabei zielte er die ganze Zeit durch die Windschutzscheibe auf die hinter dem Lenkrad sitzende Julietta Waldhof. In dem Augenblick, als er die Beifahrertüre öffnete, stand Heinz auf, so dass Julietta ihn gut sehen konnte und brüllte: „Aus dem Wagen fallen lassen und hinter den Abhang! Jetzt!!!" Während er diese Worte schrie, riss er die Waffe hoch und richtete sie auf den Entführer. Julietta verstand zu seiner Erleichterung sofort. Sie riss die Türe auf, ließ sich aus dem Wagen fallen und nützte den Schwung, um über die Kante des Abhangs zu rollen. Damit war sie aus dem Schussfeld.

Als Heinz den Bruchteil einer Sekunde später seine Aufmerksamkeit wieder dem „Riesen" zuwandte, sah er, dass der inzwischen seinen Revolver auf ihn gerichtet hatte. „Die klassische Duellsituation", dachte er und wechselte zu einem zweihändigen Anschlag seiner Waffe. Dieses Patt dauerte einige Sekunden. Dann sah Heinz Lauberg, wie der „Riese" langsam, die Waffe immer auf ihn gerichtet, auf den Fahrersitz glitt.

„Der Scheißkerl weiß genau, dass ich nicht zuerst abdrücken werde!", sagte er halblaut. Dann startete der „Riese" den Wagen und war wenige Sekunden später hinter einem der wenigen Häuser verschwunden. Heinz atmete tief durch und ließ die Waffe sinken. Dann fiel ihm Julietta Waldhof ein und er blickte über die Geländekante nach unten. Offensichtlich war sie unverletzt. Sie kauerte geduckt hinter einem großen Lavafelsen.

„Es ist vorbei! Der Kerl ist abgehauen", brachte er ihr die gute Nachricht, die auch von den beiden Wartenden am Strand gehört wurde. Julietta Waldhof kletterte wieder die paar Meter hinauf und kam dann mit ihm den Weg hinunter zu Clara und Dieter Böhmer. Die gegenseitige Vorstellung dauerte nur wenige Sekunden. Dann hörten sie auch schon das Geräusch des näherkommenden Hubschraubers. Heinz Lauberg ging in die Mitte des flachen Sandstrandes und wies den Piloten ein. Als die Maschine aufgesetzt hatte, kehrte er zu der wartenden Gruppe zurück.

„Jetzt möchte ich auch noch gerne mein Auto haben", sagte er.

Dieter Böhmer schüttelte verständnislos den Kopf. „Ist das denn wirklich wichtig? Teneriffa ist eine Insel. Er kann ohne Papiere nicht nach Festlandspanien übersetzen. Du wirst also deinen Wagen schon wieder bekommen. Da brauchst du nicht noch einmal ein persönliches Risiko dafür eingehen."

Heinz lächelte und entgegnete: „Lieber Dieter, glaubst du wirklich, dass mir das nicht bewusst ist? Mir geht es um den Mann. So lange der auf der Insel auf freiem Fuß ist, stellt er für uns, für Clara und mich, eine Bedrohung dar. Der ist wie ein verwundeter Tiger zu allem bereit."

Dieter Böhmer versuchte noch einen Anlauf. „Du könntest ja in, sagen wir zwei Tagen die Polizei einschalten. Lass doch die Profis die schmutzige Arbeit tun."

„Bis ich denen in den von dir gewünschten zwei Tagen das alles erklärt habe, ist der Typ über alle Berge. Das dauert viel zu lange, wie übrigens auch unsere augenblickliche Diskussion." Damit wandte er sich an seine Frau. „Kommst du mit?" Clara nickte und schon waren beide auf dem Weg zum Hubschrauber. Während sie zur Maschine gingen, sagte Heinz: „Rufe bitte Dieter auf dem Handy an und sage ihm, er soll mit Julietta auf die Jacht zurück fahren. Ich bin nicht sicher, ob die Ankerkette so weit vom Ufer entfernt, wie sich das Boot befindet, noch sicheren Halt gewährleistet. Wir melden uns wieder bei ihnen. Ja, und Dieter soll sich nach einer Ersatz-Crew umsehen, die das Schiff endlich dort hinbringt, wo es hin soll."

Heinz kletterte auf den Sitz neben dem Piloten und Clara wieder auf die hintere Bank. Sofort hob der Helikopter ab und nahm die Verfolgung des Wagens auf. Das war nicht schwierig, da um diese Zeit noch wenige Autos unterwegs waren. Der „Riese" benützte die kleine Straße, die über den Ort Abades zur Autobahn führt. Dort ging es Richtung Süden. Obwohl der Mann sehr schnell fuhr, war es natürlich für den Hubschrauber leicht, dran zu bleiben. Heinz wies den Piloten an, dem Wagen in größerer Höhe zu folgen. Er wollte nach Möglichkeit vermeiden, dass sie der Russe frühzeitig bemerkte. Jedenfalls fuhr der Kidnapper bei San Isidro von der Autobahn ab und die schnurgerade Straße in Richtung Abona und weiter in die Berge. Auch hier war die Verfolgung anfangs leicht. Das niedrige Buschwerk bot für den großen Wagen keine Deckung. Nach dem Ort Vilaflor begannen allerdings die Föhrenwälder. Diese waren zwar nicht so dicht, dass es keine Bodensicht gegeben hätte, aber es gab kaum mehr Plätze, auf denen der Hubschrauber hätte landen können.

„Verdammt, hoffentlich lässt er das Auto nicht stehen und haut zu Fuß ab", dachte Heinz.

Aber immer wieder tauchte der Wagen auf. Die Fahrt ging durch eine Unzahl von Kurven immer höher hinauf. Heinz blickte sich um. Clara schien den Flug zu genießen. Auf der Straße waren sie diese Strecke ja schon unzählige Male gefahren. Aus der Luft bekam die Landschaft aber doch ein völlig neues Aussehen.

An der Kreuzung, an der es rechts in die Hochebene der Cañadas hinein geht, hielt der „Riese" sich links.

Heinz Lauberg wunderte sich. Entweder hatte der Mann keinerlei Ortskenntnis oder er war in Panik und handelte vollkommen planlos. Auf dieser Route führt die Straße über Kilometer völlig geradeaus. Es gibt keinerlei Deckung und links und rechts erstreckt sich eines der schroffsten Lavafelder der Insel. Außerdem war Heinz mittlerweile davon überzeugt, dass sein Gegner den Hubschrauber inzwischen bemerkt haben musste.

Da fuhr der Wagen plötzlich auf einen der wenigen Parkplätze, die es hier gibt. Das gefiel Heinz Lauberg überhaupt nicht. Dort standen bereits zu dieser frühen Stunde einige Leihwagen und ein Autobus. Eine Anzahl von Touristen bewunderte den herrlichen Ausblick auf den Pico del Teide, den diese Stelle bietet. „Hoffentlich nimmt er nicht einen ganzen Autobus voll Geiseln!", dachte er.

Doch es kam anders. Der „Riese" stieg aus dem Auto und warf einen kurzen Blick nach oben zum Hubschrauber. Dann kletterte er zur größten Verwunderung der Besucher mit seiner Behelfskrücke über die Begrenzungsmauer des Parkplatzes und begann in das unwegsame Gelände hinein zu humpeln. Heinz bemerkte, dass der Mann nicht einmal den Koffer mit dem Lösegeld dabei hatte. Wahrscheinlich hatte er vorausgesehen, dass das eine zu große Behinderung dargestellt hätte.

„Der ist wirklich in Panik und will nur noch weg! Allerdings hat er sich dafür die schlechteste aller Möglichkeiten ausgesucht", sagte Heinz zu sich. Dann kam ihm aber der Gedanke, dass der Typ vielleicht gar nicht fliehen wollte. Dieses Gelände war hervorragend dazu geeignet, sich zwischen den Lavablöcken zu verstecken. In der Nacht hätte er dann die Flucht fortsetzen können. „Ich fürchte, ich beginne „Freund SPEZNAZ" zu unterschätzen!", gestand sich Heinz Lauberg ein.

Eine Minute schwebte der Helikopter zur Verwunderung der Touristen über dem Parkplatz. Heinz wollte gerne auf den Boden, aber das war hier wegen all der Menschen und Autos nicht möglich. Allerdings gab es einen kleinen, unbefestigten Parkplatz auf der anderen Straßenseite, der einige hundert Meter entfernt lag und nur von einem einzelnen Pärchen besucht war. Die würde der landende Helikopter wohl vertreiben können. Heinz wies den Piloten entsprechend an und die Maschine bewegte sich langsam sinkend zu dem freien Platz. „Ich steige aus und versuche ihm zu folgen. Bleibt ihr über ihm, damit ich die Orientierung nicht verliere!", schrie er in Claras Ohr, die sich zu ihm nach vorne geneigt hatte. Dann gab er auch noch entsprechende Anweisungen an den Piloten. Der nickte und streckte den Daumen nach oben zum Zeichen, dass er verstanden hatte.

Das Pärchen auf dem Parkplatz wollte sich offensichtlich die Landung des Hubschraubers nicht entgehen lassen. Jedenfalls machte es keine Anstalten, in das Auto zu steigen.

„Na gut, wenn ihr es so wollt!", dachte Heinz. Tatsächlich hüllte der Downwash des Hauptrotors die beiden in eine Wolke aus Staub, Sand und dem Inhalt sämtlicher Abfalleimer, die auf dem Platz standen. Als die Maschine nur noch wenige Meter über dem Boden schwebte, öffnete Heinz die Türe. In der rechten Hand hielt er den Revolver, mit der Linken klammerte er sich an einen Haltegriff, da er jetzt selbst von der ganzen Wucht des Rotorwindes getroffen wurde, als er auf die Kufe stieg. Aus einem Meter Höhe sprang er ab. Irgendwie fühlte er sich dabei an alte Zeiten erinnert, als er noch selbst in der Offiziersausbildung gestanden hatte. Die beiden jungen Menschen starrten erschrocken auf die Waffe, als Heinz an ihnen vorbei zur Straße und dort entlang zum anderen Parkplatz lief. Inzwischen hatte der Helikopter wieder Höhe gewonnen und war ein Stück in das Lavafeld hinein geflogen. Dort befand sich also der „Riese".

„Da kommst du nicht mehr weg", sagte sich Heinz Lauberg und begann nun seinerseits einen Weg durch das Labyrinth aus scharfkantiger Schlacke und schwarz glänzendem Obsidian zu suchen. Er kam nur langsam voran. Welche Anstrengung bedeutete das wohl erst für den Verletzten?! Von den Schmerzen gar nicht zu reden, denn in diesem Gelände musste er trotz seiner Gehhilfe beide Beine benützen. Immer wieder galt es unter Zuhilfenahme der Hände einige Meter hinauf zu klettern, um dann wieder von einer Kante auf den unsicheren Boden hinunter zu springen. Heinz musste sich das grauenvolle Bild der Hinrichtung des Kumpanen in das Gedächtnis holen, sonst hätte der Verbrecher ihm Leid getan. So konzentriert Heinz Lauberg auf sein Vorwärtskommen war, er behielt auch immer die Position des Hubschraubers im Auge. Es war ihm daran gelegen, keinen Meter des mühsam zurück gelegten Weges zu verschenken und er wollte wissen, ob sich der Abstand zum „Riesen" verringerte. Das war in der Tat der Fall, obwohl er die große Gestalt seines Gegners noch kein einziges Mal zu Gesicht bekommen hatte. Übermannshohe Basaltblöcke versperrten die Sicht.

„Und wenn er auf mich wartet, um mich in aller Ruhe abzuknallen?", fragte sich Heinz und fühlte, wie sich seine Körperhaare sträubten.

Er musste also nicht nur den halsbrecherischen Weg und die Position des Hubschraubers beachten, sondern auch noch darauf gefasst sein, dass es zu einem Kampf kommen konnte. Und mit dem ungewohnten, schweren Schießeisen war ihm der „Riese" trotz Nervosität, Angst, Verletzung und sicher auch höllischen Schmerzen, vielleicht immer noch überlegen.

Der Ausdruck „höllische" Schmerzen stimmte Heinz nachdenklich. Bei den Ureinwohnern der Insel, den Guanchen, hatte der Berg

„Escheyde" geheißen. Das übersetzen manche Wissenschafter mit „weißer Berg", ein Hinweis auf den Schnee des Winters, andere aber auch mit „Hölle". „Der Escheyde ist deine persönliche Hölle, SPEZ-NAZ-Mann", dachte Heinz.

Und dann sah er ihn. Er hatte tatsächlich auf ihn gewartet. Heinz ließ sich sofort hinter den nächsten Basaltblock fallen. In diesem Moment stieg der Hubschrauber plötzlich nach oben, zog eine Kurve und flog steil abwärts in rasender Geschwindigkeit auf jene Stelle zu, an der der „Riese" stehen musste. Knapp davor riss der Pilot die Maschine hoch. Heinz erkannte seine Chance. Der Rotorwind hatte den „Riesen" vermutlich umgeworfen. Vielleicht hatte er dabei auch die Waffe verloren. Heinz Lauberg sprang auf und stolperte so rasch es ging zu der betreffenden Stelle. Von seinem Gegner war aber nichts zu sehen. Heinz ging vorsichtig um die nächsten Blöcke herum. Da stand er plötzlich vor einem kreisrunden Kessel mit senkrechten Wänden. „Wieder eine ehemalige Gasblase, wie der Höhlenhafen auf El Hierro. Nur dass hier die Decke eingestürzt ist", dachte Heinz. Er trat vorsichtig, mit der Waffe im Anschlag, an die Kante. Da sah er ihn. Der „Riese" lag etwa sieben oder acht Meter tiefer auf dem Rücken. Der Rotorwind hatte ihn, unsicher, wie er wegen der Verletzung auf den Beinen war, über den Rand in den Abgrund geblasen. Obwohl auf dem schwarzen Untergrund kaum Blut zu erkennen war, wusste Heinz Lauberg, dass er tot war. Die Glieder grotesk verrenkt, hing der Kopf über die Kante eines schroffen Lavablocks und baumelte seltsam im Wind des Rotors. Heinz suchte einen Weg, der es ihm ermöglicht hätte nach unten, auf den Boden des Kessels zu gelangen. Er sah aber keinen Abstieg. Langsam setzte er sich an den Rand des Abbruchs.

„Jetzt ist es also wirklich vorbei. Jetzt hast du keine Schmerzen mehr", sagte Heinz Lauberg leise zu dem „Riesen" und fühlte sich seltsam leer in seinem Inneren. Aller Hass, den er bisweilen diesem Mann gegenüber gefühlt hatte, war verschwunden. Er atmete einmal tief ein und wieder aus. Er würde die *Guardia Civil* informieren, dass hier ein

Wanderer, der von den Wegen abgekommen war, verunglückt ist. Die können dann mit einem Helikopter, der eine Seilwinde hatte, kommen und den Leichnam bergen. Dem eigenen Helikopter war der Kessel für eine Landung zu eng. Warum dieser „Wanderer" trotz einer schon mehrere Tage alten, schweren Knöchelverletzung in dieses unwegsame und gefährliche Gelände gegangen war, das konnte die Polizei zum Gegenstand von vermutlich ergebnislosen Ermittlungen machen.

Heinz Lauberg richtete den Blick nach oben. Der Pilot machte eine Geste, als würden beide Hände eine waagrechte Stange umfassen. Heinz verstand das Angebot. Der Pilot wäre mit dem Helikopter so weit herunter gegangen, dass er die Kufe fassen könnte. Dann hätte es einen frei hängenden Transport zum Parkplatz gegeben.

„Nein, mein Freund. Für solche Spiele bin ich zu alt. Da stolpere ich lieber zu Fuß zurück und wenn ich mir die Nase blutig schlage", sagte er laut und schüttelte deutlich sichtbar verneinend die Hand. Der Pilot grinste von einem Ohr zum anderen, zog die Maschine hoch und flog auf den noch immer freien Parkplatz zurück. Der Rückweg, obwohl nur wenige hundert Meter, schien endlos zu sein. Einige Male hatte er das Gefühl sich völlig verlaufen zu haben. Schließlich stand er schnaufend und mit völlig zerschundenen Schuhen auf dem Parkplatz. Dort erwartete ihn bereits seine Frau Clara, die ihn ein zweites Mal mit offenen Armen empfing. Nach der stürmischen Begrüßung ging Heinz zum Piloten. Der nahm den Helm ab, und sagte: „Tut mir leid, dass ich den Typen über den Rand geblasen habe. Ich hatte gesehen, wie er auf Sie gezielt hat. Da wollte ich ihn ein wenig durchschütteln, damit er nicht trifft. Ist er sicher tot?"

„Ja, davon bin ich überzeugt. Aber ich schlage vor, Sie rufen über Funk die *Guardia Civil* und sagen denen, Sie haben einen Wanderer bemerkt, der abgestürzt ist. Mehr brauchen die nicht zu wissen. Es hilft ja keinem mehr, wenn sie eine große Untersuchung starten und Ihnen womöglich noch Schwierigkeiten machen."

„Das sehe ich auch so", sagte der Pilot erleichtert. „Damit ist mein Auftrag ja wohl zu Ende?"

Heinz bejahte, um die finanziellen Aspekte würde sich Dieter Böhmer kümmern. Der Pilot setzte den Helm wieder auf, schloss die Türe und hob ab, ohne zu warten, bis Clara und Heinz den Parkplatz verlassen hatten. Alles, was bei der Landung noch nicht durch die Luft gewirbelt worden war, bildete jetzt einen Schleier, in dem der Helikopter verschwand. Die beiden rieben sich den Sand aus den Augen und machten sich auf den Weg zu ihrem Auto.

„Hoffentlich hat er die Schlüssel nicht mitgenommen!" sagte Clara und Heinz stimmte zu. Als sie sich dem Auto näherten, sahen sie, wie eben ein junger Bursche die Beifahrertüre öffnete und den Koffer mit dem Lösegeld heraus nahm.

„Der klaut eben eine Million und weiß es nicht einmal!", rief Heinz und lief, so schnell ihn seine, von der Kletterei ermüdeten Beine trugen, in Richtung des Parkplatzes. Aber der Junge war bereits zu einem Zweiten in das Auto gestiegen. Schnell verließ der Wagen die Stelle, noch lange bevor Heinz und Clara, die nur einen Schritt hinter ihm lief, angekommen waren. Doch das Glück war diesmal auf Seite der Laubergs. Die Diebe fuhren ihnen entgegen. Als das rasch beschleunigende Auto noch etwa fünfzig Meter entfernt war, zog Heinz den schweren Revolver aus dem Hosenbund, stellte sich mitten auf die Fahrbahn und zielte auf die Windschutzscheibe des Wagens. Diese Drohung genügte. Mit quietschenden Reifen hielt das Auto, durch die geöffnete Seitenscheibe flog der Koffer auf die Straße und dann schoss das Fahrzeug im Retourgang bis zum Parkplatz zurück. Dort wendete der Fahrer und fuhr in einem Höllentempo in der anderen Richtung davon.

„Das glaubst du ja nicht! Da kannst du eine Million keine Viertelstunde unbeaufsichtigt im Auto lassen, schon wird sie geklaut!", räsonierte Heinz, der zufrieden die 44er in den Hosenbund zurück schob und den am Straßenrand liegenden Koffer aufnahm.

„Aber das hast du toll gemacht! So John-Wayne-artig. Den Colt im beidhändigen Anschlag, die Augen zu engen Schlitzen zusammengekniffen. Männlicher als der Marlboro-Mann. Direkt erotisch!", schmachtete Clara lachend.

„Komm, meine Stute, steig in den Wagen", griff Heinz den Faden auf und setzte fort: „Bevor den auch noch einer klauen will. Der Schlüssel steckt ja Gott sei Dank."

Langsam bewegten sie den Wagen vom Parkplatz und bogen nach links auf die Straße ein. Heinz hatte diese karge Landschaft, die aus der Urzeit der Erde zu stammen schien, noch nie so reizvoll empfunden, wie an diesem Tag. Knapp vor Mittag kamen sie nach Vilaflor.

„Du hast mir doch als Belohnung, wenn ich gesund wieder komme, das größte Steak aller Zeiten versprochen. Nun, hier im „Mirador" gibt es diese Steaks und Hunger hätte ich auch schon", erinnerte Heinz seine Frau.

Die verzog bedauernd das Gesicht. „Ich halte mein Versprechen, aber im Augenblick habe ich nur zehn Euro und ein paar Münzen eingesteckt. Sorry!"

Heinz lächelte schief und erwiderte: „Wenn sich deine Leichtsinnigkeit in diesen Belangen nicht in den letzten Tagen geändert hat, dann steckt in jener Tasche deiner Jeans, die sich über deine hübsche linke Hinterbacke spannt deine Kreditkarte. Diese Ausrede ist also nicht tauglich."

Mit diesen Worten bog er rechts in die steil bergauf führende Straße ein, die zu dem Restaurant mit den Steaks von wahrhaft argentinischen Ausmaßen führt. Ein Lächeln der Vorfreude auf kommende Genüsse überzog Heinz Laubergs Gesicht.

Das Rätsel der zwei Toten

Es war schon Nachmittag, als Heinz Lauberg den Wagen zum Strand von Poris de Abona zurück lenkte. Er hatte das Gefühl, dass sein Bauch, wohl gefüllt mit einem und einem halben Riesensteak, kaum hinter das Lenkrad des Vans passte. Clara hatte ihre Portion nur zur Hälfte bewältigt und ihr Mann brachte gerne das Opfer, sich der Zweiten anzunehmen.

Auf dem Weg, der den Abhang hinunter zum Strand führt, rief Clara das Handy von Dieter Böhmer an. Julietta sollte mit dem Beiboot zum Ufer kommen und sie an Bord holen. Wenige Minuten später waren alle vier auf dem Schiff vereinigt und das Beiboot hing wieder an der Badeplattform. Heinz Lauberg übergab dem Anwalt Dieter Böhmer den Koffer mit dem Lösegeld und berief einen Kriegsrat ein. Er schlug vor, mit der Jacht zurück nach La Gomera zu fahren. Dafür sollte der Sprit noch reichen. Dort war sie ja schon einige Tage unbemerkt von Zoll und sonstigen Behörden gelegen.

Dieter Böhmer steuerte die Nachricht bei, dass er Juliettas Vater telefonisch erreicht hatte. Außerdem war in zwei Tagen eine Ersatz-Crew von Ferretti zu erwarten, um die Jacht nach Kap Verde zu überstellen. Heinz Lauberg meinte noch, dass Dieter Böhmer und Julietta Waldhof so lange auf dem Schiff bleiben sollten. Es ging seiner alten Seefahrerseele einfach gegen den Strich, ein Schiff zwei Tage lang unbemannt in einer Bucht liegen zu lassen. Und Julietta Waldhof hatte die Jacht ja schon gefahren. Falls also etwas Unvorhergesehenes passieren sollte, ein Bruch der Ankerkette etwa, dann war jemand an Bord, der sofort Maßnahmen setzen konnte. Darüber war rasches Einvernehmen erzielt. Jetzt mussten sie nur noch das Problem der durchgeschmorten Abgasschläuche lösen. Dazu begab sich Heinz Lauberg mit einer Rolle Alufolie aus der Pantry und mit Isolierband bewaffnet in den Motorraum. Nach einer halben Stunde waren die Löcher in den Schläuchen notdürftig geflickt. Größeren Schaden hatte die CO_2-Löschanlage, die durch Brandmelder aktiviert worden war, verhindert.

Als Heinz zurück in den Salon kam, schaute er Clara an und meinte: „Wer die Kühlwassereinläufe verklebt hat, der muss sie auch wieder frei machen!"

Allerdings beugte er sich ohne weitere Diskussion der zahlenmäßigen Übermacht sämtlicher anderer Anwesenden, die sich seiner Ansicht nicht anschließen wollten. In der Kiste des Beibootes hatte er eine Tauchermaske gesehen. Obwohl sie für ihn zu klein war, stülpte er sie sich über und sprang von Bord. Wenige Minuten später war dieses letzte Hindernis beseitigt und das kleine Boot in seiner Garage. Während Heinz sich trocken rieb, nahm die „Julietta" mit ihrer Namensgeberin am Steuer die 65 Meilen, die ihr Fahrtziel entfernt war, in Angriff.

Die knapp mehr als zweistündige Überfahrt nützten Clara und Dieter Böhmer, um das Schiff zu besichtigen. In der Bucht von Erese angekommen, beschloss die Gruppe, sich in Playa Santiago gemütlich in ein Lokal zu setzen, um das glückliche Ende des Abenteuers zu feiern. Heinz Lauberg war nicht so ganz in der entsprechenden Stimmung. Der unbeabsichtigte Tod des einen der Entführer belastete ihn ebenso, wie die Ungewissheit, was mit dem „Bruder" geschehen war. Allzu lange konnte man gefesselt in dem kalten Höhlenhafen nicht überleben. War der Mann aber bereits gefunden worden, dann stellte er eine potenzielle Gefahr dar. Er brachte seine Sorgen zur Sprache, aber eine wirkliche Lösung konnte niemand anbieten. Die Gruppe beschloss, im Lokal darüber nachzudenken, ob es sinnvoll sei, jetzt die *Guardia Civil* zu informieren.

Sie brachten das Beiboot wieder zu Wasser, stiegen ein und Heinz löste die Leine. Er hatte sich fest vorgenommen, die „Julietta" nicht mehr zu betreten. Erst auf der „Calima" war für ihn das Abenteuer abgeschlossen. Das fühlte er und deshalb wollte er so rasch wie möglich nach San Sebastian.

Julietta Waldhof steuerte das schnelle Boot um die Punta del Espino nach Playa Santiago. Dort war rasch ein Lokal gefunden, in dem man wechselweise die Abenteuer erzählen konnte.

Nach etwas mehr als einer Stunde war alles gesagt und die Hälfte der zweiten Flasche Freixenet drohte auch gelenzt zu werden. Heinz Lauberg zeigte sich von den Leistungen seiner Frau tief beeindruckt. Einmal war es das Abenteuer der nächtlichen Schlauchbootfahrt, das Clara auf sich genommen hatte, zum Zweiten ihr Tauchgang in der Bucht von Abona. Mit Unverständnis nahm er die Tatsache zur Kenntnis, dass es Julietta Waldhofs Lebensgefährte gewesen war, der bereit gewesen wäre, ihren Tod in Kauf zu nehmen, nur um den Versicherungsbetrug abwickeln zu können.

„Es ist ja nicht mein Leben!", sagte er. „Aber ich könnte mit so einem Menschen keine Stunde mehr unter einem Dach verbringen."

Julietta Waldhof nickte: „So sehe ich das auch. Ich habe die ganze Zeit, als ihr noch hinter dem Gangster her wart, an der Sache gekaut. Immerhin war ich bis heute der Meinung, dass wir einander lieben. Ich habe mich eben getäuscht. Jedenfalls möchte ich ihn nicht mehr sehen. Ein entsprechendes Mail liegt schon im Postfach dieses ... Menschen!"

„Geschäftlich muss man das natürlich viel emotionsloser betrachten ...", entfuhr es Dieter Böhmer. Als sich aber die Gesichter aller drei mit einem erstaunt-missbilligenden Ausdruck ihm zuwandten, endete er mitten im Satz. Um keine Pause entstehen zu lassen, in der vielleicht jemand seinen Unmut über diese Aussage kund getan hätte, setzte er fort: „Aber was mich interessieren würde ist, was die Kidnapper mit der Jacht weiter anfangen wollten. Hätte sie als Pendelfähre zwischen der marokkanischen Küste und El Hierros Höhlenhafen verkehren sollen?"

Clara Lauberg schüttelte den Kopf: „Das glaube ich nicht. Die Jacht musste ja nicht wirklich versenkt werden, um zum Versicherungsfall zu werden. Auch ein Entwenden hätte den gleichen Effekt gehabt, vielleicht allerdings mit einer etwas verzögerten Auszahlung der Versicherungssumme. Ich glaube, dass die vier beteiligten Männer, die ja bloß ausführende Organe waren, von den eigentlichen Drahtziehern den Auftrag hatten, die Jacht in irgendein afrikanisches Land zu bringen. Dort hätte das schöne Schiff mit neuen Papieren einen Besitzer bekommen, der es mit Nachforschungen nicht zu genau nimmt. Dafür wäre wohl der Preis etwas günstiger gewesen. Und dann kam noch mit Ihnen, Julietta, die Gelegenheit für die beiden Übriggebliebenen, einen Coup auf eigene Rechnung zu machen. Das war ungeplant. Sie nützten nur die günstige Chance."

Heinz nickte: „Das kann ich vollinhaltlich bestätigen. Was jetzt aber noch bleibt, ist das Problem des „Bruders" und des Mannes, der mit dem schnellen Schlauchboot die beiden SPEZNAZ-Typen und den ausrangierten Kapitän zur Jacht gefahren hatte. Der Schlauchbootfahrer macht mir dabei wenig Kopfzerbrechen. Der Mann ist weit genug weg und weiß auch nicht so viel, dass er den Weg zu uns finden könnte. Aber wegen des „Bruders" müssen wir uns etwas einfallen lassen. Und vergessen wir auch Señor Ramon nicht. Der war nur deshalb so mitteilsam, weil er davon ausgehen konnte, dass ich nicht in der Lage sein würde, mein Wissen auch zu gebrauchen. Für ihn hatte ich ja „eine interessante Verabredung" mit dem eigenen Tod!"

Clara griff nach seiner Hand und drückte sie fest. Sie war überglücklich ihren Heinz wieder zurück zu haben. Aber auch ihr war bewusst, dass bezüglich des „Bruders" etwas geschehen musste.

Das Einfachste wäre wohl gewesen, Señor Ramon zu informieren. Aber Heinz wusste nicht, wie der Mann telefonisch zu erreichen war. Und nach El Hierro zurück zu fahren, um ihn auf seiner *Finca* zu besuchen, das war, so dachte er, auch zu riskant. Dort gab es immerhin noch „Freund Ilja" mit der Schrotflinte!

Schließlich einigte man sich darauf, morgen Früh doch die *Guardia Civil* zu informieren. Dieter Böhmer wäre es zwar lieber gewesen, wenn die Jacht zu diesem Zeitpunkt die spanischen Gewässer bereits verlassen hätte, noch dazu wo es notwendig war, das Schiff in San Sebastian aufzutanken.

Heinz Lauberg aber war unnachgiebig. Es war für den „Bruder" hart genug, zwei Tage und zwei Nächte gefesselt im Höhlenhafen zu liegen. Doch plötzlich stockte er in seiner Argumentation und blickte zu dem Fernsehgerät, das in einer Ecke des Lokales lief. Auch Clara wurde sofort aufmerksam. Die beiden Anderen verstummten ebenfalls. Das kanarische Fernsehen brachte gerade einen Bericht über zwei sonderbare Vorfälle. Auf El Hierro hatten Wanderer in einem abgelegenen Waldstück eine männliche Leiche gefunden. Der Mann war durch einen Schrotschuss aus nächster Nähe in das Gesicht getötet worden. Selbstmord schlossen die spanischen Behörden aus, da man keine Tatwaffe gefunden hatte. Der zweite Vorfall hatte sich auf Teneriffa ereignet. In unwegsamem Gelände im Nationalpark hatte man ebenfalls die Leiche eines Mannes geborgen, der dort durch einen Absturz zu Tode gekommen war. Fremdeinwirkung war, nach ersten Angaben der Polizei, keine fest zu stellen. Allerdings hatte man in der Nähe der Leiche einen großkalibrigen Revolver gefunden, aus dem kürzlich erst geschossen worden war. Das frappierende an den beiden Fällen war eine identische Tätowierung. Auf einem geteilten Bildschirm erschien je ein Schriftzug SPEZNAZ. Offensichtlich eine Detailaufnahme der linken Oberarme der beiden Toten. Die Behörden gingen inzwischen davon aus, dass es sich um eine Auseinandersetzung zwischen Mitgliedern rivalisierender Verbrecherorganisationen handelte. Ein Offizier der *Guardia Civil*, der im Bericht interviewt wurde, meinte, dass der Tote von Teneriffa wahrscheinlich der Mörder dessen war, den man auf El Hierro gefunden hatte. Er ging weiter davon aus, dass der Täter verfolgt wurde und auf der Flucht zu Tode kam. Der Bericht endete damit, dass die *Guardia Civil* unverzüglich Ermittlungen aufnehmen würde.

Heinz fühlte, wie die Kälte seine Beine entlang in den Körper kroch. Der „Bruder" war also gefunden worden. Offensichtlich hatte die Organisation keine weitere Verwendung für den Mann. Vielleicht war man ja mit seiner Leistung unzufrieden gewesen. „Kündigung auf Art der russischen Mafia", sagte Heinz und schüttelte den Kopf.

Jedenfalls war allen die Lust vergangen, die Flasche Sekt zu Ende zu trinken.

„Das ändert aber doch einiges", meinte Clara. „Da müssen wir neu überlegen, ob es klug ist, von uns aus die Polizei einzuschalten. Herrn Ramon ist sicher keine strafbare Handlung nachzuweisen. Dafür wird er aber stinksauer sein, wenn wir seine Geschäfte stören. Und wir verbringen fast die Hälfte des Jahres auf den Kanaren. Da leben wir unter einem permanenten Risiko."

Heinz wiegte den Kopf und sagte: „Da hast du einerseits sicher Recht. Aber andererseits ist der Typ mit großer Wahrscheinlichkeit Schuld am Tod des „Bruders", betreibt widerliche Geschäfte und ist außerdem so selbstgefällig, dass ich ihm einen Dämpfer verpassen muss. Das fordert neben anderen Dingen auch meine Selbstachtung."

„Darf ich euch einen Vorschlag machen?", fragte Dieter Böhmer. Alle blickten erwartungsvoll. „Ich habe mit meiner Freundin Julietta Waldhof zwei Wochen auf den Kanaren verbracht. Erschrecken Sie nicht, Julietta! Bei einem Bootsausflug, Julietta hat ja einen Schiffsführerschein, haben wir ein neues Naturwunder, eine große Meeresgrotte, an der Südküste von El Hierro entdeckt. Die Höhle ist so interessant, dass man sie unbedingt touristisch nutzen sollte. Und das alles spiele ich den deutschsprachigen Zeitungen zu, die es hier gibt. Die bringen das sicher groß heraus und zwingen damit die spanischen

Behörden zum Handeln. Und ein Höhlenhafen, den jeder kennt, der ist für „diskrete Güter", wie du, Heinz, es nennst, denkbar ungeeignet."

Heinz wiegte den Kopf. „Keine schlechte Idee. Dann wäre Señor Ramon wieder Haupterwerbsbauer. Es ist aber leider so, dass man über Pablo Contreras eine Verbindung zwischen Julietta Waldhof und uns herstellen kann. Das ist mir denn doch zu gefährlich. Falls es deine Anwaltsehre erlaubt, dann sollte diese Information unter einem fingierten Namen bei den Medien eintreffen. Und es wäre gut, etwas Zeit vergehen zu lassen. Ich denke, ein Monat würde reichen."

Mit diesem Vorschlag waren alle einverstanden, da es ziemlich sicher unmöglich sein würde, Señor Ramon und seinen „Freund Ilja" einer gerechteren Strafe zuzuführen. Gleichzeitig nahm Heinz sich vor, den schweren Revolver, der noch immer in seinem Hosenbund steckte, bei nächster Gelegenheit in das Meer zu werfen. Er würde ihn nicht mehr brauchen. „Wir sollten auch dafür sorgen, dass der Leichnam in der Pathologie von La Laguna als Jens Klaas identifiziert werden kann", sagte er.

„Darum kümmere ich mich, sobald ich wieder in Wien bin", versprach Dieter Böhmer.

Schließlich verabschiedeten Clara und Heinz Lauberg sich, sie mussten ja noch mit dem Bus nach San Sebastian zu ihrer „Calima" fahren. Es wurde vereinbart, dass sie mit ihrem Boot noch so lange dort liegen würden, bis die „Julietta" mit der Ferretti-Crew zum Tanken kam. Dann sollten Julietta Waldhof und Dieter Böhmer an Bord der „Calima" kommen und die Gruppe plante, gemeinsam nach Santa Cruz auf Teneriffa zurückzufahren. Anschließend würden Dieter Böhmer und Julietta Waldhof nach Wien zurück fliegen und Clara und Heinz Lauberg sich von den Strapazen erholen.

„Du, Dieter, überlege dir ein angemessenes Honorar für die Zusatzleistungen der Familie Lauberg. Lebensgefahr inklusive", sagte Heinz zum Abschied. Seine alte „Calima" musste ja noch die Schrammen, die sie in Playa Santiago in der Sturmnacht erhalten hatte, repariert bekommen und konnte auch sonst immer wieder mal ein neues Teil brauchen. Und für Boote ist alles ein wenig teurer.

K. H. S.

Glossar

1 Backbord ist in Fahrtrichtung gesehen die linke, Steuerbord die rechte Seite.

2 „Fender" sind luftgefüllte, zylindrische oder kugelige Plastikkissen, die, über die Bordwand gehängt, eine Beschädigung des Bootskörpers durch Molenwände oder andere Schiffe verhindern.

3 „Flying Bridge" ist das oberste Außendeck einer Jacht. Darunter befindet sich der „Salon". Fast immer kann das Boot, neben dem Innensteuerstand, auch von dort aus gefahren werden.

4 GPS – Global Positioning System ist ein Satellitennavigationssystem zur exakten Bestimmung des Standortes. Es wird vom amerikanischen Militär betrieben und kann weltweit frei genutzt werden. Die Positionsbestimmung ist bis auf wenige Meter genau.

5 „Knoten" ist das nautische Maß für die Geschwindigkeit. Ein Knoten ist eine nautische Meile pro Stunde.

6 Eine nautische Meile entspricht 1852 Metern und damit dem Bogenmaß von einer Winkelminute des äquatorialen Erdumfanges.

7 „Mayday" ist das internationale Notrufsignal der Luft- und Seefahrt. Es darf ausschließlich dann verwendet werden, wenn unmittelbare Gefahr für das Schiff und die Besatzung vorliegt.

8 „Bugstrahlruder" ist ein, in einem quer zur Längsachse des Schiffes eingebauten Tunnel unter der Wasserlinie elektrisch betriebener Propeller, der einen Wasserstrahl nach Backbord oder Steuerbord erzeugen kann und dadurch die Manövrierfähigkeit des Schiffes erhöht.

9 „Plicht" nennt man den hinteren Außenbereich einer Jacht.

10 „Cortado" (span. „kurz" oder „gekürzt") ist ein Espresso-Kaffee mit sehr wenig Wasser, der in einem kleinen Glas serviert wird.

11 Die „Backskiste" ist ein außenliegender Stauraum, der meist als Bank benützt werden kann. Die „Back" ist ein weiterer Ausdruck für den hinteren Teil des Schiffes.

12 Das „Achterdeck" ist ein anderer Ausdruck für die „Plicht". „Achtern" bezeichnet immer den hinteren Teil eines Schiffes.

13 „Platanos" sind die auf den Kanaren wachsenden kleinen, aber überaus wohlschmeckenden Bananen.

14 „Cabildo" ist die jeweilige Verwaltung. Der „Cabildo Insular" ist die Inselregierung. Der Ausdruck wird aber auch für das Regierungsgebäude verwendet.

15 „Guanchen" waren die Ureinwohner der Kanarischen Inseln. Sie wurden auf Teneriffa am 25. Dezember 1495 endgültig durch den spanischen Conquistador Fernández de Lugo in der Schlacht nahe der Ortschaft Acentejo besiegt.

16 Das bedeutet, dass das Gerät die Frequenzen dieser beiden Kanäle überwacht. Kanal 16 ist der internationale An- und Notrufkanal und auf Kanal 12 läuft oft der Verkehr mit den Lotsendiensten.

17 Die „Guardia Civil" ist die spanische Bundespolizei.

18 „Großfall" ist jene Leine, mit der auf Segelbooten das Großsegel aufgezogen wird.

19 „Barrancos" sind meist tief eingeschnittene, mit wenigen Ausnahmen trocken liegende Flusstäler, die die gesamte Landschaft Teneriffas, aber auch die der

meisten anderen Kanarischen Inseln prägen. Sie verlaufen von den jeweiligen Zentralgebirgen radial zur Küste. Auf Teneriffa gibt es lediglich einen ständig Wasser führenden Barranco, den Barranco del Infierno bei dem Ort Adeje.

20 „Jarra" heißt eigentlich „Kanne" oder „Krug", ist aber ein gebräuchlicher Ausdruck für ein großes Bier, das allerdings meist nicht 0,5, sondern lediglich 0,4 Liter Inhalt hat.

21 „Caña" bedeutet „Rohr". So nennt man in Spanien ein kleines Glas Bier.

22 Die „Nationale" ist die Heckflagge und bezeichnet das Land der Registrierung des Schiffes. Die jeweilige Gastlandflagge, das Hoheitszeichen des Landes, in dem sich das Schiff eben befindet, wird am Bug oder bei Segelschiffen an der Steuerbordseite des Mastes gezeigt.

23 Die „Fock" ist ein dreieckiges Vorsegel.

24 Eine „Schot" ist jene Leine, die die Stellung eines Segels zum Wind bestimmt. Unter „Fieren" versteht man ein freigeben, unter „Dichtholen" ein stärkeres in den Wind stellen des Segels.

25 GMDSS, Global Maritime Distress and Safety System. Ein modernes, digitales Notrufsystem, das auch die genaue Ortung des Senders ermöglicht und damit eine schnelle und effiziente Hilfeleistung gewährleistet.

26 MMSI, Maritime Mobile Service Identity. Ein Kennzeichen, das individuell jeder einzelnen Funkstelle, die am GMDSS teilnimmt, zugewiesen wird und die eine eindeutige Identifizierung ermöglicht.

27 Diese Systeme sollen Diebstahl und unbefugte Inbetriebnahme verhindern. Ein eigenes Computersystem überwacht in Kombination mit einer Alarmanlage die Eingänge und das unautorisierte Starten der Motoren durch Kurzschluss. In einem solchen Fall übermittelt das System in regelmäßigen Abständen die GPS-Position der Jacht an ein voreingestelltes Handy, so dass der Kurs des Schiffes laufend verfolgt werden kann.

28 Bei einer Zweikreiskühlung wird der Motor in einem geschlossenen Kreislauf mit Süßwasser gekühlt, das in einem Wärmetauscher durch angesaugtes Meerwasser auf Betriebstemperatur gehalten wird. Das Salzwasser wird unmittelbar nach dem Motor in den Auspuff eingespritzt und kühlt die Auspuffgase so weit ab, dass die Abgasleitung als Gummischlauch ausgeführt werden kann.

29 Als „Lee" wird in der Seefahrt die dem Wind abgewandte, als „Luv" die dem Wind zugewandte Seite bezeichnet.

30 Fest im Grund verankerte Bojen mit einem Ring, an dem Boote fest gemacht werden können.

31 Unter „Einklarieren" versteht man die offizielle Einreise von Schiff und Crew in das Hoheitsgebiet eines Staates, also die Vorsprache bei Polizei und Zoll. Das ist nur in größeren, so genannten „Einklarierungshäfen" möglich.

32 Gelcoat ist die oberste Deckschicht einer Kunststoffjacht. Sie verhindert das Eindringen von Feuchtigkeit in den Glasfaserkunststoff und bildet eine harte und hochglänzende Oberfläche.

33 Der im Deutschen für einen Mann mit sehr traditionellem Rollenverständnis gebräuchliche Ausdruck „Macho", kommt aus dem Spanischen und bedeutet dort „männlicher Hund" also „Rüde".

34 Xenon-Blitzlampen sind ein Teil der Seenotausrüstung. Diese batteriebetriebenen Lampen senden über Stunden hinweg regelmäßig Lichtblitze aus und erleichtern so das Auffinden von Schiffbrüchigen.

35 „Smutje" oder auch nur „Smut" ist auf Schiffen der Koch.

36 Als „Bimini" wird ein klappbarer Sonnenschutz aus Stoff bezeichnet.

Don Camillo von Tachlau
J. A. Wynn

Prof. Dr. Werner Eck kommt, gemeinsam mit seiner treuen Haushälterin Elis, als Pfarrer in das kleine, beschauliche bayerische Städtchen Tachlau. Bereits kurz nach seinem „Einstand" hat Prof. Dr. Eck nach einer spektakulären Rettungsaktion seinen Spitznamen „Don Camillo" weg, und er macht ihm auch alle Ehre: Nicht zuletzt aufgrund seiner Gutmütigkeit und Hilfsbereitschaft stolpert er von einem Abenteuer ins nächste. So wird er der Schwarzarbeit verdächtigt, muss sich mit verleumderischen Journalisten herumärgern, sieht sich einer äußerst maroden Kirchenorgel gegenüber und muss sich sogar seines Lebens wehren, als ein Anschlag auf ihn verübt wird …

ISBN 978-3-902536-46-4 · Format 13,5 x 21,5 cm · 316 Seiten
€ (A) 17,90 · € (D) 17,40 · sFr 31,70

Schlussakkord (in Dur oder Moll)
Helga Engin-Deniz

„Mark Gutmann, der geniale und weltberühmte Pianist, stürzt beim Schifahren in eine Gletscherspalte."– Das geben jedenfalls mehrere Zeugen übereinstimmend zu Protokoll. Trotz intensiver Suche nach dem Verunglückten wird er weder lebend, noch tot gefunden. Seine Familie, aber auch Musikfreunde der ganzen Welt trauern um den großen Künstler, der so unerwartet ums Leben gekommen ist.
Jahre später wird bei der Einreise in die USA ein Mann namens Felix Sommer als mutmaßlicher Terrorist festgenommen und inhaftiert. Durch die drohende Todesstrafe vor Augen will Sommer seine wahre Identität bekannt geben und den Beweis erbringen, dass er der weltberühmte Konzertpianist Gutmann ist ...

ISBN 978-3-902536-51-8 · Format 13,5 x 21,5 cm · 244 Seiten
€ (A) 15,90 · € (D) 15,50 · sFr 28,50

Tod eines Künstlers
Dieter Bedenig

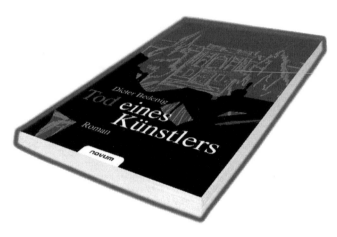

In Solothurn finden zum dritten Mal Kunsttage statt. Dabei dreht sich alles um Adrian Gross, den bedeutendsten lebenden Schweizer Künstler, Kunstprofessor und Kunstkritiker.
Doch dann stellt ein Mord alles auf den Kopf. Urs Krattiker und sein Freund, Dr. Christian Berger, beginnen mit den Ermittlungen …

ISBN 978-3-902536-42-6 · Format 13,5 x 21,5 cm · 216 Seiten
€ (A) 15,90 · € (D) 15,50 · sFr 28,50